Luke for Everyone

N.T.ライト
新約聖書講解 4

すべての人のための
ルカ福音書

N.T.ライト［著］　津村春英［訳］

教文館

日本語版刊行の言葉

Ｎ・Ｔ・ライト著 *New Testament for Everyone*（すべての人のための新約聖書シリーズ）の日本語版刊行を、動員された多くの翻訳者と共に監修者として心から喜びます。皆さんの中にはご存知の方も多いと思いますが、著者のＮ・Ｔ・ライト教授はおそらく歴史上もっとも多くの読者を得た聖書学者と言えるでしょう。それは彼が第一級の新約聖書学者として認められていること、その聖書解釈がバランスの取れた穏健な英国の解釈伝統を受け継いでいること、さらに現代のキリスト教会と一般社会に対して責任感のある提案を発信し続けておられることが理由として考えられます。世界中の専門家のみならず一般読者のあいだで高い評価を得ているライト教授が、今回は「すべての人のため」に――研究者のみならず一般信徒、一般読者に向けて――新約聖書全書を分かりやすく丁寧に解説する目的で本シリーズを手がけられました。このシリーズが日本語で提供されることは、日本の教会とさらに広くは日本社会にとって、キリスト教信仰の根幹にある新約聖書に改めて親しく接する機会となるに違いありません。

ライト教授は英国オックスフォード大学で一九九〇年代前半まで教鞭を執られたのち、ロンドン中心街にある有名な英国国教会ウェストミンスター・アビーの司教座神学者として、さらにダラム英国国教会の主教として奉仕され、セント・アンドリューズ大学での教授職を経て、現在はオックスフォード大学で再び教鞭を執られています。非常に多作なライト教授の著書は、すでにその多くが日本語でも紹介されています。教授は特に全六巻からなる代表的なシリーズ――「キリスト教の起源と神の問題」――において、キリスト教起源に関わるこの重要な問題を全網羅的に扱っておられます。その中で、イスラエルの救済史の終結部、また創造秩序の回復プロセスとして教会の時代を捉え、新約聖書全体をこの大きな物語に沿った一貫したムーブメントとして理解しておられます。このような大きな枠組みで新約聖書全体を把握されているライト教授は、私たちのために新約聖書全巻の道案内をするもっとも確かな、したがってもっとも相応しいガイド役と言えるでしょう。ある種のグランド・セオリーによって新約聖書全体を俯瞰的に眺める旅においては、ときとして私たちの慣れ親しんだ視野からは気が付かない風景（解釈）に遭遇することもあるでしょう。そのような風景に刺激を受ける能動的な旅が、私たちをより深い新約聖書理解へと向かわせてくれることでしょう。

本シリーズの各巻は聖書テクストのペリコペ（単元）ごとに、ライト教授自身による原語からの翻訳で始まり、各単元の主題と関連する日常生活の逸話が続き、語彙や古代社会・文化の分かりやすい解説を含めたいわゆる「注解」の部分があり、最終的に私たち読者を深い洞察に満ちた現代的な適用へと導いてくれます。その意味で本シリーズは、すべてのレベルの読者に開かれた、もっともかみ砕かれた新約聖書注解書とも言えるでしょう。その読書体験は、現代的な逸話から古代社会の解説へと時間をさかのぼり、古代社会・文化という背景に親しみつつ教会の信仰の営みに触れ、古代のキリスト者のリアリティから現代的な適用へと引き戻されるという仕方で、単元ごとにライト教授の操縦するタイム・マシンに乗って旅をするかのようです。それは聖書知識やキリスト教教義にまつわる私たちの知的関心を満足させるのみならず、この不安な時代に置かれたキリスト者や一般読者に生きる勇気を与えることでしょう。

私たち監修者と翻訳者は、本シリーズが教会の読書会や勉強会の教材として、また個人のデボーションのパートナーとして、長く親しまれることを期待いたします。

二〇二一年早春

日本語版監修者　浅野淳博
遠藤勝信
中野　実

はじめに

イエスについて初めて公に語り始めた人々は、そのメッセージがすべての人のためであることを強調しました。

教会の誕生という記念すべき日、神の霊が力強い風として吹き込まれると、イエスの弟子たちは神の臨在と新たな喜びによって満たされました。つい数週間前にイエスを拒絶する呪いの言葉を吐き、それを悔いて激しく泣き崩れたペトロは、教会を代表する指導者として堂々と立ち上がります。そして彼は、世界を完全に変えてしまった出来事について語り始めました。そう、神がペトロにもたらした変化は、この世界にもたらされた変革の一部でした。新たな命、赦し、希望そして力が、春の気配を感じて芽を吹き出す花々のように地を満たしました。生ける神がこの世界に新たなことを始める時代が訪れました。「この約束はあなたのためです」とペトロは言います。そして「あなたのすべての子孫、また遠くに離れているすべての人々のためです」と続けます（使二・三九）。この約束は特別な人のためではなく、すべての人のためなのです。

すべての人のためという思いのとおり、今生まれたばかりの共同体は、驚くほどのスピードで古代人が知りうる限りの世界にくまなく広がりました。現在の新約聖書を構成する多くの手紙や福音書などからなる文書群は、広く伝播され熱心に読まれました。これらの文書は宗教的あるいは知的エリートたちに向けられたものではありません。初めからその対象はすべての人でした。

その意図は現在も変わりません。もちろん、歴史的証拠が何で、原語であるギリシア語の本来の意味が何で、各著者が神やイエスやこの世や人類に関していかに語っているか、注意深く分析をする専門家がいないわけではありません。本シリーズがそのような研究の成果に立っていることも事実です。それでも本シリーズは、特にギリシア語が散りばめられた脚註付きの本を読み慣れない人を含めたすべての人のために書かれているのです。新約聖書の内容を語る際にどうしても避けられない表現は**太字**で示し、巻末に短い用語解説を付しました。

今日では新約聖書のいろいろな翻訳版が出回っています。本シリーズが採用する翻訳はすべての人のために新たに訳されたもので、形式的で重厚な文章を多用しがちな伝統的な翻訳とは異なります。原文にできる限り忠実であろうとすることは当然ですが、新約聖書の意味がすべての人にストレートに伝わるような翻訳を試みました。

とりわけこの巻は、初期キリスト教の最も輝かしい文書《もんじょ》の一つを紹介してくれます。ルカは、実際に起こった特別な出来事から距離を置き、関係する人々と話し、彼以前の幾つかの書物を読んで、彼独自の完全版を著す機会を得たので、読者はイエスに関する事柄についての真実を知ることができると私たちに告げています。ルカは、教育を受けた洗練された人物であり、イエスについて書いた最初の真の歴史家でありました。彼の書は、イエスを一世紀のユダヤ世界の中心に置くだけでなく、キリスト教の福音が爆発的に成長し革新的な変化をもたらしたローマ世界の中心に置いています。つまり、これが、すべての人のためのルカ福音書なのです。

トム・ライト

聖書略号表

旧約聖書

創世記＝創、出エジプト記＝出、レビ記＝レビ、民数記＝民、申命記＝申、ヨシュア記＝ヨシュ、士師記＝士、ルツ記＝ルツ、サムエル記上＝サム上、サムエル記下＝サム下、列王記上＝王上、列王記下＝王下、歴代誌上＝代上、歴代誌下＝代下、エズラ記＝エズ、ネヘミヤ記＝ネヘ、エステル記＝エス、ヨブ記＝ヨブ、詩編＝詩、箴言＝箴、コヘレト書＝コヘ、雅歌＝雅、イザヤ書＝イザ、エレミヤ書＝エレ、哀歌＝哀、エゼキエル書＝エゼ、ダニエル書＝ダニ、ホセア書＝ホセ、ヨエル書＝ヨエ、アモス書＝アモ、オバデヤ書＝オバ、ヨナ書＝ヨナ、ミカ書＝ミカ、ナホム書＝ナホ、ハバクク書＝ハバ、ゼファニヤ書＝ゼファ、ハガイ書＝ハガ、ゼカリヤ書＝ゼカ、マラキ書＝マラ

新約聖書

マタイ福音書＝マタ、マルコ福音書＝マコ、ルカ福音書＝ルカ、ヨハネ福音書＝ヨハ、使徒行伝＝使、ローマ書＝ロマ、第一コリント書＝Ⅰコリ、第二コリント書＝Ⅱコリ、ガラテヤ書＝ガラ、エフェソ書＝エフェ、フィリピ書＝フィリ、コロサイ書＝コロ、第一テサロニケ書＝Ⅰテサ、第二テサロニケ書＝Ⅱテサ、第一テモテ書＝Ⅰテモ、第二テモテ書＝Ⅱテモ、テトス書＝テト、フィレモン書＝フィレ、ヘブライ書＝ヘブ、ヤコブ書＝ヤコ、第一ペトロ書＝Ⅰペト、第二ペトロ書＝Ⅱペト、第一ヨハネ書＝Ⅰヨハ、第二ヨハネ書＝Ⅱヨハ、第三ヨハネ書＝Ⅲヨハ、ユダ書＝ユダ、ヨハネ黙示録＝黙

目次

ルカ福音書

ルカ福音書

歴史家、マーガレット・エレノア・フォアマンに捧ぐ
半世紀以上にわたる愛と支援と祈りに感謝して

一章一—四節　プロローグ

[1]私たちの間で起こった出来事について、整理して物語を作成しようと、多くの人が着手しています。[2]それは、最初からの目撃者であり、御言葉の奉仕者となった人々によって、私たちに伝えられたことです。[3]そこで、敬愛するテオフィロ様、私はこれらすべてのことを当初から綿密に調べてきましたので、あなたに順序正しく書くのがよいと考えました。[4]こうして、あなたが教えを受けられた事柄について認識を深めていただけると思います。

「宇宙から来たエイリアンが私の赤ちゃんを連れ去った」「祖母が大西洋を泳ぎます」と新聞の見出しが叫びます。すると、人々は何と言うでしょうか。「新聞だから、それは真実に違いない」「私はテレビでそれを見ました」「私に告げた人は、当時、そこにいた人から聞いたのです」。

私たちはこのような話を一笑に付してきました。ニュースとは、私たちの聞きたいことが「パック詰めされている」ものです。マスメディアにはしばしば偽りがあります。「友だちの友だち」からの又聞きの話は作り話かもしれません。では、私たちは、信ずべきものをどのようにして見分けますか。

ルカは、その福音書を慣習にそった長い文章でもって始めています。それは、ある大きな建物に、心から歓迎する重厚な石造りの玄関のようです。ここに、確かなもの、信頼できるものがあるとルカは述べています。一世紀の地中海世界に住んでいた著述家たちは、しばしばこのような序文を書きました。読者には、十分な調査に裏打ちされた慎重な論考が、ここから始まることが分かります。これは、うさんくさい、思いつきのものではありません。広く世界において、堂々として誇り高いものです。

「もちろん、彼だったらそう言いそうだね。そうではないですか」と、疑い深い私たち現代人は考えます。しかし、ルカが記した主張を見てみましょう。ルカは私たちに、単にそれを信頼するように求めてはいません。ルカは十分な証拠に基づいて主張しています。ほかの何人かが、これらの出来事についてすでに書いていて、それらの書物がルカの手元にあります。その幾つかは現存する資料です。ルカは、その出来事の目撃者たちと接触し、彼らが見たことや聞いたことについて、直接聞き取りをしています。おそらく最も重要なことは、地方の共同体公認の教師たちに耳を傾けていることです。これらの人々については、さらに詳しい説明が必要です。

古代パレスチナのある村を想像してみてください。当時の人々は、印刷された書物も、新聞も、テレビもラジオも持っていません。彼らには公認の語り部がいました。ある大きな出来事、例えば、地震や戦争や皇帝の訪問などがあると、一両日中に、その話は村中を駆け巡り、話はある決まった形に落ち着きます。皆がその話を知ることになりますが、このように村が認める優れた語り部によって語り伝えられました。

それが語り部の仕事でした。彼らは話を変えたり修正したりはしませんでした。もし、改変するなら、やがて人々がそれに気づき、それを元に戻しました。おそらく近代の西洋世界において、このことに最も近い話は、ある家族が物語や逸話を話すときです。たいていは、皆が次に何が起こるかを知っています。同様に、あなたがたは自分の国歌や子どもの頃に歌った歌詞を変更したりはしません。一世紀後半に、ルカがパレスチナとシリアの村々を巡り、信頼できる語り部たち――「御言葉の奉仕者」と彼が呼ぶ人たち――から話を聞くのですが、それが初期の出来事に遡及する確かに信頼できる証言であるとルカには分かっていたのです。ルカより五〇〇年前のプラトンがこう言っています。「書かれたものに頼ることは危険である。人間の記憶こそが物事を正し、それを伝える最もよい方法であると考える」と。ルカの後世に、偉大なキリスト教の教師の一人が、書物よりも生きた証言を好むと表明しました。本の由来は分からなくても、証拠は目で見ることができ、それらが信頼できるかどうかを判断することができるのです。

それでは、なぜ今、ルカはすべてを書き下ろすのでしょうか。彼は自ら墓穴を掘るのでしょうか。そもそも、彼は一体誰だったのでしょうか。彼はいつ書いたのでしょうか。

私たちは、確かにこの書の著者が誰なのか知りたいと思いますが、実際には分からないのです。私たちは彼を「ルカ」と呼びます。それが当初から、教会の公式見解でした。彼がこの福音書を書き、そして使徒行伝も書きました（使一・一から分かるように、使徒行伝はルカ福音書と同じ人物によって書かれたように始まり、その証拠を実際に、この二書を通して見ることができます）。ルカとは、パウロが自分の同行者（コロ四・一四、フィレ二四、Ⅱテモ四・一一）として言及している人物です。ルカは、紀元五〇年から九〇年のどこかの時点で書いたと思われます。つまり、彼が言及しているように「多くの人」のためにその書が書かれ、回覧される時間があったに違いありません。おおかたの推測では、彼は確かにパウロの同行者の一人、ルカであり、彼が六〇年代と七〇年代のうちに書いたと思われます。九〇年になってようやく、それとも八〇年にでも書いたに違いないと主張するいかなる特別な理由はありません。

ルカが執筆に至った主な理由は、イエスご自身が訪れた地域の元の共同体を越えて、イエスについての使信が広く伝播したからです。ペトロやパウロやほかの宣教者たちは、あらゆる方面にその使信をもたらしました。その結果、イエスとは、実際に誰で、何を行い、何を語ったのか、また、何が彼に起こったのかということについて、歪曲され、混合され、誤解されるという事態が生じたのでしょう。また、その使信を書き下ろす作業はすでに始まっており、ルカはそのような書物をすでに入手していたことでしょう。一方、ルカは、これらの書物が想定する読者よりも、教養があり知性があり探究心に溢れた広範囲の聴衆を想定していました。最も卓越した「テオフィロ」は実際の人物で、ルカが知っていたローマの為政者か地方の高官かもしれません。あるいは「テオフィロよ」(ギリシア語で「神を愛する者」の意)という呼びかけは、キリスト教に関心を示す不特定多数の聴衆を意識した文学的表現とも考えられます。いずれにせよルカは、この「テオフィロ」なる受信者が、イエスは誰で、イエスに従うとは何を意味するかを正式に学んだことのある人物であることをほのめかしています。そうであるなら、ルカは、さらに学びたいという新しい回心者をも対象者にしていたと思われます。

いずれにせよ、ルカが六〇年代後半や七〇年初期に書いたとすると、当時、パレスチナでは恐ろしい戦争が激化していたことも、さらなる理由と考えられます。六六年に、ユダヤ人はローマ軍の支配に対して反乱を起こしました。エルサレムは長い間、包囲された末、七〇年についに陥落しました。その結果、かつてイエスが現れ、イエスのことが知られていた多くの町や村の人々が亡くなりました。

古い世代の人々が死に絶えただけでなく、イエスの活動を目撃した町や村自体が消滅してしまいました。平和で安寧な社会を前提とする物語の伝承が、消滅の危機に瀕していました。イエスの物語を書き下ろすという措置がとられない限り、イエスの使信は次の世代に伝播しなかったのです。そして、初期のすべてのキリスト者がそうであったように、ルカは、実際に起こった事柄――私たちが歴史的事実と呼ぶもの――が世界の進路を変えたと信じていたので、それらは、できるだけ明瞭かつ明確に表されることがきわめて重要でした。

ルカは、このようにして読者を自らの福音書に招く壮大な玄関口を造っているのです。ルカは、私たちを招き入れて、くつろがせてくれるのです。ここで、私たちは、持続的な信仰にとっての保証であり、信頼できる根拠を見いだすのです。

一章五―二五節　ガブリエルのザカリア訪問

5 ユダヤの王ヘロデの時代に、アビヤ組にザカリアという名の祭司がいた。その妻はアロン家の娘で名をエリサベトといった。6 二人とも神の前に正しく、主のすべての戒めと定めのうちを歩み、非難されるところがなかった。7 彼らには子どもがなく、エリサベトは不妊であった。そして二人はすでに年をとっていた。

8 ザカリアが自分の組の当番で、神の前で祭司の務めをしていた時に、9 祭司職の慣例に従って、

くじを引いたところ、彼が主の聖所に入って香をたくことになった。[10]香をたいている間、外で
は、人々が大きな群れを成して祈り続けていた。[11]すると、主の天使が彼に現れ、香をたく祭壇
の右側に立った。[12]ザカリアはそれを見て心乱れ、恐怖に見舞われた。
[13]しかし、天使はザカリアに向かって言った。
「ザカリアよ、恐れることはない。あなたの願いは聞き届けられた。あなたの妻、エリサベト
は男の子を産む。その子の名をヨハネと名付けなさい。[14]その誕生はあなたに喜びと賞賛を与え、
多くの人も喜ぶ。[15]彼は主の前に偉大な人物となり、ぶどう酒や強い酒を飲まない。母の胎内に
いるときから聖霊に満たされ、[16]イスラエルの多くの子らを、彼らの神である主に立ち帰らせる。
[17]彼は、エリヤの霊と力により、主の前に先立って行き、父の心を子に向けさせ、背く者に義《ただ》し
い人の思慮を与え、心構えのできた人々を主に備える」。
[18]ザカリアは天使に言った、「どうしてそんなことが信用できるでしょうか。私は老人ですし、
私の妻も年老いていますのに」。
[19]天使は答えた、「見よ、私は神の前に立つガブリエルである。あなたに語りかけ、この素晴ら
しい知らせをもたらすために遣わされた。[20]聞きなさい、あなたはこのことが起こる日まで、話
すことができなくなる。それは、私の言葉を信じなかったからである。しかし、時が来れば私の
言葉は実現する」。
[21]さて、人々はザカリアをずっと待っていて、彼が聖所で手間取っているのに驚いていた。[22]や
がて、ザカリアは出てきたが、彼らに何も言うことができなかった。それで、彼らはザカリアが

聖所で幻を見たのだと思った。ザカリアは彼らに身振りをするだけで話せないままであった。
23そうして、祭司の務めの期間が終わって、彼は自分の家に帰った。24その後《のち》、彼の妻エリサベ
トは身ごもった。彼女は、五か月間、身を隠した。
25彼女は、次のように言った、「主は、ついに私を顧みて、世間から私の恥を取り除くために、
このようにしてくださったのです」。

アイルランドの首都ダブリンは古い素敵な町です。多くの理由で有名です。人々が世界中からここにやって来ては、その通りを行き巡り、パブで酒を飲み、歴史的な建造物を訪れ、そして、ジェイムズ・ジョイスのような作家によって世界的に有名になった場所を見学します。

ダブリンで観光客を最も魅了する場所は、意外なことに動物園です。そして、それと同様に意外なのは、二番目に観光客に人気のあるトリニティ・カレッジの特別展示室の中央に展示されている「ケルズの書」というものです。美しく飾られたこの福音書の写本は、紀元八〇〇年頃のものです——時代的には今日の私たちより、新約聖書そのものにかなり近いものです。

この展示室を準備した人々は、福音書の写本自体をすぐには見せません。彼らは賢明にも、まずほかの幾つかの古書へと案内します。つまり、あなたが偉大な宝そのものに向かって、徐々に進んで行くように企画しているのです。あなたが展示室の中央に達するまでに、初期ケルト系キリスト教の時代に戻るように、また、人生の何年もの歳月を費やし、苦労して聖書の部分を書き写し、ふんだんに飾りつけをした修道士たちの時代にすでにいると思わせるように、企画しているのです。こうして、

あなたは正しく鑑賞する備えができるのです。

ルカは、その福音書の最初の部分で、まったく同じ方法を用いています。その物語は、もちろん、主《おも》にイエスについての物語ですが、イエスの名を、最初の三〇節には登場させないばかりか、イエスご自身も、その物語の中でしばらくするまで誕生しません。ルカは、マリアの特別な身ごもりとイエスの特別な誕生について話し始めます。しかし、ルカは、私たちが、この物語のために私たちの心と思いを備える必要があるということを知っています。そこで、ルカは、日々、敬虔な生活を送っていたザカリアとエリサベトという夫婦の話から始めるのです。

最初に、ルカは彼らの人間ドラマに私たちをひきつけます。この夫婦は、すでに子をもうけることのできる年齢を超えていました。子どもが与えられない女性は嘲笑される文化の中にありましたが、ついに、この夫婦に男の子が与えられるのです。ザカリアと天使との喜劇的な出会いでこのドラマは明るくなります（聖書が滑稽だからといって驚いてはなりません。実際にそうなのですから）。困惑しながら、半信半疑で、頑なに義務に服するという、あまりにも人間的な話を通して、ルカは神の救いの目的が劇的に進行していくことを示しています。生まれ出るその息子が聖書の約束を実現させます。その約束は、神の来臨に備えて、イスラエルの民を整えるために、神が誰かを遣わすというものです。預言者エリヤが、神の来臨に備えて人々を整えるために、いつか戻って来るという預言の言葉がありました。天使ガブリエルはザカリアに、それがヨハネの務めであると告げたのです。

この物語は、聖書を読む者にさらに古い物語を思い起こさせます。それは、アブラハムとサラが老年に子を与えられる物語（創二一章）であり、ラケルがヤコブとの間に出産年齢を過ぎてから二人の息子を出産する物語（創三〇、三五章）であり、そして、特にサムソンの誕生物語（士一三章）、さらに、サムエルの誕生物語（サム上一章）などを思い起こさせます。このように、ルカは、何も目新しいことではなく、むしろ長年にわたる神の一連のご計画として暗示しているのです。生まれ出る子はヨハネと呼ばれ、ヨハネは神の約束の実現のために重要な役割を果たすのです。それはまるで、観光客が、中央の展示物に向かって、さらにもっと注目すべき催しがすみやかに続くのではないかという気分になっていくように、この物語は私たちにワクワク感を与えているのです。

ザカリアとエリサベトは、子どもが与えられることなど期待してはいませんでした。二人は自分の決まりきった仕事をせっせと行う、単純で敬虔な人々でした。彼らは「神の目には義《ただ》しい人々」で、厳格なユダヤ人であり、神への感謝の表れとして、律法を守っていたのです。彼らはエルサレムの郊外、ユダヤの山間の町に住んでいました。祭司長たちはエルサレムに住みましたが、それ以外のすべての祭司は郊外に住みました。ザカリアは、彼の属する祭司の組が、通常の神殿での儀式を執り行う当番のために、エルサレムにやって来ました。彼は神殿の境内の宿舎に泊まり、その役目を終えると家に帰り、地域社会の教師や指導者としていつもの仕事をしました。ザカリアは今回、くじによって神殿の内部に入って香をたくように命じられました。時には、通常の務めが驚くべき展開をもたらすことがあります。

ルカは、ザカリアを信仰の偉人とすることによって物語を盛り立てようとはしていません。旧約聖書に登場する指導者たちのように、その知らせに対するザカリアの反応は、藁《わら》にもすがる思いでした。彼はそれを信じるための何らかのしるしを必要としました。そこで彼が与えられたものは罰でした。

天使は両手を腰に当て、自分の言葉に疑いを抱いたザカリアを叱責したかのように私たちには思えます。ザカリアは急に口が利けなくなってしまいます。この笑うに笑えない話は、さらに続き、年老いた祭司ザカリアが人々の前に現れ、身振り手振りで、何が起こったかを説明することになります（あなたがたは、天使に出会ったことを、身振り手振りで、どのように説明しますか）。もちろん、この物語はエリサベトの突然の身ごもりによる喜びでもって終わるのですが。

この物語は、さらにいっそう注目すべき出来事、つまりイエスご自身の誕生に備えて、私たちに重要な事柄を思い起こさせます。神はいつも、普通のことを普通に行う人々を通して働かれます。彼らは信仰と献身の思いをもって、神の御心に対して自分自身を備えている人々です。これは、ザカリアがついに息子を持つに至ったことの喜びについての物語でしょうか、それとも、エリサベトが村の母親連中のあざけりから逃れることができた喜びについての物語でしょうか、いやそれ以上の物語なのです。それは神の約束と大いなる計画の実現についての物語です。しかし、この大きな物語の中でも、普通の人々の必要、希望、そして恐れは忘れられてはいません。それはまさにイスラエルの神のゆえであり――ルカがこの福音書を通して多くの方法で私たちに告げているように、神は物惜しみされない、自己犠牲的な愛の方であるがゆえです。この神が大規模に働かれるときに、より小さな人間的な事柄にも心を配ってくださるのです。今、舞台中央で展開されているドラマも、真に神について、世界についての物語であるとともに、その中で生活しているすべての普通の人間についての物語でもあります。これが、ルカの意図しているところなのです。

一章二六―三八節　イエスの誕生の告知

[26]六か月目に、天使ガブリエルは、神からガリラヤにあるナザレという町に遣わされた。[27]ダビ
デ家のヨセフという男のいいなずけであった、おとめのところに遣わされたのである。そのおと
めの名はマリアといった。
[28]天使は彼女のところに来てこう言った。「喜びなさい、恵まれた方よ。主があなたとともにお
られるように」。
[29]マリアはこの言葉に非常に当惑し、この挨拶は一体何だろうかと思い巡らしていた。
[30]すると、天使は彼女に言った。「マリアよ、恐れることはない。あなたは神から恵みを受けた
のだ。[31]聞きなさい。あなたは身ごもって、男の子を産む。その子をイエスと名付けなさい。[32]そ
の子は偉大な者となり、いと高き方の子と呼ばれ、神である主が、彼に父祖ダビデの王座を与え
る。[33]彼は永遠にヤコブの家を治め、その統治は終わることがない」。
[34]マリアは天使に言った。「どうして、そんなことがありえましょうか。私はまだ男の人を知り
ませんのに」。
[35]天使は答えた。「聖霊があなたに臨み、いと高き方の力があなたを覆う。それゆえ、生まれる
子は神の子と呼ばれる。
[36]あなたの親族エリサベトも、高齢にもかかわらず男の子を宿している。子を産めない女と呼

ばれていたのに、もう六か月にもなる。37神に不可能なことは何一つない」。
38マリアは言った。「ご覧ください、私は主の僕女《しもべ》です。お言葉どおり、この身になりますよう
に」。すると天使は彼女から離れて行った。

新聞の編集者に、新聞が最もよく売れる話題は何かと尋ねると、すぐに次の三つをあげます。セックス、王室、そして宗教の話です。これらが組み合わされるとなお好都合で、「人気スターの私生児」は良い材料であり、「女王の隠し事」はさらに良い材料であり、「王と修道女の秘密の夜」はもっと良い材料だと言います。ところで、ガブリエルがマリアを訪れ、将来の世界の主になる子が生まれると告げたという記事を読むとき、人々は、その新聞がそう思わせるように仕向けた道に安易に飛び込んでしまいます。人々は、その記事にないことまで読み込んでしまい、そして、幾つかの本当に重要な事柄を見落としてしまうのです。

では、明白なポイントから始めましょう。この話は、マリアが男性と性的関係を持つ前に、イエスを胎に身ごもったことを明らかにしています。現代人の多くは、とても信じられない話だと判断します。ただし、この困難さは現代にだけ生じるものだとたいてい考えます。なぜなら、現代の私たちは皆、妊娠と誕生の詳細なメカニズムを知っているからです。しかし、そうではないのです。古代世界の人々は、染色体XとYについては何も知りませんでしたが、セックスの結果、子どもが生まれることや、ほかの方法によって身ごもったと主張する人は倫理的、社会的な違反を隠蔽しているかもしれないということを、現代の私たちと同様に知っていました。しかし、マリアの話はルカ福音書とマタ

イ福音書のどちらにもあります。ただし、これらは互いに独立した異なる版なのです。言い換えれば、そのことがあった何世代後の誰かが創り出した空想というよりも、むしろ、初期の教会に広く知られていた話であると考えられます。この二人の記者が、そして、この話を伝承した信仰深いユダヤ人キリスト者集団が、それらが真実であると思わせるしかるべき理由を示さないで、なぜ、このようなやり方で未来に禍根を残すようなことをしたのでしょうか。

イエスの誕生後、マリアがなおも処女であり続けたかどうかについては、何も語っていないと強調することは重要です。それはずっと後の推量です。性同一性や性交渉の良し悪しについては何も語っていません。ルカ（とマタイ）が、この誕生物語をどのように伝えようとも、処女であることが結婚することよりも道徳上から見てより良いことだとは言っていません。セックス、女性、妊娠あるいは誕生を誹謗してはいません。イエスが通常の父親を持っていなかったことを単に報告しているに過ぎません。それはマリアが特別な恵みを与えられていて、神ご自身が受肉される母となるからです。

ルカは、このことによってイエスが完全な人間よりも幾分劣っているとは考えませんでした。科学者たちは、処女降誕は理論的には可能であり（これは小さな生き物たちにときどき起こることで、例えばトカゲ）、しかも、そのように生み出された子どもは完全な人間であると言うでしょう。そのようなことは可能であると今まで考えられてきましたが、問題はその子は自然には雌性であるということです。科学的観点から実に驚くべきことに、イエスは男性でした。

天使は、この出来事全体について、二通りの説明をしているかのようです。聖霊がマリアに臨むと（聖霊がいつもそうするように）、彼女に、自分で出来ること以上の振る舞いと有り様を可能にさせるのです。しかし、それと同時に、「いと高き方の力」が彼女に影を落とすことになるのです。これが違うところなのです。つまり、創造者である神ご自身が、主権を持って彼女をすっかり包まれるのです。

これらすべてがとても特別なことのように思われます。しかし、私たちは聖書の言葉を思い起こすべきです。ユダヤ人やキリスト者なりの考えですが、まことの神が、そもそも、ご自分の似姿に人間を創造された方だということです。私たちは、異教の神が、人間の事柄に乱暴に不当に干渉するということについて語っているのではなく、聖アウグスティヌスが言ったように、ご自分のために私たちを創造された、その神について語っているのです。彼の考えによると、それはいつも、愛の事柄です。愛は私たちを育み、救いに導き入れます。マリアは、その点では最たる例で、それは神が人類を通して恵みによって働かれるときには、いつも起こることです。外側から神の力が、内側では内在する聖霊が、ほかの方法では考えられない結果をもたらすのです。

イエスは確かに完全な人間であるのですが、イスラエルの神が、歴史上でご自身の姿をイエスに現されたという可能性を、ある意味でまだ受け入れていない人は誰も、ルカの話をおそらく信じていません。そして、ルカもマタイも（この二人の著者はイエスの身ごもりについて率直に書いていますが）、それが、イエスについて最も重要なことであると示唆していないことが大切なのです。パウロの全書簡においても、イエスの身ごもり、もしくは誕生について、それが特筆すべきことのようには書いていません。パウロにとっては、死と復活が、はるかに重要なことでした。しかし、十字架につけられ、そして復活されたイエスを信じるに至った人々、イエスの中に独自に内在する神を、そのように受け入れる人々にとっては、ルカやマタイが告げる物語について、定義するのは難しいが、認めることは簡単であり、妥当性があります。それは私たちが期待したことではありませんが、どうも真実のようです。

この話全体で、より重要なことは、ルカは一部始終、政治や皇帝には配慮しているということです。誕生する子どもは**メシア**、ダビデ家の王です。神はかつてダビデに、イスラエルだけではなく全世界を永遠に支配する子孫を約束されました。そして、この来たるべき王が、ある意味では「神の御子」です（サム下七・一四、詩二・七、詩八九・二七）。イエスについては新約聖書に多くの用語があるように、これは重要な神学的主張であり（人々が昔も今も理解し信じることが難しい独特な表現で、イエスは神と同一であるとされます）、また、重要な政治的主張でもあります（イエスは、皇帝は別にして、ある意味で、真の世界の支配者であり、さらに、はるか後《のち》の、今日《こんにち》の世界の権威者です）。

このすべて――子を身ごもること、神の力、そして、あらゆる人間の帝国への挑戦――を考え合わせれば、なぜ、この話がそんなに論争を引き起こすのか理解することができます。おそらく、それが論争的である一つの理由です。マリアが人間の夫を持たずにイエスを身ごもることができたかどうかについて騒ぎたてたり、気にする人々がいるのは、このような絶対的忠誠を要求する王がいるかもしれないということを、心の底では考えたくないからでしょうか。

それについて、私たちがどう答えようとも、前の話の、混乱し当惑したザカリアと、この話の、従順で謙虚なマリアとのコントラストを見落としてはなりません。彼女も天使ガブリエルに尋ねました。しかし、それはその報《しら》せに対する願いであり、証明ではないように思われます。むしろ、マリアはメシアの母となるチャンスに恵まれたのです。ただし、このことが引き起こす事柄については、まだ気づいていません。神からの予期せぬ召命に対する人間の応答の一つのモデルとして、時空を超えて今もなお、耳に響く言葉を彼女は語ります。「ご覧ください。私は主の僕女《しもべ》です。あなたがおっしゃったとおりになりますように」。

一章三九―五六節　マグニフィカート――マリアの賛歌

[39]マリアはその場ですぐに立ち上がり、胸を躍らせながらユダの山地に向かった。[40]ザカリアの
家に入り、エリサベトに挨拶をした。[41]エリサベトがマリアの挨拶を聞いたとき、胎内の子が躍
った。エリサベトは聖霊に満たされ、[42]声高らかに言った。
「あなたは女の中で祝福された方です。あなたの胎の実も祝福されています。[43]私の主のお母さ
まが、私のところに来てくださるとは、なんということでしょうか。[44]ご覧なさい、あなたの挨
拶の声が私の耳に届いたとき、私の胎内の子が喜んで躍りました。[45]主が語られたことは必ず実
現すると信じた方は、なんと幸いでしょう」。
[46]マリアは言った。

「私の魂は主を崇め、
[47]私の霊は私の救い主である私の神を喜びたたえます。

48 この卑しい僕女《しもべ》に
目を留めてくださったからです。
今から後、いつの世の人も私を幸いな者と言うでしょう。
49 力ある方が、その名が清い方が、
私に大いなることをしてくださったからです。
50 その憐れみは親から子へ、母から娘へと広がり、
主を畏れる者に及びます。
51 主は御腕《みうで》をもって力を振るい、
心の驕《おご》り高ぶる者を散らし、
52 権力者を王座から引き下ろし、
卑しい者を高く上げ、
53 飢えた者を地の良いもので満たし、
富める者を何も食べ物を持たせないで去らせました。
54 主は、その僕、その子イスラエルを救い、
いにしえの憐れみをお忘れになりません。
55 私たちの父祖たちにかつて語られたように、
アブラハムとその子孫にとこしえに」。

56 マリアはエリサベトのところに三か月滞在し、それから家に帰った。

どうして、あなたは興奮して、なりふり構わずに祝うのですか。

それは、あなたの親しい人が病気から回復し、帰宅できるようになったとの報《しら》せを受けたときかもしれません。

それは、あなたの国が独裁政治と圧政から解放され、そして、自由と繁栄の新しい時代を待ち望むことができるという報せを受けたときかもしれません。

それは、あなたの家を襲った洪水が、再び引いて行くのを見るときかもしれません。

それは、あなたが金銭に困っているときや、仕事がうまくいっていなかったのが改善されたと伝えられ、あなたの緊張がほぐれたときかもしれません。

それは、あなたが長く待ち望んでいた仕事が決まったという電話があったときかもしれません。

いずれにせよ、あなたは普段しないようなことをするでしょう。あなたは友だちと輪になって踊るかもしれません。

あなたは叫び、空に帽子を放り投げるでしょう（私は、一度だけ何も考えずにそのようにしました。それが陳腐な表現であると分かってからはやめましたが）。

心に浮かぶすべての人に電話して、あなたは彼らをパーティに招くことでしょう。

あなたは歌を歌うことでしょう。おそらく、あなたがすでに知っている詩や歌の一部か、あるいは有名だが古い賛美歌に、あなた自身の言葉を加えることによって、うまく作り上げることでしょう。

そして、もし、あなたがリズムやビートが重要な文化圏で生活しているとするなら、それは、手を打ち、足を地に踏み鳴らすような歌となるでしょう。

さあ、マリアの歌をそのように詠んでみましょう（その歌は、ラテン語のはじめの言葉をもってマグニフィカートと呼ばれます）。これは、キリスト教で最も有名な歌の一つです。それは修道院で囁かれ、カテドラルで歌われ、夜のろうそくの光のもと、遠く離れた小さな教会で朗唱されます。そして、ヨハン・セバスティアン・バッハによるトランペットとティンパニーの音楽で始まります。

それは福音に先立つ**福音**です。ベツレヘムでの誕生の三〇週前の、カルヴァリ（十字架刑）とイースター（復活）に先立つ三〇年前の、力強く輝く勝利の叫びです。スウィングし、手を打ち、足を踏み鳴らします。神がすべてであり、また、大変革がすべてです。そして、そのすべてはイエスのゆえです。ただし、今はマリアが身ごもっただけで、イエスはまだ誕生していませんが、このイエスがエリサベトの胎児を、喜んでその母胎の中で躍らせ、マリアをも興奮と希望と勝利の思いに満たしたのです。今日《こんにち》の多くの文化において、言葉以上の深い表現をするために、身体と歌声で、どのように祝い、歌い、そして踊るかを真に知っているのは女性です。そのようにしてマリアの歌がここに出てくるのです。

確かに、マリアはこれからほかの多くの事柄も学ばなければならないのです。イエスが赤子の時、剣が彼女の**魂**を刺し貫くであろうと告げられます。イエスが一二歳の時、マリアは三日間、イエスを見失います。イエスが三〇歳の時には、イエスは気が変になったのではないかと思います。マリアは、さらに三日間、エルサレムで完全に絶望的になります。マリアが情熱的に歌うその神が、彼女を欺いたように思われます（それは、彼女がこの歌に引用する同じイザヤ書の一部でもあります）。マリアの歌を歌う私たちは皆、このことも忘れてはなりません。しかし、この勝利の時が、イースターとペンテコステに戻って来ます。そして今度はもう取り去られることはありません。

なぜ、マリアはこのような歌に行き着いたのでしょうか。彼女の息子についての知らせと、この世の権力構造をしのぐ神の強い力と何の関係があるのでしょうか。なぜ、力ある者を退け、謙遜な者を引き上げるのでしょうか。

マリアとエリサベトは夢を分かち合いました。それは古代のイスラエルの夢でありました。つまり、預言者たちが預言したことが、いつの日か実現するという夢です。イスラエルの神がイスラエルの始祖たちに語られたことが、ある日、実現するのです。つまり、アブラハムの家族により、すべての国々の人々が祝福されるのです。しかし、その場合、世界を隷属状態にしている諸力は倒されるべきです。人々が貧しく、飢えていて、悲惨であるなら、誰が神の祝福に感謝するでしょうか。マリアやエリサベトのような人々が、嫌というほど分かっていた威張り散らす者たち、闇の実力者たち、悪の諸力に対して神は勝利されなければなりません。ヘロデ大王の暗黒時代にまかり通っていた彼らの日頃の横暴は、ローマの脅威という後ろ盾によっていました。マリアとエリサベトは、その当時の多くのユダヤ人のように、聖書の言葉を探求し、詩編と預言書の中にひたっていました。そこには、恵み、希望、実現、逆転、刷新、悪に対する勝利、そして最終的に、神が救済《すくい》のために来られると告げられてありました。

これらすべてが、この歌の中に流れ込んでいるのです。それは、ジョッキの縁から泡が溢れ出て、辺り一面にこぼれ出ている、芳醇に泡だった飲み物のようです。この歌のほとんどすべてが、マリアが子どもの頃から知っていた聖書の言葉からの引用です。とりわけ、サムエル記上二章のハンナの歌と響き合っています。それはサムエルの誕生を祝う歌で、神がサムエルを通して行われることを歌ったものです。今や、母となるこの二人が、自分たちの息子であるヨハネとイエスを通して神が行われることをともに祝っているのです。

これは、後に続くルカの場面設定でよく見られますが、二人の少年は成長し、神が長きにわたって約束されてきた大変革のために、悪の力に打ち勝つ人物に確かに育っていくのです。マリアの賛歌の大部分は、その息子の宣教活動と響き合っています。イエスは、富める者に対してはその富を信頼してはならないと警告し、貧しい者に対しては神の王国を約束されました。

しかし、ルカはまだ、私たちにその全体像を見せてはくれません。マリアのエリサベト訪問は、年長の女性が希望を失っていたのについに身ごもり、若い方の女性は予想していたよりもはるかに早く身ごもるという、素晴らしい人間描写になっています。それは緊張の瞬間であったかもしれません。もしかするとマリアは誇らしく思い、エリサベトは憤慨したかもしれません。しかし、そのようなことはありませんでした。むしろ、親密さがただよっています。つまり、ヨハネは誕生の三か月前に、マリアの声を聞いて胎内で躍り、そして聖霊が、エリサベトに賞賛の声を上げさせ、マリアの賛美を導かれたのです。

それらはすべて神の祝福でした。神が主導権を持っておられ、神は主なる方《かた》、救い主、力ある方、聖なる方、恵み深い方、真実な方です。神こそが賛美の究極的な根拠なのです。

一章五七―八〇節　ザカリアの賛歌

[57]エリサベトの子どもの誕生の時が訪れ、彼女は男の子を産んだ。[58]近所の人々や親族は、主が
彼女を大いに憐れまれたことを聞いて、彼女とともに祝うためにやって来た。
[59]八日目になり、幼児に割礼を施すために人々がやって来た。彼らはその子を父親の名にちな
んでザカリアと呼んでいた。[60]しかし、その母親ははっきりと言った。「いいえ、ヨハネと名付け
ねばなりません」。
[61]人々は彼女に反対して言った。「そのような名前の人はあなたの親族には誰もいない」。
[62]そして、父親には身振り手振りで尋ねた。「その子に何という名を付けたいのか」。[63]父親は字
を書く板を出させて、「その名はヨハネ」と書いたので、人々は皆、驚いた。[64]すると、ザカリア
は、たちまち口が開き、舌がほどけて、神をほめたたえた。[65]近所の人々は皆、恐れを抱き、ユ
ダヤの山地一帯で、この一部始終が話題になった。[66]聞いた人々は皆、これを心に留め、「この子
は一体、どんな人物になるのだろうか」と言った。そして、主の御手《みて》が、この子とともにあった。
[67]ヨハネの父親ザカリアは聖霊に満たされてこう預言した。
[68]「ほめたたえよ、イスラエルの神である主を。

主はその民を顧みて、彼らに自由をもたらす。
69私たちのために救いの角を、
その僕ダビデの家に起こされた。
70昔から聖なる者たちの口を通して
約束されたように。
71それは、私たちの敵からの救い、
私たちを憎む者の手からの救出、
72私たちの父祖たちへの憐れみ、
主はその聖なる契約を守ってくださる。
73主は私たちの父祖アブラハムに対して誓いを誓われ、
それにより私たちは
74敵の手から救われ、
主に仕える。75清く、正しく、
生涯、主の御前に。
76幼子《おさなご》よ、あなたはいと高き方の預言者と呼ばれる。
主の前に先立って行き、その道を備え、
77主の民に救いを知らせる、
人々のすべての罪の赦しを通して。

78これは私たちの神の深い憐れみの心による。
この憐れみによって、高い所から夜明けが私たちに臨み、
79暗闇と死の陰に座している者たちを照らし、
私たちの足を平和の道に導く」。
80幼子《おさなご》は成長し、霊において強くなっていった。彼は、イスラエルの人々の前に現れるその日
まで荒れ野にいた。

現代人の多くは、テレビのない生活を想像することはできません。四六時中テレビが、私たちに考えるべきことを告げてくれるのに慣れてしまって、それなしでは、ある人は悩み込み、自分で考えたことのない世界で迷子になります。それは探検家の案内人が突然消えてしまったかのようです。さらにラジオと新聞を取り除くと、……あなたがたは一日中、何を考えるのでしょうか。

確かに、これがごく最近までの世界の多くの人の状況でした。イエスの時代のすべての人の状況でした。もし、あなたがザカリアであったとしたら、一日中、何を考えるのでしょうか。

きっと自分の家族のこと、たぶん地元の地域の仕事のこと、それに自分の健康のこと（これはかなり可能性が高い）、穀物の状況、収穫の予測などを考えることでしょう。

しかし、これらの明白な関心事の背後に、もっと深い問いがあります。世の中、何かがおかしいと感じます。人々は苦しんでいます。あなたがたの民は苦しんでいます。物騒な外国人が遠くから、憎

悪に満ちたまなざしで、手に武器をもってやって来ます。暗闇と死が、地上に疾病をもたらします。これらのことを、多くの国の多くの人が世紀を超えて考えてきました。

また、さらに背後の多くのことが悪い方向に進んではいますが、どういうわけか大きな希望があります。物事は正されることができます。物事は正されるでしょう。悪から離れましょう。そうでないと滅んでしまいます。古い思い出や空想にふける人、希望のうわさに生き続ける人、その人はたいてい年老いた人です。

ザカリアの脳裏に、特に預言的な詩の中にあるこの聖書の箇所が思い浮かんだのです。彼は長年、苦しみと希望について深く考えてきた人のようであり、恐れと喜びをもって自分の男児の顔をのぞき込むとき、自分の中からこの苦しみと希望の二つが湧き出てくるのをただちに気づく人のようです。

それは、ついに行動を起こされる神についての詩です。何百年も前に約束されたことを、ついに実現される神についての詩です。人々が憎悪と圧迫の中にあったときに、実行に移される神についての詩です。次から次と起こる悪しき帝国が、民を足元に踏み倒してきました。ようやく、神は彼らを解放されようとしているのです。ザカリアの心を長年覆ってきた痛みと悲しみ、暗闇と死を、私たちは感じ取ることができます。ザカリアの知識と経験において、名も知らない敵どもが、その角《かど》を曲がったところに潜んでいることが分かります。ザカリアがガブリエルの言葉に最初、疑いを抱いたということは、ある程度理解できるでしょう。

しかし、私たちはザカリアの長年の静かな祈りと神への信頼を感じ取ることもできます。神はアブラハムと契約を結ばれました。神は新しいダビデを遣わすことを約束されました。神はその前に、道を備える一人の預言者について語っておられました。これらのすべてのことをザカリアは知っていて、信じ、祈り、待ち望んでいたのです。今やそれが現実となったのです。

この詩の大部分は「政治的」解放という、単に祝いの歌として読むことができます――ただ、少数の古代ユダヤ人が、そう多くはない近代の人々が、近代西洋のやり方で、聖なるものから俗なるものを分離することを望んだと思われます。しかし、ザカリアの幻には、単に政治的勢力を再編成することを超えているという幾つかのしるしがあります。神の恵みは罪を赦し、死そのものから人を救い出します。つまり、これらすべてが、広くて深い「救い」の意味について教示しているのです。旧約聖書の偉大な約束の実現において、神が、単なるこの世的な救いを超えて、罪と死そのものを取り扱い、まったく新しい世界への扉を開く方であるということを、ルカは、私たちが理解できるように準備をしてくれているのです。言うまでもなく、これがこの書の残りの部分を占めるメッセージです。

子どもに名を付けるときに、九か月間の沈黙が突然破れるというザカリア自身の話は、彼の時代のイスラエルで起こっていたことを知る小さな縮図です。多くの人が信じた預言は長い間、沈黙していました。しかし今、多くの人に彼らの神に対する真の忠誠心を再び抱かせるために、堰《せき》が切られようとしていたのです。ザカリアの不信仰のための罰というかたちで始まったことが、今や神が新しいことを行われようとする新しいしるしとなるのです。

私たちがしばしば分離しようとするものを、ルカはひとまとめにして、長い第一章としています。ルカは、話の要所要所をイスラエルの古い聖書的な記録と結び付けています。つまり、それらを父祖たちに、王たちに、預言者たちに、それに詩編に関連付けているのです。ルカは、何百年も前の話がついに現実となって現れるかのように、暗闇の中から突然の光が現れるように、その瞬間を描こうとしているのです。ルカはこのような大局観を確かに持っていて、神がなされた古い約束の実現として、イスラエルの希望がようやく実現するかのように、イエスについて語ろうとしています。そのすべてが道理にかなっているのです。

しかし、ルカが描く物語は、普通の人々の個人的な希望と恐れにも共鳴します。ザカリア、エリサベト、マリアは、信仰と疑いとの間で躊躇している実際の人々の代表であり、歴史における新しい瞬間に、神を信頼するよう求められている人たちです。それは著者としてのルカの技巧だけでなく、神の愛の現れであり、ルカはその大きな図と、より小さな人間ドラマの両方をまとめて描いているのです。つまるところ、これは、ザカリアが垣間見たように、創造者である神が、ご自分の民を救うためにどのようにして来られたかについての話なのです。ルカがこれから告げるように、神ご自身がどのようにして人としてお生まれになったかについての話なのです。

二章一―二〇節　イエスの誕生

1その頃、皇帝アウグストゥスから、全領土の住民は登録すべきであるとの勅令が出された
2（この住民登録は、キリニウスがシリア州の総督であった時に行われた最初のものであった）。3それで
人々は皆、登録をするために、それぞれ自分の町に向かって出発した。4ヨセフも、ダビデの家

系に属し、その血統であったので、ガリラヤのナザレの町からユダヤのベツレヘムというダビデ
の町へ上《のぼ》った。5身重になっていた、いいなずけのマリアと一緒に登録をするためであった。
6ところが、二人がそこにいるうちに、マリアは月が満ちて、7男の初子《ういご》を産んだ。彼女はその
子を産着《うぶぎ》にくるみ、飼い葉桶に寝かせた。客間には彼らの場所がなかったからである。
8さて、その地方で羊飼いたちが野宿をしながら、夜通し、羊の群れの番をしていた。9すると、
主の天使が彼らの前に立った。主の栄光が彼らの周りを照らしたので、彼らは恐れた。
10天使は言った。「恐れることはない。見よ、私はすべての民を幸せにする良い報《しら》せをあなたが
たに告げる。11今日、救い主がダビデの町で、あなたがたのためにお生まれになった。この方が
メシアであり主である。12あなたがたは、産着にくるまって飼い葉桶に寝ている乳飲み子を見つ
けるであろう。これがあなたがたへのしるしである」。
13すると、突然、天の大軍の群れが、天使とともに、神を賛美して言った。

14「いと高きところには栄光、神にあれ
地には平和、御心に適う人にあれ」。

15天使たちが彼らを離れて再び天に去ったとき、羊飼いたちは語り合った。「さあ、ベツレヘム
まで行こう。主が私たちに語ってくださったその出来事を見ようではないか」。
16彼らは急いで行って、マリアとヨセフと飼い葉桶に寝ている乳飲み子を探し出した。17羊飼い

たちはそのありさまを見て、この幼子《おさなご》について天使から告げられたことを人々に告げた。[18]聞いた人は皆、羊飼いたちの告げたことに驚いた。[19]しかし、マリアはこれらすべてのことを心に納め、思い巡らした。
[20]羊飼いたちは、見聞きしたことがすべて天使から告げられたとおりだったので、神を崇め、賛美しながら帰って行った。

あなたが、指をさして犬に何か指示を与えようとするとき、たいてい、その犬はあなたがさしているものよりも、あなたの指そのものを見つめます。それはいらだたしいことですが、時として、私たちが無意識に犯す過ちを例示しています。それは、多くの人がルカによる福音書のクリスマス物語を読むときの過ちです。飼い葉桶、それはクリスマスのベビーベッドです。歴史上、最も有名な家畜の飼い葉桶です。あなたがたはそれをクリスマスカードで見ます。教会では手の込んだ飼い葉桶を作り、その前で祈りを献げるよう人々に勧めます。ルカは何も言っていないのに、私たちは家畜についても知っています。つまり、クリスマスカードやキャロルでは牛やロバが目立ちます。羊飼いが自分たちの動物を一緒に連れてきたか、それともマリアとヨセフが泊まっている場所に家畜がいたかどうかについては何の説明もないのです。

それでは、二人が滞在していた場所について明らかにしましょう。伝承では、彼らが宿屋の扉をノックしましたが、空き部屋はないと告げられ、提供されたのが、家畜がいた場所でした。しかし、伝統的な翻訳の「宿屋」という語には幾つかの意味があります。人々が通常泊まるのは家の二階ですが、二人が実際に泊まった場所は一階と思われます。一階はたいてい、家畜の場所であり、飼い葉桶が乳児のために役立つのです。ただ、そこに実際に家畜がいたかどうかについては何も触れられていません。

飼い葉桶に集中すると、そもそも、それが述べられた理由を忘れてしまいます。それはさし示す対象よりも、その人の指そのものを犬が見ているかのようです。ルカはこの物語で、飼い葉桶に、なぜ三度も言及しているのでしょうか。

答えは次のようです。飼い葉桶は、羊飼いたちへのしるしとして適切で十分であったからです。どの乳児が、彼らが探している乳児であるかを、そのしるしが示しました。そして、天使が話していたとおりであったことを彼らに示しました。自分の新生児のための簡易ベッドとして、家畜の飼い葉桶が身近に用意されているのを発見する若い母親について考えることは、確かに、この物語のもう一つの人間味豊かなところです。日常の生活の困惑と混乱の中に降りて来てくださった神について、多くの説教がこのところから語られることが期待されるのは言うまでもありません。しかし、ルカがここで飼い葉桶に言及する理由は、羊飼いたちにその報《しら》せと指示を与えることが重要だったからです。

なぜ、それが意味のあることなのでしょうか。それは羊飼いたちが、この子が誰であるかを告げられていたからです。この子は救い主、メシア、主です。飼い葉桶それ自体は重要ではなく、その中身が重要です。飼い葉桶は道標であり、さし示す指で、飼い葉桶の中にいる男児の身元と任務をさし示します。野から呼ばれた羊飼いたちには（羊飼いの少年ダビデのようで、彼は王として油注がれるために野から連れてこられました）、その情報があらかじめ知らされていて、その結果、マリアとヨセフは、この思いがけない情報源からそれを聞いて、その日まで彼らだけの秘密であったことについてさらなる確証を得るのです。

前章のザカリアも含め、当時のパレスチナのユダヤ人たちのように、羊飼いたちは、救い主であり、メシアであり、主である方が、何を行われるかについて知っていたと、私たちは想定すべきです。ルカは、遠く離れたローマの皇帝で、その最盛期にあったアウグストゥスについて語ることによって、その話を始めます。

アウグストゥスはユリウス・カエサルの養子でした。彼はすべての敵対勢力を打ち負かした流血革命の後に、ローマ世界の唯一の指導者となりました。滅ぼすべき最後の人物はマルクス・アントニウスでしたが、彼は紀元前三一年の海戦での敗北後まもなくして自殺しました。アウグストゥスはローマの共和制を、自分自身をトップとする帝国に変えました。彼は正義と平和を全世界にもたらすと宣言しました。そして、死せる自分の義父〔カエサル〕を聖なる者とし、自らを神の子と位置付けました。詩人たちは、新しい時代が始まったと歌を詠み、歴史家たちは、アウグストゥス自身をもって（明らかに）クライマックスに達するローマの大躍進という長編を書きました。人々は、アウグストゥスを世界の「救い主」と呼びました。彼は王であり、「主」でありました。彼の帝国の東部において、次第に人々は彼を一人の神として礼拝するようになりました。

他方、遠く離れた、同じ東の偏狭の地で、同世代に、「神の子」として迎えられる、一人の男児が生まれたのです。彼に従う者たちは、彼を「救い主」や「主」と呼んでいました。つまり、彼らはその誕生が、真の正義と平和を世界にもたらすと考えたのです。イエスは、決してローマ皇帝の前に立つことはありませんでしたが、ルカ福音書のクライマックスの場面では、ローマ皇帝に代わる総督ポンティオ・ピラトの前に、イエスは立つのです。ローマにいる皇帝が、自分の支配する広大な地域の人口調査の実施をどのように決めるのか。また、この人口調査が、ダビデ王自身とつながりのあるイエスの誕生にどのように関係するのか。ルカがこの物語を語るとき、イエスと皇帝が対峙するシーンを心に描いていたに違いありません。

歴史家はこの人口調査に頭を悩ませます。キリニウスがシリアの総督であったときに行われた人口調査は、イエスの誕生よりかなり後のことでした（そして興味深いことに、その人口調査は、ローマによる課税に腹を立てたユダヤ人の暴動を引き起こしました）。キリニウスの下《もと》で行われた有名な調査よりも早い時期のものとして、この箇所のギリシア語原文を解釈するのも一つの方法です。歴史家が結論を出すことができない多くの謎がありますが、これはそのうちの一つです。

しかし、ルカが示そうとしている強調点は明らかです。この小さな男児の誕生は、**神の王国**――全く弱そうで、取るに足らず、脆弱そうに見える――と、この世の王国、この両者の対立の始まりを示しています。アウグストゥスは、ナザレのイエスのことを聞いたことはありませんでしたが、一〇〇年余りのうちに、ローマにいるアウグストゥスの後継者たちがイエスのことを聞かなかったということはありませんでした。イエスに従う者たちを抹殺する策を講じたほどでした。それから実に三〇〇年を経て、皇帝自身がキリスト者となったのです。あなたがたがカードや教会の中で飼い葉桶を見るとき、ベビーベッドのところで立ち止まらず、それが何を示しているのか理解してください。それは、そこに横たわっている乳児が、世界の真の王としてすでに語られている驚くべき真理を示しているということです。ルカの物語の残りの部分、つまりこの福音書とその後の使徒行伝の二書は、イエスがどのようにしてご自分の王国にお入りになるかを語っています。

二章二一—四〇節　シメオンとアンナ

[21]八日後、幼子《おさなご》に割礼を施す時がきた。幼子はイエスと名付けられた。それは、胎に宿る前に
天使が付けた名であった。
[22]モーセの律法に従い、彼らの清められるべき期間が満ちたので、両親はその子を主に献げる
ためにエルサレムへ連れ上《のぼ》った。[23]それは、初子として生まれた男子は皆、主に対して聖別され
た者と呼ばれると、主の律法に書かれてあるからである。[24]また、主の律法に書かれてあるとお
りに、山鳩一つがいか、家鳩二羽を、いけにえとして献げるためであった。
[25]さて、エルサレムにシメオンという名の人がいた。この人は正しく、敬虔で、イスラエルの
慰められるのを待ち望んでいた。聖霊が彼の上にあった。[26]また、主のメシアを見るま
では死なないと、聖霊によってお告げを受けていた。[27]シメオンは霊に導かれて神殿の境内にや
って来た。すると、イエスの両親が幼子に関する律法のしきたりを守るためにイエスを連れて来
た。[28]シメオンは幼子を抱きしめ、神をたたえてこう言った。

29「今こそ主よ、あなたはお言葉どおり、あなたの僕を安らかに去らせてくださいます。
30私は自分のこの目であなたの救いを見たからです。
31それはすべての民の前に備えられた救い、
32異邦人を照らす啓示の光
あなたの民イスラエルの誉れです」。

33父と母は、幼子についてこのように言われたことに驚いた。34シメオンは彼らを祝福して母マ
リアに言った。
「聞きなさい。この子は、イスラエルの多くの人を倒し、また立ち上がらせるために、そして、
反対を受けるしるしとなるように定められています（あなた自身の魂も剣で刺し貫かれます）。35多
くの人の心の思いがあらわにされるためです」。
36さて、アシェル族のファヌエルの娘で、アンナという女預言者もいた。彼女はずいぶん年を
とっていた。七年間、夫と暮らしたが、長年、未亡人で、37今や八四歳になっていた。彼女は神
殿を離れず、昼も夜も断食と祈りをもって神に仕えていた。38ちょうどその時、彼女が近づいて
来て神を賛美し、エルサレムの贖いを待ち望むすべての人にイエスのことを語った。
39さて、親子は主の律法に従い、すべてを成し終えたので、ガリラヤの自分たちの町、ナザレ
に帰った。40幼子は成長し強くなっていった。そして、知恵に満ちて、神の恵みに包まれていた。

私は、その職人が仕事に取り掛かるのをじっと見ていました。彼はあらかじめ色付けておいた美しいガラスのための枠組みを作るために、窓にリード線を注意深く取り付けました。こうして、以前は普通の窓であったものが、今や多彩な色と形で構成され、物語を告げる輝く窓となる瞬間が訪れたのです。

ルカは今、一つの絵の輪郭をスケッチします。彼は窓の中のあちこちにリード線を付けました。ルカはそれを完成するためにどのような色のガラスを使うのでしょうか。ルカはどのような物語を語るのでしょうか。そして、それにどのような輝きを与えるのでしょうか。

その絵は、世界の真の支配者としてのイエスの絵です。主であり、メシアであり、救い主であり、皇帝に替わる世界の真の王です。この絵を、燃えるような、王家の色で、また、未来の栄光、世界の主権、力と権威の印象を与える色で満たすのはなんと易しいことでしょうか。

ルカはこれと逆のことをします。彼は地味な色を選びます。そして、その色で絵を描けば描くほど、私たちは、それは皇帝アウグストゥスの王国とは違うものであることに気づきます。実は、それは神が約束されたことです。しかし、それは最終的なものではなく、ルカは、民が期待したようなものではないことを私たちに警告しているのです。

特に、それは苦難の話になっていきます。シメオンは、イスラエルを慰める神を待ち望んでいます。アンナは、イスラエルの贖いを待ち望んでいる人々と接触しています。二人とも忍耐強く、希望の世界に生きていた人です。そこでは苦しむことが一つの生き方です。神が約束された贖罪者が、この苦しみを共有してくださることが今、明らかになります。シメオンは、その贖罪者が反対を受けることを暗い言葉で語り、その上、マリアの心を刺し貫く剣について語ります。

これは、**神の王国**がこの世の王国と対立するときに起こるとルカは告げます。ルカは私たちに、この話を通して預言が成就するのを見せようとしています。マリアは、自分の息子が、平和の道を提供しようとしたその町で拒絶され、また、救済のために向かったその民によって拒絶されるのを落胆して見つめることになるのです。最終的に、シメオンが言うように、この子は「イスラエルの多くの人を倒し、再び立ち上がらせるためにここに置かれ」、都の、国家の、さらに世界の希望と恐れを一身に引き受け、死と復活を自ら経験するのです。

しかし、ルカが苦難という暗い色で絵に色付けしているとすれば、彼はまた、この幼子によってもたらされる王国は、イスラエルのためだけでなく、全世界のためであるということを示しています。シメオンは、旧約聖書の中心にある真理（ルカが注意深く、イエスとその両親によって成就されたと記してある）を理解していました。つまり、イスラエルの歴史が、神がお定めになった目標に達するとき、ついに、世界に夜明けがもたらされるのです。ユダヤ人のみならず、すべての国民が、神が差別なしにすべての人のための救いの計画を明らかにされるのを見るのです。これは、約束を担ってきた、世界の真の支配者が現れる国家、イスラエル自身の真の誉れとなるのです。つまり、「異邦人を照らす啓示の光、あなたの民イスラエルの誉れです」。これは、世界が期待していたような啓示ではなく、イスラエルが望んでいたような誉れでもありません。むしろ、真の啓示であり、真の誉れなのです。

ルカはさらに、二人の人物の話を加えます。最初の二章が終わるまでに、ほとんどの読者は、この話の中に、共感できる人物がいることに気づきます。やっとのことで子どもを得た年老いた夫婦（ザカリアとエリサベト〕に、私たちは出会い、あまりにも早く子どもを得たことに大変驚いた若い女性〔マリア〕を見ているのです。そして、その夫〔ヨセフ〕は特別な犠牲を献げるために、彼女とともに神殿にやって来たのです。その次の段落は、青少年時代の出発点にあるイエスそのものを描いています。さて、この聖書の箇所に、死を待っている年老いた男性と女性が登場します。彼らは昼も夜も神を礼拝し、イスラエルの民の救いのために祈っていました。ルカは、人生のすべての年代の読者をこの絵の中に引きこもうとしています。あなたが誰であろうと、どこにいようと、ベツレヘムの飼い葉桶から空《から》の墓、さらに復活に至るイエスの物語が、あなたの物語となりうるのです。

それが、あなたの物語になるとき、あなたはある使命を果たすよう、神から呼びかけられていることを知ります。すべての人は神のご計画の中に自らの役割を持っています。ある人たちは、活動的で、明朗闊達で、公衆の面前で働き、おそらく福音を宣教し、神の愛をもって世の実際的な必要に応えています。ほかの人たちは、もの静かで、人目を避け、忠実に神に祈ることで、神の約束を実現する働きをしています。多くの人は、この二つをミックスし、時には前者のようであり、時には後者のようであります。マリアとヨセフにとって、そのとき、シメオンとアンナが必要でした。他方、年老いた男性と年老いた女性にとって、待ち望んでいたマリアとヨセフが必要であり、彼らのゆえに神に感謝したのです。洗礼者ヨハネとイエスの二人の誕生は、多種多様な人々を新しい礼拝と交わりの中に導き入れる働きがすでに始まっていることを示しているのです。

二章四一―五二節　少年イエス

41イエスの両親は、毎年、過越祭にはエルサレムに上《のぼ》るのをならわしにしていた。42イエスが一
二歳になった時も、いつものように両親は祭りのために上《のぼ》った。43祭りの期間が終わって帰途に
ついたが、少年イエスはエルサレムに残っておられた。両親はそれに気づかなかった。44道連れ
の中にイエスがいると思い込んで、一日路を行ってしまったので、両親は親族や知人の中にイエ
スを捜した。
45しかし、見つからなかったので、捜すためにエルサレムに引き返した。46三日後にやっと、イ
エスが神殿で教師たちの間に座って、彼らの話を聞き、質問しておられるところを見つけた。
47イエスの話を聞いた人は皆、その賢さと受け答えに驚嘆した。
48両親はイエスを見て非常に驚き、母はイエスに言った。「なぜ、こんなことをしたのですか。
このとおり、お父さまも私も、とても心配して捜していたのですよ」。
49すると、イエスは彼らに言われた。「なぜ、私を捜したのですか。私が自分の父の仕事に関わ
る必要があったことを知らなかったのですか」。
50両親には、言われたことが理解できなかった。51イエスは、両親とともに下って行き、ナザレ
に帰り、両親に仕えておられた。そして、母はこれらのことすべてを自分の心に納めた。

52 イエスはますます知恵が身につき、背丈も伸び、神と周りの人々から恵みをお受けになった。

私は子どもの頃、毎朝、自分一人で、もしくは姉と一緒にバス停までの一キロ余りを歩きました。その通学の最後は自分だけで歩いて登校しました。夕方、私は同じ道を帰りました。私は冬の暗い日でも危険だとは思いませんでした。今や、多くの地域で、子どもたちは車で学校に送ってもらっています。両親は、子どもたちを待ち受けるあらゆる危険に気を配っているからです。

この聖書の話で最初に驚くべきことは、マリアとヨセフは、ガリラヤから大集団とともに出発したので、イエスが一緒にいることを確認しなくても大丈夫だと思い込んでいたことです。これは彼らが住んでいた世界について多くを語っています。そこでは、親戚や友人たちという拡大した家族が、しっかりと結びついた相互信頼関係の中で生活していました。しかし、ひとたびエルサレムを離れ、集団とは別に自分たちだけで帰ろうとするなら、多くの暗い路地があり、また見知らぬ人々や兵士たちや商売人たちがいて、自分の子どもを数日間も安心して残しておくことはできませんでした。

三日間も捜しまわったというマリアとヨセフの極度の心配をよそに、二人がイエスを見つけたときのイエスの冷静な対応ぶりは、あまりにも対照的です。マリアは、おそらく多くの親がそうであるように、罪悪感と安堵の入り乱れた非難の言葉を口走ります。マリアは、「私は、あなたをこのように置き去りにして、なんということをしたのでしょうか」と言う代わりに、「あなたはなぜ、私たちにこんなことをしたのですか」と言いました。ルカの描写では、イエスは悪びれもせず、むしろ、自身の自己認識を深め、よく分かるように穏やかに諭されます。マリアが、「お父さんとお母さんは、あなたを捜していたのですよ」と言うと、イエスは、「それは違います。私は父の仕事で忙しかったのです」と答えました。今日《こんにち》、ある家庭では、子どもたちが発する言葉の中から、心を打つものをノートに書きとめます。マリアも心のノートに書きとめました。そして、イエスのこの言葉どおりに苦難の十字架へと突き進むのです。

ルカのこの語り方は、今まさに始まろうとしている物語の大きな枠組みの一環として、ルカ福音書を読む慎重な読者の心を打つことでしょう。ルカ福音書の最も愛されているシーンの一つは、エマオへの途上の話です（二四・一三―三五）。そこでは、イエスの死から三日が経過し、二人の弟子たちが悲しみを分かち合っています。イエスは彼らに出会い、「そのことが起きる必要があった」と、その次第について説明されます。他方、ここにエルサレムに戻って来たもう一組の夫婦があり、彼らがイエスを見失ったと思った三日後に、そのイエスを発見します。そして、イエスから、「私は父の仕事で忙しくする必要があった」（この「必要があった」はエマオの途上と同じギリシア語）と、説明を受けるのです。あなたがたは、このように対《つい》になった話を、「見失ったと思ったそのイエスを見つける」と呼ぶことができます。そして、それが、この二か所の使信であるように、ルカは、自らの福音書で、全体として、私たちに何かを伝えたいと思っているという観点から、イエスについてある程度分かるが、想像以上に理解しにくいと考える人々のためには、このような一貫とした書き方が、人々の理解を助けることになると思われます。

当然ながら、イエスを見つけることは普通、驚きをもたらすことでしょう。マリアとヨセフが、またエマオへの途上の二人が、期待していたことをイエスは語ることをせず、また行いもしませんでした。それは、私たちの場合も同じです。私たちが落ち着いて、イエスを真に理解しているときにはいつも、イエスは私たちの行く手におられることでしょうし、何も考えないで進んでいるときには、イエスは後ろにおられることでしょう。弟子の道はいつも予想外のことを伴います。

ところで、絵の中心は神殿の中にいるイエスであって、神殿はルカにとって多くの意味をもつテーマです。私たちはこの福音書に関する限り、何度も神殿を訪れます。ザカリアの幻、シメオン及びアンナとの出会い、そして今はイエスご自身が主導権を握り、律法の教師たちと議論しておられます。また、この福音書は神殿で弟子たちが神を賛美しているところで終わっています。しかし、このはじめと終わりとの間で、神殿とそれを取り囲む聖なる都は、イエスの厳しい警告の対象となります。これから先、イエスは神殿に調和する約束を果たすために、その時代の人々に挑戦しようとしているのです。もし、人々が聞き従わなければ、神殿自体が崩壊することになるでしょう。

私たちが、この物語を深い祈りをもって読むとき、自分たちをマリアとヨセフにきわめて簡単に重ね合わせることができるかもしれません。――イエスは家に戻ってマリアとヨセフに従って生活されますが、自立心と使命感をひそかに主張されたイエスに、私たちを重ね合わすこともできるかもしれません。私たちは、非常に大切な人や物を失ったと思った日々のことを思い出したくなります。私たちは、イエスご自身を当たり前のように受け入れてきたのではないかと反省したいと思います。もし、マリアとヨセフがそうすることができたのなら、私たちにもできると思うのはもっともなことです。私たちが自分の仕事に出かけるときに、イエスが同行してくださることを当然と思ってはいけません。しかし、主の臨在の欠乏を覚えることがあるなら、そのときにはイエスを捜さなければなりません。祈りの中に、聖書の言葉の中に、聖礼典の中に、イエスを再び見つけるまでは忍耐をもって捜さねばなりません。
私たちが再びイエスに出会うとき、イエスは、私たちが期待することを語られず、行動されないことを、私たちもまた予期しなければなりません。イエスは、父の働きで忙しくされておられるに違いありません。私たちもそうでなければなりません。

三章一―九節　洗礼者ヨハネの説教

1皇帝ティベリウスの治世の第一五年、ポンティオ・ピラトがユダヤの総督、ヘロデがガリラヤの領主、その兄弟フィリポがイトラヤとトラコン地方の領主、さらに、リサニアがアビレネの領主、2アンナスとカイアファが大祭司であった時、神の言葉が荒れ野でザカリアの子ヨハネに臨んだ。3ヨハネはヨルダン川流域一帯に行き、罪の赦しに至る悔い改めの洗礼を宣べ伝えた。4これは、預言者イザヤの書に書かれていることである。

「荒れ野で叫ぶ者の声がする。
主の道を備えよ。
その道筋を主のためにまっすぐにせよ。

5すべての谷は埋められ、
すべての山と丘は低くされる。
曲がった道はまっすぐにされ、
でこぼこ道は平らにされ、
6すべての人は神の救いを見る」。

7ヨハネは、彼から洗礼を受けようとして出てきた群衆に向かって言った。「毒蛇《どくじゃ》の子らよ、来
たるべき神の怒りから逃れるように、誰がお前たちに教えたのか。8悔い改めにふさわしい実を
結べ。そして、『われわれの父祖はアブラハムである』などと言い始めるな。お前たちに言う。
神はこれらの石ころからでも、アブラハムの子孫を起こすことがおできになる。9すでに斧も、
木の根元に置かれている。だから、良い実を結ばない木はすべて切り倒され、火の中に投げ込ま
れる」。

ある地域を押し流してしまうほどの大洪水を想像してみてください。古代の都市が突然、気がつくと水面下にあります。人々はそんなことを予期もしませんし、今、そのようなことが起こるのをまったく信じることもできません。

当局が十分な兆候を知っていたなら、彼らは人々がそれに巻き込まれないよう、それぞれの家から人々を連れ出すことに確かに全力を尽くします。彼らは問題の発生が差し迫っているので、人々にす

ぐにでもそこから離れるように、車でその町の隅々まで警告して回ります。彼らは地域のラジオやテレビでその緊急性を伝えます。切迫している危険に対しては、速やかな行動が必要です。

洗礼者ヨハネは、この種の働きをしたのです。私たちは、この種の警告をして回る説教者たちのことを通常は考えません。政治家さえも、私たちに事態が大変差し迫っていると通常は告げません。彼らがそう言ったとしても、私たちは、たいてい気にも留めません。しかし、民はヨハネを信じました。そして彼のところにやって来たのです。異なる種類の洪水、つまり、ヨルダン川に身を沈められる**洗礼**を受けるためにやって来たのです。

では、その緊急性とは何でしょうか。ヨルダン川に身を沈められることが、どのようにして人々を危険から逃れさせるのでしょうか。

ルカによる洗礼者ヨハネの物語への導入は、それが起こった日をかなり正確に私たちに知らせようと意図していますが、実際には、その他もっと多くのことを私たちに知らせています。名前や場所のリストの背後に、爆発点にまで増大した抑圧と悲惨の物語があるのです。

ローマ帝国はこの地域を約一〇〇年間にわたって支配しました。紀元六年からはローマ総督が駐留し、地中海沿岸のカイサリアに住みました。そして、エルサレムにも一つの要塞を築きました。最初の皇帝アウグストゥスは、紀元一四年に没し、冷酷なティベリウスが後を継ぎました。彼は帝国の東部において、一人の神としていつも崇められていました。その地域の北部は、ヘロデ大王の二人の息子、ヘロデ・アンティパスとフィリポが支配しましたが、ローマ帝国の後ろ盾による、どこか不安定な支配者でありました。他方、エルサレム自体を含む南部は、ローマ帝国が直轄支配しました。大多数のユダヤ人はヘロデの息子たちを真の支配者とは認めませんでした。ヘロデの息子たちは、恐怖と抑圧によって、自ら建てた王家としてローマ帝国のように君臨しました。大祭司はもっと悪く、住民の抵抗運動が繰り返し起こりました。あるケースでは、情け容赦なく鎮圧されてしまいました。誰もが、このままでは良くないと分かっていました。何かが起こるべきでした。しかし、何が起こるのでしょうか。

敬虔なユダヤ人は、神からの新しい言葉を待ち望んでいました。ある者たちは、預言はすでにすたれてしまったが、いつの日か回復があると信じていました。多くの人は、彼らの神が、古い契約を刷新してイスラエルを奴隷状態から新しい自由へと導くことを期待しました。古い預言者は、神ご自身が彼らのところに戻って来られ、刷新される時について告げていました。彼らは、これがどのようであるかという大まかな考えしか持っていませんでしたが、火のような若い預言者がヨルダン川の荒野に現れ、町々、村々を行き巡っては人々に、時は満ちた、聞く備えをせよと告げたのです。

ヨルダン川に身を沈める洗礼は、刷新の力強いしるしでした。イスラエルの子らがエジプトから出て、——過越祭やそのほかの祭りによって、人々が皆、良く知っているように——葦の海を通り抜け、シナイの荒れ野を経た後《のち》に、ヨルダン川を渡って約束の地に導き入れられました。しかし今や、彼らは再び隷属状態にあります。しかも自らの土地においてです。彼らは、自分たちを自由にする、新しい出エジプトを求めていました。古い預言者たちは、この隷属状態は、彼らの唯一の真の神ではない偶像を礼拝した人々の罪ゆえであると宣言したので、新しい出エジプトが起きるためには、この罪を償わねばなりませんでした。隷属状態から脱出する道は、預言者が言うように、心と魂をこめて神に立ち帰ることでありました。つまり、「悔い改めよ」「私に立ち帰れ。そうすれば、私もあなたがたに立ち帰る」と最後の預言者が言っているとおりです（マラ三・七）。

それゆえ、ヨハネの課題、「罪の赦しのための悔い改めの洗礼」があるのです。預言者イザヤが、「主のために、主がその民のところに帰られるための道を備えよ」と語ったことを、ヨハネが実行していたのです。時は至りました。救いはもうそこに来ています。

しかし、人々の状況は良くありませんでした。実際、洗礼は儀式の一部で、異邦人がユダヤ教に回心を望むとき、通らなければならない通過儀礼の一部であったので、イスラエル自体に洗礼をすすめるヨハネの招きは自明の理でした。単に、国家が政治的に困難な状況にあったからではありません。つまり、群衆の誰もが、自分の良心の危機的状況に立ち向かう必要がありました。新しい運動に対して、多くの人は表面的には同意するように見せかけて自分の素顔を隠すものですが、ヨハネはそのような単なる外観上の儀礼で満足しませんでした。神が戻って来られるとしても、ヨハネは、彼らがアブラハムの子であるがゆえにすべてに問題はないとは言いませんでした。神が、救出と救済をもたらされる理由は、神は聖であり真実な方であるので、正確にその民との契約を守られるからです――しかし、そうであるなら、神は慈愛と同様に必ず裁きをくだされます。神は飼いならされた神ではありません。

ヨハネは、イエスが後に詳しく説明される絵画的表現を用います。木は実を結ばなければなりません。しかし、そうでない木は切り倒されます（ルカ六・四三―四五参照）。その実は、悔い改めが本当であったことを示さねばなりません。その警告は時代を超えて響いています。つまり、現代の洗礼を受けたすべての人の心に受け止められねばなりません。私たちは、偉大なキリスト教の神秘に、つまり、水の洗礼を通してもたらされる新しい出エジプトにあずかるという理由で、私たちが真剣な悔い改めのしるしを何も示さないで、神が自動的に私たちに満足されるということを想像することはできません。もちろん、キリスト者の生き方は、単なる悔い改めをはるかに超えていて、それ以下ではありません。どんな霊性の向上も、私たちの従順さを妨げるものに背を向けることから始まります。もし、ヨハネがメガフォンを手に、道を歩いて近寄ってきたなら、あなたに何と言うでしょうか。

三章一〇―二〇節　群衆と対峙する洗礼者ヨハネ

10 群衆は尋ねた。「では、私たちはどうすればよいのですか」。
11 ヨハネは彼らに答えた。「下着を二枚持っている者は、持たない者と分かち合え。食べ物を多く持っている者も同様にせよ」。
12 徴税人たちは洗礼を受けるためにやって来て、ヨハネに尋ねた。「先生、私たちはどうすればよいのですか」。
13 ヨハネは彼らに答えた。「お前たちに命じられたもの以上に、誰からも取り立ててはならない」。
14 兵士らもヨハネに尋ねた。「では、私たちはどうすればよいのですか」。ヨハネは彼らに答えた。「人を恐喝したり、嘘の告発をしたりしてはならぬ。自分の給料で満足せよ」。
[15]人々は皆、大変興奮して、もしかしたら、ヨハネがメシアではないかと思い巡らしていた。
[16]ヨハネはこれに答えた。「私は水であなたがたに洗礼を授けるが、私よりも力ある方が来られる。
私にはその方の履物のひもを解く値打ちもない。その方が、聖霊と火によってあなたがたに洗礼
をお授けになる。[17]その方は、農業用フォークを手に持ち、脱穀場をきれいにして、麦を集めて
倉に納め、籾殻を消えることのない火で焼き尽くされる」。
[18]ヨハネは、ほかにも多くのことを勧め、人々に福音を告げ知らせた。[19]しかし、領主ヘロデは、
自分の兄弟の妻ヘロディアとのことについて、また、彼が行った数々の悪行について、ヨハネか
ら非難されたので、[20]ヨハネを牢に閉じ込め、すべての悪事の上にさらに悪事を重ねた。

ある懐疑論者が天に向かって、「神よ、もし、そこにおられるなら、私たちがなすべきことを教えてください」と叫び声を上げている漫画があります。

「飢えている者に食物を与えなさい。家のないものには家を与えなさい。正義を確立しなさい」と声が返ってきます。

懐疑論者は不安そうに、「ちょっと試してみます」と言うと、

「では、私もそうしよう」と答えが返ってきます。

洗礼者ヨハネは、倫理的な問題のために時間を費やし、詳細に立ち入って無駄口をたたくようなことをしたとは思えません。この世のやり方、つまり、人の生活のあり方などについて実際に何かを行

うことから離れて、時間とエネルギーを要する律法の子細なこと、学問的な議論は、ヨハネの関心事ではありませんでした。もちろん、二枚の上着や十分な食物を持っていなかった人々に対して、ヨハネは何も言わなかったとつぶやく人がいるかもしれません。しかし、それが要点ではありません。人々が洗礼を受けるためにやって来る場合、彼らは、神のイスラエルになるように、世の光になるように、そして神の正義がすべての人によって認められるところの民になるように、自分自身を献げなければなりません。ラビたちの文献にあるような長い議論のために、いかなる時間も必要性もありません。彼らが必要としたことは経験則でした。「二着の上着があるなら、一つを与えなさい」「たくさんの食物があるなら、分かち合いなさい」。誰もその要点が分かっていなかったのかもしれません。旧約聖書の偉大な預言者たちのように、ヨハネは、富める者はますます豊かになり、貧しい者はますます貧しくなるのを見ていました。物事を軌道に戻すことから始めなければなりません。

次の特別な事例は二倍興味深いものです。誰でも最も順調なときでさえ、税金は払いたくありません。ある通行税は、単に地方長官の気まぐれで課せられました。彼らは恥も外聞もなく自分の内側のポケットにそれを隠し、徴税人が同じようにすることを黙認しました。ヨハネは、嫌な支配者の下《もと》での仕事はやめるべきだとは言っていませんし、失業も勧めていません。彼らは自分の生活費は稼ぐべきです。ただ、それ以上は不要です。自分たちの仲間の犠牲で金持ちにならないようにということです。私たちはルカ福音書で後《のち》に、住民税や通行税を取る多くの徴税人に出会うことになります。

兵士らとは、おそらくヘロデ自身の軍隊の兵士です。つまり、彼らはローマの兵士とは違って、ユダヤの預言者のところにやって来るのは、イスラエル国内ではあたりまえの行為でした。通行税を取る徴税人たちのように、彼らはその仕事をやめるようにとは言われませんでしたが、その地位を悪用することは避けねばなりませんでした。それは実際に珍しいことではありませんでした。暴力行為をしてはならず、何のお咎めもなく力ずくで人から物を盗んではなりません。「自分の給料で満足しなさい」とは、彼らの雇用主に対して、より高い賃金の要求運動をしてはならないということではありません。インフレが着実に徐々に進行することは近代西洋経済で経験済みですが、実際には一世紀のローマ社会では知られていませんでした。それで、年間給与のアップは問題ではありませんでした。むしろ、兵士らは泥棒や略奪の言い訳として低賃金について不平を言うべきではありませんでした(「ヘロデは俺たちに十分に支払ってくれない。それで俺たちには選択の余地はない」)。

単純で明確な命令です。しかし、彼らが服従を求められたなら、行動で示す必要があります。それらは何一つ偶然には起こりません。つまり、人々が、ぎすぎすした社会を生み出す小規模な不正を真剣に悔い改めるときにのみ起こりました。しかし、もっとあります。ヨハネは単に道徳的な改革者ではありません。つまり、彼は、まさに大いなる解放の時が、偉大な新しい**出エジプト**の時が来たことを宣告するのです。彼は**メシア**の宣告者なのです。

もちろん、「ユダヤ人の王」はすでにいました。ヘロデ・アンティパスです。彼は、正式には四分封領主――これは第二位の王子のたぐい――で、**神殿**の再建にあたりましたが、それは王の地位を要求する一つの手段でありました。ソロモン王が第一の神殿を建立し、さらにイスラエルの偉大な王たちが再建又は修復にあたりました。ヘロデは彼の父の地位である「ユダヤ人の王」を継承することを望みました。

ヨハネはそれと違った考えを持っていました。真のメシア、真のユダヤ人の王がやって来られます。そして、その到来は圧倒的な裁きをもたらします。救い主であると同様に、裁き主であるというメシア像は、正統派ユダヤ人の待望の重要な要素です。つまり、メシアは、世に神の裁きをもたらします。そして、悪人を名指しにして対処します。ヨハネは、農業用フォークや火という用語を用いて、その人物について語ります。農業用フォークで麦を籾殻から区分し、区分されたその籾殻を火で焼き尽くします。これは西洋の多くのキリスト者が望むイエス像では必ずしもありませんが、私たちが聖書の証言から外に一歩も出ない限り、それは、私たちが真摯に受け止めるべき真理の一面です。

ヘロデ・アンティパスはヘロディアのことで、一つの問題を抱えていました。彼女はヘロデの兄弟フィリポの妻でありましたが、彼女のほうから離縁して（妻が夫を離縁することは、ユダヤ人の律法では前代未聞でした）、アンティパスと結婚しました。目に余る不倫に対するヨハネの非難は、単なる倫理的なものではありませんでした。一つには、ヘロデがユダヤ人の真の王であると装っているのが問題であって、その振る舞いにより、彼は偽者であることを暴露してしまいます。主に油注がれた方は、決してそのようなことはしません。エリヤがアハブに反対したように（王上一七―一八章）、ヨハネは恐れることなくヘロデを非難し、そして自らその責任を取ることになるのです。

イエスご自身は、ヨハネよりさらに詳細な教えを与えました。私たちはこれからそれを見ていくことになります。しかし、イエスは、ヨハネがここで言っている二つのことから決して撤退しませんでした。一方では、イエスもまた、まさにヨハネのように神の正義に身を委ねて、弟子たちの行いを通じ、その道を世に実現しようとしました。他方では、イエスはヨハネのように、ヘロデ家に断固として反対し、自らの支持者と大勢の弟子たちとのネットワークを形成することにより、静かにそれを倒していく公生涯を送りました。イエスの神の王国のヴィジョンはヘロデのものと根本的に違っていました。イエスにとって、神の義は、富める者や世俗の優雅な王家によってではなく、最終的に十字架の上で結合される愛と正義によって提示されるのです。

三章二一—三八節　イエスの洗礼と系図

[21]さて、人々が皆、洗礼を受け、イエスも洗礼を受けて祈っておられると天が開け、[22]聖霊が鳩
のような形でイエスの上に降り、そして、「あなたこそ、私の愛する子、私の心に適う者」と言
う声が天から聞こえた。
[23]イエスご自身が宣教を始められたのは、およそ三〇歳の時であり、ヨセフの子と思われてい
た。ヨセフはエリの子であり、その先祖を遡ると、[24]マタト、レビ、メルキ、ヤナイ、ヨセフ、
[25]マタティア、アモス、ナウム、エスリ、ナガイ、[26]マハト、マタティア、セメイン、ヨセク、ヨ
ダ、[27]ヨハナン、レサ、ゼルバベル、シャルティエル、ネリ、[28]メルキ、アディ、コサム、エルマ
ダム、エル、[29]ヨシュア、エリエゼル、ヨリム、マタト、レビ、[30]シメオン、ユダ、ヨセフ、ヨナ
ム、エリアキム、[31]メレア、メンナ、マタタ、ナタン、ダビデ、[32]エッサイ、オベド、ボアズ、サ
ラ、ナフション、[33]アミナダブ、アドミン、アルニ、ヘツロン、ペレツ、ユダ、[34]ヤコブ、イサク、

アブラハム、テラ、ナホル、[35]セルグ、レウ、ペレグ、エベル、シェラ、[36]カイナム、アルパクシ
ヤド、セム、ノア、レメク、[37]メトシェラ、エノク、イエレド、マハラルエル、ケナン、[38]エノシ
ユ、セト、アダム、そして神に至る。

私が何年か前にニュージーランドを訪問した際に、伝統的なマオリ族のファッションに身を包んだ聴衆に、どのように挨拶すればよいかについて教えられました。彼らの多くは、今は熱心なキリスト者になっていますが、私は、この先住民に歓迎されたこと、また、彼らの歴史と文化について学ぶ機会が与えられたことを非常に嬉しく思い感謝しました。

ニュージーランドのマオリ族の多くは、彼らの先祖が自作の八隻の長いカヌーで、今から八〇〇年から一〇〇〇年前に最初にこの地にたどり着いたということです。これを支持する十分な根拠があります。家系図とその起源についての記憶は概して正確だということです。今日《こんにち》の世界の多くの人がそうであるように、おそらく、それ以上に古代世界の人々は、家族の歴史をずっと語り継いできました。そして、随時、潤色されたかもしれませんが、信頼できるものもあります。ただし、現代の西洋世界に限っては、戦争や移住によって大きな社会的混乱があったところでは、一世代か二世代より先の先祖の痕跡を失ってしまいました。

ユダヤ人は良い意味で特に先祖に関心があります。神はアブラハムとその家族に永遠の約束をされました。戦争を経て、強制的な捕囚を経て、企てられた集団虐殺を経ても、彼らは自分たちの記憶と、生命線としての家族の歴史に固執しました（今日でも彼らはそうします）。旧約聖書の歴代誌では名前

だけ羅列された章が幾つかあります。現代の読者には飽き飽きするように思えますが、当時の人々には重要でした。彼らは自分が何者であるかを知る必要があり、イスラエルのどの部族に属しているかを知ることが必要でした。

イエスの家系図が、一つだけではなく、二つの異なるものがあるということは驚くべきことでしょう。これから始めましょう。マタイでは、アブラハムからイエスに至る名前のリストをもってその書を始めています。逆にルカでは、イエスからアブラハムを通ってアダムへ、そして神ご自身に至る名前を並べています。さらに、両書のリストが合致しないのも奇妙なことです。ルカはアブラハムとイエスの間により多くの世代を含んでいますが、幾つかの段階はマタイのものと同じで、部分的にはダビデとシャルティエル（捕囚後の）、そして、その息子ゼルバベルの間も同じです。そして、ゼルバベルとヨセフの間もまた同様です。ヨセフの父親の名前は違っています。いずれにせよ、ルカとマタイの両者が、ヨセフは実際にはイエスの血族の父親ではないと主張するなら、ヨセフの系図の要点は何でしょうか。

教会の初期の頃からずっと、学識者はこれらの質問に対してふさわしい答えを出すべく奮闘してきました。しかし、ほとんどの者は敗北を認めました。明らかに、結束の強い小さな共同体の中では、二つもしくはそれ以上の異なる経路によって、同じ源からその子孫を遡及できる確率はあります。マオリ族自身は、幾つかの異なる自分たちの系図を彼らが注目させたい先祖に依存して提示することができます。そして、どれほど近親結婚があったかを示すことができます。異なる部族の下部組織を異なる目的のための異なる方法によりたどると、種々に関連し交差しながら、自分の子孫に到達できます。

これは現代の西洋社会でも同じです。私の両親は、結婚した後で、幾世代を遡ると、自分たちは一つの血族であったことが分かりました。ダビデからイエスまでの間の、イスラエルの小さな村を考えてみてください。同様な事柄が容易に起こりえました。多くの人が少なくとも二つの経路によって同じ先祖に行きつくことができたのです。

ルカは、イエスが確かに真のユダヤ人というだけではなく、ダビデやゼルバベルの子孫――一部は正真正銘の王家の家系である一つの家系図に行きついたようです。ルカはそれを簡単に表すために注釈なしで示しているのです。この目的のためだと思えるのですが、イエスはヨセフの養子として数えられました（マリアが、王家の子孫であるかどうかについては、私たちには決して語られていません。なぜなら、彼女は、祭司の家の出であるエリサベトの従姉妹であったからです）。たとえルカが並べた人々の名前の配列にほかの動機があったとしても（ある人々は、七七人の名前は七の一一のグループとして考えられるべきだと言います）、ルカは私たちの関心をそこには向けさせてはいません。

この家系図とその前後の箇所との関連性は、最後の言葉にあります。それは「イエスは神の子」です。もちろん、そのように考えると、リストの中にあるほかのすべての人はヨセフからすぐにアダムに遡る中にあります。ルカが、イエスの称号として「神の子」という言葉を用いるときは（一・三五、三・二二、四・三、九）、確かにそれ以上のことを意味しています。できれば世界の創造にまで遡って家系図を見ることが最善です。そういう意味で、イエスは実際にイスラエルのメシア（もう一つの意味は「神の子」）ではあるのですが、イエスはまさしく全世界の味方です。すべての被造物、人類全体はイエスがなされることから恩恵を受けることになるのです。

神の目的のこの地球的な広がりは、イエスがヨハネから洗礼を受けるために、ヨルダン川にやって来られるその背景にあります。ルカは、ここに一つか二つのほかの要点として、決定的な啓示がなされるときに、イエスは祈っておられたという事実を加えています。イエスの変わらない姿の一つは、イエスが祈りの人であるということです。イエスが最初にメシアの召命の暗示を受けた時は、洗礼の時であったとしばしば言われますが、これが正しいとはとても思えません。天からの声は、その確証を与えるとともに、はじめからずっと真実であったものに方向性を与えているのです。これはルカがすでに（二・四九で）、私たちに告げているとおりです。イエスがその短い公生涯を始めるにあたって必要とする励ましと力を、霊と言葉がともに与えているのです。

それらはイエスの生涯のたどる場所をも示しています。天の声は、人々と世界のために、苦しんで死ぬ僕《しもべ》としてメシアを遣わすと預言するイザヤの言葉（四二・一）と響き合っています。また、その背後には、アブラハムが自分の愛する独り子イサクを殺せと命じられた創世記二二章二節と響き合っています。それと同時にその声は、イエスの感動的な召命の確認と明確な導きのしるしでもあります。

洗礼物語と家系図を合わせることで、イエスはどこの出身で、誰であり、そして、これからどこに向かわれるかを、私たちに告げているのです。私たちがイエスの物語を、自分の祈りの中で、そして実際に自分の洗礼において自分のものとするときには、私たちもまた、霊の新鮮な力を期待すべきであり、それとともに、神の驚くべき肯定的な愛と前方にある召命の道を、思い出させる静かな声を期待すべきです。

四章一―一三節　荒れ野での試み

[1]さて、イエスは聖霊に満ちてヨルダン川から帰られた。そして、聖霊によって荒れ野に導か
れ、[2]四〇日間、悪魔によって試みられた。その間は何も食べず、その期間が終わると空腹を覚
えられた。
[3]そこで悪魔は言った。「あなたが神の子なら、この石にパンになるよう命じてみなさい」。
[4]イエスはお答えになった。「『人はパンだけで生きるものではない』と書いてある」。
[5]それから、悪魔はイエスを高く引き上げ、世界のすべての国を瞬時にして見せた。
[6]悪魔はイエスに言った。「あなたに、これらの国の一切の権威と栄華を与えよう。私にはそ
れが委ねられていて、私が望む者に与えることができる。[7]だから、あなたが私を礼拝するなら、
すべてがあなたのものになる」。
[8]そこでイエスはお答えになった。「『あなたの神である主を礼拝し、主にのみ仕えよ』と書い
てある」。
[9]それから、悪魔はイエスをエルサレムへ連れて行き、神殿の小尖塔に立たせて言った。「もし、
神の子なら、ここから身を投げよ。[10]『神は天使たちに命じて、あなたを守らせる』と書いてある。
[11]また、『あなたの足が石に打ち当たらないように、天使たちは手であなたを支える』と書いてあ

る」。
12そこでイエスはお答えになった。「『あなたの神である主を試みてはならない』と言われてい
る」。
13悪魔はすべての試みを終えると、時が来るまでイエスから離れた。

イエスはスーパーマンではありませんでした。今日《こんにち》の多くの熱心なキリスト者を含め、多くの人がイエスを、映画に登場する人物で、やりたいことは何でもでき、望みの形に素早く姿を変えることのできる人物のキリスト者版と見ています。映画では、スーパーマンは普通の人のように見えますが、実際、彼はそうではありません。変装していて、力に満ち溢れた、コンピュータ時代のスーパー・マジシャンのようです。それは、私たちが新約聖書から得られるイエス像ではありません。

ルカは、アダムの家系の中にイエスが置かれていることを、先ほど私たちに気づかせてくれました。イエスが真の人間であることについて疑いがあるとするなら、ルカは、この生々しい試みのシーンの中で、イエスが私たちの血と肉を共有しておられるということを強調しています。イエスがアダムの子孫であるなら、イエスはアダムが直面したことだけでなく、人間の裏切りや罪によって抑制がなくなった諸力とも、今や対峙しなければなりません。創造者である神に対する長年の習慣的な反逆は、世界と肉なる者と悪魔が、人類を意のままに操ってきたという状況をもたらしました。

特に、イエスは、洗礼の後に、二重の問いに直面しました。この特別でユニークなやり方において神の子であるとはどういうことか、という問いと、イエスはどのようなメシア像を追求すべきか、と

いう問いです。イエスの時代には多くの王家の運動がありました。よく知られたヘロデ家のみならず、歴史家ヨセフスが言うところのあまり知られていない人たちもいます。シモン（私たちが聖書で知っているシモンのうちの一人ではない）のような人物も、アトロンゲス（アルケラオス時代のユダヤ人リーダー）も信奉者を集め、王として迎えられましたが、ローマやヘロデの軍隊によって倒されました。自称預言者たちは、彼らに従う者たちに神の救いの力を見せるため、天からのしるし、偉大な奇跡を約束しました。彼らも長続きしませんでした。イエスは何をすべきでしたか。

先の三つの試みは、この問いかけに対する答えとして読まれるべきです。この話は、ある人が別の人に話すように、イエスが目に見える対象と話したとは思われません。つまり、悪魔の声は、イエスご自身の脳裏にある一連の生来の知恵として現れます。それらはもっともらしく、魅力的で、説得力のあるものです。神は、その愛する独り子が飢えに苦しむのを望まれないはずです。そうですね。もし神が、イエスに世界の統治者になることを望まれるなら（それは結局、ガブリエルがマリアに告げたことですが）、なぜ、堂々とそのように行われないのですか。もしイエスが、イスラエルのメシアであるなら、なぜ、目を見張るような力を行使して、それを証明されないのですか。

この話が、園で蛇がアダムとエバに、神と神の目的と神の命令について、もっともらしい嘘を囁くという話と響き合うなら、荒れ野でのイスラエルの話とも響き合います。イスラエルの民は、神とともにあり、自分たちは神の子であり長子であると宣言しながら、エジプトから出て、葦の海を通り、その後、四〇年間、荒れ野を彷徨《さまよ》い歩きました。そこで、イスラエルはパンについてつぶやき、偶像と破滅的に戯れ、立て続けに神を試みました。イエスは神の特別な子として、また、イスラエルの運命を決定される方として、洗礼の水の中を通ってやって来られましたが、今や、次の問いかけに直面しておられます。つまり、イエスは、どのようにしてイスラエルの代表者に、イスラエルの正しい王になられるかということです。どのようにして、イスラエルを敵の支配から救うのか。そして世界を救うのか。どのようにして真の解放をもたらすことができるのか。それは、ローマからでなく、ほかの政治的敵対者からでもなく、最大の敵である悪魔自身からの解放なのです。

その答えは、イエスが、最も個人的で私的なレベルにおいて悪魔を打ち負かすことから始めなければなりません。今日《こんにち》のキリスト者の指導者たちは時として、間違った考え方をしています。それは、彼らの普段の生活で、正しい目的を追求する限りにおいて、個人的にすることについては、さほど重要でないと考えることです。それは、イエスが荒れ野で聞いたのと同じ声によって囁かれた典型的な嘘です。もし神が、霊によって人に働かれているのなら、その人の人生は、あらゆるレベルで試みを受けることを通して、霊によって次第に形成されていくのです。もしイエスが、そこで勝利されなければ、何も続きません。

イエスは、反論することによって悪魔に対応するのではなく、聖書を引用することによって対応されます（誘惑に反論することは、しばしば魅了されてあらがうことができなくなるまで、その考えをもてあそぶことになります）。イエスが引用された聖書の箇所は、荒れ野でのイスラエルの物語からであり、イエスはイスラエルが失敗したその所で成功されようとしています。肉体的な必要と欲求は重要ですが、神への忠誠はもっと重要です。イエスは本当に世界の真の主になろうとされています。しかし、その地位に至る生き方は、また、そこに達するときの態度は、へりくだった奉仕者の姿であり、地位と権力を追い求める悪魔的なものではありません。神への信頼とは、愚かにも神に、目を見張るような救済を強いることではありません。イエスがすでに持っておられる権勢は、特に、癒やしにおいてまもなく示されますが、ほかの人々に命と力の回復を与えるために用いられるのであって、安っぽい曲芸なんかではありません。神の子としてのイエスの地位は、華やかな威厳にではなく、謙遜さと奉仕に、果ては死に至る道に進ませるものです。敵である悪魔はこの決心を再び試すために戻って来ます。差し当たりは、初回の勝利がもたらされます。つまり、戦いはまだ先にあるのですが、大変重要な最初の戦場では、敵は打ち負かされたと知りつつ、イエスは公生涯を始めることがおできになるのです。

私たちは、イエスとまったく同じような誘惑を受けることはないと思いますが、すべてのキリスト者は女性であれ、男性であれ、その人生と召命に最も重要である時点で、試みられることでしょう。キリスト者の召命の重要性は、魅力的な嘘を囁く声を識別することを学ぶことであり、それらを神の御声と分離して真実によって嘘を論駁するために、単純だが直接的な武器、聖書の言葉という武器を使うことです。

誘惑と戦うというキリスト者の訓練は、自己憎悪や、神から与えられた人間らしさを拒否することではなく、むしろ、完全な人間らしさという神の賜物を享受することが目的なのです。そして、音楽の楽器を習う人のように、どのように調律し、どのようにして最高の可能性に向かって演奏するかを見出すことです。私たちが誘惑に抵抗することの根底にあるのは、神に対する愛であり忠誠心です。その神は、キリストにあって、私たちを愛する子どもと呼んでくださり、私たちの前に手を差し伸べ、イエスに従うようにと、真の栄光に導く道の中で招いておられるのです。その栄光の中に真の幸福があり真の満足があります。それは、世界も、肉なる者も、悪魔でさえも模倣しようのないものです。

四章一四―三〇節　ナザレにおけるイエスへの反対

14 イエスは霊の力に満ちてガリラヤに帰られた。するとその評判がその地域一帯に広まった。
15 イエスは諸会堂で教え、至る所で高い評価を得られた。
16 それから、イエスはご自分が育ったナザレに行き、いつものように安息日に会堂に入り、朗
読するために立たれた。17 すると、預言者イザヤの書が渡され、イエスはその巻物を広げ、次の
ように書かれてある箇所を見つけられた。

18 「主の霊が私の上におられる。
貧しい人に福音を宣べ伝えるため、
主は私に油を注がれた。
主が私を遣わされたのは
捕らわれている人に解放を、
目の見えない人に視力の回復を告げ知らせるため、

打ちひしがれている人を自由にするため、
[19]主の喜びの年を告げ知らせるためである」。
[20]イエスはその書を巻き、係の者に返して座られた。会堂にいる人は皆、イエスを見つめてい
た。
[21]そこでイエスは、「あなたがた自身が耳にしたこの聖書の言葉は、今日、実現した」と彼らに
話し始められた。
[22]皆がイエスを褒め、イエスの口から出る、恵みの言葉に驚いて言った。「この人はヨセフの子
ではないのか」。
[23]イエスは彼らに言われた。「あなたがたは、きっと、『医者よ、自分自身を癒やせ』というこ
とわざを引いて、『カファルナウムでの大きな出来事を聞いたが、それをここで、お前の故郷で
もやってみろ』と言うに違いない」。
[24]さらに言われた。「まことに、あなたがたに言う。預言者は誰一人、自分の故郷では受け入れ
られないものだ。[25]真理に基づいてあなたがたに言う。エリヤの時代に、三年六か月の間、雨が
降らず、全土に大飢饉が起こったとき、イスラエルには多くのやもめがいた。[26]エリヤは、彼ら
の誰にでもなく、シドンのサレプタにいるやもめのもとにだけ遣わされた。
[27]さらに、預言者エリシャの時には、イスラエルにはレプラを患った人が多くいたが、シリア
人ナアマンを除いては誰も清くされなかった」。

[28]これを聞いた会堂内の人々は皆、怒り心頭に発し、[29]立ち上がって、イエスを町の外に追い出し、町が建っている山の頂まで連れて行って、突き落とそうとした。[30]しかし、イエスは彼らの間を通り抜けて、去って行かれた。

試合終了後、解説者たちは興奮して、「彼は霊を受けたようにプレーした」と言いました。あなたはどんなイメージを抱きますか。

スポーツ界のあるスターは、おそらくフィールドを相手の陣地まで駆け巡り、素晴らしいシュートを決めます。

それとも、別の世界のある音楽家は、目を閉じて、指を自由に動かして素晴らしいジャズ演奏をし、その場の雰囲気を醸し出します。

私たちはこの「霊を受ける」という言葉を漠然と使いますが、「まさに霊が彼らに乗り移った」という意味を含みます。つまり、彼らは突然、別人になったのです。もちろん、そのようにはならないことを私たちは知っています。素晴らしいアスリートは、何時間も何日も繰り返しトレーニングを積み、練習を重ねます。音楽家は、皆の目が届かない所で、何時間も念入りにテクニックの練習を重ねています。こうして、アドレナリンのピークの瞬間が来て、「霊を受けた」と私たちが言うパフォーマンスをもたらすのです。しかし、実際は長時間の忍耐強い困難な練習の成果なのです。

イエスが「主の霊が私の上にある」と言われたとき、ルカはすでに私たちを神秘に包んでいます。そこには、イエスの長年にわたる静寂の備えがあります。自らの洗礼に導かれる祈りの生活があり、召命の確認、つまり荒れ野での試みがありました。そして、カファルナウムにおける初期の頃の行動により、ついに公の場に出られるのです（ナザレの会堂におけるやりとりが明らかにするように、イエスがほかの所で行われたことをすでに人々は聞いていました）。その背景にはイエスの長年にわたる祈り、思索、さらに、聖書の言葉の学びをもって、今や、イエスはご自分の町の前にたたずんでおられるのです。イエスはそこにいるすべての人を知っておられたし、彼らもイエスを知っていました。イエスは霊を受けた人のように説教されました。確かに、その説教で人々の注意を引きました。しかし、イエスが語られたことは、人々の期待に反していました。それが霊を受けたことであっても、彼らはそれを望みませんでした。

イエスが語られたことの何が悪かったのでしょうか。なぜ、人々は、イエスを会堂から追い出したのでしょうか。なぜ、急いで町から押し出したのでしょうか。さらに、なぜ、イエスを崖のところまで追いつめ、崖から突き落とそうとしたのでしょうか（皮肉ですが、かつて悪魔がイエスに、神が守ってくれるから、身投げするようにと誘ったときには、イエスは拒絶なさいましたが、自分がそれとよく似た窮地に置かれていることに気づかれました。神はイエスを確かに守られます。なぜなら、イエスが、自己宣伝することによってではなく、自らの召命に身を委ねることによって、そのことが起こったからだと、ルカは私たちに告げているようです）。

決定的なことは、聴衆に対するイエスのコメントに現れています。イエスは、人々が自分に従わないことに気づいておられます。つまり、見世物として何か力ある業をするようイエスを挑発するために、人々には次の格言をもってイエスを愚弄する用意ができています。おそらく、そのためにイエスが手品をするべきだともちかける悪魔のように、イエスの心の中に彼らが現れています。「医者よ、自分を癒やせ」――その挑戦は、「彼は他人を救ったが、自分を救うことができない」(二三・三五)との嘲りとあまり変わりません。しかし、どうしてでしょうか。イエスが言われたことの何がそんなに悪かったのでしょうか。

イエスは今までの話の筋に従って、その弁護と説明のために、偉大な預言者であるエリヤとエリシャの時代に起こったことを引合いに出されます。そうすることで、自らを預言者たちと同一視させます。エリヤは、あるやもめを助けるために遣わされました――しかし、このやもめはユダヤ人ではありませんでした。エリシャは一人のレプラを患った人を癒やしました――この人物は敵軍の司令官でした。これが問題でした。これが人々に激しい怒りを引き起こしたのです。イスラエルの神は、悪しき人々を救われたからです。

イエスの説教のはじめの方《ほう》では、同じ論点を力説していたに違いありません。イエスの聴衆は、神が最終的にイスラエルを異邦の敵から解放することを期待していました。その当時の幾つかのユダヤ教文書の中に、神が、邪悪な国々を罪に定め、呪いと破壊を彼らの上に吐き出すという、一つの願望が見出されます。イエスは、そうではなく、偉大な預言者が活動的であった頃、その恩恵にあずかったのはイスラエルではなく、異邦人だけであったことに注目させます。それは、第二次世界大戦中のイギリスかフランスにあって、アドルフ・ヒトラーのために神の癒やしと回復を語っている人のようであり、人々が聞きたい話ではありませんでした。

さて、イエスの説教のはじめの方《ほう》は何についてでしたか。

人々は「イエスの口から出る純粋な恵みの言葉に驚いた」とルカは語ります。「イエスはなんと素晴らしい語り手だと人々は驚いた」ことを単に意味していると理解することもできます。しかし、それはむしろ「イエスが神の恵みについて話していたことに人々が驚いたのであって――それは異邦の国々をも含めたあらゆる人々に対する恵みであり――イスラエルのための恵みと、ほかのあらゆる人々への厳しい裁きに取って代わるもの」であることを意図していると思われます。これは次に続く内容と完全に合致しています。

では、なぜ、イエスはその説教をイザヤ書六一章一―二節からの長い引用で始められたのでしょうか。

イエスが引用されたのは、メシアに関する聖書の箇所でした。イザヤ書の至る所に、主の御心を行う、ある不思議な「油注がれた」人物の描写があります。ただ、この箇所は、次に悪を行う者への復讐について語り進みますが、イエスはそれを引用しないで抑え、それよりはむしろ、イザヤ書にあるさらに大きな絵を引合いに出しておられるように思えます。イザヤ書だけでなく、ほかにも、国々の光になるために召し出されたイスラエルについて語る箇所にもあります。これは、ルカがすでに二章において強調した一つのテーマなのです。僕《しもべ》なるメシアは、国々に裁きをもたらすために来られたのではなく、神の愛と恵みを人々にもたらすために来られたのです。こうして、それはイスラエルの民自身の聖書の言葉にある一つの中心的なテーマの実現になるのです。

このメッセージは昔も今も衝撃的です。癒やしの業をもってすべての人と心を通じ合おうとするイエスの主張は、一世紀の多くのユダヤ人が望んだことでも期待したことでもありませんでした。むしろ、イエスが語られたこととは、人々が期待していたこととは逆でした。これが霊を受けたことであるなら、人々はそれを望みませんでした。私たちがこれから見ていくように、イエスはそれを自らの同胞への厳しい警告と結びつけたのです。これが、彼らの神の恵み深い時であると彼らが理解しない限り、また、国家的な敵に対する軍事的勝利という無益な夢を彼らが捨て去らない限り、彼ら自身が、あらゆるレベル——軍事的、政治的、神学的な——において、敗北を喫することでしょう。

ここでは、福音の物語のクライマックスとして、イエスの挑戦と警告は暴力的な反発をもたらします。神の驚くべき恵みの報《しら》せをもって、すべての関心と課題に挑戦するとき、福音は今日《こんにち》もなお、そのような反発をもたらすのです。

四章三一—四四節　イエスの権威ある癒やし

31イエスはガリラヤの町カファルナウムに下って行かれた。安息日には人々を教えることを常
としておられた。32イエスのメッセージは力強く権威があったので、人々はその教えに驚愕した。
33その会堂に、汚れた悪霊にとりつかれた男がいた。
34彼は大声で叫んだ。「ナザレのイエスよ、われわれと何の関わりがあるというのか。われわれ
を滅ぼしに来たのか。お前が誰だか分かっている。神の聖者だ」。
35イエスが、「黙れ、この人から出て行け」とお叱りになると、悪霊はその男を人々の真ん前に

投げ倒し、何も傷つけずに彼から出て行った。[36]人々は皆、驚き、互いに語り合い始めた。「これ
は何という言葉だろうか。彼は力を持っている。彼は権威を持っている。彼が汚れた霊に命じる
と、出て行ってしまうとは」。[37]こうして、イエスのうわさは、周辺のすべての地域に広まってい
った。
[38]イエスは会堂から出て、シモンの家に入られた。シモンの姑がひどい熱で苦しんでいたので、
人々は彼女の癒やしをイエスに願った。[39]そこで、イエスは彼女の枕もとに立ち、熱をお叱りに
なった。すると熱はひき、彼女はすぐに起き上がって彼らをもてなした。[40]日が暮れると、さま
ざまな病気で弱っている人を抱えた者は皆その病人をイエスのところに連れて来た。イエスは一
人一人、順に両手を置いて彼らを癒やされた。[41]悪霊たちは、「あなたこそ神の子です」と叫びな
がら、多くの人から出て行った。イエスは悪霊たちを叱って、ものを言うことをお許しにならな
かった。悪霊たちはイエスがメシアであることを知っていたからである。
[42]朝になると、イエスは町を出て、人里離れた所に行かれた。群衆はイエスを捜し回り、イエ
スの所までやって来ると、自分たちから離れて行かないよう懇願した。
[43]イエスは彼らに言われた。「私は、ほかの町にも神の王国の福音を宣べ伝えなければならない。
そのために私は遣わされたのである」。[44]そして、イエスはユダヤの諸会堂で宣教しておられた。

前回、私がカファルナウムに行ったときのことですが、群衆のために身動きが取れませんでした。溢れる巡礼者の車が往来して、幾つかの異なる言語で話しているガイドとその旅行者の団体、写真を

撮る人々、小さなレクチャーをしようとする人々、祈りをしようとする人々が、古い建物をより良い所から見ようとして押し合いへし合いしていました――それは新しい場所でもそうでした。特に、ペトロの家があったと思われる所に建てられた教会ではそのようでした。

この混雑ぶりは、ローマ法王がガリラヤに来たことが原因でした。法王は公用のために聖地を訪れていましたが、特に、ガリラヤ湖の少し北の丘で大規模な礼拝があり、世界各地からやって来たローマ・カトリックの巡礼者がそこで初めて法王と一緒になったのです。小さな団体である私たちは、そこから出ることができませんでした。かつて、イエスが町におられたときに起こったことと少し似ている、と誰かが言いました。

しかし、イエスの時代に、そのようなことがあったとしても、巡礼者を公の交通機関で連れ込む必要はありませんでした。イエスが著しい癒やしを始めておられたので、人々は急いでやって来たのです。カファルナウムという小さな町、ガリラヤ湖北岸の漁師町では、このようなことは今まで見たことがありませんでした。イエスはナザレを出て、活動の拠点をカファルナウムに定めておられました。そこには二組の兄弟がいました。ペトロとアンデレ、そしてヤコブとヨハネの家があり、小さな漁業を営んでいました。

イエスの最初の著しい癒やしがなされたカファルナウムでは、廃墟となった会堂跡に入ることができます。その建物はイエスの時代の少し後のものですが、その場所では、その雰囲気を十分に感じ取ることができます。人々は小さな町の主な公共の場所である会堂に集まりました（会堂は、私たちが「礼拝」の場所と見なしているように、人々の集まる公の場所として使われていました）。実際、忠実なユダヤ人にとっては礼拝の場でありコミュニティの場でありました。これらを区別して考えることは困難なように絡み合っていました。そこで、イエスは、かん高い声で叫んでいる汚れた霊にとりつかれた男に出会われたのです。

現代社会に生きる多くの人は悪霊を信じません。この種のものは、イエスの時代に、人々が診断できなかった単なる病状だと言う傾向があります。しかし、今日《こんにち》の世界の幾つかの地域の多くの人には分かりすぎるぐらい分かります。不思議な力が人格に入り込んだ結果、不思議な声で話し、ある人が言うように、取りつかれたような異常な目つきをしているのを知っています。その幾つかの兆候は似ていますが、それはまさに心の病気以上のものです。その状態にいる人々が、ほかの誰も知らない事柄を知っているかのように確かに思えるときもあります。

私たちがそのような状態を何と言おうとも、イエスが、悪霊にとりつかれていると思われた多くの人を劇的に癒やされたということについては、いかなる歴史的な疑念も存在しません。このような治癒は稀ではありませんでした。福音書以外の箇所では、使徒行伝に、ユダヤ教の枠内で働いている悪霊祓い者（エクソシスト）について言及があります。しかし、ここかしこのイエスに関する不思議な事柄は、イエスが簡単な命令によって行われたもので、いかなる手品の呪文もありませんし、訳の分からない言葉もありませんでした。イエスが霊に向かって、「出て行きなさい」とだけ言われると、霊は出て行きました。それが人々を驚かせたことなのです。イエスにとっては、自分以上のより強い力を召喚する必要はありませんでした。イエスはご自分のうちにすでにあった権能を確かに用いられたのです。そして、この聖書の箇所が明確にしているように、イエスは、シモンの姑の高熱のような

「普通の」病と同様に扱い、悪霊を追い出されました。

ルカは今一度、イエスとは誰なのかを私たちに認識させようとしています。洞察力に富む人は、イエスが多くの人の前に一人の預言者として現れたところで、イエスの働きとその教えの背後にあるものを見ることができます。イエスは「神の子」であり、ここでは「メシア」を意味し、神から油注がれた者であり、実際に主の霊はイエスの上にありました。イエスが、ナザレで語られたように、抑圧された人を解放し、目の見えない人の目を開き、囚われている人の鎖を解くのです。

カファルナウムはイエスの活動の拠点でしたが、イエスは多くの時間を移動に使われました。これは一つには、村そのものの理由がありました。癒やしを求めてますます多くの人が押し寄せて来るので、活動を続けることができませんでした。イエスは、ご自分の周囲に、ある種の地方産業を立ち上げることをあえて望まなかったと示唆する人々もいます。しかし、その主な理由は、イエスはほかの人々がいるところに行かなければならなかったからです。イエスは、神が新しいあり方で王になられること、長く待ち望んだ神の救いがこの世界に押し入って来るということを、人々に告げなければなりませんでした。ただし、それは人々が期待したようではありませんでした。このようにして、イエスは聴衆の一歩先を行かねばなりませんでした。私たちはまもなくイエスの後を追う反対者を見つけます。群衆と癒やし、神の王国についての力強い教えに、そのとき、多くの人が恐れを感じました。そして今もなお、多くの人が恐れを感じています。

五章一―一一節　奇跡的な大漁

[1]ある日、イエスはゲネサレト湖のほとりにじっと立っておられた。すると、群衆が神の言葉
を聞こうとして押し寄せてきたとき、[2]イエスは二そうの舟が岸辺にあるのをご覧になった。漁
師たちは舟から上がって網を洗っていた。[3]イエスはそのうちの一つ、シモンの舟に乗り込み、
陸から少し漕ぎ出すようにお頼みになった。そして、舟に腰を下ろして、群衆に教え始められた。
[4]話し終えられると、シモンに向かって言われた。
「深みに漕ぎ出し、網を下ろして漁をしなさい」。
[5]シモンは答えた。「主よ、私たちは一晩中、一所懸命に働きましたが、一匹も捕れませんでし
た。しかし、お言葉ですから、網を下ろしてみましょう」。
[6]彼らが言われたとおりにすると、おびただしい数の魚が入り、網が張り裂けそうになった。
[7]彼らは、もう一そうの舟にいる仲間たちに加勢を求めるために合図を送った。こうして彼らが
やって来ると、両方の舟がいっぱいになり、二そうとも沈みそうになった。
[8]シモン・ペトロはこれを見て、イエスの膝元にひれ伏して言った。「主よ、私から離れ去って
ください。私は罪深い者なのです」。[9]彼も一緒にいた者たちも皆、大漁の獲物に驚愕したからで
ある。[10]シモンの仲間である、ゼベダイの子のヤコブとヨハネもその中にいた。
イエスはシモンに言われた。「恐れることはない。今から後、あなたは人間を漁《すなど》るようになる」。
[11]こうして、彼らは舟を陸に引き上げ、すべてを捨ててイエスに従った。

ディートリッヒ・ボンヘッファーは、「キリストが、人をお召しになるときには、死を覚悟して来るように言われる」と力説しました。確かに、ボンヘッファーはヒトラーに対する抵抗運動のために、実際にそのように行動してナチスによって絞首刑に処せられました。しかし、シモン・ペトロが最初、イエスに出会ったとき、次のようなことには気づいていませんでした。もし彼が、一年か二年のうちに自分の身に起こることについての映画を見ていたなら、自分を無事に去らせてくださいとイエスに願い続けたにちがいありません。しかし、イエスはそのようにはされませんでした。つまり、神はそのようにはなさいませんでした。ペトロは確かに、人生は同じまま推移せず、新しいニーズとチャレンジに立ち向かうという実感を持っていました。ただし、ペトロは、起こった事柄によってすっかり心を奪われてしまったのです。

イエスは、手際よく臨機応変に始められました。イエスは岸辺近くにいる一つの集団の人々に向かって教え始められたようですが、群衆がどんどん大きくなり、空きスペースがまったく無くなってしまったのです。イエスはそれに即応されました。カファルナウムに近い岸辺に沿って、険しい入り江があり、それぞれの入り江がジグザグの湖岸線で自然の野外劇場になっています。今日《こんにち》でも、舟に乗って岸から少し漕ぎ出してみると、自然の声で話しても、入り江の斜面にいる人に、はっきりとあなたの発する声が聞こえます――あなたが、ちょうどその岸で人々といるよりも、実際にもっとはっきりと聞こえます。イエスはまさにその土地の地形を利用し、舟の有用性を活用されたのです。

イエスは漁師たちに、舟を出して、語るすべての言葉を聞くようにお命じになり、彼らをその場に座らせました。私は以前、真っ昼間にその場所で魚を獲ろうと努力しましたが一匹も獲れませんでした。実は、その前の晩に、漁師たちがたくさんの魚を獲ってしまったからです。漁は暗くなってからのほうが望ましいのですが、この聖書の話の場合、彼らは終夜働いたのに何も獲れなかったのです。つまり、普段なら作業を終える段階の昼間に再度、漁を始めることになるのです。しかし、イエスが彼らにお命じになると、彼らはそのように行動したのです。イエスは人々に、そのようにさせる思いをお与えになりました。働き者で真面目な漁師たちにも、そういう思いをお与えになったのです。

その後の展開は、よく言われるように歴史的偉業です。大漁になり、すぐにほかの舟に加勢を求めるほどで、これらの舟が魚の重さで沈んでしまう前に、舟を陸地に引き上げようと苦闘するのです。そして、決定的瞬間が訪れます。ペトロは明らかに自分の能力を超えていることに気づきます。イエスは、これからは魚ではなく人間を、このように漁《すなど》るようになると約束されます。こうして漁師たちはイエスに従い、これから向かう場所について詳細を知らされないまま、彼らは新しい人生へと旅立っていくのです。

この話を理解するのに効果的なのは、あなたが、しばしの間、ペトロになることです。立ち止まって、毎日、普段している事柄を考えてみてください。そのときイエスが突然、あなたの前に現れ、自分の仕事を助けてもらいたいと言われ、その後、無益で時間や労力の無駄と思われる何かを、自分が得意とする分野で行うように求められたと想像してみてください。あなたは多分、小声でつぶやきながらそれを行動に移すことでしょう。すると、突然、物事すべてがぴったり合って、あなたが今まで夢にも見たことのないスケールですべてが成功するのです。一体何が起こったのでしょうか。どのようにしてそのようになったのでしょうか。あなたはイエスの力を受け入れるとき、畏れと恐怖さえ感じます。それから、イエスが、あなたに問いかけておられるようなまなざしをもって振り返られるとき、それが命令であると分かるのですが、畏れの感情が高まってくるのを覚えます。そして、イエスから、「今から後、あなたは私と一緒に働くのです」と言われます。そして、あなたにはほかの選択肢がないことに気づきます。この人以外に、従う価値のある人は誰もいないからです。

それとも、あなたはまだこの段階にいないのかもしれません。あなたは岸辺の群衆の中のどこか後ろの方にいるのかもしれません。あなたは、イエスが話される何かの言葉を聞くかもしれません。あなたはこれらの漁師たちを知っています――すべての人が彼らを知っています――彼らは働き者で、ちょうどあなたが起きてきたときに、夜の仕事から帰ってきたことを、あなたは知っています。大きな、強い男たちで、手がシャベルのようです。あなたは、イエスが岸から彼らに話しておられるのを見ます。あなたは彼らが肩をすくめ、ほんのわずか漕ぎだし、そして網をおろすのを見ます。あなたは叫び声を聞き、立て続けに素晴らしい光景を見ます。それから、大きなペトロがイエスの前にひざまずいているのを見ます。さらにそれから、彼ら全員が一緒に立ち去って行きます。あなたの脳裏をかすめるものは一体何でしょうか。

多くの人は――おそらくこれを読む多くの人は――、今日《こんにち》、**神の王国**に関して、このような位置にいます。彼らは何かが進行中であるのを聞いて知っています。彼らはほかの人々が突然に変えられ、その人生が方向転換させられたのを見ています。彼らは少し嫉妬しているのかもしれません。それだけではなく、おそらく彼らにスポットライトがあたっていなかったとして安心しているかもしれません。スポットライト、それは事物をはっきりと見えるように照らしますが、命の道を示すために輝きます（ペトロの瞬時の反応は、神の聖い光の中で、自分を見つめ、必要な結論を導き出したことによるのです）。

イエスは、誰をも除外することを好まれません。ペトロはじめほかの者たちに対するイエスの召しは、――今度は、彼らが人間を漁《すなど》ることにおいてイエスを助けるべきです――まさに、福音がより広く伝えられ、福音をできる限り多くの人に届けることができるようにするためです。結局のところ、神の王国において、傍観者は誰もいません。目下、私たちはルカの福音書を読んでいます。ペトロが最初、不承不承にしたことや、それに続く失敗にもかかわらず、イエスは、ペトロとの約束を守られたからです。イエスがお召しになるとき、確かにすべてのことを要求されます。しかしそれは、イエスご自身がすでにすべてをお与えになっただけでなく、また、私たちと世界のために、私たちが夢にも思わなかったご計画を用意されているからなのです。

五章一二―一六節　レプラを患った人の癒やし

12 イエスがある町におられたとき、そこに、全身にレプラを患った人がいた。イエスを見るとひれ伏して、「主よ、お望みならば、私を清くすることがおできになります」と懇願した。
13 イエスは手を差し伸べて、その人に触れて言われた。「私は望む、清くなれ」。すると、ただちにレプラは彼から消えた。
[14]イエスは彼に厳しくお命じになった。「誰にも話してはならない。ただ、行って祭司にあなた
自身を見せなさい。そして、あなたの清めについて、モーセが命じたように献げ物をし、人々に
証明しなさい」。
[15]しかし、イエスのうわさはますます広がり、大勢の群衆が教えを聞くため、また病気を癒や
してもらうために集まって来た。[16]しかし、イエスは人里離れた所に退いて、祈っておられた。

重大な詐欺行為で監獄にいる人を想像してみてください。彼がその刑に服した後、かつていたコミュニティに再び現れ、以前の雇い主のところに行って、仕事に戻してほしいと願ったら、一体、何が起こるでしょうか。実際に彼が雇い主のところに行き、仮にも仕事を求める場合、特に、金銭を扱う仕事であれば、どうでしょうか。彼が、自分の過去の苦い経験から学んだと言っても、誰が信用するでしょうか。

今、強力で高い感染力のある病気を抱えた一世紀の人物を想像してみてください。病気がその人の身体全体に広がっていることを誰もが知っています。彼は何年間も町から離れて住まねばなりませんでした。彼の家族は彼のために食料をある場所に置いたままにします。彼は受け取りに来ますが、そこは十分に離れた場所です。そんなある日、彼が町の中に現れて、遍歴の説教者と出会って癒やされたと彼が主張します。誰が信じますか。

イエスが人々を癒やされるとき、多くの場合、単にその人の身体的健康にとどまりません。現代の

医学よりずっと前の時代にあっては、人々が苦しむ病気には、たいていの場合、かなり厳しい規則が設けられ、それに従わなければなりませんでした。古代ユダヤ人の清めに関する法は、律法主義的な考えを持った律法作成者が考え出した特異な禁忌ではありませんでした。つまり、その諸規則は今日の一般の衛生学的慣行としているもの、例えば、トイレの後に手を洗うことや、食事の前にも手を洗うことと同等でした。深刻な皮膚病の人々を隔離した規則は、無意味な禁止令ではありませんでした。病気の拡散を防ぐための規則が必要でした。「清い」と「清くない」ということについてのほとんどの規則はこの動機から出ています。

このケースと、それに類似したものは、〔ルカ福音書〕一七章一二―一九節にもありますが、イエスが、苦しみを抱えている人に、祭司のところに行って自分の身体を見せなさいと言われた理由は次のようです。地方の祭司は、律法の教師及び管理者として、あらゆる町や村で活動していました。もし誰かが、健康（清いということ）の証明を望めば、律法の中にある標準の手順（レビ一三章）に従い、その人を調べ、人々にその人が清いか清くないかを宣言するのが祭司の務めでした。イエスはその男を癒やすことを望まれました。当然のことですが、彼が、自分の家族と村とそのコミュニティに十分に受け入れられるメンバーとして再会できるように、イエスは意図しておられたのです。それゆえ、彼は祭司のところに行かなければなりませんでした。そして、次にエルサレム巡礼の機会が訪れた際には、適切な方法で、神への感謝を表すために律法に従って献げ物をしなければなりませんでした。

しかし、この話の重要点は、祭司の所に行きなさいという命令にではなく、イエスの単純だが心からの行為にあるのです。イエスは手を差し伸べ、その人に触れられました。今日《こんにち》、私たちは心理学の学びを通して、人間の適切な接触が、強力で長く続く効果をもたらすことを知っています。両親と子どもたち、兄弟姉妹、恋人や配偶者、友人や隣人が、例えば、ハグ、握手、抱擁、キス、手にそっと触れることなど、それぞれ異なる方法でお互いに接触します。人間のコミュニケーションの多くは、このように言葉ではなく行為によってなされます。それゆえ、このようなすべての接触から切り離されるということは、見ることも聞くこともほとんど失うということです。

誰もこの人に触れませんでした。それは何十年間も続いたと思われます。彼の身体は病で覆われていました。それは明らかに長く続きました。文字どおり長期間、彼を蝕みました。しかし今や、イエスが手を伸ばして彼に触れてくださったのです。想像ではありますが、畏れとともに喜びが、このレプラの人にもたらされたのです。

理論的には、この行為は、イエスを祭儀的に不浄にし、実際の病気に触れさせてしまうはずでした。しかしイエスの数多くの癒やしと同様に、それは真逆の結果となりました。イエスの清め、癒やしの力が、その男に「感染」したのです。まさにイエスの愛と恵みの接触が、寒い日の温かい飲み物のように、彼の全人格を通り抜けて行ったに違いありません。

ルカは、もう一度、私たちの関心をイエスの力の源に導くことによって、この話を結びます。イエスは、群衆から離れてそっと立ち去り、どこか、独りになれるところに行って祈られることが常でした。私たちがイエスと同じことを始めさえすれば、私たちは、愛を必要としている人々に対して、イエスと同じ愛の行為をもたらす方法を見いだすことが可能になり、意欲をかき立てられることになるでしょう。状況は違いますが、イエスに触れていただくことを文字どおりに、また比喩的に必要とし

ている人々が今日《こんにち》の世界に大勢いるのです。そして、私たちがその機会をもたらすのを、人々は待っ
ているのです。

五章一七―二六節　屋根を貫いて降ろされた麻痺した人の癒やし

[17]ある日のこと、イエスが教えておられたとき、ファリサイ派の人々や律法の専門家たちも座
っていた。この人々は、ガリラヤとユダヤのあらゆる村やエルサレムから来ていた。主の力が働
いて、イエスは人々を癒やしておられた。[18]すると、数人の男たちが身体の麻痺した人を寝台に
乗せて運んで来た。そして、彼を運び入れて、イエスの前に置こうとした。[19]しかし、群衆のた
めに運び入れることができなかったので、彼らは屋上に上り、瓦をはいで、人々の真ん中のイエ
スの前に、病人を寝床のまま吊り下ろした。
[20]イエスは彼らの信仰を見て言われた。
「わが友よ、あなたの罪はもう赦されている」。
[21]律法の専門家とファリサイ派の人々は論じ始めた。「彼は何者だ。神を冒瀆している。誰も罪
を赦すことなどできない。神だけができるのだ」。
[22]イエスは、彼らの考え方を理解して言われた。「心の中で何をぶつぶつ言っているのか。[23]『あ
なたの罪は赦されている』と言うのと、『起き上がって歩きなさい』と言うのと、どちらが易し

いか。24しかし、人の子が地上で罪を赦す権威を持っていることを知りたいなら、分からせよう」
――(身体の麻痺している人の方に振り向いて)――「さあ、床《とこ》を取り上げて、家に帰りなさい」。
25すると、彼はすぐに人々の前で起き上がり、長い間、寝ていた床を取り上げて、神を賛美し
ながら、自分の家に帰って行った。
26すべての人は畏敬の念を抱いた。彼らは神を賛美し、恐れに満たされて言った。「私たちは、
今日、信じがたいことを見た」。

私がこれを書いていた日、抗議行動を行う人々が集まり、トラックやバンに乗って、首都に向かう長い幹線道路をゆっくり運転していました。彼らの目的は普段の交通をできるだけ混乱させることであり、彼らの主張に国中の人々を注目させるためでした。――彼らの言い分では、燃料にかかる高い税金のゆえに、多くの企業が仕事を継続することが困難になっていたことへの抗議でした。

現代の民主主義はこのような圧力団体に対して、度を越えなければ寛大です。それは彼らの感情をぶつける一つの方法です。政府は、何としてでも自分たちの望むことを強行するのでなく、強くまた広く支持された意見には注意を払うことを知っています。十分な数の人々が大変悪質なことを望む場合は、たとえその抗議行動がまったく私的で、ほかの人々にではなく彼ら自身にのみ責任があるとしても、政府は警戒しなければなりません。抗議行動を行う人々はもちろん、心から国の利益を優先すると主張するのですが、誰も彼らを選出しないので、それは証明され得ないのです。

ファリサイ派は圧力団体の一つで、公的機関ではありませんでした。ルカが彼らを紹介するのはこ

れが初めてです。そして、ここでは、彼らは大勢ですが、小さな村の出身者たちです。ある若い預言者が奇跡を行い、語っているのを調べるために、なぜ、このように大勢集まってくるのでしょうか。このことは少し行き過ぎていると思われるかもしれません。その答えは、彼らの特別な理由によります――というのは、時代を超えて彼らには思い切った行動をとる準備ができていたからです――それは、**神の王国**をもたらすということです。つまり、もし、同じようなことについて語っていると思える誰かほかの者がその場に現れたなら、彼らは勘違いをしているのですが、彼らはそれについて知りたかったからです。ところで、先の抗議行動を行う人々は英国の南の方へ、ゆっくり移動していたのですが、北にゆっくり向かうもう一つの集団に突然出会い、彼らの道はふさがれてしまいました。

ファリサイ派の王国をもたらすプランは、古代ユダヤ人の多くの目標と理念に一致し、ユダヤ人の律法である**トーラー**の遵守を強化することでした。このことが、神が、イスラエルを苦しめる異邦人を裁いて神の民を解放すると約束されたように、神がお働きになるための状況を創り出すと彼らは信じていたからです。加えて、自らの手に律法を収めるために、また、より多くの闘争的な人々は、革命のプロセスを始動させるために、暴力を振るうことが、神がお与えになった務めだと信じていました。イエスの王国の展望とは大きく違っていました。それどころか、ほとんど正反対でした。イエスが群衆を引き付けることによってその名声が広がっていったので、ファリサイ派の人々には、一体そこで何が起こっているのかを調べる必要があったのです。

ルカは、イエスが力に満ちておられたことを強調しています。それは神の力がイエスに働いていたからです。もちろん、これが大勢の人々が集まってきていた理由です。多くの人が列を作らずに、入口の扉のところまで押し寄せていたため、身体の麻痺した友人を簡易寝台か寝床に載せて運んできた者たちは、家の中に入ることができませんでした。それで、彼らは屋根の瓦をはいで、身体の麻痺した友を下に降ろしました。この機知に富んだやり方をイエスはご覧になり、それが、神が働いておられることと、自分たちのすべての努力は無駄ではないということを、彼らが本当に信じていることのしるしとして受け止められたのです。このように、イエスはたびたび、**信仰**と神の力とを結び付けられるのです。

実際に、人々が信じないのは、自分の判断力を根拠としているからです。それは、当時のファリサイ派の人々がそうでした。そして、やはり何かが間違っているに違いないとつぶやきます。「あなたの罪は赦されている」。確かにそうです。神だけが罪をお赦しになります。さらに、彼らの手順では、罪を赦す正常なやり方は**神殿**を通してであり、そこですべてのことが行われるのです——犠牲を献げる手順があり、清めの儀式、大祭、とりわけ贖罪日があります。犠牲を献げる贖罪が行われ、人々が神に求めるとき、神が彼らの罪をお赦しになられた、と人々に宣言するのは、その神を代弁する**祭司**であり、それも**大祭司**なのです。

イエスはこれらを一刀両断にされます。この注目すべき男は、今や神にあって義《ただ》しいと、ご自分の権威を宣言なさるのです。それはすべて、この男の友人たちの信仰のゆえです。イエスは自らを、「神であると主張されている」のではないのですが（ルカは、人々がイエスに出会うとき、彼らは実際に神に出会っていたということを、まもなく明確にしますが）、イエスは神を代弁していると主張されます。これは、当局者の権威に関する通常の手順を無視したやり方です。ファリサイ派の人々の観点からいえば、彼らが恐れていたこと以上に悪いのです。

しかし、まだもっと悪いことがあります。イエスは神秘的な用語「人の子」によって行うと説いています。ダニエル書七章において、「人の子のような者」が、神の前に連れて来られ、大迫害の後に、世界を治める権威を付与されます。この用語は、普通は単に「人間」を意味しますが、イエスの時代の多くのユダヤ人は、ダニエル書七章のこの表象を特別な意味をもって受け止めました。それはメシアであり、神が、イスラエルの長い苦難の後に、この人物を通してついに王国を打ち立てるのです。

おそらくイエスの聴衆は、全員でないとしても、このことを理解していたと思われます。しかし、多くの人には、イエスが、権威に対して大いに主張していることが分かったと思われます。イエスの言動は神の真の王国の働きでありました。それはイエスが被る迫害にもかかわらず、神はイエスの正当さを立証されるからです。イエスは一気に、当時のユダヤ人の希望の思想から説得力のある用語、「人の子」を呼び起こし、それをご自身の状況に当てはめられたのです。身体の麻痺した男の癒やしは、この権威が本物であるというしるしとして、イエスが意図された役目を果たしています。こうして、それは実行されたのです。

群衆が驚いたのは何も不思議なことではありません。癒やし、権威の主張、そして当時の指導的圧力団体との鋭い議論という組み合わせは、彼らがそれまでに知っていたものを越えていました。最後の行の「信じがたいこと」はギリシア語ではパ、ラ、ド、ク、サ、で、あなたがまったく予期しない「パラドックス（逆説）」を意味しています。さらにもっと多くのことがありました。ダニエル書の「人の子」のシーンのように、イエスの公生涯のすべては、人々が期待していたのとは正反対でした。今日《こんにち》、人々がほんの一粒の信仰を持ってイエスのところに来るならば、予期しなかったことが今でも起こりえますし、確かに起こるのです。

五章二七—三九節　宴会の友と断食についての問い

27その後、イエスは出て行かれて、収税所に座っているレビという名の徴税人を見て、言われ
た。「私に従って来なさい」。28すると彼は、そこにすべてを残して立ち上がり、イエスに従った。
29そして、レビは自分の家でイエスのために盛大な宴会を催した。徴税人たちやほかの人々が
大勢いて、一緒に食卓に着いていた。30ファリサイ派の人々や律法の専門家たちは、イエスの弟
子たちに向かってつぶやいた。「なぜ、イエスは徴税人たちや罪人たちと一緒に食べたり、飲ん
だりするのか」。
31イエスは彼らにお答えになった。「医者を必要とするのは、健康な人ではなく病人である。
32私が来たのは、義《ただ》しい人を招くためではなく、罪人を招いて悔い改めさせるためである」。
33人々はイエスに言った。「ヨハネの弟子たちはよく断食し、祈りもする。ファリサイ派の弟子
たちも同様だが、——あなたの弟子たちは飲み食いしている」。
34イエスは彼らに言われた。「花婿が婚礼の客と一緒にいるのに、客に断食をさせることができ
ようか。35しかし、花婿が彼らから取り去られる時が来る。その時には彼らは断食をするであろ

う」。
[36]続いてイエスはこの譬えを話された。「誰も、新しい服から布切れを切り取って、古い服に継
ぎ当てたりはしない。そんなことをすれば、新しい服は裂けるし、その布切れも古いものとは合
わないだろう。[37]また、誰も、新しいぶどう酒を古い革袋に入れたりはしない。そんなことをす
れば、新しいぶどう酒は革袋を張り裂き、ぶどう酒は流れ出て、革袋もだめになる。[38]新しいぶ
どう酒は新しい革袋に入れるべきである。[39]古いぶどう酒を飲めば、誰も、新しいものを求めな
い。『古いものが良い』と言うからである」。

科学技術は、私たちの多くがついて行けないほど速く進んでいます。あなたが今日パソコンを買うなら、それは明日にはもう古くなっています。一年か二年でそのスペア部品が手に入らなくなるでしょう。エンジニアのチームは、より速いスピードで、より多くの仕事ができる電子機器を作るために、たゆまず一所懸命に働いています。今年の新製品で、あなたを驚かせる機能は、来年にはもう古くなり、処理スピードが遅くなっていることでしょう。

これは、特にいらだたしいことです。私のように、あなたのパソコンの処理速度が遅ければ、その古いパソコンでは、幸いにも問題なく動いているソフトウェアしか使えず、それは新しいパソコンに移すことはできません。新しいパソコンは、あなたが入れたファイルは認識できませんというメッセージを出します。あなたが心地よさを感じている古いものが、まったく突然、新しいものに合わなくなるのです。

これは、イエスがその批評家への返答として語られることとの現代的な実例です。ただ、この特殊な例には明白な欠点があります。あなたがパソコンを買うとき（それが農業の機械であろうと、医学の機器であろうと、何であろうと）、すでに研究開発はどんどん進んでいるということを、あなたは知っています。まもなく、新しいもののすべてが古くなります。しかし、イエスと弟子たちの世界における期待と希望は、一度限りにやって来る神の新しい世であり、決して古くはなりません。古いものは過ぎ去り、新しいものがやって来ます。そして新しくなるのです。それは一度限りの変換であり、繰り返されることはありません。

警告を含んだ、この実例はまったくぴったりと当てはまります。イエスがなされることは、神がもたらされる新しい世界に効果的であり——古いやり方はもう合わず、それらは陳腐なものとなります。それ自体が悪かったというのではなく、神の新しい世には、以前そこにはまったくなかった新しい力、新しい可能性、そして新しい希望があるからです。特に古いやり方中心で生活を築いてきた人にとっては、新規性というのはきわめて威嚇的です。考えてみてください。馬に牽引される駅馬車を製造、修理するビジネスが、まったく突然に、最初は蒸気機関車に、続いて自動車によって弱体化されたとき、人々はどう感じたでしょうか。また、飛行機が世界旅行の普通の手段となったとき、どれほど造船産業が身震いしたことでしょうか。これは、イエスが主張され、導こうとされている変化のようなものです。

ルカ福音書において、（イエスと関わる場合には）よくあるように、話は人間の状況から始まります。徴税人たちはまったく人気がありません。イエスの時代には最悪でした。彼らは無理矢理に税を取り立てる者たちでした。それだけではなく、彼らはローマ帝国やヘロデのために働きました。異邦人との接触は避けられず、彼らは（敵と協力しているとの）政治的な嫌疑をかけられていました。そして、彼らは宗教儀式からは（汚れている者と見なされ）除外されていました。徴税人のレビがパーティを開いたとき、そこにいた大半は、レビのような徴税人であったということは意味のあることでした。一般の人々の多くとは付き合いがなかったので、彼らは互いに助け合わなければなりませんでした。

イエスは、レプラの人に手を触れることによって封鎖領域に入って行かれたように、徴税人のレビに、仕事を捨てて従うことをお命じになることで、その世界に入って行かれました。そして、イエスは、ご自分が行っておられることに不満を抱いていると思われる者に対しては、私たちが今日《こんにち》、ミッション・ステートメントと呼ぶものをもって説明されました。「私が来たのは、義しい人を招くためではなく、罪人を招いて悔い改めさせるためである」。イエスは、病人と関わりをもたなければ仕事ができない医者のようです。その務めは罪人を招き、悔い改めさせることです。人々は、もはや、「義しい人」と「罪人」という二つに区分されることはなく、動かされることもありません（もちろん、「義しい人」が罪を犯す場合を除いて）。新しい世が始まっているのです。この新しい世は赦しの時です。それは神が常に約束されていたことです。これが預言者によって語られた新しい契約です。その先には赦しがあります。そして、人々が悔い改めるとき、赦しは彼らのものになります。古いシステムの整然とした秩序を乱すことを気にしてはなりません。これは一つの宴会です――ルカの福音書に出てくる多くの宴会のうちの最初の宴会――そして、イエスのすべての宴会のように、新しい時代の一つのしるしです。それは、人々が目で見ることのできる天上の宴会のミニチュア版です。

ルカはこの点ではマルコに従いつつ、王国の宣教がいかに新しいかについて、短い言葉を付加しています。まず、断食を除外します。ユダヤ教における断食は、イエスの時代のさまざまなセクトや集団において、神の王国が未だ到来しないときの、待望のしるしであり、現在を嘆き悲しむしるしでした。イスラエルに降りかかった災難を顧み、自らを低くし、神の恵みを求めて悔い改めて祈る一つの方法でした。しかし、もし神の恵みが今、生きて働いているならどうでしょうか。あなたがたに癒しをもたらし、祝福を与え、新しい世界を創造し、それを享受するように招いているのです。繰り返しますが、その宴会のテーマは、結婚式の宴会（忠実なユダヤ人がイメージする、神の新しい世の到来）のようです。そして、あなたがたが結婚式で最後にすることは、食べ物や飲み物を控えることです。それは人生そのもののお祝いです。確かに、これについてはもう一面があります。ある日、花婿が取り去られるなら、そのときには、もう一度断食することでしょう。しかし、長くは続きません。ルカ福音書はイースターの二つの食事で終わっています。一つはエマオで、もう一つは二階の部屋です。花婿が戻って来ます。イエスの復活の命は、神の新しい世が完全に始まったことを意味しています。

ルカ版の言い回しはマルコ版とは多少違っています。マルコ版では、新しい布についての要点は、新しい布は縮んでいないということです。布が縮むと継ぎ当てたものが駄目になってしまいます。ルカ版の要点は、新しい布を切り取ることによって、新しい服が駄目になり、また、古いものも救うことができないということです。言い換えれば、イエスの王国のプログラムをヨハネの弟子やファリサイ派のプログラムに当てはめようとするのは無駄なことだということです。イエスの働きの一つの要素だけを受け取ると、全体を見失います。あなたがたは新しい事柄全体を受け取るか、それとも少しも受け取らないかのどちらかであるべきです。

ぶどう酒と革袋の話も同様です。イエスの新しい働きを、ヨハネの運動やファリサイ派の運動の思考法と行動パターンに当てはめてみてください。そうすると、あなたがたが得ようとするものすべてが爆発してしまいます（もうすでに起こり始めています）。しかし、――最終行はルカに特有の厳粛な警告です――自分の生き方を古い運動に献げた人々が、喜んで忠誠の切り替えをすることなど期待してはなりません。彼らは自分が知っていることにとどまりがちです。彼らは古いぶどう酒に慣れているので新しいものを好きになることを怖がるのです。

それは、すべての改革者が直面する永遠の問題です。しかし、もちろん、この聖書の箇所は、人々が頭に描く革新や改革に関してのことではありません。人々はときどき、この聖書の箇所をあらゆる妙案を正当化するために用い、あらゆる伝統をあざ笑うために用います。しかし、それは本来の目的ではありません。イエスは新しいことを行われています。この新しいことが、今日《こんにち》もなお、キリスト教の基盤を形成しています。この聖書の箇所の本当の挑戦は世界の各地で見られます――そして、もちろん、教会の中でも見られます――古い時代が未だ標準であるかのように、また、福音の新しい命が、私たちの人生にこれまで介入してこなかったかのように、人々は今日《こんにち》も生活しています。それゆえ課題は、イエスの教えとその働きの核心であった新しい命、新しいエネルギーを体験することなのです。

六章一―一一節　安息日に関する教え

[1]ある安息日に、イエスが穀物畑を通られたとき、弟子たちは穂を摘んで、手でもみながら食
べた。
[2]すると、ファリサイ派のある人々が言った。「なぜ、あなたがたは安息日に許されていないこ
とをするのか」。
[3]イエスは彼らにお答えになった。「ダビデとその従者たちが空腹だったとき、ダビデが何をし
たか読んだことがないのか。[4]ダビデは神の家に入り、祭司たち以外は誰も食べることが許され
ていない『供えのパン』を取って食べ、従者たちにも与えたではないか」。
[5]そして、彼らに宣言された。「人の子は安息日の主である」。
[6]また、別の安息日に、イエスは会堂に入って教えておられたが、そこに右手の萎えた人がい
た。[7]律法学者とファリサイ派の人々は、イエスが安息日に彼を癒やすかどうか注視していた。

イエスを告発する材料を見つけるためであった。
[8]イエスは彼らの考えを知って、手の萎えた人に言われた。「起き上がり、この真ん中に出てき
なさい」。すると、その人は起き上がって出てきた。
[9]イエスは彼らに向かって言われた。「あなたがたに尋ねるが、安息日に許されるのは、善を行

うことか、それとも悪を行うことか。命を救うことか、それとも滅ぼすことか」。
[10]そして、彼らをぐるりと見回し、その人に言われた。「あなたの手を伸ばしなさい」。そのようにすると、その手は元どおりになった。[11]しかし、彼らは怒りに満ち、イエスを何とかしようと互いに話し合った。

私の親戚の一人が喜んで話します。何人かの仕事上の友だちと、飛行機でアイルランドにラグビーの試合を見に行ったときの出来事について話します。飛行機を降りたとき、彼らを迎える税関職員が不在でした。そこで、彼らのうち二、三人が職員のブースに入ってしまい、そこにあった帽子をかぶり、やって来たほかの人々のパスポートを検閲したのです。彼らは職務権限をもっていませんでしたが、どうやらうまくやったようです。私はこの話を聞いて驚きました。そこに本当の税関職員がやって来たらどうなったのだろうかと。しかし、過ぎたことなのでと、何度聞いても、だんまりを決め込んでいました。

イエスが多くの見物人の前に現れたときも、このようだったに違いありません。イエスはいかなる公職にもついていませんでした。イエスは祭司ではありません（祭司は人々に律法を教える仕事をしていました）。イエスは有名ないかなる圧力団体の人物でもありません。例えばファリサイ派、彼らは律法がどのように遵守されるべきかについて自分たちの考えを持ち、概して社会に向かってそれを主張しようとしました。イエスは教師として正式ないかなる訓練も受けていませんでした。

そして、イエスはまだ飛行場におられます。いわば、飛行場の到着ゾーンで、するべきことを人々に語りながら、何人かに、通常するはずではなかったことを行う許可をお与えになりました。イエスはご自分を誰だと考えておられたのでしょうか。それは、実のところ、ルカが私たちに尋ねたかった中心的な質問です。ルカは、「私たちは、安息日を守りますか、守りませんか」と尋ねることには興味がなく、むしろ、「イエスはご自分を誰だと考えておられましたか」と尋ねたかったのです。

最初の小さな出来事は、その核心を見るまでは複雑なように思えます。イエスの要点は、イエスとその弟子たちが、ダビデとその家来の者たちと同じ状況にあるということです。ダビデもその家来たちも通常のルールでは例外扱いです。ふつう、聖所の祭司だけが「供えのパン」（神が、その民との交流の中で、臨在を象徴するために取っておかれたパン）を食べました。しかし、ダビデは、そうすることが正しいと主張しました。なぜでしょうか。おそらくダビデはまさしくイスラエルの王であったからでしょう。彼が未だ少年であったとき、サムエルが彼に油を注ぎました。そして彼を王であると宣言しました。しかし、まだサウルが王位についているときのことでした。この話のときには、ダビデは一般庶民の従者グループを率いていました。サウルから離れて、彼の王権が実現するまで待っていました。

これはイエスについて多くを語っています。ルカは、私たちに告げるのに苦心していますが、イエスもイスラエルの王として油を注がれました。イエスもこの王権が実現する時を待っておられます。イエスも奇妙な従者グループとともに活動しています。そして今、――おそらく多くの人が理解しなかったが、一部の聴衆が理解したと思われる聖書的イメージを取り上げ――イエスは主権者「人の子」であり、やがて反対者らが黙し、すべてのことが整理される日に、イスラエルの神がこの方を正式に合法的な王と証明されるのです。

　ですから、イエスに従う者たちが安息日を破ったことは、それほど問題ではありません。彼らが違反者であるか、そうでないかは、人々が訴えるために選択するルールにかかっています。安息日に、細部にわたって人々ができることと、できないことに関しては意見が異なっていました。肝心なのは、イエスが来たるべき王であり、必要があれば、聖なる安息日の律法さえも保留にする権限を持っておられたということです。イエスもそれは必要であると考えておられたようです。つまり、神の新しい世界が侵入し始めていました。それで、古い世界で適切であったルールも再考されなければなりませんでした。

　今日《こんにち》の世界の多くのキリスト者にとって、安息日を守るということは古風なことになっています。ある人々は今も守っていますが、西洋の多くの人にとって、大昔にはそういう習わしであったと覚えられていますが、今日《こんにち》ではそれほど思っていません。しかし、イエスの同時代の人々にとっては、安息日は敵対する世界における彼らのアイデンティティの主要な象徴であり、自分たちと隣人にとっては、彼らが神の特別な民であるという一つのしるしでありました。現代の西洋のキリスト者が、自分たちにとってはどうでもいいことについて騒ぎたてるために、イエスの時代のユダヤ人をあざけることは易しいことです。安息日遵守が彼らのためであったように、私たちは、――おそらく神の裁きの下《もと》にある者として――まったく同様に、私たちの世界に、私たちの社会に、私たちにとって中心になっている事柄が多くあります。

　もう一つの話――手の萎えた男の癒やしが十分にその要点を強調しています。重要なのは、なされたことにおいて、たたえられる創造主の神です。イエスはお尋ねになります。「この行為が命を救うのか、それとも滅ぼすのか」。このケースでは、イエスは何も行われませんでしたが、公的なユダヤ人の律法か、ファリサイ派の人々の非公式の規範のどちらかが、不法とみなしたのです。イエスはその男に触れることさえしていません。彼に、手を伸ばしなさいと言われたことが、「仕事」として数えられ、その結果、禁じられたのです。しかし、イエスが、先祖伝来の律法と伝統については独立した自由な立場で行動することができる者としてご自分が認められていることを示すために行動されたのは確かでした。ルカは私たちのために、次に来るものを準備しています。それは、イエスが人々を神の新しいイスラエルの民、神の新しい時代に生きる民へと転回させるために、ご自分に従う者たちが成長して行くコミュニティを形成し始めておられるからです。真の王、真の「人の子」であるイエスに対して忠誠であることによって定義されるこの人々は、明けゆく新しい「週」をすでに祝っているのです。彼らは、安息日の律法によって、つまり、終焉に向かう過去のルールによって、もはや束縛されることはないのです。

六章一二―二六節　至福の説教

[12]その頃、イエスは祈るために山に出かけ、夜通し、神に祈っておられた。[13]朝になると、イエスは弟子たちを呼び寄せ、彼らの中から一二人を選び出し、「使徒」と名付けられた。[14]それは、

イエスがペトロと名付けられたシモン、その兄弟アンデレ、ヤコブ、ヨハネ、フィリポ、バルト
ロマイ、[15]マタイ、トマス、アルファイの子ヤコブ、「熱心党」と呼ばれたシモン、[16]ヤコブの子
ユダ、そしてイスカリオテのユダであり、この者は裏切り者となった。
[17]イエスは彼らとともに山を下り、平地に立たれた。そこには、大勢の弟子の群れと、ユダヤ
全土、エルサレム、ティルスやシドンの海岸地方からやって来たおびただしい数の人々がいた。
[18]彼らはイエスの話を聞くために、また自分の病気を癒やしてもらうためにやって来た。そして、
汚れた霊に悩まされていた人々も癒やされた。[19]群衆は皆、イエスに何とかして触れようとした。

イエスから力が出て行き、すべての人を癒やしておられたからである。
[20]イエスは、弟子たちの方に目を上げて、弟子たちを見て言われた。

「貧しい人々に、祝福あれ。
神の王国はあなたがたのものである。
[21]今日、飢えている人々に、祝福あれ。
あなたがたはご馳走にあずかる。
今日、泣いている人々に、祝福あれ。
あなたがたは笑うようになる。

[22]あなたがたに祝福あれ、人々があなたがたを憎み、閉め出すときも、また人の子のゆえに、

あなたがたを排斥し、侮辱し、あなたがたの名を悪しきものとして棄て去るときも。[23]その日に
は、祝い、躍りなさい。見よ、天におけるあなたがたの報いは大きい。彼らの先祖も預言者たち
に同じようにしたからである。

[24]しかし、富んでいるあなたがたに、災いあれ。
あなたがたは慰めを受けてしまっている。
[25]今日、満腹しているあなたがたに、災いあれ。
あなたがたは飢えるようになる。
今日、笑っているあなたがたに、災いあれ。
あなたがたは悲しみ泣くようになる。
[26]人々が皆、あなたがたを褒めるとき、あなたがたに、災いあれ。
彼らの先祖も偽預言者たちに同じようにしたからである」。

あなたが学校の教師だとしましょう。ある日、学校の運動場に出ると、大勢の子どもたちがサッカーをしていました。彼らの所に行って、皆に集まるように呼びかけました。それから、あなたがゆっくりと、しかし、確実に彼らから一一人を選び始めます。あなたには言葉はいりません。一一人を選び、彼らをほかのところに連れて行きます。皆は、あなたがサッカーチームのために集めたということを知るでしょう。

それから、あなたとあなたのチームが一緒に動き始めたことを想像してみてください。やがて迎える真剣な試合に備えて練習するためです。あなたは何から始めますか。あなたは、彼らがサッカーとそのルールは当然分かっているものと思っています。しかし、あなたは、幾つかのことが、まったく違っていることを今、彼らに言わなければなりません。試合運びは変わります。運動場で練習することと本当の試合でやることとは同じではありません。

しかし、プレーの仕方を何時間も彼らに講義するのも良くありません。三つか四つの、するべき事柄と、三つか四つの、してはならない事柄を彼らに覚えさせることが重要です。そして、試合が白熱したときに、彼らがこの基本方針を思い出して、集中して最も良いプレーができるよう、あなたは期待します。

では、イエスが行われていたことを考えてください。その時代にはサッカーチームはありません。それはどうであれ、イエスが行われていたことは、サッカーの試合よりはるかに真剣でした。神がイスラエルの一二部族――ヤコブの一二人の息子たちの子孫――を召され、彼らを特別な民にされた結果、彼らを通して全世界のための神の目的が達成されると、人々は長く記憶にとどめてきました。今や、イエスがやって来られ、いわば運動場に立たれたのです。そこでは、あらゆる部族の人々が、神の民になる道を求めています――新しいルールに従う者たち、新しい暴力的な革命の計画をもつ者たち、ヘロデとその政権を支持する者たち、荒れ野に退いて個人的に祈ることを提案する者たち、そのほかの人々もいたかもしれません。イエスは、出会った人々の中から一二弟子をお選びになりました。たとえイエスが無言でそうされたとしても、皆が、イエスが行われていることを見ることができました。イエスはイスラエルの一つのチームを作られたのです。彼らは、神が今からなされようとするための、主要人物、中心人物、出発点となるべき人たちでした。彼らは神が新しくされたイスラエルの核となる人たちでした。

イエスは、神の働きの構想が前進するために、彼らに明確な指示をお与えになりました。イスラエルの偉大な聖書の規範に基づいて示された四つの約束と四つの警告があります。つまり、申命記と呼ばれる書の中に、律法に従う人々の「祝福」と、従わない人々の「呪い」の長いリストがあります(申二八章)。これらは神とイスラエルの間の憲章、契約、協定を形成しました。今や、イエスの周りに集められた新しいイスラエルとともに、イエスは彼らに同じ契約についてご自分の解釈をお与えになるのです。

つまり、それは革命的な解釈です。それは上下逆転の規範、もしくは、(イエスが言われたように)人々が今まで従ってきた規範が逆転し、正しい方向に向けられた規範です。神は、まったく新しいことを行われているのです。つまり、四章で、イエスがナザレの会堂で強調されたように、ついにイエスは約束を実現されます。それは、長い間、一度も聞いたことのなかった、すべての人のための良き知らせなのです。貧しい者、飢えた者、悲しんでいる者、嫌われている者、この者たちの上に祝福があるように! 貧しくなる、飢えるということ自体は高潔なことではありません。しかし、不義が支配するとき、世界は、神の正義と来たるべき王国に向きを正しく変えて、もう一度立ち帰らなければなりません。しかし、それは現状維持を望む人々の反発を招きます。約束と警告、祝福と呪いのイエスのメッセージは、古代ヘブライ人の預言者のものと共鳴しています。そして、イエスは同様の反発があることも知っておられました。

それで、もし今日《きょう》、イエスが私たちの「運動場」にやって来られるなら――ただし、そこは、私たちがアイデアと構想で楽しく過ごすところであり、私たちが人生を理解する異なる方法を試すところであり、たいていはわずかながら成功しているところです――果たしてイエスはどのようなメンバーをお選びになるでしょうか。イエスは誰を呼ばれ、その人にどのような仕事をお与えになるのでしょうか。私たちの世界に対するイエスの約束と警告、イエスの召しを、誰が聞くのでしょうか。そして誰がイエスに従うのでしょうか。私たちはすべて自分で答えなければなりません。しかし、キリスト者として、イエスが一二弟子を召されることから始まる祝福と呪いという切れ味の鋭い教えは、現在においても有効です。これが王国のかたちです。つまり、この王国は、かつてなされたのと同様に、現在においてもなお、この世界を逆転し、向きを正しく変えるのです。

六章二七―三八節　愛敵の教え

27 イエスは続けて言われた。「しかし、これが私の言葉である。聞いているあなたがたに言う。
自分の敵を愛し、あなたがたを憎む人々に善を行いなさい。
28 あなたがたを呪う者を祝福し、侮
辱する者のために祈りなさい。
29 あなたの頬を打つ者には――もう一方の頬も差し出しなさい。上着を取り上げる者には――

下着をも拒んではならない。30誰でも求める者には与えなさい。あなたの持ち物を取り上げる者
から取り返そうとしてはならない。
31人にしてもらいたいと思うことは何でも、同じように人にしなさい。32自分を愛してくれる
人を愛したところで、どんな恵みがあなたがたにあるだろうか。罪人でさえ、自分を愛してくれ
る人を愛している。33また、自分に親切にしてくれる人に親切にしたところで、どんな恵みがあ
なたがたにあるだろうか。罪人でさえ、同じことをしている。34返してもらうことを当てにして
貸したところで、あなたがたにどんな恵みがあるだろうか。罪人でさえ、同じだけのものを返し
てもらおうと、罪人に貸している。35むしろ、あなたがたの敵を愛しなさい。親切にし、何の見
返りも期待せずに貸しなさい。そうすれば、報いは大きく、あなたがたはいと高き方の子となる。
この方は恩知らずの者にも悪人にも情け深いからである。36あなたがたの父が憐れみ深いように、
あなたがたも憐れみ深い者となりなさい」。
37「裁いてはならない。そうすれば、裁かれない。罪に定めてはならない。そうすれば、罪に定
められない。赦しなさい。そうすれば、赦される。38与えなさい。そうすれば、自分にも与えら
れる。つまり、押して入れ、揺すって入れ、溢れるほどの恵みを受ける。確かに、他者への配慮
や思いやりは、自分自身にかえってくる」。

偉大なユダヤ人学者の一人が、現代におけるイエスについて書きました。彼の名はデイヴィド・フルッサーです。長年にわたり、エルサレムのヘブライ大学で教鞭をとりました。しかし、すべての人

が彼の研究を認めたわけではありません。さて、彼の優れた学生の一人が、ほかの大学に客員研究員として入りましたが、その大学の教授から、フルッサーのもとにいたという理由だけで、大変悪い成績を付けられました。それからしばらくして、その教授のところの学生がフルッサーのところに来て、ともに研究をしました。彼の成果はあまり良くなかったのに、フルッサーは彼に「A」を付けることを主張しました。彼の助手は反対しました。特に、先の教授が以前行ったことを受けて、なぜフルッサーはそのようにすることができたのでしょうか。「彼にAを付けるべきだ。これは、私がイエスから学んだことである」と彼は主張したのです。

イエスが宣教され、享受しておられた王国は、栄光に満ち、にぎやかで、途方もなく寛容でした。最悪の人のためにできる最善について考えなさい。そして、先頭に立ってそれを行いなさい。誰かがあなたのためにしてくれたそのことを考えなさい。そして、それを人々のために行いなさい。あなたに意地悪をした人々のことを考えなさい。そして、彼らにそうはしないで必要以上に寛大にふるまいなさい。これらの教えは新鮮で春のような気質があります。それは突然現れるエネルギッシュな新しい命です。それはコンクリートを突き抜けて成長する花のようで、その色と活力で皆を驚かせます。

しかし、そのようなことが可能でしょうか。何とも言えません。イエスが、ご自分に従う者たちに主張される要点は、新しいルールブックを与えることではなく、一つ一つをチェックし、ああしろこうしろと言うリストを与えることでもなく、成功をおさめたと思える人生の終わりに満足してくつろぐことでもありませんでした。その要点は、世界があなたに向かって何を投げつけようとも、陽気な気分で、繰り返して教えることであり、そして、分かりやすく説明することでした。また、その中心は、動機付けを与え、活力を与えることです。あなたはそのようにあるべきです。なぜなら、神がそのようであるからです。神はすべての人に対して寛大な方です。度を過ぎて（物惜しみしない）寛大な方です。神はすべての人を喜ばせるために良いものをお与えになります。つまり、それに値する人と同じように、値しない人にもお与えになります。神は驚くほど憐れみ深い方です（本当に自分自身の心を理解している人、また、今も神の恵みと愛を経験している人なら、同意するでしょう）。いかにして、私たちは神から赦された子どもでありえますか。この方が、自分たちが関わっている神であるということを発見するときにのみ、人は、この生き方を自分のものにすることが可能になるのです。

実際に、この教えのリストは、あなたが信じている神のすべてについて――そして、神を信じることによって、その後に続く生き方についてのものです。キリスト教の長い歴史の大部分で、イエスが語っておられた神について、何も知らなかったか、わずかしか知らなかったと思えることを、私たちは恥じ入るばかりです。イエスの名によって自らを呼ぶ多くの人はむしろ、陰気な神、銅貨を指ではじいて決める神、人生の困難な時にのみ関心がある神、救いは不可能に近い神、このような神を信じてきたように思われます。しかし、同じように、この聖書の箇所は、すべての宗教は実質的には皆同じで、すべての神々は同じ目標の、多様なバリエーションであるという古い考え（私たち自身の時代と同様にイエスの時代の人々にもあった）が偽りであることを示しています。この神は違っています。あなたが、すべての人がこの神を信じている社会に住んでいるならば、何の違反もなく、いかなる復讐もなく、どんな階級やカースト制度もありません。財産と所有物については、あなたの隣人は信頼できることが明白なので、まったく心配は無用です。あなたの周りの数人でも、イエスを真剣に受け止め、そのように生活することを想像してみてください。生活は豊かで、他とは違っていて、驚くべきものになるでしょう。人々は目を見張ることでしょう。

当然ながら、イエスがそれをご自分でなされたときには、人々は確かに目を見張りました。ルカが以前、私たちに告げたように、群衆が集まる理由は、イエスから力が流れ出たからです。そして、人々は癒やされたからです。イエスの全生涯はあくまで寛容で、イエスは必要とするすべての人にすべてのものを与えられました。イエスは知っておられることを話されました。父の法外な愛、そして、それに応じた豊かな人生への招きなどです。しかし、最後に、人々がイエスの頬を打ち、その上着と下着を背中からはぎ取るときも、イエスは愛し続け、赦し続けられた、とルカは後述しています（二三・三四、四三）。イエスは、ご自分の友にだけ愛を示されたのではありません。そうではなく、ご自分の敵を愛し、平和を求める願いを拒んだ町のために涙を流されたのです。イエスは、ご自分が語られる真の神の現し身《うつみ》でした。

これらの教えについて、特に驚くべき二つのことがあります。第一に、それらは平易です。明らかで、あいまいさがなく、単刀直入で、覚えやすいものです。第二に、それらは希少です。あなたは、どれだけの人がこのような生き方をしているか知っていますか。どれだけ多くのコミュニティがこれらの指針を人生の規範としているか知っていますか。どこが違っているのでしょうか。神が変わられたのでしょうか。それとも、私たちが、実際にイエスが誰であるかを忘れてしまったからでしょうか。

六章三九―四九節　人を裁くことと真の従順

[39]イエスは彼らに、次の比喩を話された。「盲人が盲人の道案内をすることができるだろうか。
二人とも溝に落ち込まないだろうか。[40]学んでいる者たちは教師より優れていない。しかし、コ
ースを終えるとき、彼らは皆、まるでその教師のようになる。
[41]兄弟の目にあるおが屑を見て、なぜ、自分自身の目にある梁に気づかないのか。[42]自分自身の
目にある梁を見ないで、『愛する兄弟よ、あなたの目にあるおが屑を取らせてください』と、ど
うして言えるのか。偽善者よ、まず、自分の目から梁を取り除きなさい。そうすれば、はっきり
と見えるようになって、兄弟の目にあるおが屑を取り除くことができる」。
[43]「良い木は悪い実を結ばず、また、悪い木は良い実を結ばない。[44]木はそれぞれ、その結ぶ実
によって知られる。茨からいちじくは収穫できず、野ばらからぶどうを摘むことはない。[45]善い
人は心にある良い倉から良いものを持ち出し、悪い人は悪い倉から悪いものを持ち出す。人の口
は心から溢れ出ることを語るからである」。
[46]「あなたがたは、私を『主よ、主よ』と呼びながら、なぜ、私の言うことを行わないのか。
[47]私のもとに来て、私の言葉を聞き、それらを行う人は皆、どんな人に似ているかをあなたがた
に示そう。[48]それは、地面を掘り、しかも深く掘り、岩の上に土台を据えて、家を建てた賢い人

に似ている。洪水が発生し、川の水が堤防を破りすべての家を襲ったが、それはしっかり建ててあったので、びくともしなかった。[49]しかし、聞いても行わない人は、土台なしで地面に家を建てた人に似ている。川の水が襲うと、その家はあっという間に倒れた。その家の破壊は壊滅的であった」。

一枚の絵は一千語に相当します。ここに、イエスの最も色鮮やかな言葉のスケッチが続けざまに四つ出てきます。それらは滑稽な話になっています。そのように読んでみてください。そうすれば、あなたは辛口の典型的なユダヤ人におそらく出会い、そこから出てくるユーモアを感じ取ることでしょう。聖書はユーモアに満ちています。それを認識する方法を知っていればのことですが。しかし、これらの小さな場面が言わなければならないのは大真面目なことです。イエスは人々にこれらの教訓を思い起こさせるように意図され、人々はそうする必要があるようになっていきます。

どちらも、対立する教えについての警告であり、対立する王国のヴィジョンについての警告であり、手つかずの問題の深刻さをそのままにした「解決策」についての警告です。それらはイエスの時代の対立する教えに適用されましたが、人の命はいかにあるべきかについて、今日《こんにち》の考え方にも同じように適用できます。

その一連のことは、盲人が盲人を導くという比喩から始まります。イエスは言われました。「ほかの教えに気をつけなさい。あなたがたに指導を与えているように見えるが、実際には、あなたがた全員を溝の中に落とすことになる」。続く言葉は、この点についての解説のようです。学んでいる者たちは自分の教師を凌駕していません。ファリサイ派の人々に学ぶことは無駄なことです。あなたがた全員が日暮れには別のファリサイ派になることでしょう。イエスは聴衆に、与えられているそれまでの型を破って、イエスが開かれる驚くべき新しい道に来るように挑んでおられるのです。

次の、他人の目の中にあるおが屑と、自分の目の中にある梁の比喩は、ある教えに関する警告なのです（ばかげているように思われますが、イエスは、意図的に口頭で風刺画を描いておられたのです）。前の盲人についての格言と同様に、その質問は次のようです。あなたがたは、人を指導するにあたって、自分ではっきりと見ることができていないのに、誰かほかの人の批判などできますか。人が他人を批判することは、常時ではないとしても、しばしばあることです。彼らはそのことを自分のうちにおぼろげに気づいて（もしくは恐れて）います。おが屑と梁は、心理学者が「投影」と呼ぶ典型例です。その人（彼または彼女）は自分の目が深刻に悪いことを自覚していますが、ほかの誰かに、小さな問題があると告げることによって、自分の問題を避けようとするのです。

イエスの時代に、対立する教師たちは、このモデルにどのように該当するのでしょうか。おそらく彼らのおびただしい数の律法と諸規則のゆえに、彼らはその律法に対して、最後のぎりぎりの詳細まで微調整をしようと努めます。その一方で、律法の重要点を見落としています。彼らは自分たちの国をほかの国々から分離することによって、イスラエルをより清くしようと努めます。律法の書と預言の書の要点は、イスラエルを諸国の光とすることでした。彼らは互いの目の中にあるおが屑を、拡大鏡をもって探しました。しかし、見つかりませんでした。彼ら自身の目の中に、一つの梁が――一つの大きな不従順という梁が――あったのに気づきませんでした。

もちろん、イエスの絵は、イエスのずっと後の時代の新しい状況に引き続き関係します。福音の主要点が、そして、世にある急進的なキリスト者の証しの主要点が、まったく見落とされているならば、わずかな子細について大きな騒ぎが起きる教会が多くあるにちがいありません。一九一七年にボルシェビキが革命を開始したまさにその時に、ロシア正教会の指導者たちは祭服について長い議論をしていました。それが真実かどうかは別にして、そう考えることがさまざまな時代の教会に対する緊急警告となるのです。適所の詳細を得ることは当然のことですが、この話は詰まるところ、相手のおが屑を取り除こうとするなら、まず自分の目の中の梁を処理しなければならないということです。

そのすべてのポイント――ユダヤ人であることのポイント、イスラエルの民に対する神の招きのポイント、一人一人に対する神の招きのポイント――は、実際に誠実な人間をつくることです。これが、木とその実の比喩の要旨です。心に触れないままの道徳的な変革は、茨の木にぶどうの房をできるだけ効果的につけようと努力をすることと同じです。イエスはその聴衆をある生き方に招いておられます。それはあまりにも新しくて、心の変化を必要とし、それも人格の深いところまでの変化を必要とする生き方です。イエスの時代にあったように、今日《こんにち》、イエスの招きに取って代わるものが市場《しじょう》に多く出ていますが、それらは真の問題に触れようとはしないものです。

この説教は、もう一つの真に迫った話を述べることによって、厳しい警告で終わっています。真の知恵を聞き、実行に移さないことは、基礎のない建物のようです。あなたがどのような建物に住んでいるかは、遅かれ早かれ、洪水が襲うと明らかになります。イエスの同時代の人々はここで、当時の巨大建築プロジェクト、つまりヘロデによるエルサレム神殿の再建工事の完成についての暗示を聞いたのかもしれません。確かにルカは、神殿が神の裁きの下《もと》にあることを後で明らかにしています。その理由は、指導者たちが異なる従順の道への招きに従わなかったからです。しかし、そのメッセージはあらゆる民族とその状況に向けられています。長く語り継がれるイエスの業績の一つは、あらゆる年代の人々が、また、あらゆる世界の地域の人々が、彼ら自身の言葉として聞くことができるように、そのような真に迫った、覚えやすい話をされたことです。

当然、疑問はあります。今日《こんにち》の私たちが、自分の目にある梁を認めることができず、ほかの人の目にあるおが屑を探すことに大変夢中になってはいないかということです。私たちの計画や構想の表面は立派に見えても、中身に触れないままで良いのでしょうか。基礎なしで建てようとしていませんか。これらの質問を自分にしてみるときに、そして他者の策略によって誘惑を受ける場合に備えて警戒するときに、私たちの人生の基本ルールとして、先ほどの説教にあったように、寛大で自由闊達なあり方を保持しなければなりません。新しい豊かな人生に導くイエスの徹底的な提案は、あまりにも包括的で、それで、あまりにも多くを要求されるので、人々は代わりの道を探そうとするのです。しかし、彼らは間違いなく抵抗を受けます。そして、その家は大きな音を立てて崩れ落ちることになります。

七章一―一〇節　百人隊長の僕の癒やし

1イエスは、聴衆にこれらの言葉をすべて語り聞かせてから、カファルナウムに入られた。

2そこには、ある百人隊長がいて、一人の僕《しもべ》をとても大切にしていた。その僕は病気にかかり、
死にかけていた。3イエスのことを聞いた百人隊長は、イエスのもとにユダヤ人の長老たちを遣
わし、自分の僕を死から救うために来てほしいと願い求めた。4長老たちがイエスのもとに着く
と、熱心に懇願して言った。「あの方は、あなたがそうしてくださるのにふさわしい人物です。
5私たちの国民を愛し、私たちのために自ら会堂を建ててくださったのです」。
6そこで、イエスはその人々とともに出かけられた。その家からあまり遠くない所まで来ると、
百人隊長は友人たちを遣わしてイエスにさらに言った。「主よ、ご足労には及びません。あなた
に、私の屋根の下にお入りいただく資格は、私にはございません。7それで、私自身もお伺いす
ることさえ、ふさわしくないと思いました。ただ、お言葉をください。そうすれば、私の僕は癒
やされます。8ご存じのように、私は、権威の下《もと》に置かれている者で、自分の配下に兵隊があり、
その一人に『行け』と言えば行き、ほかの一人に『来い』と言えば来ます。そして、私の僕にも
『これをせよ』と言えばそうします」。
9イエスはこれを聞いて感心し、従って来た群衆に振り向いて言われた。「あなたがたに言う。
イスラエルの中でさえ、これほどの信仰を見たことがない」。
10遣わされた者たちが家に帰ってみると、その僕は元気になっていた。

兵士はジャングルの中をゆっくりと前進して行きます。彼の務めは村をテロリストから守ることです。つまり、一歩一歩が命がけです。突然、命令が無線で彼に届きます。彼の上官は、敵がどこに隠

れているかを知っていました。兵士は即座に従わなければなりません。彼自身のためだけでなく、その任務を果たすために従います。それは彼が期待していたことでなくても命じられたことには何のためらいもなく従うようにと訓練されていたからです。

このような明確な権威と絶対的な服従は、危険な任務では必要不可欠です。このような権威は機械的に働きます。上層部からある命令が出ると、その配下の者は言われたとおりに行動します。そして次の部下に命令を伝達します。

私たちの多くは、大変厳しい、明確な権威構造の下《もと》では生活していませんが、私たちが敬意を払う人々はいつもいます。つまり、職場において、私たちはそれらの人々の決定を受け取り、それに賛同し、その命令を実行します。しかし、神の権威については、ほかの、私たち自身の生活で知っているように、幾分、緩やかで、むしろあまり直接的ではない権威のモデルのようであると、私たちは思い違いをしています。

もちろん、神は、愛といつくしみをもって世界を支配されているということは真実です。これは、司令官が戦闘や行進のために組織を率いるイメージとしては、とても採用することのできるものではありません。しかし、私たちが、イエス・キリストのうちに働く神の権威が分かっていて、それが軍隊の将校の権威よりも多少とも絶対的でないとするなら、この聖書の箇所に照らすと、自分が間違っているだけでなく、自分の信仰そのものが欠如していることになります。

この話の中心は僕《しもべ》の癒やしではありません。それなしでは話が成立しないので、それは重要ですが、ルカが焦点を当てたかったものの枠組みに過ぎません。ポイントは百人隊長の信仰です。彼はカファルナウム駐留軍の中クラスの将校です。彼は、約八〇キロメートル離れたカイサリアにいる総督から定期的に命令を受けていたと思われます。そして、彼の下《もと》には、その地方での任務を果たすために信頼すべき兵士たちがいました。おそらく治安維持のためと思われます。

よくあることですが、その場所にいる兵士たちはその地方の人々を、より劣った民族として見下します。しかし、この百人隊長は違っていました。彼はユダヤの人々を愛し、彼らに敬意を払っていました。それは、その地方の会堂を建てるための費用を自ら拠出したほどです。ルカは、私たちに使徒行伝一〇章に登場するもう一人の百人隊長とともに、謙遜な異邦人として彼を紹介しています。イスラエルとイスラエルの神を外部から見て、目にするものを快く受け入れ、さらに、この異国の古代の生き方から新しい真理を学ぼうと自らの心を開くのです。この話のマタイ版（八・五―一三）は、より短いものです。つまり、マタイは、ルカが強調した百人隊長の敬意と謙遜、イエスのもとに遣わす二つのグループなどの詳細を省いているのです。

イエスは、第二番目のメッセージに驚かされます。私たちも非常に驚きます。福音書では通常、イエスの言動が人々を驚かせます。ここは、イエスご自身が驚かれた数少ない聖書の一つの箇所です。その理由は百人隊長の純粋な信仰です。この信仰は、神を抽象的に信じることや教義の学びではありません。それは、何かがなされるようにイエスがお命じになるとき、それが実現すると信じる単純で明確な信仰です。彼は、イエスを病気や健康を支配する権威をもつ軍の将校のように尊敬していました。イエスが、誰かに元気になるようにお話しになれば、そのようになります。これ以上に単純なことがありますか。

彼がどこで、そのような信仰を持ったのか私たちには分かりません。彼がしばらくカファルナウムに住んでいたとすると、間違いなくイエスの話を聞き、イエスが素晴らしい癒やしをもたらされたのをすでに見ていたことでありましょう。彼はイエスの中に働く力が圧勝することを認めていました。彼は、後に登場するもう一人の百人隊長（二三・四七）のようにイエスを見ていました。そして、ユダヤ人であるイエスの同胞以上のリスクを負う覚悟ができていました。そして、神がイエスの中に働いていることを宣言したのです。

この物語は、前章の説教で強調したことの実例を紹介しているのです。イエスの同胞のユダヤ人は、自分の周りにきわめて狭い、聖なる円を描くことによって、この人物のような異邦人から自分を守る必要はありませんでした。彼は、しかるべき信仰の背景をまったく持っていませんでしたが、ユダヤ人の信仰の核心に達していました。それは、唯一の真《まこと》の神であるイスラエルの神は、主権者であり、天と地の主であるという信仰です。そして彼は、驚くべき新しいかたちでそれをとらえていました。それは、この唯一の真の神はナザレのイエスの中に現臨され、活動しておられるということです。ルカはこの異邦人を、神に属する古い民の外部から信仰によって加わるすべての人のための一つのモデルとして提示しているのです。それは、これらの人々と癒やしと救いの祝福を共有するためなのです。

この百人隊長の祈りとは対照的に、私たちは皆、しばしば自分のために祈ります（もちろん、大声を出しはしませんが、私たちがよく考えることです）。「主よ、私は、あなたにこれをしていただきたいと思います。……しかし、それはあなたがお望みでないか、それとも、とっても難しいか、多分、不可能だと思います……」。こうして、私たちは、本当にそれを求めてきたのかどうか確信がなくなり、自分で悩み込んでしまいます。もちろん、何かを求めても、時にはノーという答えが出ます。神は、その答えを出される権利を留保されることがあるからです。しかし、この話は、私たちが求めるのに躊躇すべきではないことを示しています。イエスは、世界の主ではないですか。

七章一一―一七節　やもめの息子の生き返り

[11]まもなくして、イエスはナインという町に行かれた。弟子たちや大勢の群衆も同行した。[12]イ
エスが町の門に近づかれると、一人の若者が死んで、担ぎ出されるところであった。彼の母親は
やもめで、彼はその独り子であった。その町のかなり大勢の人も彼女と一緒にいた。
[13]主は、彼女をご覧になり、憐れに思って彼女に言われた。「泣かなくてもよい」。[14]そして、近
寄って、棺台に触れられると、担いでいた者たちは立ち止まった。イエスは言われた。「若者よ、
あなたに言う。起きなさい」。[15]すると、その死人は身を起こして、話し始めた。イエスは彼を母
親に渡された。
[16]人々は皆、恐れを抱き、「偉大な預言者がわれわれの間に現れた」「神はその民を訪れてくだ
さった」と言って、神を賛美した。
[17]イエスについてのこの話は、ユダヤ全土とその周辺地域一帯に広まった。

今回は、誰に信仰が見られましたか。百人隊長の僕《しもべ》は、その主人の信仰によって癒やされました。しかし、今回の話では、死んだ人が生き返ることができるという信仰を持っていた唯一の人物は、イエスご自身でした。イエスは、信仰のしるしを見ることを望まれますが、いつもそれに縛られているわけではありません。つまり、このケースでは、イエスがまったくの憐れみの心から、自由に行動されたのです。それは、誰も想像しなかったことでした。

確かにルカは、この場面と後に出てくる場面とを関連して読むように私たちに求めています。それは、エルサレムの郊外で埋葬されるために、イエスご自身が運び出されることと、このやもめの長男が運び出されることとの関連です。もちろん、このケースでは、若者が普段の生活に引き戻され、やがてある日、再び死ななければならないのです。ルカは、最終的には死を永久に滅ぼすイエスの新しい命について告げています。

では、物語の中に入ってみてください。そうすれば、あなたはその力に圧倒されます。棺台の二、三歩後の群衆の中に入って歩いてください。ガリラヤのある暑い日、輝く太陽が皆を照らし、人々の頬を伝う涙を光らせます。死は日常茶飯事です。皆、何をするべきか分かっています。泣きわめくことを職業とする人々がそこにいて、大きな音を立てるので、友人や親戚が、特に貧しい母親が、自分たちも平然と声を立てて騒ぎ、心を注ぎだして泣くことができるのです（現代の西洋世界の客観的で超然とした厳粛な葬式よりも、どれほど人に優しいシステムでしょうか）。人々は遺体に塗る香料を携え、腐敗の臭いを消すために遺体を包む布を準備してやって来ます。

あなたは、家族のいる家から出て、なるべく急いで町を通り抜けて門に向かいます。中近東の小さなコミュニティにおける死はすべての人に届きます。家族の埋葬の区画は町から少し離れた外の場所にあります。おそらく丘の側面に小さな洞穴があり、そこに何年か前に夫と父親が葬られ、今は、骨が注意深く愛情をこめて包まれてあり、骨箱に納められています。そして次の埋葬のために棚がきれいにされています。そこが、この行列が向かっている場所です。

そのとき、まったく突然に、何人かのよそ者が現れます。その小さなグループを率いている人物、この人は何となく見覚えがあります。ガリラヤ北方は広い場所がなく、おそらく隣町で育ったのでしょう（ナインはナザレの八キロメートル南東）。イエスは、そのやもめ、つまり、今や夫と息子の二重の喪失を経験した女性を見て、心が動かされました。イエスは彼女に近づき、何かお話しになります――それから、イエスが棺台に触れられたので、皆は驚き、恐れたのです（通常、公式の担い手以外は誰も棺台に触れなかったし、死体や棺台、あるいは担い手自身に触れると汚れると思われていました）。その時、皆に大きな衝撃が走ります――イエスがその若者に「起きなさい」と言われると……若者は起き上がったのです。葬列全体が、驚きと喜びと不信で騒然となりました。

彼らは、一体誰を見るべきか分かりません。もはや死んでいない若者か、驚きと夢心地の母親か、それとも、古代のエリヤやエリシャがかつて行ったことを再現した、このよそ者なのか（ルカはこの話を王上一七章と王下四章を慎重に反映させて語っています）。彼らは、「神はその民を訪れてくださった」と言いました。それは、一般的な訪問の意味ではなく、出エジプト記の時代に、神がイスラエルを「訪れた」という表現に関連して使われたフレーズで、旧約聖書的な意味合いです。それは、「神が私たちの近くに来てくださり、救ってくださった」という意味であり、「これが、私たちが待ち望んでいた時」という意味です。

さて、もう一度、この場面の真っただ中に入ってみましょう。しかし、今回は、一世紀のガリラヤの小さな町での葬儀の行進に替えて、あなたが、来週か来年の最も心配している時について考えてください。それは、家や仕事のショッキングな移動のような、今後起ころうとしている何かかもしれません。それは、突然の事故や病気、悲劇や不祥事のような、あなたがいつも恐れている何かかもしれません。その場面の真っただ中に入って行きましょう。もし、祈ることができるなら、その悲しみと挫折、その辛辣さや怒りを感じてください。それから、イエスがその渦中にいるあなたのところに来てくださるのを見つけてください。祈りに時間をかけてください。そうすれば、イエスは近づいてくださり、声をかけてくださり、触れてくださり、命じてくださいます。イエスはあなたが期待しているることをおっしゃらないかもしれません。あなたが望んでいることをしてくださらないかもしれません。しかし、そこに、あなたとともにイエスの臨在があるということが、あなたが最も必要としているることなのです。イエスがあなたのすべての真ん中におられるなら、あなたは耐え抜くことができるでしょう。

ルカ福音書七章のはじめにあるこの二つの話――百人隊長の僕《しもべ》とやもめの息子の話――は、ルカのさらに大きな物語への展開を考える際に、特に二つの働きをしています。それは、六章の偉大な説教の命令を受けていることと、新しい、予想外の、癒やしの業をもたらす神の愛によって、この地上の生涯を送ることはどのようであるかを見せてくれているということです。また、この二つの話は、今、出てくる重要な問いに私たちを備えます。イエスはご自分を誰だと考えておられるのでしょうか。これらのエピソードは、イエスご自身の役割、務め、使命について何を語っているのでしょうか。

七章一八―三五節　イエスと洗礼者ヨハネ

[18]ヨハネの弟子たちは、これら一切をヨハネに報告した。ヨハネは二人の弟子を呼び寄せて、
[19]次の質問を与えて主のもとに遣わした。「来たるべき方はあなたですか。それともほかの方を待
つべきでしょうか」。
[20]二人はイエスのもとにやって来て言った。「私たちは洗礼者ヨハネから遣わされて来ました。
『来たるべき方はあなたですか。それともほかの方を待つべきでしょうか』」。
[21]そのとき、そこで、イエスは病気や苦しみや汚れた霊を持つ者を癒やし、多くの目の見えな
い人を見えるようにしておられた。[22]イエスは彼らに答えられた。「行って、あなたがたが見たこ
と聞いたことをヨハネに報告しなさい。目の見えない人は見え、足の不自由な人は歩き、レプラ
の人は清められ、耳の聞こえない人は聞こえ、死人は生き返り、貧しい人は福音を伝えられてい
る。[23]私につまずかない者は幸いである」。
[24]ヨハネの使いが立ち去ってから、イエスはヨハネについて群衆に向かって語り始められた。
「あなたがたはどうして荒れ野に出て行ったのか。風にそよぐ葦か。[25]さもなければ、何を見る

ために出て行ったのか。絹やサテンの衣を身にまとった人か。高貴でぜいたくな衣を着た人な
ら、宮殿で見た方が良い。[26]では、何を見るために出て行ったのか。預言者か、そのとおりであ
る。あなたがたに言う。預言者よりもはるかに優れた者である。
[27]その人について聖書は次のように言っている。『見よ、私はあなたより先に私の使者を遣わす。
彼は私の前に私の道を整える』。
[28]あなたがたに言う。女から生まれた者で、ヨハネよりも偉大な者は誰もいない。しかし、神
の王国では、最も小さい者でも彼よりは偉大である」。
[29]人々は皆、そして徴税人たちもこれを聞き、神を賛美した。彼らはヨハネの洗礼を受けてい
た。[30]しかし、ファリサイ派の人々や律法の専門家たちは、自分たちに対する神のご計画を拒み、
ヨハネから洗礼を受けなかった。
イエスは続けて言われた。[31]「では、今の時代の人々を何にたとえようか。何に似ているだろう
か。[32]それは、広場に座って互いにこの古い比喩を呼びかけ合っている子どもたちに似ている。

『あなたがたのために笛を吹いたのに踊ってくれなかった。
弔いの歌を歌ったのに泣いてくれなかった』。

[33]洗礼者ヨハネが来て、パンを食べず、ぶどう酒も飲まないと、『あれは悪霊にとりつかれてい
る』と、あなたがたは言い、[34]人の子が来て、飲み食いすると、『見よ、あれは大食漢で、大酒飲

みだ。徴税人や罪人の仲間だ』と、あなたがたは言う。35しかし知恵は、すべての知恵の子らによって正当性が証明される」。

あなたのポケットから硬貨を出して、それを見てください。それは何を告げていますか。あなたがいかに金持ちであるかと言っているのではありません。そこに刻まれている実際の言葉についてでもありません。その絵でありそのシンボルについてです。

私がこれを書く前に、最近、ギリシアとアメリカを訪問しました。いつものように、その国の硬貨を持って帰りました。ギリシアの硬貨には古代の英雄の絵が描かれています。一〇〇ドラクメにはアレクサンドロス大王が、一〇ドラクメには哲学者デモクリトスが描かれています。これらの反対側にはシンボルがあり、一〇〇ドラクメには太陽と輝く光線が、一〇ドラクメには太陽系が見られます。アメリカの硬貨にも英雄たちが描かれています。しかし、そんなに古くはなく、エイブラハム・リンカーンやジョージ・ワシントンなどです。さらにそのシンボルも、わざわざ見る人の期待に応えています。五セントの裏にはヴァージニアのモンティチェロにあるトーマス・ジェファーソンの家が、二五セントには大きな鷲などが描かれています。

ところで、あなたは今まで、本や新聞や写真やステンドグラスさえ見たことがないと想像してみてください。あなたが知っている絵は、特別な行事のポスターであったり、彫り物であったり、モザイクの床（あなたがそこにいるか、そこで働いているか、大変富んでいる場合に）であったり、そして硬貨だけであったとしましょう。硬貨は定期的に見る唯一のものでした。硬貨は古代世界の唯一のマスメディアでした。硬貨は一般の人々に象徴的なメッセージを伝える重要な手段でした。ユダヤ人にとって、（少なくとも理論的には）人間の像を作ることは許されていませんが、硬貨のシンボルは確かに大変重要でした。イエスの公生涯の二、三年前のことですが、ヘロデ・アンティパスが自分の硬貨のシンボルを選ぶとき、彼はガリラヤの代表的な葦を好みました。ガリラヤの海の岸で、風にそよぐ葦が段になっているのをご覧なさい。葦はその地域の美であり豊かさです。

ヨハネから洗礼を受けるために出てきて、今はイエスに従っている群衆に、イエスはお尋ねになりました。「あなたがたは、何を見るために荒れ野へ出て行ったのか。風にそよぐ葦か」。彼らはそのメッセージを理解したことでしょう。あなたがたは新しい王を探していたのですか。かつての誰それのような、もう一人の王ですか。彼らが要点をつかんでいなかったとしても、次の行はより深く自覚させます。あなたがたは最近の豪華なファッションに身を包んだ人を探していましたか。もし、そうであるなら、間違った場所で探していることになります。贅沢な着物にふさわしい場所は宮殿です。それでは何を探していましたか。預言者ですか。そうですね。しかし、ただの「ある」預言者以上の人物です。確かに、ヨハネは特別な預言者です。彼は先駆者であり、備えをする人物でした。

この長い聖書の箇所全体が、イエスとヨハネの使者たちとの議論が、そしてイエスの群衆への不可解なコメントが、特に一つの問いに着目させます。つまり、イエスはご自分を誰だと考えておられるかということです。一方で、暗にヘロデについて語ることと、他方で、ヨハネについて語ることは、彼らの間に立つ人物について語ることなのです。イエスはただの力強い預言者ですか。イエスは神が油を注がれた、ヘロデに替わる新しい王ですか。それとも一体誰なのでしょうか。

獄中のヨハネは明らかに頭を悩ませていました。ヨハネが期待したことをイエスは行っておられませんでした。イエスが本当にメシアであるなら、なぜ、ヨハネが求めたメシアの王国のようなものを樹立しようとされないのか――おそらくヨハネのような囚人の解放を含んでいました。イエスは、あらゆる状況を把握しておられ、洞察力に富んでおられるので、「確かに、私はメシアです」と公言することができません。幾つかの章の後に、ヘロデがイエスを殺そうとしていた（一三・三一）という声を私たちは聞きます。それで、明言することは自らを不必要な危険にさらすことになったかもしれません。代わりに、イエスは、ヨハネから遣わされた人々の目の前で、あらゆる病気を患う人々をお癒やしになることによって、――また、イザヤ書のさまざまな箇所を引用されることによって、彼らを正しい方向に向けさせ、彼ら自身で結論を引き出すように勧められました（ユダヤ人は、メシアがやって来て救いをもたらすことの預言として、これらのリストを知っていました。また、このようなリストの一つはクムラン洞窟で発見された古い巻物の中にもあります）。これが、イエスが意図されるメシアです。つまり、ヘロデ王に対しては、直接的な敵対者ではなく（ただし、イエスの国は最終的には全ヘロデ家に挑み、世界で長く存続しますが）、まったく違ったやり方で活動し、人々と世界をあらゆるレベルで癒やす王国なのです。

しかし、もしイエスが、異なるタイプの王であるならば、ヨハネは異なるタイプの預言者です。ヨハネは、多くの預言者の中の単なる一人の預言者ではありません。彼はマラキ書で話された預言者で、彼には主の来臨のために道を備える務めがありました。マラキ書三章一節に、その使者は、神殿に入る主のために、道を整え、聖別されていないすべてのものを清め、イスラエル全体が神の裁きといつくしみを受けるように導きます。そして、この聖書の箇所で問題になっている主は、単なるメシアのようには思われません。つまり、この方こそ、人となられたイスラエルの神、ヤハウェご自身です。これが、（当初は意外に聞こえるかもしれませんが）神の王国で一番小さい者がヨハネよりも大きいという理由だと私たちは思います。イエスによって始められた新しい運動に属する最も小さい者たちは、その当時までに生まれた者の中で最も偉大なヨハネよりも偉大だというのです。ヘロデへの敵意ある報告としては、あまりにも間接的で取り消すことができませんが、これは実に強い主張です。そこに座って、じっくり考えた人々は、言われたことを理解したことでしょう。そうでなかった人々は、何度見ても、その要点が分からなかったでしょう。

イエスと同時代の多くの人は次のようでした。ヨハネはあまりにも禁欲的だと不満を口にし、それに続いて、イエスはあまりにも場を盛り上げる人だと不満をもらしました。しかし、知恵が働き、何が起こっているかを理解した人々は、それはどうであったかが分かります。

今日《こんにち》の人々は、立ち止まって、実際に何が起こっているか、その証拠を調べてみないで、いまだに自分たちの期待によってイエスを判断します。彼らは、確かにイエスに従っていた人々と同じことをします。あまりにも厳しいと非難する人、あまりにも優しいと非難する人、あまりにも知的であると非難する人、あまりにも現実的過ぎると非難する人がいます。しかし、知恵というものは、今もなお、見る目をもった人々が垣間見ることができるものです。私たちがイメージしたものと違うメシアに従うためには、いつも要求が厳しいと感じられるものです。しかし、これが神の王国に至る唯一の道なのです。

七章三六―五〇節　罪深い女性に香油を塗られるイエス

[36]さて、ファリサイ派のある人が、食事をともにしたいとイエスに願ったので、イエスはその
ファリサイ派の人の家に入り、食卓に着かれた。[37]すると、その町で評判の良くない女性が、フ
ァリサイ派の人の家でイエスが食卓に着いておられるのを知って、香油の入った小さな石膏《せっこう》の壺
を持ってやって来た。[38]それから、イエスの背後に立ち、イエスの足もとで泣きながら、その涙
でイエスの足をぬらし始めた。そして自分の髪の毛でぬぐい、足に接吻して香油を塗った。
[39]イエスを招いたファリサイ派の人はこれを見て、心の中で言った。「もし、この人が預言者な
ら、自分に触れている女が誰で、どんな女か分かっているはずだ。罪深い女だから」。
[40]イエスは言われた。「シモン、あなたに言いたいことがある」。シモンは答えた。「先生、お話
しください」。
[41]イエスは言われた。「その昔、ある金貸しから、二人が金を借りていた。一人は五〇〇デナリ
オン、もう一人は五〇デナリオンを借りていた。[42]彼らはいずれも返済することができなかった
ので、金貸しは二人の負債を赦してやった。この二人のうち、どちらがその金貸しをより多く愛
するだろうか」。
[43]シモンは答えた。「多く赦された者だと思います」。イエスは言われた。「まったくそのとおり

だ」。
[44]それから、女性の方を振り向いてから、シモンに言われた。「あなたはこの女を見ているか。
私があなたの家に入ったとき、あなたは足を洗う水をくれなかった――しかし、彼女は涙で私の
足をぬらし、自分の髪の毛でぬぐってくれた。[45]あなたは私に接吻してくれなかったが、彼女は
私が家に入ったときから、私の足に接吻してやまなかった。[46]あなたは私の頭に油を塗ってくれ
なかったが、彼女は私の足に香油を塗ってくれた。
[47]だから、私はこう結論づける。彼女の多くの罪は確かに赦されている。彼女の大いなる愛が
それを証明している。しかし、少ししか赦されない者は、少ししか愛さない」。
[48]それから、イエスは女性に言われた。「あなたの罪は赦されている」。[49]同席していたほかの者
たちは心の中で言った。「罪まで赦すこの人は、一体何者だろうか」。
[50]イエスは女性に向かって言われた。「あなたの信仰があなたを救った。平安のうちに歩みなさ
い」。


あなたが絵画を見るとき、最初に何を探しますか。

ある人は適当に後ろに下がって全体に目を配ります。輝く色彩、コントラスト、光と影を見ます。

また、ある人はすぐにその場面の登場人物に焦点を当てます。彼らは幸せか、悲しんでいるか、崇高か、悪者か、静かであるか、騒いでいるか、彼らは何を考えているのかと。

また、ある人は、芸術家が自分（彼もしくは彼女）の時代の世界に対して、社会的な、おそらく政

治的な問題に対して、自分の意見を述べるためにその絵画を用いたその方法を探ろうとします。また、ほかの人、おそらく芸術家たち自身は、その芸術家が独自の筆使いで、どのように全体的効果を生み出しているかを、近寄って見ることから始めます。

私たちが今、目の前にしている画面は、ルカの偉大な「絵画」の一つです。そして、各自は、自分が可能なアプローチで臨みます。**ファリサイ派**のシモンの家にいるイエスの話は、新約聖書のほかの話と同じように**福音**に満ちています。しかし、それはまた、三次元の色鮮やかな迫真性をもって、福音を前面に浮かび上がらせる豊かな芸術性に満ちています。

まず、全体的効果について考えてみましょう。そこには数人の人が言及されていますが、三人の登場人物がその舞台を占有します。ファリサイ派のシモンとイエス、それに名もない女性です(しばしばマコ一四・三―九やその並行箇所のマタ二六〔・六―一三〕、さらにヨハ一二〔・一―八〕に似ていると言われますが、おそらくそうではないと思います)。この場面のバランスが実に見事です。女性の法外な愛、それと同様に食事の主催者の理不尽な不作法さの間にあって、イエスは平静を保っておられます――そして、イエスは、同席者に対して新しいことを考え出されますが、これはほかの二人のふるまいと同様にまさに理不尽なことでした。話はこれら三者間を行ったり来たりし、熱っぽく力強く語られます。

中心人物は、わずかの筆使いで描かれているのですが、鮮明ではっきりとしています。家の主人はイエスに全面的に敵対するファリサイ派の人ではないと思われます――少なくとも一緒にしてはいけません。ファリサイ派の運動には幾つかの異なる立場があります。大多数は、硬派であり右翼です。

しかし、何人かはおそらくこのシモンのように、イエスから正々堂々と話を聞こうと備えていたのかもしれません。彼はイエスが預言者であるとのうわさを聞いていました（七・一六）。そして、自分のために会いたいと思っています。彼はすでに自分なりの答えを持っています（イエスはこの女性がどんな人物であるか気づいていないので、イエスは預言者ではありえないと）。このように二重に間違っていることが結果として分かるだけです（イエスは、彼女が今までどうであったのか、そして現在はどうであるのかを知っておられます――一人の赦された罪人です――そして、彼、シモンが今、何を考えているのかも知っておられました）。ルカは、この話をする際、最初の二節で三回も、彼はファリサイ派であることを強調しています。そして、このファリサイ派の人の家にイエスとこの女性の二人がやって来たのです。

この女性は招かれざる客です。現代の西洋における「プライバシー」に関する考え方は、イエスの時代の世界ではほとんど知られていませんでした。扉はしばしば開かれたままで、物乞いや、特別な友だちや、好奇心の強い通行人が迷い込んでくることが許されていました。この女性はイエスに油を塗ろうと思っていました。彼女は、神の溢れる赦しを受けたので、感謝して愛の表現をしたのだと、私たちは結論としてここから学びます。彼女はイエスの前で自分自身を見つめるときに、すべてを乗り越えるのです。そして、彼女が香油の壺を開ける前に、イエスの足は彼女の涙で濡れています。それから、彼女は事態を改善しようと努めますが、周りで見ている人々に関する限り、事態はより悪くなってしまうのです。つまり、皆の見ている前で、女性が自分の髪をおろすのは妥当ではなかったのです。しかし、彼女はその自分の髪でイエスの足をぬぐい、足に口づけしてやまず、そして、最後に、足に香油を塗ったのです。

さあ、芸術家の目をもって、この絵を、ルカが描く世界を見てみましょう。――福音の中にある神の愛が、人間の状況に強い影響を与えるときに一体何が起こるかを、ルカは見せてくれているのです。ナザレにおいて、また、平野の説教において、神が、ご自分の王国をもたらされるときに何が起こるかという大方《おおかた》の予想に対して、イエスがどのように対応されるかを、ルカは私たちに示してくれています。それは、溢れるばかりの寛大さ、驚くべき恵みの時であると同時に、やがて神の裁きを受ける激しい敵対の時にもなることでしょう。今、私たちは、これが一つの出来事において実際にはどうであるかが分かります。社会的慣習はもはや問題ではありません。つまり、赦しと愛が新しい基準になり、新しい期待を呼び起こすのです。また、社会が「造り上げた」存在としてではなく、神がご覧になられる存在として人間が登場するのです。ルカの譬えの幾つかは、その中心に同様な「逆転」があります。ルカ一五章の「放蕩息子」や一八章の「ファリサイ派と徴税人」の場合を考えてみてください。ルカは、神の驚くべき運命の逆転を受け入れている教会に生きていました。多くのユダヤ人がイエスに関するメッセージを拒否しました。しかし、多くの非ユダヤ人がそれを受け入れ、それを教会に満たし、（この女性がそうであったように）彼らの罪が神の豊かな愛によって赦されたことを喜びました。

私たちがこの話の詳細をしっかり調べて気づくことの一つは、イエスがファリサイ派の人と形勢を逆転するやり方です。ファリサイ派の人は、至らないもてなしのゆえにとがめられます――それは、この女性が自分の髪の毛をおろすというような、社会的失態を演じるのとほぼ同じです。ファリサイ派の人は、心の広さをもって受け入れることができません。それで、自分の食卓で神の寛大な愛が表されたときも、感謝することができないのです。ルカにとって、真の信仰は、人がイエスを見て、神の赦しを発見するときに生じるものです。そして、この信仰のしるしと証しが、愛なのです。

八章一―一五節　種を蒔く人の譬え

[1]それに続いて、イエスは、一二人と町や村を直接巡り、宣教しながら人々の間を回られた。
そして神の王国の福音を宣べ伝えられた。[2]そこには、悪しき霊や病気から癒やされた女性たち
もいた。七つの悪霊を追い出してもらったマグダラの女と呼ばれるマリア、[3]ヘロデの管理人ク
ザの妻ヨハナ、それにスサンナ、さらに多くの女性たちもいた。彼女たちは自分の財産を出し合
って、イエスとその供の者たちの世話をした。
[4]大勢の群衆が集まり、方々の町から人々がイエスのもとにやって来たので、イエスは譬えに
よって語られた。
[5]「種を蒔く人が種蒔きに出かけた。種を蒔いていると、ある種は道端に落ちたので、人に踏
みつけられ、おまけに空の鳥たちがついばんでしまった。[6]別の種は岩地に落ちた。芽生えたが、
水分がないので枯れてしまった。[7]また、別の種は茨の中に落ちた。やがて茨が成長すると、こ
れを覆ってしまった。[8]また、別の種は良い地に落ちた。芽生えて百倍の実を結んだ」。

イエスは語り終えられると、声を上げて言われた。「聞く耳のある者は聞きなさい」。
[9]弟子たちは、この譬えはどういう意味かとイエスに尋ねた。
[10]イエスは言われた。「あなたがたには、神の王国の秘義を知ることが許されているが、ほかの
人々には、譬えを用いて話す。それは、『彼らが見ても見えず、聞いても悟らない』ためである。
[11]この譬えの意味はこうである。種とは神の言葉である。
[12]道端に落ちた種とは、御言葉を聞く
が、その後、悪魔が来て、御言葉を彼らの心から奪い去るので、信じて救われることのない人々
のことである。
[13]岩地に落ちた種とは、御言葉を聞くと喜んで受け入れるが、根がないので、し
ばらくは信じても、試練の時には信仰を捨ててしまう人々のことである。
[14]茨の中に落ちた種と
は、御言葉を聞くが、成長の途中で、さまざまな心配事や富や人生の快楽によって塞がれて、実
を熟すまでに至らない人々のことである。
[15]しかし、良い地に落ちた種とは、正しい良い心で御
言葉を聞き、それをしっかり保ち、忍耐して実を結ぶ人々のことである」。

もし、イエスが今日《こんにち》、この話を語られるとしたら、ほかの考え方も含めて語られることでしょう。例えば、良い地に蒔かれた種は酸性雨によってどうなるのでしょうか。芽がうまく伸びたが、新しい道路のスペース確保のために強制的にブルドーザーで土地をならされるとしたらどうでしょうか。このように違った考え方を展開する余地はあります。

しかし、言うまでもなく、イエスが行われていたことは、農業の問題についてコメントすることではなく、**神の王国**が到来するという未知の道について説明しておられたのです。聴衆の多くは、何か

大きくて明らかなことが起こるのを期待していました。例えば、ヘロデを転覆させる新しい王、現在の大祭司を放逐する新しい合法的な祭司、そして特に、彼らの究極の主人であり、彼らが嫌悪する異邦人を追放するユダヤ人運動のための新しい王の出現などです。しかし、何も起こりませんでした。確かに人々の考えるようには起こりませんでした。イエスは人々の目や耳を開き、神が実際に働かれていることを、見て聴くように強く求めておられました。

ルカは、イエスが話されているような人々を私たちが見ることができるように、イエスの公の働きについてすでに私たちに十分に語ってきました。ナザレの会堂に村人たちがいます。彼らはイエスの説教をイザヤ書から聞きますが、イエスが言われたことを受け入れようとはしません。その言葉は足で踏みつけられます。そして、空の鳥がそれをついばみ去りました。ここに、ファリサイ派の人が食卓に着いています。彼はイエスを晩餐に招待していました。イエスから何らかの話を聞きたいと明らかに期待しています。しかし、イエスの言動は大変、期待外れであり、あまりにもショッキングであって、できるだけイエスから距離を置こうとするほどでした。種は、彼の偏見という石の間に着地しました。それで、その種は芽も出ず、育つこともありません。ここに、「今の時代」の人々（七・三一）がいます。彼らの心はほかの事柄で占有されていて、ヨハネやイエスのような預言者を求めてはいないのです。その種は、茨の中に落ち、茨に塞がれてしまいます。

しかし、ここに、異邦人の百人隊長がいます。彼は、イエスがどんな深刻な病気でも、癒やす権威を持っておられると信じています。ここに、レビという徴税人がいます。彼は自分の、好ましくない職業を辞めてイエスに従っています。ここに、無名の女性がいます。彼女は、神の赦しと自分の心の奥深くに新しい命を経験したことを過度の行動で表現します。ここに、イエスの王国プロジェクトの最初の数週間に、すぐに従ったおびただしい数の人々がいます。彼らこそ、イエスの語る言葉が実を結んだことを示している人々です。ここには、確かに一二弟子がいます。彼らはルカの物語で私たちが徐々に知るようになる者たちです。ルカは、マルコのように、弟子たちの弱さを容赦なく強調はしませんが、それでも混乱し、当惑し、欠乏し、助けと新しい方向性を必要とする人々として彼らを見せています。植物は成長していきますが、「忍耐して実を結ぶ」までにはまだ熟していません（約束の実が現れるまでには確かに時間がかかると私たちは想像します）。

そして、ここに、女性の集団（八・一―三）があります。ほかの福音書の著者は、もっと後半で言及するのですが。彼女たちは、十字架の下から見上げ、埋葬の手伝いをし、そして最初に墓に行く人々です。彼女たちは、御言葉を聞き、それによって癒やされた人々です（ルカは、マグダラのマリアだけでなく、彼女たち全員が癒やされたことを暗示しています）。そして、彼女たちは、考えられないことをしたのです。家庭と家族という明確で社会的な場所を捨てたのです。そこでは役割と義務を負っていたのですが、イエスと、イエスに従う者たちと行動をともにすることを選び、あちらこちらの人々の必要に気を配り、それに応え、資金を出してまでして奉仕したのです。

一世紀のパレスチナという観点からは、女性が自分の髪をおろし、イエスの足に接吻をするという話はまったく衝撃的です（ルカでは、彼女は無名ですが、実際は、この女性はマグダラのマリアで、この出来事のすぐ後に名前が紹介されるのがルカのヒントです。そうであると断定できる確かな根拠はありませんが）。人々が察知する表情とか、そのような客について語る内容は、想像するしかありません。しかし、御言葉がその人の心と生活において有効であった人々として、また、すでに実を結び、このたぐいまれな新しい王国運動のために、生活と名声と財産を犠牲にした人々として、イエスは少なからず彼女たちをそう受け止めておられたのだと想像することができます。

窓の外に目をやり、通りがかりの人々を見ましょう。今日、蒔かれた種は、どのような種類の土地に落ちましたか。私たちは、荒れた土地の石を取り除き、茨を引き抜いて耕すことができますか。どのようにすれば、御言葉を効果的に蒔くことができますか。その答えは、時と場所で異なることでしょう。しかし、おそらく第一の、最も重要な答えは、自分自身がどれだけ成長し、成熟したのか、その御言葉が自分自身の生活の中でどれだけの実を結んだかを自分に問うてみることです。私たちに耳があるとするなら、聞くことを学ばなければなりません。

八章一六―二五節　嵐を静めるイエス

[16]イエスは続けて言われた。「灯火をともして、それを器で隠し、寝台の下に置く人は、誰も
いない。燭台の上に置いて、入って来る人々にその光が見えるようにする。[17]隠れているもので、
あらわにされないものはなく、秘められたもので、明るみに出されないものもない。
[18]だから、どのように聞くか、注意しなさい。持っている人は与えられ、持っていない人は、
自分が持っていると思うものまで取り去られる」。

[19]イエスのところに母と兄弟たちがやって来たが、群衆のために近づくことができなかった。
[20]そこでイエスに、「あなたの母と兄弟たちが、あなたに会いたいと外に立っています」と伝言を
送った。
[21]イエスは答えられた。「私の母や兄弟たちとは、ここにいる神の言葉を聞いて行う人々のこと
である」。
[22]ある日のこと、イエスは弟子たちとともに舟に乗り込み、向こう岸へ渡ろうと言われたので、
彼らは船出した。[23]渡って行くうちに、イエスは眠ってしまわれた。やがて、突風が湖に吹き降
ろし、舟は水をかぶって危険に陥った。
[24]それで、弟子たちは「主よ、主よ」と叫んでイエスに近寄り、起こして言った。「主よ、私た
ちは溺れそうです」。イエスは起き上がって、風と荒波とをお叱りになると、静まって凪になっ
た。
[25]イエスは彼らに言われた。「あなたがたの信仰はどこにあるのか」。
弟子たちは恐れ、また驚いて互いに言った。「この方は一体どなただろう。お命じになると、
風や水が従うとは」。

取締役会の会長が部屋中を見渡しました。重大な決断をくだすものと誰もがそう思っていました。会長は一同に尋ねました。「では、この計画に合意するということでよろしいかな」。出席していた二〇人はそれぞれ自分の考えが入ったポートフォリオを持ち、期待と不安が交錯する中、真剣な面持ち

で会長の方《ほう》を振り向きました。

そのとき、秘書が部屋に入って来て、こう言いました。「すみませんが会長、電話が入ったらすぐに知らせてほしいと言っておられた、その電話が今かかっています」。

会長は部屋を出て電話に応じました。二〇人の目は彼を追いました。決断がくだされるのを待たせるほどの、何か重要なことがありうるのでしょうか。そして五分が経過しました。

彼は帰って来ると、うきうきして説明しました。「娘からだよ。彼女は午後の九歳以下の水泳競技会に出て勝ったんだ。素晴らしい日だ」。水を打ったような静けさの中、彼は会議を続けたのです。

これはひどい話でしょうか。また、嬉しい驚きでしょうか。確かに、前世紀の西欧の仕事のやり方に関する限り、多分、このように行われていたと思います。控えめに言っても、上席者が、自分の子どもの水泳競技会のために重要な決断を先延ばしにするとは驚くべきことです。それは、一般の期待に反することです。

イエスがご自分の家族からの突然の面会の要請に自ら応答されるため、ご自分に従っている者たちを通して発せられた、私たちが認識できる衝撃波の力を、私たちが感じるときにのみ、その場全体を理解することができます。私たちが本心で、自分にとって家族が、時にはほかの人々よりも重要だと思うなら、イエスの時代の世界では、家族の結束と連帯が現代よりはるかに重要であったと確かに言うことができます。しかし、イエスの母マリアと兄弟――ヤコブとほかの者たち――がイエスに会いに来たときのイエスの対応は、大地が揺らぐほどの驚きであったことを、この話はまさに強調しているのです。

マルコは、イエスは気がふれたのではないかと人々が心配しているという一点を述べています（マコ三・二一）。ヨハネは、兄弟たちもイエスとその言動を信じていなかったと説明しています（ヨハ七・五）。ルカはそのような説明を加えていません。明らかに家族の普通の訪問であり、イエスからの強烈な平手打ち、これがすべてなのです。イエスは言われました。「私の母とは誰か。私の兄弟たちとは誰か」（誰にとっても、最も聖なる二者の関係です。少なくともユダヤ人にとってはそうでありました）。辺りを見渡すと、雑多な人々で家の中はごった返していました。「その人たちはここにいる。誰でも神の言葉を聞いてそれを行う者は皆、母であり兄弟たちなのである」。

私たちは、以前の箇所に出てきた、種蒔きの譬えとこれが響き合っていることを見落としてはなりません。イエスの周りに座っているこれらの人々は、神の言葉を聞き、実を結ぶ、良い地に蒔かれた種のような人々です。これは、王国はいかに重要であるかということです。それは家族の要求よりも重要です。家族の要求、それは彼ら自身のことであり、人が持つことのできる最も重要で正常な要求です。イエスは、ご自分の家族を過小評価する不注意なビジネスマンのようではありません。なぜなら、次の大きな決断に焦点を当てておられるからです。イエスは、あなたがたが想像できる限り、最もよく家族の世話をする人のようです。神の働きで忙しくて自分の家族を顧みないことを、この言葉をもって言い訳する説教者、牧師、神学者に、災いあれ。仕事というものは、自己のアイデンティティとステータスを与える主要な源ですが、しばしば、まさに立身出世主義や「自分の仕事」への自己実現のための単なる言い訳になります。しかし、人の人生に関わる神の言葉の絶対的な要求を変容し、水で薄めようとすることを許す人々には、危険も待ち構えています。イエスは、家族がご自分の使命を理解していないことを知りつつ（しかし、彼らがいつかは理解できるようにと望みつつ）、家族が、ご自分がお引き受けになった重要かつ緊急の仕事を邪魔したり、変更させたりするのをお許しになることはできませんでした。

この大きな葛藤、つまり古い家族の結びつきと福音の新しい世界との間の葛藤は、この聖書の箇所のはじめの警告の根底にあります。神は新しいことをなさいます。そして、それは隠されてはいけませんし、秘密にされてもいけません。たとい、あなたがたが試みようとも、うまくいきません。なぜなら、時があるからです。秘密が公にされる時、暗闇が光になる時、神の王国が栄光に満ちて現れる時、それから、現在、隠れている事柄が皆に知られるようになる時、そのような時がやって来るのです。ルカの観点からは、イエスの十字架と復活の出来事、聖霊降臨の出来事、教会の形成とその宣教、そして、エルサレムの崩壊など――これらすべてはイエスの宣教の初期には隠されていたことです。これは、神が最初からずっとそうされてきたことです。そしてその真実――誰が本当に聞いていたか、誰が本当に従っていたか――は、あっという間に現れることでしょう。

その教えは、湖で弟子たちに明確にされます。万策尽きたとき、また、イエスのいつくしみに自分自身を投げ出さなければならないことに気づいたときはいつでも、その教えは私たちのためなのです。なぜなら、ほかに誰も、何も、助けてくれるものがないからです。信仰の選択は絶対的です。私たちがイエスを信頼するか、嵐の中でなすがままにされるかのどちらかです。ルカはこの話によって、「この方は一体どなただろう」という問いへと、もう一歩前進させているのです。その最初の主要な答えは次の章に出てきます。しかし、この話は信仰についての問題も引き起こします。私たちが、イエスに全幅の信頼をおいて従順に自らを委ねるということに気づくとき、私たちは、イエスとは誰かという問いに、やっと正解を出すことができるのです。

八章二六—三九節　悪霊にとりつかれた人の癒やし

[26]彼らはガリラヤの対岸、ゲラサ人の地方に着いた。[27]イエスが陸に上がられると、悪霊にとりつかれた、この町の男に出会われた。彼はかなり長い間、衣服を身に着けず、家にもいないで墓場に住んでいた。[28]イエスを見ると、叫びながらイエスの前にひれ伏し、大声で言った。「イエスよ、あなたと私、あなたと私に、一体何の関係があるのですか。あなたは、いと高き神の子です。どうか、お願いですから、私を苦しめないでください」。[29]イエスが汚《けが》れた霊に向かって、その人から出て行くように命じられた。彼は長い間、汚れた霊にとりつかれていたので、鎖につながれ、足枷をはめられて監視されていたが、それを壊しては、悪霊によって人里離れた所に追いやられていた。

イエスはお尋ねになった。[30]「お前の名は何と言うのか」。するとその男は答えた。「レギオンです」。おびただしい数の悪霊が彼の中に入っていたからである。[31]そして、悪霊どもは、底なしの淵に行けという命令を自分たちには出さないようにと、イエスに懇願した。

32丘の中腹には、かなり多くの豚の群れが飼われていた。悪霊どもがその豚の中に入ることを
願うと、イエスはそれをお許しになった。33悪霊どもはその人から出て、豚の中に入った。する
と、豚の大群は崖を下って、湖になだれ込み溺れて死んだ。
34豚飼いたちはこの出来事を見て逃げ出し、町や村里に行って、このことを告げ知らせた。35そ
こで、人々はこの出来事を見ようと出かけ、イエスのところにやってきた。そして、悪霊どもを
追い出してもらった男が、正気に返って衣服を身に着け、イエスの足もとに座っているのを見て、
恐れをなした。36先の目撃者たちは、悪霊にとりつかれていた男が、どのようにして救われたか
を人々に告げ知らせた。37ゲラサ人の地方の人々は皆、恐怖におののき、イエスに自分たちのと
ころから立ち去るよう求めた。そこで、イエスは舟に乗って帰って行かれた。
38悪霊どもを追い出してもらった男がお供をしたいと願ったが、イエスは次のように言われ、
彼を去らせた。39「自分の家に帰りなさい。そして、神があなたになされたすべてのことを語って
聞かせなさい」。こうして彼は立ち去り、イエスが自分にしてくださったことを、ことごとく町
中に宣べ伝えた。

一枚の写真がマントルピースの上にあります。それは、私が昨秋のある晴れた日に、ゴラン高原の頂からガリラヤの海を写したものです。静かで明るい日で、向こう岸にはちょうどティベリアの町が見えました。今日《こんにち》の私たちの時代に、そこで激しい戦いが繰り広げられたとはとても想像できないでしょう。そこは休みの日に、あらゆるものから解放されて出かける郊外のような所です。

イエスがガリラヤの主要な場所から、なぜ、湖を渡ってそこに行こうと決断されたのか、私たちには分かりません（「ガリラヤ」の語そのものは、その辺のさまざまな地域に関係し、歴代の政治的な移住によって境界線が引き直されましたが、たいていは、湖の北部と西部の地域をさします）。現在では、湖の南東では領地問題があります。イエスの時代には、湖の北東岸は「ガウランティス」（「ゴラン」と同根の語）で、南東はギリシア語で「デカポリス」で、文字どおり、一〇の町の地域でした。この出来事がどこで起こったかについては諸説がありますが、福音書の記者は、ガウランティスの南か、デカポリスの北限を考えていたのではないかと思います。どちらにしても、湖の東側であり、その岸の大部分が水面に対して険しくそそり立っている地域と思われます。

最も大切なことは、この所には多くのユダヤ人も住んでいたのですが、異邦人が支配する地域であったということです。イエスは外国の地に渡って行くことを選ばれたのです。おそらくヘロデ・アンティパスの膝元を旅して回ることに対して、さしあたっての圧力を避けるためではなかったかと思います。しかし、いずれの地にも平和はありませんでした。多くの悪霊にとりつかれたと思われる凶暴な男が、すぐにイエスの前に出現したのです。彼は金切り声をあげて叫んでいました。弟子たちは、すぐに舟に戻って、家に帰りたいと思ったに違いありません。

イエスは、湖で風と波に直面したときと同様に、この人間の嵐を前にしても平静を保っておられました。同じ静かな威厳をもって、ほかの人に対してと同様にこの人の問題に取り組まれます。この豚の怪奇なシーンは（豚は、異邦人の地であることのもう一つのしるしで、ユダヤ人は豚を食べないし、飼育もしません）、時としてその地域の多くのユダヤ人や悪霊にとりつかれた男を含むほかの住民が、嫌悪を抱く外国のローマ帝国に一矢を報いるためのシーンとして見られてきました。つまり、彼らを海に追い返したかったのです。そのようにして、ローマの兵隊の「連隊」（「レギオン」）もしくは「大隊」を立ち去らせることは、一世紀の革命を起こそうとする指導者には夢でありました。しかし、この話のルカの焦点は、この男自身に関することであり、いつものようにイエスに関することなのです。

ルカにとって、この男に起こったことは、単なる珍しい癒やしではありません。それは「救い」（三六節）です。神が長い間、約束されていた救いで、イエスによって現され、イスラエルの多くの人にすでにもたらされ、今や、遠方にまで拡がり始めているのです。

しかし、この話の真の要点は終わり部分にあります。当然のことながら、この男はイエスのもとにとどまることを求めました。彼が経験した驚くべき救いによって、今はイエスに結び付いているのはもちろんのことですが、物事はそう簡単には元どおりにならないと彼は思い込んでいたからでしょうか。彼の家の領域では、彼の最近の悲惨な生活について誰もが知っていたので、彼を再び家族や村の一員として受け入れることには少なからぬ抵抗があったと思われます。彼は立ち上がり、自分で責任を取らねばなりませんでした。彼は、今までのように、イエスの背後に隠れるのを当てにすることができませんでした。彼は、イエスが文字どおりに「私について来なさい」と言われなかった者の一人です。イエスが「家に帰って、人々に告げなさい」と言われた者（大多数だと想像しますが）の一人です。実際に福音を経験したので、彼は今、それを自分で告げなければなりません。

ルカは、最も重要なことを最後の言葉のためにとっておきます——ギリシア語で、この話の最後の言葉です。イエスは言われます。「家に帰りなさい。そして、神があなたになされたことを語り聞かせなさい」。それで、この男は出て行って、イエスが自分になされたことを皆に告げました。ルカは、どのようにして、「神がキリストのうちにおられた」かについて、私たちには提示していません。未だ、決まり文句や、入念に考え出された教義を、私たちには提示していません。当面は、人々が自分たちの経験の中で何かを発見することだけです。イエスがなされることは、神がなされることです。それとも、逆に言えば、あなたが、神が何をなされたかを人々に告げることを望むなら、イエスがなされたことを人々に告げてください。キリスト教の二〇〇〇年にもわたって、優れた頭脳が、どうしてそのようなことがありうるかを説明するために、適切な言葉を見つけようと奮闘してきました。しかし、それは、人々がイエスの人格とその業《わざ》の中に神の救いの力を発見する瞬間から、単なる理屈を越えたレベルで、多くの人に知られている一つの真理なのです。

八章四〇―五六節　ヤイロの娘と慢性出血病の女性

[40]イエスが帰って来られると、群衆は待ちわびていて、イエスを迎え入れた。[41]そこに、ヤイロ
という名の人がやって来た。彼は会堂長であったが、イエスの足もとにひれ伏した。彼はイエス
に自分の家に来てくださるようにと懇願した。[42]彼には一二歳ほどになる一人娘がいたが、死に
かけていたからである。それで、彼らはともに出発した。すると、群衆がイエスに押し迫って来
た。

43そこに、一二年このかた、体内からの出血が止まらない、ある女性がいた。彼女は医者にか
かるために全財産をはたいたが、誰からも治してもらうことができなかった。44彼女はイエスの
背後から近づき、イエスの衣の房に触れた。すると、たちまち彼女の出血は止まった。
45イエスは言われた。「誰が私に触れたのか」。皆が否定しているので、ペトロが言った。「主よ、
群衆があなたを取り囲んで、押し合いへし合いしているのです」。
46しかし、イエスは言われた。「誰かが私に触れたはずだ。私から力が出て行ったのが、私には
分かった」。
47その女性は隠しきれないと思って、震えながら進み出てイエスの前にひれ伏し、如何にして
瞬時に癒やされたかを、皆の前で打ち明けた。
48イエスは彼女に言われた。「娘よ、あなたの信仰があなたを救った。平安のうちに歩みなさ
い」。
49イエスがまだ話しておられるときに、会堂長のところから人がやって来て言った。「お嬢様が
亡くなられました。もはや先生を煩わすには及びません」。
50イエスはこれを聞いて言われた。「恐れることはない。ただ信じなさい。そうすれば娘は救わ
れる」。
51彼らがその家に入るとき、ペトロ、ヨハネ、ヤコブとその娘の両親以外は、誰も一緒に入る
ことをお許しにならなかった。52人々は皆、娘のために泣き悲しんでいた。
イエスは言われた。「泣かなくてもよい。娘は死んだのではなく、眠っているのだ」。53人々は

娘が死んだことを知っていたので、イエスをあざ笑った。
[54]しかし、イエスは娘の手を取って呼びかけられた。「子よ、起き上がりなさい」。[55]すると、娘の霊は戻り、すぐに起き上がった。それで、イエスは、食べ物を彼女に与えるように彼らにお命じになった。[56]娘の両親は非常に驚いた。しかし、イエスはこの出来事を誰にも話さないように両親にお命じになった。

パウロは「愛する医者ルカ」(コロ四・一四)と書いていますが、ルカが医者であったかどうかは定かではありません。ルカ文書の中にある幾つかの事柄もそのように思わせます。しかし、もし、彼がそうだとするなら、四三節を書くとき、彼は苦笑したに違いありません。おそらく医療費のためにすべてを使い果たしたが、それが無駄であったというような患者をルカは知っていたからです。現代のような医学が発達していない時代には、国の薬価制度の基金もなく、個人的な保険制度もなく、健康であることは貴重なことでした。しかし、それは壊れやすいものでした。もし、健康を損なえば、病気と貧しさとともに下降の螺旋を描いて落ちて行き、もはや戻ることは不可能であるということは自明の理でした。

ルカはマルコに従い、ヤイロの一二歳の娘の話の途中に、一二年間病気の女性の話を挿入しています(おそらくルカ自身が以前に書いている一二歳のイエスの話と響いています)。二つの部分が幾つかのところで結合しています。特に、イエスがその女性に彼女の信仰が彼女に救いをもたらしたと語られたそのすぐ後に、イエスがヤイロに**信仰**を持つようにと命令する中に見られます。仮に、ヤイロの信仰が自分の娘の癒やしを助けたとするなら、イエスが、一二年間病気の女性が癒やされたことを知る前に、力がご自分の中から出て行ったと宣言されたのをヤイロが理解することによって、ヤイロの信仰そのものが助けられたのです（このフレーズ自体は印象的で、イエスがどのようにして多くの癒やしに関与されるかについて多くを語っています）。もし、イエスに触れることによって効果があるとするなら、イエスご自身がやって来られ、死んだ少女に触れてくださるとき、何が起こるか想像できるでしょうか。

もちろん、触れるということは、この両者にとって大変重要なことでした。現代の衛生学以前の世界では、（私たちが知っている石鹸は、中世まで発明されていませんでした。当然ながら、私たちが今日《こんにち》当たり前と思っている多くのもの、例えば、水道も適切な下水設備も当時はありませんでした）。清潔に関する禁制は公衆衛生上、必要でした。ユダヤ教の教典とその後の伝承は、ほとんど芸術作品のように編集され、誇張されました。最も明らかな汚染源の二つは、死体であり、また体内から出血している女性でありました。

換言すると、出血と死体という二つの重なった話を読む紀元一世紀の読者は、イエスが明らかに二重の汚れを招くことを十分に知っていたと思われます。最初のケースは、イエスにとっては不可抗力でした。女性がやって来て、自分がこれからすることと、病気で苦しんでいることを、イエスに何も知らせなかったからです。しかし、それにもかかわらず表向きは、イエスは汚されることになります。一つには、なぜ、この女性は隠れたままでいることを望まなかったのでしょうか。そして、なぜ、彼女は前方から近づくのをためらったのでしょうか。結局は、ひどく気まずい思いをしなければならなかったのです。第二のケースは、イエスが自ら出かけ、死体に触れられたのです。私たちがナインのやもめの息子の出来事を理解したように（七・一一―一七）、行為そのものは禁制を破っていました。つまり、この場合も同様に、その結果は差し迫っていて、ハラハラすることでした。

この両者の場合において、つまり女性と少女ですが、私たちは、ルカの女性の物語の中にいっそうの気遣いと興味の現れがあるのを発見します。良く知られているように、ルカは女性たちの役割をほかの福音書以上に強調しています。しかし、両者の場合も同様に、私たちはイエスの物語の中に、来たるべきものの前兆を見出します。ルカは、イエスは真にどういう方であるかということについて、一つの話からほかの話へと、粘り強く指摘してきました。またルカは同時に、イエスは何をもたらすために来られたかについての重要な説明のために道を開いていきます。ルカが、イエスのエルサレム入場、捕縛と死について語るとき、その中心テーマは、十字架刑を申し渡されるような罪を何も犯しておられないイエスが、最初からずっとその結末を自らに招いてきた人々の罪の身代わりに、いかにしてなられるかということです。すでに、これらの出来事の中に、同じパターンが現れているのが分かります。イエスは、病気や死の汚れを共有されますが、イエスご自身の愛の力が――それはとりわけ、この二つの話を通して輝いている愛なのです――その汚れを健康と希望に変えるのです。

私たちが、どのような問題や苦難に直面していても、これが、ルカが今日《こんにち》私たちに繰り返し語るメッセージなのです。この世界の問題に自らの手を汚されるイエスの臨在は、私たちが必要としていることであり、福音書において私たちに約束されていることなのです。私たちがルカの展開する話の内側に住むとき、混乱と恐れの中にいる私たちの傍にイエスが静かに来られるのが分かります。イエス

は喜んで、私たちの震える手に触れてくださいます。そして、重要な聖書の命令句である、「恐れて
はならない」との言葉をもって応えてくださるのです。

九章一―一七節　一二人の派遣と五〇〇〇人への給食

1イエスは一二人を呼び集め、すべての悪霊を制し、病気を癒やす、力と権威とを彼らにお与
えになった。2そして、神の王国を宣べ伝え、病人を治すために彼らをお遣わしになった。
3イエスは言われた。「旅には、何も持って行ってはならない。杖も袋もパンも金銭も、下着も
二枚は要らない。4どこの家に入っても、そこにとどまりなさい。そして、そこから旅立ちなさ
い。5誰もあなたがたを歓迎しないなら、その町から出て行くときに、彼らに対する証しとして、
足の塵を払い落しなさい」。
6彼らは出かけて、至るところで福音を伝え、人々の病気を癒やしながら、村から村へと巡り
歩いた。
7領主ヘロデは、このすべての出来事を聞いて当惑した。それは、「死者の中からヨハネがよみ
がえった」と言う者もいれば、8「エリヤが現れた」と言う者、「昔の預言者の一人がよみがえっ
た」と言う者もいたからである。
9ヘロデは言った。「ヨハネなら、私が首をはねた。では、このうわさの者は、一体何者なの

か」。そして、イエスに会ってみたいと思った。
[10]さて、弟子たちは帰って来て、イエスに、行ったことをすべて詳しく語った。イエスは彼ら
を連れてベトサイダという町に、自分たちだけで退かれた。[11]それに気づいた群衆は、イエスの
後を追った。それで、イエスは彼らを迎え入れ、神の王国について語り、癒やしの必要な人を癒
やされた。
[12]日が傾きかけたので、一二人がイエスのところに来て言った。
「群衆を解散させてください。そうすれば、周りの村や村里に行って宿をとり、食べ物を見つ
けるでしょう。私たちは、このように人里離れた所にいるのです」。
[13]しかし、イエスは彼らに言われた。
「あなたがたが、彼らに食べ物を与えなさい」。
彼らは言った。「ここには五つのパンと二匹の魚しかありません。この多くの人のために、私
たちが食べ物を買いに行くべきだということですか」。[14](そこには、男が五〇〇〇人ほどいたからで
ある。)
イエスは弟子たちに言われた。「彼らを五〇人ほどの組にして座らせなさい」。
[15]弟子たちはそのようにして、皆を座らせた。[16]イエスは五つのパンと二匹の魚を取って、天を
仰いでそれらを祝福して裂き、群衆に配らせるために弟子たちにお与えになった。[17]彼らは食べ
て、全員満腹した。食べ残しのかけらを集めると、一二籠あった。

新しいビジネスを始めることは、多くの場合、夢の実現です。しかし、そのビジネスが成功すれば、さらに多くの人が必要になります。創立者は細かい仕事をする時間が無くなり、計画を分担して責任をもつことが必要になります。これにはしばしば困難が生じます。それは、その仕事を始めた夢想家にとっては痛みとなります。しかし、それは必要なことです。一人の人がすべてのことをすることはできません。そして、永遠にそこに居続けることもできません。

イエスは、ご自分の人生と務めを、側近の従う者たちと分かち合うことがいかに重要であるかを知っておられました。ただし、従う者たちは、それほど長くイエスとともにおれないことをまだ知りません。イエスは、ご自分がまもなくひどい目に会うことを知っておられました。ルカ福音書九章の終わりまでには、彼に従う者たちに説明を始められることでしょう――ただし、彼らは後になるまでそれを理解できませんでしたし、また、信じられませんでした。しかし、イエスはご自分の召命を彼らと分かち合うことを始められたのです。彼らはイエスがなされることを学ぶ必要がありました。イエスが神に信頼しておられるように、彼らも神に信頼することを学ぶ必要がありました。もちろん、彼らが神の王国について人々に告げるときには、イエスについて語るのであって、自分についてではありません。しかし、イエスはご自分の務めをともに担うように彼らを任命されたのです。

それは、確かに彼らに、ある地位を与えます。しかし、ここでは違っています。なぜなら、彼らは、最初は国王の大使とはまったく反対のように思えるからです。求める人々を癒やし、福音を宣べ伝えるというイエスご自身の務めを彼らが継続するときには、彼らは、徹底的に貧しく、人々が与えてくれるものにひたすら頼って行動すべきでした。ある見方では、彼らは、中近東においてときどき現れた放浪する哲学者のように見えたに違いありませんが、イエスはこのように旅する教師たちに財布を持って行くことをお許しにならず、彼らは物乞いを経験しなければなりませんでした。これは、はじめから終わりまで、まさに信仰の冒険でした。

この宣教と癒やしの旅は、ペンテコステ後の教会生活のモデルになったのか、ならなかったのかということについて、私たちは、初期の教会がこのように行動したということをどこからも聞いていません。彼らがこのようにしようとすれば大きな信仰が必要でした。エルサレムの共同体は、その際に、財を売り払って資金を蓄えることによって、一二弟子と同じように徹底的に自らを神の王国に献げたのです。しかし、この話を語るルカは、使徒行伝では、特別な戦略をとったとは書いていません。これはイエスの緊急でユニークな宣教であったように思えます。

イエスは、ここでは弟子たちをパートナーとして招き、群衆に何か食べ物を与えるように彼らにお命じになりました。弟子たちは当然のことながら戸惑いました。つまり、イエスが何を意図されておられるのか、分からなかったからです。仮に自分たちだけでパンを買うにしても、これほどのおびただしい群衆にどうして十分に与えることができるだろうかと悩みました。そのとき、イエスが成されることは、弟子たち自身が、神が備えてくださるものに頼りながら旅して回ったときにしてきたことがクローズアップされ、はっきりと焦点が合った場面のようです。イエスはそれをもう一段階進めて大胆に適用されるのです。物質世界全体は創造され、命を与えられ、維持されています。これらを通して働かれる神の力を切に願い、イエスは静まって、神が与えてくださったものに感謝し、その食べ物を祝福して裂き、それらを弟子たちに渡されたのです――驚く弟子たちを再び巻き込みながら、同様に驚嘆する群衆に対して、今回は食べ物を配らせたのです。

この話は、たいてい信じがたいものです。イエスが皆を座らせて、とにかく、皆が持ってきたものすべてから食べ物を作りだすように駆り立て、ごくわずかな食べ物を彼らに与えたのではないかと人々は想像します。それは一つの考え方です。ほかにも幾つか考え方はありますが、四つの福音書がそれぞれきわめて明確に述べていることを、常識的にうまく説明しようと試みています。もちろん、ほんの少数の人が食べ物を持っていたことを、弟子たちが知っていたなら、最初の段階で問題ではなかったでしょう。そのような説明は、世間の人が通常どのように働きかけるかを私たちが知っているという観点から、杖も袋も食物も金銭も持たないで出立するように求められているようなものです。そうではありません。今日《こんにち》の読者は、この章のはじめの弟子たちのように、未知の世界に、物事が普段のようではない世界に出て行くように、そして、神に完全に信頼するように勧められているのです。私たちには、(「真の奇跡は人々の心の中にあった」という、)聞こえは良いが、問題を避けているような、ありがちな後退は許されません。福音書の物語を自分のものにしようとするキリスト者は、最初から最後まで信仰の冒険に生きているのです。

しかしながら、無批判に信じているのではないのです。私たちは、イエスが、いわば、トリックを行うことができる、などと信じるように求められていません。イエスはマジシャンではありませんでした。イエスが、この素晴らしいことをなされるのは、癒やしのように、いやそれ以上に、ご自分を通して神の創造的な力を特別な方法で流出させるためでした。そして、福音書記者が、この出来事について、後の教会においてよく知られる、主の晩餐の祝福の言葉(イエスはパンを取ってそれを祝福し、裂いて渡された）を述べているように、私たちキリスト者は、自分が行うすべてのことにおいて、私たちの礼拝の生活から生じるすべての事柄において、同じ癒やしや創造的な力を求めるように勧められているのです。

そうしているうちに、嵐の雲が地平線に現れます。イエスは、それまでのヘロデのやり方に干渉していませんでした。しかし、弟子たちをより広いミッションに派遣することによって、気難しい領主ヘロデが気に留めることになるのは必至でした。彼が、「イエスとは誰か」と尋ねるとき、それは悪意のない尋ね人の質問ではありません。もし、イエスが洗礼者ヨハネやエリヤと同列で扱われるならば、イエスは金持ちでもなく、圧政的でもないユダヤ人の王であり、無傷のままです。もちろん、先に手を出さない限りですが。

九章一八―二七節　イエスはメシアであるとのペトロの告白

18
イエスが独りで祈っておられたとき、弟子たちはイエスのところに集まった。そこでイエスは彼らに尋ねられた。「群衆は、私を何者だと言っているか」。
19
彼らは答えた。「『洗礼者ヨハネだ』と言う者もいれば、『エリヤだ』と言う者、『昔の預言者の一人がよみがえった』と言う者もいます」。
20
イエスは言われた。「それでは、あなたがたは私を何者だと言うのか」。

ペトロが答えた。「神のメシアです」。
21イエスは弟子たちを戒め、このことを誰にも話さないようにと命じて、22言われた。
「人の子は多くの苦しみを受け、長老、祭司長、律法学者たちから排斥され、殺され、三日目
に復活することになっている」。
23それから、イエスは皆に言われた。「私の後について来たいと思う者は、自分を否定し、日々、
自分の十字架を背負って、私に従いなさい。24自分の命を救おうと望む者はそれを失うが、自分
の命を私のために失う者はそれを救うであろう。25たとえ人は全世界を手に入れても、自分自身
を失い、あるいは損じるならば、何の益があるだろうか。26私と私の言葉を恥じる者は、人の子
が、自分と父と聖なる天使たちの栄光のうちに来るとき、その者を恥じるであろう。
27まことに、あなたがたに言う。ここに立っている者の中に、神の王国を見るまでは決して死
を味わうことのない者がいる」。

「あなたが哲学者になりたいと、はじめに思ったのはいつでしたか」と、私は友だちに尋ねました(彼は、このときにはすでに哲学の主任教授でした)。

「ああ、それなら簡単だよ。大学の最初の講義に出席したときにね。そこで、これが人生の目標だと思ったんだよ」と彼は答えました。

おそらくこれは稀なケースです——もちろん、多くの人がそのような明確な時機やヴィジョンや召命観を確かに表明していますが、この話にはもう一つの側面があります。ほかの人が、彼が哲学者で

あると、いつ知ったかということです。最初の授業の後で、教師たちのところに行き、「これがまさしく私の人生です」と言ったとしても、それはいかなる効果ももたらさなかったでしょう。教師たちは、第一週の宿題をやるようにと彼に命じました。それから、第二週も、そして続く週も同じように命じました。数か月後に、おそらく教師たちは、よくやったと彼に言うことでしょう。一年以上もたてば、彼の同級生は彼に、首席になった根拠を尋ねるかもしれません。しかし、そのほかの分野の科目も学んでから数年後に、長い博士論文を書き、セミナーに貢献するなどして、しばらくの時を経て、学問上の先輩たちが、この一人の素晴らしい学生に、「教員に応募する時だ」と言うことでしょう。このように、召命を感じたときから、認められるようになるまでには、実に長い時間がかかるのです。

イエスの場合、その召命はご自分が洗礼を受けられたときに、劇的に確立されたことを私たちは知っています。ルカは、それよりもはるか以前に召命があったことを明確にしています。イエスはすでに一二歳でそれを探求しておられます。そのような召しがあるかどうかではなく、その意味を探っておられたのです。

しかし、その召命の中身は、ある怪奇な公生涯をたどらなければならないということを意味していて、「私こそメシアである」と言うことによって開始したのではありませんでした。イエスのメシア性は人々が期待したものとは異なり、ルカがすでに示しているように、ナザレでは大変な目に遭い、リンチに近い状況を経験されました。一体何が起こっているのかと洗礼者ヨハネさえ頭を悩ましたぐらいです。

イエスは、一人の預言者として知られていました。そして、人々が、イエスが行おうとされていることを尋ねるとき、彼らは、古い預言者エリヤから新しい預言者である洗礼者ヨハネに至るまで、そのモデルを求めました。ある人は、イエスがマラキ書三章二三節により、「大いなる恐るべき主の日」を予告するためにもう一度遣わされたエリヤであることを証明しようと試みました。神が幾つかの大いなる業《わざ》を、誰かを通して行われようとしている、その誰かのようにイエスが振舞っていると、彼らは本当に信じました。

しかし、イエスはそれ以上の方《かた》でした。確かにイエスは預言者でした。しかし、はるかにかけ離れた未来における神の王国を単にさし示したのではなく、人々の目の前でそれを具現し、やがて確立される出来事を動かし始めておられたのです。そして、遅かれ早かれ、弟子たちに質問を出さなければなりませんでした。弟子たちは、その隠されているものを見抜くことによって群衆と一線を画しました。彼らがメシアに期待していたすべてのことを、イエスは行われなかったのですが、弟子たちがイエスのうちに見てきた権威と力と洞察と聖書の言葉の実現のコンビネーションは、あまりにも説得的で、ほかに何も言えませんでした。彼らを実に象徴的な一二弟子として召し出すことも重要でした。しかし、誰かがそれを理解したかもしれませんが、誤解されました。イエスが行われていたことを弟子たちが出て行って実行できるようにすることは、また別のことでした。彼ら自身のアイデンティティは、イエスの召しを頼りにすることであり、彼らが出すことのできた唯一の答えは、「あなたこそメシアであり、神が油を注がれた王です」でした。

私たちがルカの物語のこれまでのところを理解し、一方ではファリサイ派の人々から反対を受け、他方ではヘロデ王からも反対を受けているという強力な情報をもってするなら、イエスが、一二弟子に限らず、イエスに従いたいと思う者たちに対して、暗く危険な時が間近に迫っていると一気に語られたことは驚きではないでしょう。世の中は逆転します。そして、**神の王国**が出現するときまで生き抜いて存在することを望む者は、世の中が逆さまに、そして裏返しにされることに対して備えなければならないでしょう。多くの善意の伝道者や説教者が語ったにもかかわらず、私たちがイエスに従うときに、すべてのことがうまくいって、楽な生活を送ることができるという、私たちが望むようなメッセージを携えてイエスは来られませんでした。まさにその逆でした。自分の命を救うために、それを失わねばなりません。**人の子**があなたを恥じるのを避けるために、あなたはイエスを受け入れなければなりません。言い換えれば、メシアが、神の世界の裁き主として就任されるとき、それはユダヤ人が期待していることの核心ですが、そうすることが危険であり恥ずべきときに、イエスに従う準備ができている者だけが、報いとしてイエスに受け入れられるのです。

人々はイエスを何者だと考えているかと尋ねられるときから、死に至るまでご自分に従うようにと人々を召集されるときまでの、イエスの速やかな遂行は、キリスト者信仰において、行為と思考を切り離すことができないということを明らかに十分に示しています。イエスが以前に言われたように、「主よ、主よ」と言っても、イエスが命じられることを行わないならば何の益もありません。イエスのアイデンティティとご自分の召命はしっかりと結ばれています。もし、あなたがイエスとの関わりを持つことを望むなら、まるまる全体か、何もなしかのどちらかを選ばなければなりません。**神の王国**に中途半端はありません。そして、私たちが、この挑戦を熟考するときには、この聖書の箇所の始まりと次の箇所でルカが強調していることを注意深く書き留めましょう。イエスがずっと祈ってこられたように、真理と召命という重大な啓示がなされたのです。そこでも、中途半端はありませんでした。

九章二八—四五節　イエスの変貌

[28]この話の後、およそ八日目に、イエスはペトロとヨハネとヤコブを連れて、祈るために山に
登られた。[29]そして祈っておられると、イエスの顔の様子が変わり、衣服は真っ白に輝いた。[30]す
ると、二人の人が現れてイエスと話し合っていた。それはモーセとエリヤであった。[31]彼らは栄
光のうちに現れて、イエスがエルサレムで成就することになっているその最期について話してい
た。
[32]ペトロと、一緒にいた者たちはひどい睡魔に襲われたが、何とか眠らずにいると、イエスの
栄光と、傍に立つ二人が見えた。
[33]この二人がイエスから離れようとしたとき、ペトロはイエスに言った。「主よ、私たちがここ
にいるのは素晴らしいことです。三つの天幕を造りましょう。一つはあなたのために、一つはモ
ーセのために、そしてもう一つはエリヤのために」。ペトロは何を言ったらいいか、分からなか
った。[34]ペトロがこう言っていると、雲がわき、彼らを覆った。彼らは雲に覆われたとき、恐れ

を感じた。[35]すると、雲の中から声があった、「これは私の子、私の選んだ者、これに聞け」。[36]こ
の声がしたとき、イエスだけが見えた。彼らは沈黙を守り、見たことを当時、誰にも、何も告げ
なかった。
[37]翌日、彼らが山から下りると、大勢の群衆がイエスを出迎えた。[38]すると、群衆の中のある男
が叫んだ、「先生、どうか私の息子を見てやってください。一人息子なのです。[39]霊が取りつくと、
この子は急に叫び出し、霊がこの子をけいれんさせて泡を吹かせ、なかなか離れようとせず、こ
の子を打ちのめすのです。[40]それで、あなたのお弟子たちに、霊を追い出してくださるようお願
いしましたが、できませんでした」。
[41]イエスは答えられた。「ああ、なんと不信仰で邪悪な時代なのか。いつまであなたがたの所に
いて、あなたがたに我慢しなければならないのか。あなたの息子をここに連れて来なさい」。
[42]その子がやって来る途中でも、悪霊は彼を打ち倒し、激しくけいれんさせた。イエスは汚れ
た霊を叱りつけて、その子を癒やし、父親にお返しになった。[43]人々は皆、神の偉大さに驚嘆し
た。
イエスのなされたすべてのことに皆が驚いていると、イエスは弟子たちに向かって言われた。
[44]「あなたがたは、この言葉を耳にとどめておきなさい。人の子は人々の手に渡されようとしてい
る」。[45]弟子たちには、そのことが分からなかった。彼らには隠されていて、それを理解すること
ができなかった。また、イエスが語られたことについてイエスに尋ねるのを恐れた。

アカデミー賞受賞の映画「炎のランナー」は、一九二〇年のパリ・オリンピックに出場した二人のライバル競技者の話です。ハロルド・エイブラハムは一〇〇メートル走に出場し、自分自身とほかのランナーとの熾烈な戦いの末に金メダルを獲得しました。他方、エリック・リデルは熱心なキリスト者で、日曜日に競技をすることを拒否して、競技種目を四〇〇メートル走に変更して金メダルを獲得しました。実話だからこそ、二倍の感動物語なのです。

試合が終わり、全競技者を乗せた臨港列車がロンドンに戻って来ます。列車は興奮に沸くウォータールー駅に入って来ます。ハロルド・エイブラハムを除く全員が降りてきました。彼のガールフレンドは、群衆が去って行く中、心配そうに待っています。皆が去った後、列車からゆっくりとハロルドが現れます。彼は初志を貫徹しました。彼は待望の賞を手中にしました。彼は、その山の頂上に立ったのですが、今は、いずれにしても、そこに立ち尽くしていることはできないと理解しています。彼は目のくらむような高い所から下りて、現実を直視しなければなりません。

すべての福音書記者が、この山上の変貌の話の後に、絶望的な病気を抱えた一人の少年の話を続けて書いています。その病気は深刻で、弟子たちには癒やすことができませんでした。ルカは、この二つの話を一つにして、私たちに告げているように思えます。つまり、山頂での経験と、一筋縄ではいかない金切り声を上げる悪霊です。多くの人はどちらでもない生活をしたいと願っています。安定して、劇的でない、ありきたりの人でいることを望みます。神はある人にそのような命を求められるようです。しかし、多くの人にとって、劇的な幻と素晴らしい霊的な経験は、大きな要求によってバランスがとれます。私たちが、神に対して、また、異次元の神の栄光に対して、心を開けば開くほど、私たちの心は痛みの世界に対してさらに開かれるようになると思われます。私たちがある大きな礼拝から帰ってきたとき、また、神が近くにおられ、神の愛が現実的で力強いと思えた祈りの時間を終えたとき、確かに、私たちには油断がありません。これらの事柄は、決して自分自身のためには与えられませんが、結果的にそのような事柄によって私たちが備えられると、神は、神を求める飢え渇いた世界で、私たちをお用いになることができるのです。

ルカは、この聖書の箇所を通して、山上の変貌が一人の人間の悲劇のためにではなく、あらゆる人の最大の脅威のために、イエスご自身を備えることであったということを強調しています。ルカは言います。モーセとエリヤが、「エルサレムで成就することになっているイエスの最期について」イエスとともに話していたと。「最期」（この世を去ること）という語は、出エジプトと同じ語です。ルカは私たちが理解できるようにと、幾つかの意味を説明してくれています。それは、旧約聖書の「出エジプト」のように、「出発すること」「去ること」を意味しています。それはまた、「死」の婉曲な言い回しでもあります。ある人が自分の死に関して、「私が、もはやここにいないとき」と言う場合と同じです。しかし、ルカがこの語を選んだ理由は、――とりわけモーセに関してですが――エジプトからの壮大な脱出、**出エジプト**のような出来事は、イエスが遂げようとされている死にあたるからです。第一の出エジプトでは、モーセがイスラエルの民をエジプトの奴隷から導き出して約束の地へと誘導します。新しい出エジプトでは、イエスがすべての神の民を罪と死の奴隷から導き出して約束の相続の地――全世界が贖われるという新しい創造――へと誘導してくださるのです。イエスご自身は、この山頂の経験により、律法と預言者（ここではモーセとエリヤに代表される）が示しているところに従って自らを備えるべきであるということを受容され、谷に下られ、失望と死の地へと、悪魔が叫び、苦しむ者が泣く場所へと下られたのです。人の子は罪人（ここでは「異邦人」）の手に渡される所へ下られたのです。弟子たちはその変貌に圧倒され、意味のないことを口走ってしまいました（ペトロは、モーセとエリヤとイエスがそこに永遠に居ることが良いと考えたようです——しかし、そのようにはいきませんでした）。彼らは、山頂で見た栄光が、神の選ばれた御子の栄光が、いかなるものであるかを理解することができませんでした。贖いの約束を身に負われているその僕が、まったく異なる丘で、エルサレム郊外の醜い小さな丘で、そのベールをついに脱ぐことになるのです。

私たちもまた、大いなる喜びの時や大いなる悲しみの時のいずれにおいても、神が行われたり、語られたりするすべてを、どのように理解すべきかを知ろうとして、しばしばまったく当惑してしまうことがあります。しかし、起こっている事柄の解決の糸口さえ見出せないときでも、私たちに臨み、イエスに従うようにと私たちを導く言葉は、ガリラヤのあの不思議な日の雲の中から聞こえた言葉です。「これは私の子、私の選んだ者、これに聞け」。

九章四六―六二節　弟子の本質

[46]弟子たちの間で、誰がいちばん偉いかという議論が起こった。[47]イエスは彼らの心の思いを知って、一人の幼子《おさなご》の手を取り、ご自分の傍に立たせて、[48]言われた。

「私の名において、この幼子を受け入れる者は誰でも、私を受け入れるのである。また、私を
受け入れる者は誰でも、私を遣わされた方を受け入れるのである。あなたがたすべての中でいち
ばん小さい者こそ偉いのである」。
[49]ヨハネは言った。「主よ、あなたのお名前を使って悪霊を追い出している者を見ましたが、私
たちと一緒について来ないので、やめさせようとしました」。
[50]イエスは言われた。「やめさせてはならない。あなたがたに逆らわない者は、あなたがたに味
方する者である」。
[51]天に上げられる日が近づいたので、イエスはエルサレムに向かうことを決意された。[52]それで、
先に使いの者たちを派遣された。彼らは出かけて行って、イエスのために準備を整えようと、サ
マリア人の村に入った。[53]しかし、サマリア人はイエスを歓迎しなかった。イエスがエルサレム
に向かって進んでおられたからである。[54]弟子のヤコブとヨハネはこれを見て言った。「主よ、お
望みなら、天から火を降らせ、彼らを焼き滅ぼすように言いましょうか」。[55]イエスは振り向いて、
二人をお叱りになった。[56]そして、一行は別の村に行った。
[57]彼らが道を進んで行くと、ある人がイエスに向かって言った。「あなたが行かれる所なら、ど
こにでも従います」。
[58]イエスは彼に言われた。「狐には穴があり、空の鳥には巣がある。しかし、人の子には枕する
所もない」。
[59]そして、ほかの人に言われた。「私に従いなさい」。

しかし、彼は言った。「主よ、まず、私の父を葬りに行かせてください」。
60イエスは彼に言われた。「死者に、自分たちの死者を葬らせなさい。あなたは行って、神の王
国を告げ知らせなければならない」。
61また別の人も言った。「主よ、あなたに従います。しかし、まず私の家の者たちに別れを告げ
ることを許してください」。
62イエスは彼に言われた。「鋤《すき》に手をかけてから、後ろを振り返る者は誰も、神の王国にふさわ
しくない」。

初期のイギリス文学の最も有名な作品は、チョーサーの『カンタベリー物語』です。私たちが今日《こんにち》、それを読むならば、一四世紀における思いがけない、色鮮やかな生活の絵を見ることができます。当時の富裕者やさまざまな人間模様、人々の喜びと悲しみ、罪と気高さを見ることができます。それは、まるで自分自身を見るかのようです。

しかし、この本については、チョーサーの時代には魅力的であっても、私たちにはありふれていることであると断っておきます。当時の人々は、めったに旅行をしませんでした。彼らの世界では、巡礼はいつものように行われていましたが、旅行は、私たちが月に向かって飛ぶようなもので、特別に贅沢なことでした。つい一九世紀まで、暇な金持ちだけが時間と金をかけて、イギリスから出発してヨーロッパの名所を訪れました。人類史上の大半、世界のほとんどの国においてと同様に、チョーサーの世界では、ほとんどの人はまったく旅行をしませんでした。馬を持っている富裕な人々はどこか

遠い所まで出かけることができましたが、あまり遠くまでは出かけませんでした。それはあらゆる種類の危険のゆえです。人々はその人生の大半を自分の近隣の地域で暮らしたのです。

これは、イエスの世界におけるほとんどの人も、一つのことを除いて同様でした。ガリラヤのユダヤ人は、規則的に年に一度は旅行します。エルサレムへの巡礼の旅です（徒歩でおよそ三、四日の行程）。そして、すべてのユダヤ人は、どこにいても、彼らの先祖がエジプトの地から約束の地へと旅をした**出エジプト**の偉大な旅の物語を語ります。そのように、聖書のほかの物語についても同様に語ります。王たちについて、預言者たちについて、神が、過ぎ去った昔にイスラエルをどのように扱われたかについて語ります。

ルカは、このすべてを心に納めて、イエスのエルサレム行きの計画について語ります。エルサレムは、イエスご自身の「出エジプト」（三一節で見たように）を「成就」するところでした。それはまだ正式な巡礼の時ではありませんでしたが、九章五一節から始まった旅――ルカ**福音書**の大部分のための一つの枠組みを与える――は、一九章四一節まで続いています。しかし、これから先のエルサレムがゴールです。イエスは常に前進しておられます。ルカによるもう一つの偉大な書、使徒行伝も、繰り返し行われる長い旅（パウロの旅で、最後にはローマに到着）を収めています。神の召しに従順な旅は、ルカの中心的な絵の一つで、キリスト者であることの証明です。イエスに従うということは、一体どういうことかということです。

イエスに従うことについて、ルカが明確にする第一のことは、それは易しくはないということです。**弟子たち**が出発するときでさえ、彼らのうち、誰がいちばん偉いかという個人的な順列の問題がありました。どんなプロジェクトでも着手する際に、人は自分自身の野心がそこに混在していることを知っています。それは、着手以前に処理されていなければなりません。その問題は繰り返されるでしょうが、すぐに一線を画さねばなりません。そのとき、神の王国は、彼らが知らない人々、彼らのグループの一部でない人々を通して前進しているかもしれないということを、弟子たちは学ばなければなりません。物事はまっすぐに進むとは限らないのです。

彼らが出発するとき、イエスは、「ご自分の前に使者（この語は「天使」をも意味する）を遣わされます」。ルカは私たちに、これは出エジプトの旅であるということを思い起こさせます。出エジプト記（二三・二〇）には、民を約束の地に導くために、神は、「使いをあなたの前に遣わし」とあります。しかし、これもまた、新しい出エジプトの旅です。預言者マラキ（三・一）は、神が、使いをご自分の前に遣わすと宣言しています。それは、神が人々を裁くため、また救うために来られる時に、人々が備えるためです。このすべてのことが、イエスの未知の新しい旅の中に組み込まれています。これこそ、真の約束の地への道です。それはまた、神ご自身がご自分の民のところにもどって来られる道でもあります。

ヤコブとヨハネが考えることは、せいぜい、彼らは今、旧約聖書のエリヤと同じ位置にいるということです。彼らが反対にあうなら、天から火が降ること（王下一・一〇―一二）を求めます。しかし、イエスの旅ではそれは違っていました。それは、すべての抵抗勢力を一掃する勝利の行進ではないからです。それは、王国の福音の前進です。そして、愛のメッセージを意味するルカ福音書四章から分かるように、あまりにも強力で広範囲にわたる驚くばかりの恵みのメッセージなので、多くの人が衝撃を受けるのです。
イエスに出会い、そしてイエスに従うことは素晴らしいと考える多くの人を含んでいると思われますが、道の途上で、イエスに話しかけた人々は、ルカ福音書八章にある岩の上に蒔かれた種か、茨の間に蒔かれた種のようです。彼らは従うことを望みましたが、条件付きでした。彼らは、しているこ とを辞めて、すぐに従う準備ができていたのでしょうか。自分の父を葬る義務は、その当時のユダヤ人にとって最も清いことであり、また、息子として当然の義務と認められていました。しかし、それは、イエスに従うことや**神の王国**を宣べ伝えることよりも二次的なことであるとイエスは言われるのです。

前方へ進むこと、イエスとともに旅をすることへの挑戦が、最終行では高らかに明白に表現されています。今日《こんにち》、多くの人は耕作に従事していませんが、あなたが、まっすぐな畝を作るために鍬で土を耕してから、自分がどのようにしたかを振り返り見るならば、あなたは次に何が起こるかをおそらく理解することはできません。また、たとえあなたが見ているところが直線であっても、後ろを振り返るという行為は、次の場面では曲がってしまうということを意味します。ほかの状況について考えてみましょう。あなたが歌を歌っているときに、過ぎた行がうまく歌えたかどうかと疑うのは良くありません。あなたは次の行に集中すべきです。あなたが旅に出ているなら、これから必要となる地図は、今まで通ってきた道ではなく、次に行くところを示すものです。

その問いは、繰り返し、私たちの胸に迫って来ます。昨日ではなく明日に向かって、イエスは私たちに、どこへ出かけるよう求めておられるのでしょうか。私たちは、イエスが行かれる所ならどこにでも従う準備ができていますか。

一〇章一―一六節　七〇人を派遣するイエス

1その後、主はほかに七〇人を任命し、ご自分が行こうとされているすべての町や村に、二人
ずつ、先にお遣わしになった。
2そして、彼らに言われた。「収穫は多いが、働き手が少ない。だから、収穫のために働き手を
送ってくださるように、収穫の主に願いなさい。
3さあ、行きなさい。私があなたがたを遣わすのは、小羊たちを狼どもの中に送り込むような
ものだということを覚えていなさい。4財布も袋も履物も、携えてはならない。道中で、誰かに
会っても時間をつぶしてはならない。5どこかの家に入ったら、まず言いなさい、『この家に平和
があるように』。6もし、そこに平和の子がいるなら、あなたがたの願う平和はその人にとどまる。
もし、いなければ、その平和はあなたがたに戻ってくる。
7同じ家に滞在して、出されるものを食べ、また飲みなさい。働く者が報酬を受けるのは当然
のことだからである。家から家へと渡り歩いてはならない。8どこかの町に入り、人々があなた
がたを迎え入れたなら、差し出されるものを食べ、9その町の病人を癒やし、彼らに言いなさい、
『神の王国はあなたがたに近づいた』。10しかし、町に入っても、人々があなたがたを迎え入れな

ければ、その町の大通りに出て、こう言いなさい、11『私たちの足についたあなたがたの町のこの
埃《ほこり》を、あなたがたの目の前で払い落とす。しかし、神の王国が近づいたことを知るべきである』。
12あなたがたに言う。かの日には、その町よりソドムのほうが耐えやすいであろう」。
13「災いあれ、コラジンよ。災いあれ、ベトサイダよ。お前たちのところでなされた力ある業《わざ》が、
ティルスやシドンで行われていれば、彼らはとっくの昔に粗布をまとい、灰の中に座って悔い
改めたであろうに。14しかし、裁きにおいては、ティルスやシドンのほうが、お前たちよりもま
だ耐えやすい。15カファルナウムよ、お前は天にまで上げられたいのか。そうではない。ハデス
（陰府《よみ》）にまで落とされるのだ。
16あなたがたに聞く者は、私に聞き、あなたがたを拒む者は、私を拒むのである。そして、私
を拒む者は、私を遣わされた方を拒むのである」。

今年のはじめに、一人の友人と昼食をともにしました。彼の一〇代の息子さんが深刻な病気であると聞かされました。何週間にもわたって医者や専門家のところを訪ねましたが、全員がその病状を不可解に思いました。ついに、高度の専門家がその問題に結論を出しました。「すぐに病院に連れてきなさい。明日、私たちが手術をしましょう」。彼は脳腫瘍を見つけたのです。ダメージを残さないで、それを取り除くには高度の技術が必要でした。もう一日待っていたら手遅れになっていたかもしれません。

イエスの第二回目の弟子の派遣の話には、同様の空気が漂っています。今回、ご自分が訪れる予定

の所に使者を遣わされるのは、実に急を要することを意味しています。イエスは二度とこの道を通らないことをご存じでした。今回、人々がイエスの宣教に応答しなければ、手遅れになります。もし、彼らが注意を払わなければ、イエスは国家を襲う大崩壊前の最後の宣告者になります。もし、彼らがイエスを拒絶するなら、次の警告はありません。もし、彼らが躊躇するなら、手遅れになります。

ルカのみが、七〇人の派遣について言及していますが、これには二つの問いがあります。一つは、幾つかの写本が「七〇」の代わりに「七二」と記していることです。どちらが正しいかどうかについてはいろいろな見解があります。もう一つは、いずれにせよ、なぜこの数字が選ばれたのか（選んだのがイエスであれ、ルカであれ）ということです。そこには象徴的な意味があるかどうかということです。

この二つの問いの答えとしては、ルカは再びモーセの光の中でイエスを見ているのではないかと思われます。イスラエルの七〇人の長老が選ばれ、彼らは神の霊を分け与えられ、モーセがイスラエルの民を導き出すのを助けました（民一一・一六、二五）。その折に、ルカ福音書九章四九—五〇節と大して違わないのですが、もともとの七〇人の一部ではないほかの二人が聖霊を受けて何人かを驚かせました。ここの大切なことは、イエスが新しい出エジプトを導くのを助けるアシスタントを遣わすということでしょう。

しかし、もとの出エジプト記では、イスラエルの民は反逆し、つぶやき、神が導かれる道には行こうとはしなかったのです。これは、実際にモーセがほかに助け手を必要とした主な理由でした。イエスの働きにおいても、その同時代のほとんどの人ではないにしても大勢の人が知ることを望まなかったとしたら、多くの助け手が必要でした。イエスのすべての癒やしにもかかわらず、また、その教えの力強さや機敏さにもかかわらず、人々が従うようにとイエスが望まれた道――イエスが知っておられるところの神の真の出エジプトに人々を導く道――は人々が望んだ道では決してありませんでした。このように、ナザレにおける最初の説教以来そうであり、エルサレムにおける最後の日に至るまで、ずっとそのようでした。

イエスの招きの中心は平和のメッセージでした。「この家に平和があるように」。このメッセージは平和の子がそこにいるかどうかを見つけるためでありました。イエスの同時代の大部分の人は、旧来から敵視するサマリア人（サマリア人についてはこの章の終わりにイエスの最も有名な譬えに出てきます）との平和を求めておらず、また恐れ、嫌悪するローマ人との平和も求めていませんでした。人々は、神が自分たちを助けるために速やかに正義をもたらし、断固として敵を取り除くための全面戦争を求めていました。

しかし、イエスが抱く**神の王国**のヴィジョンは、人々の願いとは反対方向に進んでいました。イエスに関する限り、悪と戦うことは、イスラエルの子らがエジプトに戻るのを求めるような悪と戦うことと似ていました。他の行動は、悲惨な結果をもたらす暴力という手段に打って出ようとすることでした。しかし、イエスがその手段を拒否されたことは、決して実利的な考えからではありません。それは、イエスが、イスラエルの神は恵み深く、驚くばかりの、力強い、癒やしの愛の神であると知っておられ、このイスラエルの神の愛に直接、起因していたからです。この神は、癒やしのために命を与える力をイエスを通して流れ出させる神であり、イエスが深く関わっておられる王国の神でありました。

それゆえ、イエスの使者たちは、招きの言葉とともに警告の言葉を携えて行かねばなりませんでした。そのメッセージを拒むことは、神ご自身から反対方向に向かい、災いを自らに招くことを意味しています。そして、それは、いつものように、異教の力の手中に自ら陥ることを意味しています。裁きが、ガリラヤの中心にあるコラジンとベトサイダに下り、イエスご自身の町、カファルナウムにも下るのは、旧約聖書に出てくる悪しき町々が苦しんだ、それ以上のことです。ただし、天から火が降るというやり方ではありません。それは、ローマ軍の侵入と破壊という形態をとります。ローマへの反逆行為に対する刑罰は、神の民が神の平和の道に背を向けた直接的な結果なのです。

これは、七〇人に対するイエスの要求の緊急性と厳格さを説明しています。彼らは人々に、その人生に穏やかな影響をもたらす新しい宗教を提供しませんでした。人々は神の平和の道を受け入れ、破滅に落ちて行くことから立ち戻る最後の機会を提供されました。神の王国――ご自分の民と全世界を、愛と新しい創造をもって包むことを切望される神の治世と救いの支配――は人々に近づいていました。イエスは、悪の力と対決するために、エルサレムに向っておられました。そのときに、イエスとその使者たちを拒絶することは、神ご自身を拒絶することでありました。

一〇章一七―二四節　喜びに溢れるイエス

[17]七〇人は喜んで帰って来て、言った。
「主よ、悪霊たちでさえ、あなたの名によれば、私たちに服従します」。
[18]イエスは彼らに言われた。「私はサタンが稲妻のように天から落ちるのを見た。[19]見よ、私は
あなたがたに蛇やさそりを踏みつけ、敵のあらゆる力を制する権威を授けた。だから、あなたが
たを害するものは何一つない。[20]しかし、悪霊たちがあなたがたに服従するからといって、喜ん
ではならない。むしろ、あなたがたの名が天に書き記されていることを喜びなさい」。
[21]そのとき、イエスは聖霊により、喜びに溢れて言われた。
「天地の主である父よ、あなたに感謝します。これらのことを知者や賢者に隠し、幼子《おさなご》のよう
な者に現されました。そうです、父よ、それは御心に適うことでした。[22]すべてのことは、父か
ら私に委ねられています。父のほかに、子が誰であるかを知る者はなく、子と、子が現そうと望
む者のほかに、父が誰であるかを知る者はいません」。
[23]それから、イエスは弟子たちの方を振り向いて、彼らだけに言われた。
「あなたがたの見ているものを見る目は、幸いである。[24]あなたがたに言っておくが、多くの預
言者や王が、あなたがたが見ているものを見ようと望んだが、見ることができず、あなたがたが
聞いていることを聞こうと望んだが、聞くことができなかった」。

イエスのようになる、とはどういうことであったのでしょうか。それは、**福音書**を読む者にとっては難問の一つですが、この聖書の箇所が手掛かりを与えてくれます。

キリスト者は、あまりにも簡単に、自分は紛れもなく順風満帆の人生を送るものだと誤解します。つまり、聖なる者になるということは、決して問題に直面することがなく、決して困難と闘うこともないということを意味すると私たちはときどき考えます。確かに、それぞれの福音書自体が私たちに、まるで違った情景を見せてくれます。しかし、先に述べたように、私たちは、イエスはスーパーマンのようだと勝手に勘違いをしています。

そのような考え方は、この聖書の箇所に支持され、始まっているように思われます。イエスは、天から雷のようにサタンが落ちるのを見たと言われました。イエスは七〇人にすべての悪を支配する力をお与えになりました。イエスは、父との特別な関係をたたえ、昔の人々が待ち望んでいた大いなる出来事の実現について語られます。イエスは至る所で勝利されて世界中を闊歩する、何でもできるスーパー・ヒーローであると、私たちは考えますか。また、私たちが困難や、難題や、信仰の厳しい試練に直面し、私たちの祈りにもかかわらず、しばしば物事が明らかに悪い方向に向かうような、そのような私たち自身の生活に関して、このイエスはまったく無関係である、などと考えますか。

ルカには、イエスをスーパーマンとして描く意図はまったくありません。それは、この福音書の残りの部分から見れば明白であり、ここの聖書の箇所は、私たちの浅薄な現代の教養から判断するよりも、イエスの全体像をもって考える方がよりよく理解できます。イエスが直面し、戦っておられた戦いの本質が明らかにされるということが、実際にここで分かります。

今やイエスは、エルサレムに上ることを決意されています。それで、これまでに見てきたように、ご自分より先に七〇人を遣わすという緊急性が見てとれます。この緊急度の高さは、七〇人の役割と使命についての議論の中に現れています。イエスの公生涯は、真の敵に対する個人的な戦いで始まり、この戦いは最終の大決戦、すなわち暗闇の力が最後の攻撃のために集まるとき（二二・五三）まで続きます。しかし、イエスが荒れ野で得られた最初の勝利は、すでにイエスに従う者たちの働きを通して実行され、最終決戦までの勝利を次々と示しているのです。

私たちは、ユダヤ人にとってサタンとは誰で、何であるかということを思い出さねばなりません。サタンとは字義的には告発する者であり、天の神の会議で（ヨブ一・六―一二、二・一―七、ゼカ三・一―二）、英国の公訴局〔日本の検察庁に相当する〕の長官のように、聖書の中に登場します。いつしか役割の限度を超えているように思われます。根拠のない訴えを持って来ることだけでなく、自分がそのときに告訴することができるように人々をそのように駆り立てるのです。最後に、神に対する、世界の救いの計画に対する凶悪な反逆として、サタンは、イスラエルの民、つまり、神の約束を持つ選ばれた民を堕落させ、ゆがめ、崩壊させようとします。またサタンは、イスラエルの真のメシアであり、実現をもたらす方の働きを転覆させようとします。サタンは並外れた力を持っていて、世間一般と、イスラエルの指導者たちもまた、サタンの狡猾さによってだまされてきました。

従って、イエスの働きは、新しい生き方を人々に単に教えるものではありません。また新しい霊的な深さを単に提供するものでもなく、さらに人々が死後に天に行くことを単に可能にするものでもありません。イエスに課せられたことは、サタンを打ち負かし、サタンの力を破壊し、悪と死そのものさえ取り除き、神の新しい創造に至る道を拓く決定的な勝利を勝ち取ることなのです。

では、イエスが目にされたもの、それは一体何を意味していたのでしょうか。イエスは言われました。「私は、サタンが雷のように天から落ちるのを見た」。七〇人が彼らの緊急の使命のために出て行ったとき、イエスは、古代における敵の陥落について、預言者の幻（イザ一四・四―一二、エゼ二八・一一―一九）と同じ幻を祈りの中で見られたのです。イエスは神秘的な光景を見られました。七〇人によって得られた地上の勝利に対応した天のリアリティです。イエスは、七〇人に対して、彼らの働きは荒れ野で始まり、十字架で完成されるところの大いなる勝利の一部であることを確信させることができたのです。しかし、彼らは今、くつろいで、その新しい力を楽しむことができるということを想像してはならないのです。要は、神の目的が前進し、彼らはすでにそれに参画しているということです。まもなく、最後の勝利が成し遂げられる前に、**一二弟子**でさえ、ペトロでさえ、サタンによってふるいにかけられるのです（二二・三一―三二）。

イエスは、神の不思議な目的を悟られ、ヴィジョンと喜びに溢れて、神をほめたたえます。あなたがたが、**神の王国**に入るために権利と学びと知力が必要であるならば、それは、トップクラスの人々のためのもう一つのエリート集団だけのものになるでしょう。福音はあらゆる段階でこの考え方を覆します。イエスは、御父からのものとして持っておられる詳しい知識が、イスラエルの支配者たち、役人たち、教師たちに共有されていないと見ておられました。しかし、イエスは、ご自分の友としてお選びになった種々雑多な寄せ集めの、ご自分に従う者たちとは、その知識を共有することができ、確かに共有されるのです。使徒パウロは言います。神は、この世の知恵ある者に恥をかかせるために無学な者を選び、力ある者に恥をかかせるために無力な者を選ばれました。

イエスは、エルサレムでの最終決戦に臨まれるために道を進んでおられるとき、この不思議な目的がすでに実現していることを知っておられました。その中心にあるのは新しい人々の創造です。彼らはイエスを真の神の御子、メシアとして認める人々であり、イエスの働きを通して、自分たちにとって神が父であると知るに至る人々です。言い換えれば、イスラエルの運命を決める人々です。また、預言者や王たちが、見ること、そして聞くことを望んだが実現しなかったことを見聞きする人々なのです。

一〇章二五―三七節　善いサマリア人の譬え

25ある律法の専門家が立ち上がり、イエスに即答を迫って言った。

「先生、どうすれば、永遠の命を受け継ぐことができるでしょうか」。

26イエスは言われた。「律法には何と書いてあるか」。

27彼は答えた。「『心を尽くし、精神を尽くし、力を尽くし、知性を尽くして、あなたの神であ
る主を愛しなさい、また、自分自身のように、あなたの隣人を愛しなさい』とあります」。

28イエスは言われた。「正しい答えだ。それを実行しなさい。そうすれば命を得られる」。

29律法の専門家は自分を正当化しようと思って、イエスに言った。「では、私の隣人とは誰です
か」。

30イエスはその挑発に応じられた。「昔、ある人が、エルサレムからエリコへ下って行く道中で、

強盗に出くわした。彼らはその人の服を剝ぎ取り、打ちのめし、半殺しにして立ち去った。[31]た
またま、一人の祭司がその道を下って来たが、その人を見ると、道の反対側を通り過ぎて行った。
[32]同じように、一人のレビ人もその場所にやって来たが、彼を見て、道の反対側を通って行った。
[33]ところが、旅をしていたサマリア人がその所にやって来ると、彼を見て、何とかしてあげた
いという思いがこみ上げ、[34]近寄って、その傷にオリーブ油とぶどう酒を注いで包帯をした。そ
れから、その人を自分のろばに乗せ、宿屋に連れて行って介抱した。[35]そして、次の朝、このサ
マリア人は出かけなければならなかったので、宿屋の主人に二デナリオンを渡して言った。『こ
の人の世話をしてあげてください。費用がかかるなら、私が戻って来たときに支払います』。
[36]あなたは、この三人の中で、誰が強盗に襲われた人の隣人になったと思うか」。
[37]彼は言った。「その人に思いやりを示した人です」。
イエスは言われた。「行って、あなたも同じようにしなさい」。

最もよく知られている物語は、時として、理解に苦しむことがあります。「善いサマリア人」は民間伝承になっていますが、現代の英語では「サマリア人」という語自体の意味が混同され、変容していることがあります。今日《こんにち》、「サマリア人」という名の有名な団体があり、その働きは困窮している人々を援助することです。しかし、イエスの時代は、そのような意味合いではありませんでした。

しばしば、この譬えは、単に一般的な道徳概念として受け取られます。つまり、もし、誰かが溝に落ちるのを見たなら、あなたは行って助けるべきです、というふうです。イエスの時代に、サマリア

人とユダヤ人が互いに有害なものとして憎み合っていたことを記憶している場合は、時として、この話は悪しき民族的、宗教的偏見についての重大な教訓に拡大されます。しかし、私たちが、イエスご自身が意図されたことを――そして、律法の専門家との長い会話において問われたことを――理解しようとするなら、さらに立ち入ってみる必要があります。

幸いにも、これは難しくありません。ユダヤ人とサマリア人の間の憎悪は、何百年も続いていました。そして、残念ながら、今日《こんにち》のイスラエルとパレスチナ間のくすぶる緊張の中に、未だにそれが反映されています。両者ともアブラハムとモーセの真の相続者であると主張し、その結果として、両者とも自分たちが約束の地の正当な所有者であると自認しているのです。今日では、ガリラヤからエルサレムまで、直線的なコースで旅をするイスラエル人は稀です。なぜなら、それはリスクのあるヨルダン川西岸を通るからです。一世紀の巡礼者の多くは、イエスご自身が旅されたようなコースを取りました。ヨルダン峡谷をエリコまで下り、それから西方に折れ、エルサレムの丘に向かって登って行きます。この方がより安全でした。

しかし、まったく安全とは言えません。エリコからエルサレムへの道は、荒れ果て、道の多くは曲がりくねっていて、強盗は、丘や谷に沿って隠れて潜むことができ、攻撃の用意をすることができました。一人で旅する人は、格好の標的になりました。彼は、半殺しのまま放置されたので、通りかかった人には、彼が死んでいるか、生きているかどうかの判断がつかなかったようです。神殿に仕える者として、この物語の二人にとっては死体に触れて汚れないようにすることが大切でした。それで、自分の聖さを保つために、神の愛の律法に従うことを犠牲にしてまでも、距離をおいたままでいることの方が良かったのです。

律法の専門家の質問とイエスの答えとはまったく一致しませんでしたが、それが要点の一つです。律法の専門家は、誰を「隣人」と見なしたらよいか知りたいのです。彼にとって、神はイスラエルの神です。そして、隣人はユダヤ人です。イエスにとって（そして、このテーマに焦点を当てるルカにとって）、イスラエルの神は全世界の恵みの神なのです。また、隣人とは、困っているすべての人です。イエスが最後にお尋ねになったのは、サマリア人が自分の隣人と認めた人が誰かではなく、道に横たわっている半殺しにされたユダヤ人の隣人に、誰が結果的になったかということです。一見して、分かりやすい道徳的教訓（「行って、同じようにしなさい」）のようですが、私たちは、ルカのこれまでの話の強調点にぴったり合う、より厳しい挑戦を見いだします。あなたは、憎悪するサマリア人を自分の隣人と認めることができますか。もしできないなら、あなたは死んだ者として放置されます。

それでも、すぐにはその核心に達しません。イエスご自身はエルサレムへの旅の途上におられます――この旅の途上で語られた最初の譬えは、イエスご自身がまもなく歩まれる道を往来する人々に関することであるということは重要だと思われます――そして、イエスのイスラエルに対する挑戦は、サマリア人、ローマ人、さらに、いかなる異邦人とも対立することは、神の恵みを示す生き方でないということを理解させることなのです。イエスは急いで平和の道を提示されます。そして、この「平和の子」（一〇・六）だけが、暴力に傾倒する人々が自ら招く裁きから免れることができるのです。

それから、律法の専門家との対立の中心をなすのは、イスラエル、つまり神の民であるということの意味についての、まったく異なる二つの見解の衝突なのです。律法の専門家の、来たるべき世に入るための必要条件についての質問は、ラビのありふれた質問でした。そこにはありふれた答えがありました。彼自身の結論は、マルコ福音書一二章二九—三一節とマタイ福音書二二章三七—四〇節にあるイエスご自身の言葉とまったく同じです。しかし、彼の心にあった律法はイスラエルに限定されたものでした。彼はイエスに即答を迫り、何か異端的なことが出てくるように、イエスを仕向けようとしたのです。

イエスが律法の専門家自身に結論を出させ、それから、イエスが単にそれに同意されるとき、その律法の専門家は、「自分を正当化」するために、今、「点数を取る」ことに狙いを定めています——それは、単に「つまらない、分かりきった質問をしなかったということを示すため」ではなく、「この公の対立で勝者になるため」です。隣人に関する質問は、全世界のための神の壮大な計画に関するイエスの異端的と思われる考え方をあぶりだすため、また律法の専門家がイエスに挑戦する権利があることを示すためでした。それは確かに、広範囲にわたる神の恵みについての答えをイエスから引き出します。しかし、イエスが告げる話は、ご自分のこれらの考え方は異端的ではなく、むしろ、律法の専門家が重要なものとして主張する戒めの真の実現であることをはっきり示しています。

当時と現代において問われていることは何ですか。それは、神が現された愛と恵みを、個人の安全と聖さという自分の考えを高揚させる手段として私たちが用いるのか、それとも、その愛と恵みを全世界に告げ知らせるための召しや挑戦として私たちが見るのか、そのことが問われているのです。いかなる教会も、いかなるキリスト者も、路上で死にかかっているような世界を、じっと見ているだけでよいという気楽な考えに満足したままでいることはできません。今日《こんにち》の説教者や福音の擁護者は、現された神の愛の物語を告げ知らせる新鮮な方法を見つけなければなりません。神の愛の物語が、この素晴らしい譬えをもってイエスの最初の聴衆に語られたように、私たちの時代の人々にも語られなければなりません。

一〇章三八―四二節　マルタとマリア

[38]彼らが進んで行くと、イエスはある村に入られた。すると、マルタという女が、イエスを家に迎え入れた。[39]彼女にはマリアという姉妹がいた。マリアは主の足もとに座って、その教えに聞き入っていた。
[40]マルタは、もてなしの多くの仕事のために台所で忙しくしていた。
彼女は二人のところに来て言った。「主よ、私の姉妹は、もてなしの仕事を私だけに押しつけていますが、何とも思われませんか。私を手伝ってくれるよう、おっしゃってください」。
[41]主は答えられた。「マルタ、マルタ、あなたは多くのことに心を配り、混乱している。[42]しかし、必要なことは一つである。マリアは最も良いほうを選んだ。それを彼女から取り上げてはならない」。

「善いサマリア人の譬え」は過激だと思う人もいるかもしれませんが、この力強い小さな話は、ルカのもとにはもっとたくさんの話があることをほのめかしています。イエスのエルサレムへの旅を述べる際に、ルカはその導入部の一つとして、この出来事を選びました。この二人の姉妹についての話はほかの箇所から知られているように、それはベタニアで起こったことです。ベタニアはエルサレムからそう遠く離れていません――それどころか、私たちが先ほど学んだ譬えに出てくる道の頂上近くにありました。ですから、福音書の話のこの時点で、この出来事があったとは思えませんが、ルカは私たちに、イエスの働きに関して特別な何かを気づかせようとしてここに置いています。ルカは、神の民の境界線を引き直そうとしただけでなく、伝統的な境界線の外側にいる人々に、何とかして福音を届けようとして、明晰なメッセージを発信しているのです。ルカは、明確に引かれていた線を不鮮明にして、イスラエルの民の男女間の境界線を引き直しています。

マルタとマリアの間の本当の問題は、マルタの台所仕事ではありません。確かに台所仕事も重要ですが、それはマルタを悩ませた主な原因ではありません。また、(ある人々が想像するように)二人がイエスに好意を抱いていて、マリアがイエスの足もとでイエスを慕うポーズをとっていたのを見たマルタが妬んだということでもありません。そのような感情があるとしても、ルカはそのことについて言及したり、ほのめかしたりはしていません。そうではなく、本当の問題は、マリアがあたかも男性であるかのようなふるまいをしたことにありました。文化的には、今日《こんにち》まで、世界の多くの所で、男性の場所と女性の場所が区分されていて、同様に、男性と女性の役割の境界も厳格に定められていました。マリアは家の中で、目には見えませんが、大変重要な境界線を越えました。また社会の中で、もう一つの同様に重要な境界線を越えました。

ラウンジは男性が会する部屋であって、台所、つまり、外から見えない場所が女性に属していました。子どもたちが遊ぶ場所である家の外と夫婦の寝室だけが男女共用でした。女性が男性たちの間で心地よく座っていることはけしからぬことでした。彼女は一体自分を何者だと思っているのでしょうか。そのようなふるまいをするのは恥知らずの女性だけです。彼女は本来の自分の場所に退くべきでした。確かに、しばしばそのように理解され、明言されてはいましたが、これは主に優劣の問題ではありませんでした。それは人類の両性間の適切な区分として考えられていたことでした。

このように、教師の足もとに座るのは、明らかに男性のすることでした。教師はあたかもロック・スターやスポーツのアイドルのようでしたが、「誰かの足もとに座ること」は、忠実な犬のように熱愛するポーズ（私たちにはそのように聞こえるかもしれませんが）を意味してはいません。タルソスのサウロが、「ガマリエルの足もとに座った」（使二二・三）ときに、彼はうっとりとして、なんと素晴らしい偉大なラビだと思いながら見つめていたのではありません。彼は特にその主人の教えに集中して、聞いて学び、それを心の中に収めていたのです。誰かの足もとに座るということは、まさに、その生徒になることです。つまり、自分自身がラビになることを望むなら、ラビの足もとに座ることをしなければなりません。学問のために学ぶという考えはここにはありません。マリアは、**神の王国**の教師ならびに説教者になる者として、自分の位置に静かに着座したのです。

イエスは、彼女がしていることは正しいと肯定されます。これは現代の西欧の女性運動とは関係がありません。それは確かにイエスの行われた事柄の幾つかとは平行していますし、この二つは協力して幾つかの問題に取り組むことができますが、混同されるべきではありません。イエスのそれぞれの人間評価は、抽象的な平等思想に基づかず、大きな川が堤防を突き破り、渇いた地域に流れ込むような神の溢れる愛に基づいています。このように、今まで不毛で実を結ばないままになっていた人間社会に潤いの水をもたらします。イエスが王国について語られるのを女性が聞くときに、注意深く聞くことによって彼女たちもそれについて話すことができるよう、神が招いておられるということを知っているすべての女性を、このマリアが代表しているのです。

さらに、マルタを「活動的」なタイプのモデルとし、マリアを霊的で「瞑想的な」タイプのモデルとして見ることは間違っています。言うまでもなく、行動と瞑想はいずれも重要です。行動がなければあなたは食べることはできないし、瞑想なしでは礼拝はできないでしょう。間違いなく、ある人々はこれらのバランスのとれた者となるよう求められていて、ほかの人々は別のように求められています。しかし、この話をタイプの違うキリスト者の生き方であるというコメントに変えてしまうことによっては、この箇所の挑戦から逃れることはできません。それは、境界線を取り除くイエスの招きについてであるからです。イエスはエルサレムに上って行かれるので、新しい王国のヴィジョンを垣間見た町や村や家庭や個々人を後にされますが、彼らにとって、その命はもう以前と同じではありませんん。私たちがイエスの話を読むとき、神は、同じことが私たちにも当てはまるようにしてくださいます。

一一章一―一三節　主の祈り

1イエスはある特別な所で祈っておられた。祈り終えると、弟子の一人が近づいて来てイエス
に言った。
「主よ、ヨハネが弟子たちに教えたように、祈ることを私たちに教えてください」。
2そこで、イエスは言われた。「祈るときには、こう言いなさい。
『父よ、御名が崇められますように。王国が来ますように。3私たちの日ごとの糧を日々与え
てください。4私たちの罪を赦してください。私たちに負い目のある者を皆、私たちも赦します。
私たちを試みに遭わせないでください』」。
5彼らに言われた。「あなたがたのうちの誰かに友だちがいて、真夜中にその人のところに行っ
て、こう言った。『私の友よ、パンを三つ貸してください。6私の友人が旅の途中で私のところに
立ち寄ったのですが、何も出すものがないのです』。7すると、その人は家の中から答えた。『面
倒をかけないでくれ。もう戸は閉めたし、子どもたちも私も皆寝ている。起きてあなたに何かを
あげることなどできない』。8あなたがたに言う。友だちだからという理由で、起きて与えてはく
れないが、恥ずかしげもなく粘り強く頼めば、彼は起きて来て、必要としているものを与えてく
れるだろう。

[9]そこで、あなたがたに言う。求めなさい。そうすれば与えられる。探しなさい。そうすれば
見出す。たたきなさい。そうすれば開かれる。[10]誰でも求める者は受け、探す者は見いだし、た
たく者には開かれる。[11]あなたがたの中に、息子が魚を求めるのに、魚の代わりに蛇を与える父
親がいるだろうか。[12]また、卵を求めるのに、さそりを与えるだろうか。[13]現実を見なさい。あな
たがたは悪い者でありながら、自分の子どもには良い贈り物をすることを知っている。ましてや
天の父は、求める者たちに聖霊を与えてくださる」。

電話が鳴りました。歌手である私の末息子が、地球の向こう側に行く飛行機に、彼の合唱団とともに乗り込むところだというメッセージが残されていました。私が電話に早く出ていれば、無事であるようにと息子に言うことができたのですが。それで、私から彼に電話を入れ、彼と楽しい話をすることができました。私はときどき考えるのですが、どこで父親であることが終わり、どこから友情が始まるのでしょうか。

友であることと同時に父親であるということは、神と祈りについて何かを教えてくれます。実際に相互の関係を知ることができます。それは、単に地上の友だちと父親について考えることではなく、神とはどのような方であるかを学ぶことです。父親である者が、神が父であるとはどういうことなのかについて、時間をかけ、厳密に調べてみる必要があるということはままあります。そして、父親としての自分のふるまいを変えることから始める必要があります。また、私たちの友情の多くは、友としての神について考えてみることによって改善することができると私は思うのです。

ここに、友としての神について表現している絵があります。彼は寝ていて、その周りを子どもたちが囲んで眠っている絵です。それはおそらくいっそう特別なものとして、私たちの心を打ちます（神は私たちの父であると、私たちは言い慣れていますが、それが何を意味するかを必ずしも尋ねていません。また、私たちの友としての神は、なおさら明らかではありません）。イエスが想定されていた家では、家族は皆、床《ゆか》に並んで寝ていました。それで、父親が真夜中に起き上るものなら、家族全員が起こされてしまいます。私の子どもたちは、今ではその段階を過ぎてしまいましたが（妻と私は、子どもたちが真夜中か、それより遅く帰宅したときには、起こされることが多いのです）、扉をノックされるなら、迷惑至極であることは明らかです。

けれども、外に立っている友は、問題に直面していました。そして、眠っている友は、彼を助けることができます。古代の中近東ではホスピタリティの慣例は厳格でした。つまり、旅人がやって来て、食べ物や避難を求める場合、それに応えなければなりませんでした。家の外に立っている友は、寝ている友が理解を示してくれるものと思っています。彼は立場が逆であれば、理解を示すからです。

重要なのは忍耐です。神は、眠い友のようではなく、あらゆる方法をとられますが、イエスは両者を比較することだけに焦点を当てられたのです。イエスは、ある種の聖なる大胆さ、鋭く扉をたたくこと、執拗に求めること、決してあきらめない探求心を奨励しておられるのです。それは、私たちの祈りにおいても同じことが言えます。主の祈りは決まりきった形式的な祈りではありません。日ごとの、あるいは週の務めのような形式だけの祈りでもありません。そこには戦いが続いています。暗闇の力との戦いです。そして、光を垣間見た人々は、祈りの戦場に召集されているのです。平和のために、和解のために、知恵のために、世界と教会の何千もの事柄のために、おそらく一〇〇か二〇〇は自分の家族のためや友だちと隣人のために、そして、おそらく一〇か二〇は自分のためになされる祈りです。

もちろん、祈らなければならないことはたくさんあります。これが、訓練を受けることや定期的になされることが重要だという理由です。あなたが、そのときの気まぐれに任せるなら、あなたは真のとりなし人《びと》にはなれません。誰かの祈りを通して、神の愛が世界に注がれているのです。しかし、これらの事柄は緊急かつ重要で複雑であるがゆえに、単なる訓練を受けることや定期的になされること以上の祈りが必要になります。教会における礼拝のための正式な礼典を含むフォーマルな祈りは、多くの人の霊的な健康にとって不可欠ですが、それらは車の金属車体のようです。それを効果的に動かすためには、エンジンに燃料が必要です。つまり、効果的な祈りにはエネルギーも必要です。この話の場合では、あなたが期待する眠い友だちを使おうとする、根気強い、また滑稽とさえ思える決意が、あなたをその窮状から救うことになるのです。

絵に近づくほど、父としての神がより身近になるのですが、これは、家庭生活から描き出されたただの図ではありません。もちろん、それは中心にあるのですが、子どもには毒蛇よりも真の食物を与えるというイエスの例示がその目的を果たしています。私たちにとって良くないものを与えることを喜ぶ暴君のような神を想像するようにと誘惑されるなら、私たちはこれらの絵を思い起こし、改めて考えるべきです。しかし、イエスの例示はさらに広大なものです。父としての神を考えることは、イスラエルが奴隷であり、救いが必要であったあのときに直線的に戻ります。「イスラエルは私の息子、長子である。それゆえ、私の民を去らせよ」と神はモーセとアロンを通してファラオに宣言されました。そのとき以来、神を「父」と呼ぶことは、**出エジプト**の神に祈ることなのです。解放の神であり、**神の王国**を来臨させ、飢えた者にパンを、罪人に赦しを、暗闇の力からの救いをもたらされる神です――これが、私たちが直前の二つの章で学んだ、ルカが私たちの注意を引き付けたと思えるすべてのテーマなのです。

「主の祈り」と多くの人が呼ぶ祈りは、それゆえ、緩く結ばれた嘆願の紐《ひも》なんかではありません。それは、王国への旅で、イエスに従う人々の祈りです。イエスは、エルサレムへの途上におられました。それは、かつて神の民が反逆して神に背を向けたように、泥の中に引きずり込まれていた神の名に代わって活動されるためでした。イエスは、長く待ち望んだ神の王国が現実となる「出エジプト」を完成させるために、旅の途上におられたのです。イエスは旅のためのパンをお与えになりました。それは、「パンを裂く」ことが、教会にあってイエスの臨在のしるしとなるためでした。イエスはすでに赦しを与え、そして、自らの死によって赦しを完成されるのです。そして、イエスは、すでにご自分に従う者たちに、彼らの神の恵み深さに倣い、敵を赦すことを、言うまでもなく互いに赦し合うことを、求めておられました。そして、私たちがすでに見てきたように、さらにもっと詳細な状況をまもなく見ることになります。イエスは悪の力と戦い続け、カルヴァリで決定的に戦われるのです。これは、イエスご自身の使命から生じる祈りです。この祈りはそのままで、また、より広範な祈りの枠組みとして、その後ずっと、イエスに従う者たちに理想的にふさわしい祈りとなっているのです。

一一章一四―二八節　イエスとベルゼブル論争

[14]イエスは悪霊を追い出しておられた。それは口を利けなくする悪霊であった。この悪霊が出て行くと、口の利けなかった者が話し始めたので、群衆は驚いた。[15]しかし、その中の何人かは言った。「あの男は、悪霊の支配者ベルゼブルによって悪霊を追い出している」。[16]ほかの者たちは、イエスを試みようとして、天からのしるしをイエスに求めた。
[17]イエスは彼らの考えを知って、言われた。「どんな国でも内輪もめすれば荒廃し、家は重なり合って倒れる。[18]あなたがたは、私がベルゼブルによって悪霊を追い出していると言っているが、サタンも内輪もめすれば、どうしてその国は成り立ってゆくだろうか。
[19]よく聞きなさい。私がベルゼブルによって悪霊を追い出しているなら、あなたがたの仲間は何によって追い出しているのか。考えてみよ。彼ら自身があなたがたを裁く者となる。[20]しかし、私が神の指によって悪霊を追い出しているのなら、神の王国はあなたがたのところに来ている。
[21]想像してみなさい。強い者が武装して、自分の屋敷を守っているときには、その財産は安全で問題がない。[22]しかし、もっと強い者が彼を襲い、打ち負かすなら、彼の頼みの武具を奪い取り、その分捕り品を分配する。[23]私とともにいない者は私に対立し、私とともに集めない者は散らしている」。
[24]「汚れた霊が人から出て行くと、荒れ野を行き巡り、休息の場を探すが、見つからない。それ

で、『出てきた自分の家に帰ろう』と自分に言う。[25]そして帰ってみると、家は掃除がなされ、整
頓されているのを見つける。[26]それで、出かけて行き、自分よりもっと悪いほかの七つの霊を連
れて来て戻り、中に入り込み、そこに住み着く。こうして、その人の後の状況は前よりさらにひ
どくなる」。
[27]イエスがこれらのことを話しておられると、群衆の中からある女性が声を張り上げて、言っ
た。「なんと幸いでしょうか、あなたを宿した胎、あなたが吸った乳房は」。
[28]しかし、イエスは言われた。「むしろ、幸いなのは神の言葉を聞いて、それを守る人々であ
る」。

ある友人が私に、彼女が小学校の教師をし始めた頃の話をしました。彼女はこう言いました。「大変不思議なことですが、善良であったある生徒が、急に素行が悪くなったのです。両親が学校にやって来て、話をしてくれるまではその理由が分かりませんでしたが、何が問題であったかをやっと理解できました。原因は家族の死、離婚などのトラウマ的なものでした」。

私たちが、小学生であった頃のことや、小学生の子どもを持つ親であった頃のことを思い出すことができるなら、問題点が分かるでしょう。教室で表面的に見ていることが全体像ではありません。学生が週末に帰る自宅や地元において、目に見えていない所で進行していることも同様に理解する必要があります。そうすれば、問題の深いところが明らかになります。

イエスの敵対者たちは、イエスが行われていることの背後に隠れた真相を見たように思いました。

外面的には、イエスが悪霊どもをお叱りになると悪霊どもはイエスに従いました。イエスが霊どもに命じたことを、霊どもが行ったのです。これを見た人々には、二つの解釈がありました。イエスが実際に、神からこの特別な権威を受けて特別な力を帯びていたのか、それともイエスが何らかの形で悪の根源、つまり、おそらく悪霊の王子と契約を結んだのかのどちらかです(「ベルゼブル」もしくは「ベルゼブブ」は、ニックネームのようで、もともとは「ハエの王」のような意味で、イエスの時代には、それは単なる悪霊の源に関する一つの表現で、さらに詳しい語義はなくなっていました)。

このようにイエスを糾弾することは、敵対者にとっては望ましい方法でした。王国についてのイエスのメッセージを拒むだけでなく、イエスに対して、その宣教活動に対して攻撃を仕掛けるというやり方です。彼らは言います。「外側の効果だけを見てはいけない。背後で起こっていることを理解しなければならない。そうすれば、イエスは悪党で、悪霊自身と結託していることが分かる」と。イエスと行動をともにしなかった者は、つまりイエスに反対する者でした(ただし、この格言的な言い方は、九・五〇の「あなたがたに逆らわない者は、あなたがたに味方する者である」とバランスを取る必要があり、どちらの状況に適応するかを決定するには知恵が必要です)。

イエスは、もちろん、ご自分が行っておられることの背後には隠された意味があるということには同意しておられましたが、敵対者が提示したこととは明らかに反対でした。イエスご自身の説明が、実際に何が行われているかを明らかにしています。

イエスは敵対者の論理の致命的な欠陥を指摘することから始められます。もし、サタンが自分の軍隊に敵対するなら、すでにその戦いに負けています。つまり、彼の王国は内輪もめしていることになります。そこでイエスは、ご自分と当時のユダヤ人の悪霊払いの祈禱師とを比較するために、告発する者たちを招かれます。「彼らもまた悪霊と手を組んでいるのだろうか。もしそうでなかったら、なぜそうしなかったのだろうか」。

イエスは、ご自分が数ある悪霊払いの一人であることを断じて主張しておられません。イエスは、何らかの魔術的なやり方で悪霊を追い出されたのではありませんし、力ある者や聖なる人物の名を用いて悪霊を追い出されたのでもありません。イエスは「神の指によって」、そのことを行われたのです。このフレーズによって、モーセがファラオの王宮で行った力ある業（出八・一九）を読者に思い起こさせることを、ルカは期待したのです。そして、それはエジプトの魔術師も真似ができなかったことです。イエスは、家を守る強い男を攻撃して縛り上げることに成功した者のように行動されています。イエスはサタンに対する最初の勝利を得られました。それで、今、ご自分のもとにいる者たちに命令を与え、すぐにでも、ご自分に従うよう命じることがおできになります。

それから、イエスは、出エジプトの神は生きておられ、今も働いておられることをお示しになっています。イエスのエルサレムへの旅は、エルサレムで成し遂げなければならないことの兆候によって、あらゆる段階で特徴づけられています。現代において、イエスが悪霊を撃退するのを可能にする力は、イエスが死そのものを通して、死を滅ぼされるところの力と、同じ力なのです。

ここに、さしあたり一つの警告があります。イエスは、悪しき霊が一度離れた前の場所に戻って来るという奇妙な話をされたのです。これは悪霊追放の起こりうる結果についての警告ではありえません。もし、そうだとすると、悪霊を追い出さない方が良いことになります。貧乏人が最後には前より暮らしが悪くなるのですから。それは、おそらくマタイ福音書（一二・四三―四五）に見られるのと同じように、概して個人にではなく国家に適用されます。

イエスの悪霊追放の要点は結局、単にできるだけ多くの人を癒やすことではありませんでした。もしそれが、イエスの目的であったなら、長い期間で見たとき、イエスは成功者ではありません。むしろイエスの目的は、イスラエルの民のために、そして世界のために、神の王国を実現することでした。イスラエルの民は、悪霊にとりつかれた人のようで、さまざまな改革の運動によって、「清められて」きました。しかし、神が臨まれ、イスラエルの民の中に住まわれることなしには、イスラエルの民は、悪霊らの帰還に対しては脆い状態のままです。イエスは、神がイスラエルの民のところに戻って来られるのを私たちが見るように、身をもって体現され、ご自分の民の中に立たれたのです。彼らが非難から受容に変わらない限り、過去において人々を駄目にしてきた悪霊らは、大挙して戻って来ることでしょう。

イエスの力強い教えは、群衆の中から一人の女性の高らかな賞賛を引き出しました。「なんと幸いなことでしょうか、そのようなお子のお母さまになるとは」。しかし、イエスは、周りで言われたその言葉を、すぐにもう一つの警告に替えられたのです。それはイエスが真の家族について以前に説明されたのと同じです（八・二一）。神の言葉が働くとき、必要とされるのは、賞賛ではなく従順なのです。

一一章二九—四一節　ヨナのしるし

[29]群衆がさらに集まって来たので、イエスは話し始められた、「今の時代は邪悪な時代である。
しるしを求めるが、ヨナのしるしのほかには、しるしは与えられない。
[30]ヨナがニネベの人々に対して、しるしとなったように、人の子も今の時代に対して、しるし
となる。[31]南の女王は、裁きのとき、今の時代の人々とともに立ち上がり、彼らを罪に定めるで
あろう。この女王はソロモンの知恵を聞くために、地の果てから来たからである。見よ、ここ
にソロモンにまさるものがある。[32]ニネベの人々は、裁きの時、今の時代の人々とともに立ち上
がり、彼らを罪に定めるであろう。ニネベの人々は、ヨナの宣教で悔い改めたからである。見よ、
ここにヨナにまさるものがある」。
[33]「灯火をともして、それを隠れた所や、水入れの下に置く者は誰もいない。燭台の上に置くの
で、入って来る人に光が見える。
[34]あなたの体の灯火はあなたの目である。目が正常ならば、あなたの全身は光に満ちている。
しかし、悪ければ、あなたの体も暗い。[35]だから、あなたの中にある光が、暗闇とならないよう
に気をつけなさい。[36]もしも、あなたの全身が明るく、少しも暗闇の部分がなければ、稲妻があ
なたを照らすように、全身が輝くことになる」。

37イエスが話しておられるとき、あるファリサイ派の人が自分の家で食事をともにしたいと願
い出たので、イエスは入って食卓に着かれた。38ファリサイ派の人はイエスを見て驚いた。イエ
スが食事の前にまず身を清められなかったからである。
39主はその人に言われた。「さて、あなたがたファリサイ派の人々は、杯や皿の外側は清めるが、
自分の内側は暴力と悪意に満ちている。40愚かな者たち、外側を造られた方は、内側をもお造り
になったのではないか。41心の中にあるものを神に差し出しなさい。そうすれば、あなたがたに
とって、すべてが清いものとなる」。

壮大な教会の中は真っ暗です。まるで真夜中のようですが、西側の扉の外側で小さな集団があちこち動いています。肌寒い四月の外気にさらされて、足を踏み鳴らして暖を取っています。そのとき、時計が時刻を告げ、点火されます。突然、見ている皆の顔が明るくなります。その火から一本のローソクに火が移されます。扉がぐるりと回って開き、その光が、すすで黒くなった教会の中に入って来ます。こうして、イースターの祝いが始まります。まもなくして、すべての場所が、揺らぎつつ明るくなっていくローソクの光に満たされ、神の力の光と愛がこの世の暗闇を照らすのです。

すべての教会がこのようにイースターを祝うわけではありません。しかし、祝う人々にとっては、この聖書の箇所のやや分かりにくい表現の集まりを、まとめて関連付けることは難しくないでしょう。言うまでもなく、その情況はまだイエスのエルサレムへの旅の途上にあり、それは暗闇の中に入っていくローソクのようです。

光が輝くと、暗闇を消散させます。しかし、あなたがまだ暗闇を楽しんでいる場合はどうでしょうか。あなたが抱いているどんな悪巧みも知られないままでうまくやっていくことができますか。光は希望と新しい可能性をもたらしますが、それはまた、裁きももたらします。光は死の暗闇を前にした新しい命を象徴しています。しかし、それはまた、暗闇の存在をも暴きます。これらの言葉は、希望に満ちていますが、裁きの警告にも満ちています。エルサレムへの途上にあるイエスは、当時の人々の心と思いを支配してきた暗闇に、神の光が輝きだし、その暗闇をあらわにすることを、さまざまな方法で常に語っておられます。

それは、一つのしるし――ヨナのしるしで始まります。ヨナは、旧約聖書に出てくる滑稽な人物です。逃亡した預言者であり、海の中に投げ込まれた問題のある乗客であり、クジラが食べることができなかった夕食であり、枯れた植物のゆえに神に対して不機嫌になった怒りっぽい人です。その合間に、彼はニネベの人々に悔い改めを説きますが、彼は人々が聞いて従うなどとは思いもしませんでした。彼は間違っていました。人々はともかく悔い改めたのです――マタイ版の話と同じように、人々が、海とクジラから逃れたヨナについて聞いたためか、単に使信の力のゆえであったのか、いずれにせよ、彼らは悔い改めたのです。

ここにイエスがおられます。決して滑稽な人物ではありません。イエスはご自分の民に、悔い改めるべき時が来ているとお告げになりますが、人々はイエスを無視します。ここに、伝説のソロモン以上の知恵ある方としてのイエスがおられます。しかし、ご自分の民は耳を傾けません。ここから、一つの線が出ています。それはエルサレムが、ニネベのようではなく、その警告を無視し、平和の道を拒否して自分の運命を封印したために、イエスが涙を流されるに至る線です。

ルカの読者は、さしあたり、イエスが外国人について話す様子をじっくり考えさせられます。外国人、つまり南の女王とニネベの人々、彼らは「裁きの時に立ち上がる」人々です。「立ち上がる」を意味する語は、まぎれもなく初期キリスト教の復活にあてられる語です。ルカは、やがて来たるべき死からのよみがえり、さらに、その後に行われる大審判について理解するよう、読者に期待をしているのです。イースターの光は希望と同様に裁きの光なのです。

光に関して言われているのを私たちが読むとき、それらは一般的な知恵や霊的な啓発以上のことを言っています。はじめに、イスラエルのただ中に到達した光は、隠れたままではなく、周辺を照らすことが目的であると、イエスは警告を発せられます。それから、イメージを変えて、もう一つの警告をお与えになります。それは、私たちには、より不可解で、あまり目立たないものです。

はじめに、それは人生について分かりやすい表現のようです。「目が正常ならば、あなたが向かうところを見ることができます。しかし、目が悪ければ、見ることはできません。だから、あなたの光（つまり、あなたの目）が暗くならないように気をつけなさい」とイエスが言っておられるようです。今は明らかに、イエスが私たちの肉体の目を守ることについて忠告をされているのではありません。また、悪い事柄を見る霊的な危険性についてでもありません。さらに、単に個々人の霊的洞察についてイエスが語っておられるのでもないと、私は思います。この聖書の箇所は理に適っています。特にルカが、「この時代」、つまり、ルカの同時代の人々への警告としているところでは理に適っています。彼らは、自分たちの真っただ中に立っていた光を見落とすことがないように注意しなければなりません。

それから、最終の文は、人々が、時があるうちに光を受け入れ、その光によって生きるようにと励ましています。すべてのものが引き上げられる時が近づいています（一七・二四と比較）。そして、その日には、十分に光を照らしてもらえる人々は眩しいほどに輝くことでしょう。

これが実際に意味することは、小さな晩餐におけるイエスとファリサイ派の人々との厳しいやりとりの中に現れています。一部のファリサイ派の人々は、イエスの主な目的の一つであった内面的な献身を無視して、外面的な敬虔さに意識を集中させていました。最後のフレーズは、字義的には、「心の中にあるものを施しとして与えなさい」です。このままでは、ほとんど理解できないと思われます。しかし、イエスが、「施しをする」のを「神の目的のために差し出す」と意味されたとするなら、文章は明らかになります。真の敬虔は、手を洗うことについてと同様に、心の中の思考、意図、動機を神に差し出すことに注意を払うことです。あなたが光を受け入れるなら、その光はあなたの体のすべての部分を照らすに違いありません。

今日《こんにち》、私たちはどのような状況にありますか。キリストの光は世界に、もう二〇〇〇年も存在しているのです。キリストの光を自分のために受け入れることにおいて、私たちはイエスの同時代の人々よりも優っていますか。さらに言えば、人々がその方《かた》を、ソロモンよりも、ヨナよりも偉大な方《かた》として見ることができるように、私たちは、世界に向かってこの光を輝かせているでしょうか。

一一章四二―五四節　災いであるファリサイ派の人々

42イエスは続けて言われた。「しかし、災いあれ、ファリサイ派の人々よ。あなたがたはミント、
ヘンルーダ、さまざまなハーブ、これらの一〇分の一は献げるが、正義と神への愛をなおざりに
している。これこそなさなければならない。一〇分の一の献げ物もおろそかにしてはならないが。
43災いあれ、ファリサイ派の人々よ。あなたがたは会堂では上席に着くこと、広場では挨拶さ
れることを好むからである。
44災いあれ、あなたがたは、目につかない墓のようだ。人々はその上を歩いても気づかない」。
45すると、律法の専門家の一人が答えた。「先生、そんなことを言われると、私たちをも侮辱す
ることになります」。
46イエスは言われた。「災いあれ、律法の専門家よ。あなたがたは人々に背負いきれない重荷を
負わせながら、自分たちはその重荷に指一本も触れようとはしない。
47災いあれ、あなたがたは、自分たちの先祖が殺した預言者たちの墓を建てている。48そうして、
あなたがたは先祖の仕業の証人となり、それを認めているのだ。先祖が預言者たちを殺し、あな
たがたがその墓を建てているからである。
49それゆえ、神の知恵も言っている。『私はあなたがたの中に預言者や使徒たちを遣わす。しか
し、あなたがたはそのうちのある者を殺し、また迫害する』。50それで、天地創造以来、流されて
きたすべての預言者の血の責任を今の時代から問われる。51アベルの血から、祭壇と聖所の間で

殺されたゼカルヤの血に至るまで。そうだ、あなたがたに言う、今の時代がその責任を問われる
のだ。
52あなたがた律法の専門家は、災いである。知識の鍵を取り上げ、自分自身が入らず、入ろう
とする人々まで妨げてきた」。
53イエスがそこから出て行かれると、律法学者とファリサイ派の人々は激しい敵意を抱き、幾
つかのことについて、イエスに問いただして、54その言葉尻《ことばじり》を捕らえようと、待ち構えていた。

そのテニス選手は不機嫌そうにテレビのインタビュー室にやって来ました。彼はテニスのグランドスラムであるウィンブルドンの男子シングルス選手権の試合で敗れたばかりでした。彼は疲れていて、怒っていました。悪いことに、実況中継のゲームの最中に、彼はかんしゃくを起こし、審判をののしったのです。彼にとっては最悪の日でした。

インタビューワーは、テニスの中身よりも審判をののしったことの方《ほう》に興味がありました。「あなたが審判をののしったことを、今は申し訳ないと思いますか」と質問しました。

テニス選手は彼の方に向き直って、「あなたは完全ですか」と問い返しました。まったくとんでもない主張であり、彼も人間であるという開き直りによって、インタビューワーは、（映りはしませんでしたが）うろたえて、しどろもどろになりました。

するとその選手は、「それなら、黙っていてください」と自分の主張を通しました。

この出来事自体は、テニスよりあまり重要でないかもしれません。しかし、この選手はルールを破

ります。明文化されてはいませんが、それは放送メディアの多くの人に認知されているルールです。彼はジャーナリストに対しては無礼でした。

今日《こんにち》の社会でいうと、ファリサイ派の人々とは一体誰でしょうか。人々の背に重い荷を背負わせ、自分ではそれを動かすために指一本も貸そうとはしない律法の専門家とは一体誰でしょうか。私が若かった頃、このような聖書の箇所は宗教の教師たちに向けられがちでした。よく言われるように、あらゆる宗教的遵守を主張する人もいます。あなたは金曜日には断食をすべきです。教会の決められた場所でひざまずき、それから立ち上がって十字を切るべきです。それに、カード遊びをすべきではありません。化粧はすべきではありません。映画館には行くべきではありません。あなたは聖書を毎日読むべきです、とおそらく命じられることでしょう。いずれにせよ、私たちはそう命じられました。そのようなことを教えた人々は、あなたの救いのために、神を信じ、神に信頼を置くようにと単に呼びかけるよりはむしろ、行う事柄を重視するように求めました。

さて、このようなたぐいの教師は、時としてファリサイ派の人々の現代版のように思えます。しかし、そのように解釈をするには、二つの問題があります。第一に、真のファリサイ派の人々、つまり、一世紀に存在したユダヤ人ファリサイ派の人々は、実際はまったくそのようではありませんでした。彼らは、私たちが宗教的拘束力の強い政治的信条と呼ぶところのものを堅持していました。その規則は人々にユダヤ人の律法を守らせるために、人々がなすことのできる最高のものとして作られました。これらを守ることによってイスラエルは清くされるのです。こうして、王国が神によってもたらされるのです。また、律法の専門家は、人々が救われていることを確証するために飛び込む、くぐり輪のような複雑なシステムを作ろうとはしませんでした。彼らはユダヤ人の律法をできる限り体系化しようと努めたのですが、何が正しい行動であるかを知る必要があるときに、ますます複雑な状況を生み出してしまったのです。現代社会では、これらのどれも、それが変化した形であっても、キリスト教の教えとは決して調和しません。

第二に、ファリサイ派の人々は、私たちが社会的、政治的分野で呼ぶところの、ある種の圧力団体でありました。彼らは、人々を特別な慣例に従うように促すために自ら責任を負う社会集団、それ以上の者でした。例えば、ごみ処理のためのさまざまな「緑化」政策を強く主張する人々のようです。私たちはその方針には賛同するかもしれません。しかし、問題は、これらは単に本来の「宗教的」義務ではないということです。そして、特に、少なくとも西欧の世界では、報道は比較的自由で、公共倫理の監視者として自ら責任を負う個々のジャーナリストと多くの新聞社があります。彼らはあらゆる種類の違反に対して、嘲りと嫌悪のゆえに、かん高い声をあげるでしょう。また、金持ちや社会的地位の高い人物に対して公然と非難することに喜びを感じるでしょう。しかし、同時に、これらすべてを行うことによって生計を立てる多くのジャーナリストは、決して道徳的美徳の立派な手本ではありません。時として、人々に重い荷を背負わせますが、彼ら自身はそれらを動かすために指一本も貸しはしません。

さて、この聖書の箇所で起こっていることを説明するには、明らかにまだまだ不十分です。しかし、私たちがそれを今日《こんにち》の感覚で、ファリサイ派の人々を単に「宗教的指導者」として見る古い解釈から離れて自分を自由にすることが大切です。そして、イエスが彼らを厳しく非難したことを、単に「宗教的論争」と呼ぶような考え方を捨て去ることも大切です。一世紀のユダヤ教の世界には、幾分、自らの地位のために、または、幾分、自らの政治的目的のために、学ぶことを利用した多くの自薦の教師たちがいたことを、イエスは非常に明確に見ておられました。学んで、献身することは、（どんなファリサイ派の人々でも賛同すると思われるように）神とすべての人を愛することでしたが、当時のイスラエルの民が直面している選択肢があったとイエスは見ておられました。

それは、無数のささいな規則に従うか、それとも純粋で整理された愛と恵みの宗教に従うかのいずれかの問題ではありませんでした。それは、一方では、イスラエルの国民生活の憲章としての律法に重点を置く一つの課題であり、他方では、政治的にはローマ帝国に逆らい、神学的には神に逆らうという、イスラエルの民の向こう見ずな国家的反逆へと突き進むことからの転換を図る**悔い改め**を要求するという、もう一つの課題でありました。そこにはいかなる妥協もありえませんでした。

イエスが、この「災いである」という定型句をもって宣言されるとき、心に触れないままの外見上の細目にわたる観察、自尊心を増長させる敬虔、清潔で健全そうに見える汚《けが》れ、これらの考え方をイエスは嫌われたということを単に言っているのではありません。また、イエスがこれらのほかの集団の不愉快な慣習をたまたま非難されたということを単に言っているのでもありません。そうではなく、何世紀も抑圧された憤懣を、当時の人々が自らの上に引き下ろす大火〔ローマ帝国によるエルサレム崩壊〕を、ファリサイ派の人々がもたらすのをイエスは見ることができたからです。

律法学者とは、字義的には律法の公文書を書くために訓練された人々です。法律家にきわめて近いと思われます。彼らは、イスラエルの律法、つまり**トーラー**が生活のすべての範囲に適用されるべきであると信じていました。そして、現代の「法律家」、「宗教の教師」、ほかにもたくさんの役割を自らのうちに兼ね備えていました。そのような人々が、イエスが言われたことを攻撃するのはいささか驚きます。イエスが正しいのなら、彼らのすべての企てが大きな過ちの上に成り立っていることになります。彼らが正しいのなら、過ちはイエスにあることになります。両者の激しい戦いが、エルサレムにおける最終的な決戦に至るまで断続的に続きます。ルカ福音書では、イエスの来たるべき死に向かう旅の話が続き、町々への警告（一〇・一三―一五）や、幾つかのところにおける悪霊との戦い、そして、これらの反対者たちとの論争などがあり、イエスのプロフィールのあらゆる特徴が見られます。イエスは教えるためにエルサレムに単に上られるのではありません。平和のメッセージを余すことなくエルサレムの中心にもたらすために向かわれます。それは伝統的な教えとして通用しているものを超越するメッセージであり、激しく論争せざるを得なかったメッセージなのです。

イエスの福音は、単なる別の宗教的見解や、今日《こんにち》の自称キリスト者の見解ではなく、より広範な世界で固く信じられている課題と、どこで対決するのでしょうか。

一二章一―一二節　さらなる警告

1数えきれないほどの群衆が集まり、お互いに足を踏み合うほどになった。イエスは、弟子た
ちに向かって話し始められた。「ファリサイ派の人々のパン種、すなわち偽善に、気をつけなさ

い。これが、第一に重要なことである。

[2]覆われているもので現されないものはなく、隠されているもので知られないものはない。[3]だから、暗闇で語ったことは何でも、すべて明るい所で聞かれ、誰かの耳に囁いたことはなんでも、屋根の上から公告される」。

[4]「それで、私の友であるあなたがたに言う。体を殺しても、その後に、それ以上何もできない者どもを恐れることはない。[5]誰を恐れるべきかを教えよう。それは、殺した後で、ゲヘナに投げ込む権威を持つ者である。そうだ、あなたがたに言う。この者を恐れなさい。

[6]五羽の雀はいくらで売られているか。銅貨二枚か。だが、その一羽さえ、神の前で忘れられてはいない。[7]そればかりか、あなたがたの髪の毛すらもすべて数えられている。恐れることはない。あなたがたは、多くの雀よりもはるかに価値がある」。

[8]「あなたがたに言う。誰でも人前で私を認めるなら、人の子は神の天使たちの前で、その人を認める。[9]しかし、人前で私を知らないと言うなら、その人は神の天使たちの前で、知らないと言われる。

[10]人の子の悪口を言う者は皆、赦されるが、聖霊を冒瀆する者は赦されない。

[11]人々があなたがたを会堂や役人、権力者のところに連れて行くとき、どのように弁明し、何を言おうかなど、心配は要らない。[12]聖霊が、そのときに言うべきことを教えてくださる」。

それは郊外での普通の歩行から始まりました。私たちは、遠くに見える険しい岩山に向かって、広がる荒れ地を横切って進もうと決めました。地図は、その頂上から見える素晴らしい眺めが待っていることを示していました。

私たちはリラックスして歩きました。私たち五人は自分のペースで進みました。二人、三人と前後になって進みました。それは問題ではありませんでした。私たちが険しい岩山のふもとに着いたとき、頂上までまっすぐに登ろうと考えました。しかし、半ばまで登ったとき、リーダーが足を滑らして落下してしまい、途中で止まりはしましたが、明らかに骨折し、負傷していました。

パーティ全体のムードが一変しました。気軽な山登りから軍事作戦に変わらざるを得ませんでした。私たちのうちの一人が医者だったので、私たちになすべきことを告げ、それに私たちが即座に従うようにさせました。私たちが望んだこと、つまり、険しい岩山の頂上からの光景を見たかったのですが、今はもうそのことは忘れて、急遽、それとは違ったことを優先しなければなりませんでした。私たちは一致して、傷ついた友を車に連れ戻さなければなりませんでした。全員の細心の注意を払った忠誠心によってそれを成し遂げたのです。

この急場しのぎのようなことが、ルカ福音書の最初の方の章と、現在のこの箇所との間に見られます。イエスとともに進むエルサレムへの長い道のりで、どのようにして緊張関係が生じ、どのようにして次第に反対勢力が強くなり、さらに、イエスに従おうとする者が、完全に忠実な者になり、何でも喜んでする準備ができるために、どのように集中しなければならないかを、ルカは私たちに見せてくれます。その心的状態は、今日の多くの人が「宗教的」であると考えることとは違います。つまり、人々が教会の礼拝に集い、しばし、神の臨在と愛を感じた後、何もなかったかのように普段の生活に戻って行く、そのようではありません。これは、政治的な反対者と支持者が、まさに暴力を振るい、おそらく互いに投獄や告発をし合うような地方で、誰かが高官に就くために立候補する集中した選挙運動それ以上のものです。イエスが行われていることには、全神経を集中させることが求められます。そうでなければ最悪の結果になります。

それゆえに、今日囁かれることが、明日には屋上で叫ばれるという厳しい警告があります。弟子たちが望むことをイエスが実現されるということについて噂になるなら、言葉は村中を駆け巡り、人々がそれを知る前に、ヘロデの配下の者たちが弟子たちを追うことになります（一三・三一を参照）。それがヘロデではなく、ローマ帝国であっても、弟子たちにとっては最も危険な敵でした。弟子たちの言論は思慮深くなければなりません。しかし、単に肉体の命を狙う敵を恐れる必要はありません。真の敵は人々をゲヘナに投げ込む存在です（「ゲヘナ」はエルサレムのくすぶる掃き溜めで、その語はすでに地獄の火のイメージで使われていました）。ここは、通常、人は神を恐れるべきであると解釈され、それが妥当ですが、究極の敵を認識すべきであるという解釈も可能です。神は恐るべき敵ではありません。むしろ、信頼すべき方で、ご自分の子たちを雀の群れよりも高く評価し、私たちの髪の毛までも数えてくださっている方だからです。

神に信頼を置く一方で、他方には必死の戦いがあります。イエスに従う者たちはイエスの側に立たなければなりません。忠誠がすべてでなければなりません。地上で起こることは何でも天にそれに対応するものがあります。そして、短期間の不忠実によって、一時的、地上的な利益を得ようと考える人は、否認の囁きが遠くに、また広範囲に伝えられるということを知らなければなりません。しかしながら、神に信頼を置く人は、イエスへの忠実さのゆえに、たとえ裁判にかけられても、話す言葉が与えられることが分かるでしょう。彼らにそれが必要である限り、神ご自身の霊が、必要とする言葉を教えてくださいます。これは、当然ながら、定期的な教育の務めにおいて、準備が乏しいための言い訳ではなく、王国に対する忠実さのゆえに、自分が突然の危機に遭遇していると気づいている人々にとって、確かな約束なのです。

そんな中、多くの人を動揺させる緊急警告が出されます。人の子の悪口を言う者は赦されるかもしれませんが、聖霊を冒瀆する者は赦されません。マルコとマタイでは、このことは、悪霊の頭《かしら》によって悪霊を追い出していると非難されているところに出てきます。聖霊の働きが実際には悪魔の働きであると言うなら、悪いものを良いもの、良いものを悪いものと呼ぶことになり、倫理的に行き詰まります。このルカ福音書一二章では、その意図はより明らかのように思われます。イエスが働かれるのを見て、そこで起こっていることを誤解する人は、イエスに悪口を言うかもしれませんが、結局、真理を見出し、悔い改める結果となることでしょう。しかし、聖霊の働きを非難するような人は、その働きから得られる影響そのものによって断罪されます。新鮮な水の泉が実際には汚染されていると発表されるなら、あなたはもうそれを飲まないでしょう。このことについて確かなことは、聖霊に対して罪を犯してしまったのではないかと心配するならば、その心配は罪を犯さないことにつながる明らかな兆候なのです。

それから、弟子たちにとっては忠誠心が必要とされます。それは、一二弟子たちが、旅の途上でイエスに従ったときだけではなく、今日《こんにち》の私たちが、イエスの旗の下《もと》に集まり、イエスが導かれる所について行くことを自分自身が引き受ける、そのときには忠誠心が必要です。ルカ福音書一二章は、まったく無頓着で、身が入らない、緊張感のないキリスト教に対する不変の叱責です。危険な敵に対する警告と、私たちの神が私たちの生活のすみずみまでご存じで、心にかけていてくださるという約束が結合して、熱心でひたむきな弟子道へと、私たちの意欲をかき立てるのです。

一二章一三―三四節　愚かな金持ちの譬え

13
群衆の中のある者がイエスに言った。「先生、私に遺産を分けてくれるよう、私の兄弟に言ってください」。
14
するとイエスは彼に言われた。「誰が私を、あなたがたの裁判官や調停人に任命したのか」。
15
それから、人々に向かって言われた。「あらゆる貪欲に気をつけ、用心しなさい。有り余るほどの物を持っている人であっても、あなたがたの命は持っている財産によらないからである」。
16
そこで、イエスは彼らに譬えを話された。「ある金持ちの耕地が豊作だった。
17
彼は、心の中で言った。『どうしようか。自分の作物を納めるに十分な場所がない』。
18
そして、こう言った。『そうだ、自分の倉を壊し、もっと大きいのを建て、そこにすべての穀物と財産を集めよう。
19
そして、自分の魂にこう言おう。「魂よ、お前は長年過ごせるだけの多くの良い物を蓄えた。気楽にしなさい。食べて、飲んで、楽しむがよい」』。

[20]しかし、神はその人に言われた。『愚か者よ、今夜、お前の魂は取り上げられる。お前が準備
したものは一体誰のものになるのか』。[21]自分のために富を蓄えても、神の前に豊かにならない者
は、このようになる」。
[22]イエスは弟子たちに言われた。「だから、あなたがたに言う。命のために何を食べ、身体のた
めに何を着ようかと、思い煩うな。[23]命は食物より、身体は衣服よりも大切なのだから。[24]烏《からす》の
ことを考えてみなさい。種を蒔かず、刈り入れもせず、納屋も倉も持たない。しかし、神は烏を
養ってくださる。あなたがた自身と鳥の違いを考えてみなさい。
[25]あなたがたのうちの誰が、思い煩ったからとて、寿命を一日でも延ばすことができようか。
[26]このごくわずかなことさえできないのに、なぜ、ほかのことを思い煩うのか。[27]ゆりの花がどの
ように育つか考えてみなさい。働きも紡ぎもしない。しかし、あなたがたに言う。栄華を極めた
頃のソロモンでさえ、これらの花一つほどにも着飾ってはいなかった。[28]今日は野にあって、明
日は炉に投げ込まれる草でさえ、神はこのように装ってくださる。まして、あなたがたにはなお
さらのことである。信仰の小さな者たちよ。
[29]あなたがたも、何を食べ、何を飲もうかと求めるな。思い煩うな。[30]これらすべては、この世
の異邦の人々が切に求めているものである。あなたがたの父は、それがあなたがたに必要なこと
はご存じである。[31]神の王国、これがあなたがたの求むべきものである。そうすれば、そのほか
のものすべてが同様に与えられる。[32]恐れることはない。小さな群れよ、あなたがたの父は、あ
なたがたに神の王国を喜んで与えてくださる。

[33]あなたがたの持ち物を売って、施しなさい。自分のために古びることのない財布を作り、尽きることのない宝を天に積みなさい。そこは、泥棒も近寄らず、虫も食い荒らさない。[34]あなたがたの宝のあるところに、あなたがたの心もある」。

現代の西欧諸国は不安の上に建てられています。それは仕事に急ぐ人々の顔を見れば分かります。人々が、疲れて帰宅するときはなおさらです。まさに、人生の問題が解決できないでいるのです。顔は疲れ果て、困惑し、その意味するところの分からない未解決の問題を抱えて生活しています。この世界は、人々に自分のための高い目標を設定させて繁栄しています。そして、人々はお互いに、それに到達したかどうかについて、終日、年中、悩むことがあります。彼らが達成するなら、また新しい目標を設定します。達成しなければ、彼らは失敗したことになります。これが本当に、私たちがいかに生きるべきかについてのことなのでしょうか。

イエスの警告は、少なくとも世界の多くの人が、人類の歴史を通じて、同じ問題に直面しているということを示しています。程度の差こそあれ、人々は不安に襲われます。イエスの聴衆の多くは、なんとか生きていくだけの食べ物は持っていましたが、彼らは、それさえ持つことができない日がいつ来るかと心配していました。おそらく彼らの多くは、もう一つの上着を持っていたのでしょう。でもそれだけでした。今日《こんにち》の非西欧諸国の多くの人のように、一つの惨事、例えば、家庭の稼ぎ手が病気になったり、怪我をしたりすることは、即、窮乏を意味しました。食べる物と着る物について心配をしないようにと、イエスが、よく分かる命令を出されたのは、そのような人々に対してであって、素敵な車や外国休暇を利用するために悩んでいる人々に対してではありませんでした。

私たちは今、不安そのものが生命を脅かすものになりうることを知っています。ストレスと不安は、病気を引き起こしたり、病気の一因となります――心配ごとがあって悩んでいる、負のスパイラルの中にいる人々に、喜ばしい見通しを与え、その不安を打破することができるのは、恐らくユーモアを理解する心だけだと思います。イエスの多くの教えと同様に、イエスがここで言われることは、私たちの生き方の核心をついています。肺いっぱいにすがすがしい良いセンスを吸い込むことが、あらゆるレベルで健康を与えます。しかし、イエスの警告と命令は同様に深く進行し、直面している問題の根源にまで下りて行きます。イエスは今、その時代の人々に神の王国のメッセージをもって対峙しておられます。これは、どのようにすれば幸福で不安のない生活を送れるかについての良い助言ではありません。これは、イエスの世界のまさに中心に対する挑戦でした。

財産のことで兄弟と論争し、イエスに仲裁を求めているこの男の態度は、イエスのユダヤ人同胞の多くが、聖地そのものに対して取った態度の典型例です。その土地は偶然に住むようなところではありません。一世紀において、また二一世紀初頭においても、土地の所有はユダヤ人の重要なシンボルです。家族は経済的な理由と同様に、宗教的な理由で彼らの遺産に固執します。

イエスは、神がすべてを変えてくださるというメッセージを携えてやって来られました。イエスは、イスラエルの土地の守りを厳しくしようとされたのではありません。イエスは、あらゆる民族や場所に新しい命と恵みの雨を与えようと切望しておられました。イエスがご覧になる限りにおいて、イスラエルは、自分の命を長らえさせるために十分な財産の安全を求めたこの話の男のような危険にさらされていました。社会も個人も同様に、次の神の短い答えのような不本意な状況にいると考えるべきです。「愚か者よ。命はそのようなものではなく、神の王国もそのようなものではない」。

本来、神の王国とは神の主権についてのことです。人類は、神の似姿《イメージ》としてお互いに愛し合うように造られたので、神の主権が愛と力をもって世界に広がることによって、神が世界を支配されていることを知って、人は安らぐのです。鳥や花を示されるのは、ロマンティックな自然神秘主義を助長するためでなく、純粋な理解力を刺激するためです。つまり、神は創造者であり、喜んで良い賜物を与えてくださり、喜んで王国を与えてくださいます。愛とは、あなた自身の心の扉に神の主権的な守りと助けとをまさしくもたらすことなのです。その訴えの中心に、「世界の諸国民」と、神を「父」と呼ぶ民との間に違いがあることをイスラエルは認めるべきでした。つまり、異邦人とイスラエルの民自身の間のことです。あなたの信じる神々が遠く離れているか、それとも人格を持たない単なる自然の神々であるなら、そのときには、言うまでもなく、あなたはやがて不安に陥ることでしょう。しかし、あなたの神が、あなたを子と呼んでくださる父であるなら、あなたが神を信頼することをやめさせるものは、一体何でしょうか。

最終行のイエスの主張は、ルカにおいては、後ほどさまざまな段階で繰り返されるものですが、イエスに従って来る者は、自らの所有物を処分する必要はありません。ルカ自身が、使徒行伝において、キリスト者の共同体のほとんどの人が自分の財産を周りの人々と分け合いながら、それぞれ自分の家に住んでいたと述べていますが、そのことで彼らが二流の人々であるとか、神の民の不従順なメンバーであるといったことは何も書かれていません。イエスは、話をこの聖書の箇所の始まりの遺産の分与の話に戻され、そこでイエスが見られた欲張りで貪欲な者に対して、反対の態度を主張されているのです。

イエスが、ここかしこで「天の宝」と言われるとき、これは、死後に所有する宝だけを意味しません。「天」は、創造された神の領域で、主の祈りにあるように、いつかある日、私たちの地球を完全に支配します。肝心なのは、神のご支配によって、貪欲で不安に満ちた世界に、神ご自身の価値観と優先権をもたらすことなのです。イエスとその王国のメッセージを受け入れる人々は、後《あと》のものを捨てて、先のものによって生きることを学ばなければなりません。

一二章三五―四八節　用心を呼びかけるイエス

[35]イエスは言われた。「身なりを整え、灯火をともして準備しなさい。[36]自分の主人が婚宴から
帰って来て、戸をたたくと、すぐに開けようと待っている人のようでありなさい。[37]主人が帰っ
て来たとき、見張りをしているのを見られる僕《しもべ》たちは幸いである。まことに、あなたがたに言う。
主人はエプロンを身に着け、その僕たちを食事の席に着かせ、傍に来て給仕をしてくれる。[38]主
人が第二時や第三時に帰って来ても、見張りをしているのを見られる僕たちは幸いである。
[39]次のことをわきまえていなさい。家の主人は、泥棒がいつ来るかを知っていたら、自分の家
に穴を開けて押し入らせはしない。[40]あなたがたも備えていなさい。人の子は思わぬ時に来るの

だから」。
[41]ペトロが言った。「主よ、私たちのためにこの譬えを話しておられるのですか。それとも、皆
のためですか」。
[42]主は言われた。「主人が、時間どおりに食事を与えるために、召し使いたちの上に任命する忠
実で賢い管理人とは、一体誰であろうか。[43]主人が帰って来たときに、そのようにしているのを
見られる僕は幸いである。[44]まことに、あなたがたに言う、主人は自分の全財産を管理させるた
めにその僕を任命する。[45]しかし、その僕が、『私の主人は帰るのが遅れる』と思い、男女の召し
使いを殴ったり、また食べたり、飲んだり、酔っぱらったりしていれば、[46]その僕の主人は思い
がけない日に、知らない時に帰って来て、彼を厳しく罰し、不忠実な者たちと同じ目に遭わせる。
[47]自分の主人の思いを知りながら、何も準備せず、あるいは主人の思いに沿って行動しなかっ
た僕は、ひどく鞭打たれる。[48]知らずにいて、鞭打ちに価するようなことをした者は、打たれて
も軽く済む。多く与えられた者は皆、多く求められ、多く任された者は、さらに多く期待され
る」。

その年の最も困ったことは、テル・アビブ行きの飛行機に乗るために、搭乗手続きを待っているときでした。私は聖地旅行の小さなグループを引率することになり、私たち夫婦は朝早く起きて、時間通りに飛行場に着きました。私たちは荷物とチケットを持っていました……ところが、妻と私自身のためには、一つのパスポートしかなかったのです。彼女のパスポートが見当たらなかったのです。私

たちは鞄の中やポケットの中を探しました。家に置き忘れたのではないかと思い、家の近所の人に、家に入って探してもらうように電話をかけました。私たちのグループのメンバーは同情し、心配してくれました。妻がどう考えていたのか述べようとは思いませんが、私たちが、彼女は翌日のフライトで来なければならないと考えていた、ちょうどそのとき、彼女のパスポートが二つの鞄の間から滑り落ちたのです。私がチケットをチェックしているときには、そこに引っかかっていて見えなかったのです。

旅行に出かける前に、私たちは何を持って行くべきか、どのように準備しようかと注意深く考えます。出たとこ勝負では困ります。飛行機が四万メートルの距離を、一万メートル上空で飛行するときは、はいていく靴だけでなく、もう一つの靴を持って行きたいものです。この聖書の箇所のイエスの警告は、もとは旅行に出かける人々に与えられた忠告で始まります。つまり、きちんと服を着て、行動ができるように準備しなければならなかった人々というのは、突然の出エジプト（出一二・一一）のために準備をしなければならなかったイスラエルの民でした。今まで見てきたように、ルカは、イエスのエルサレムへの旅のさまざまなポイントで、出エジプトのテーマに注目させています。つまり、ここの問題の箇所では、特に最初の過ぎ越しの祭りをさしています。イスラエルの民は、突然の通知に対処するために、服を着て、食べる物と旅の服装を準備しなければなりませんでした。

イエスがその状況を打開される方法は、このような強い緊急性をもっていますが、特に、長時間の祝宴から帰って来る主人を待つ僕と同様に、イエスはご自分に従う者たちにその役割を振り当てられます（夜番の「第二時」とは真夜中のことで、「第三時」は夜明け前のことです）。状況が進展するにつれ、イエスは、例示そのものと同じ程度の適用を考えておられることが、ますます明らかになっていきます。そして、私たちがその一連の思考のつながりをたどるときに、ある時点でかなりの恐怖を覚えます。

イエスは、悪の力と戦い続けておられるだけではありません。イエスは、対立者の面前で徹底した忠誠をうながしておられるだけでもありません。イエスは、神の王国が今や優先順位の完全な変更を要求していると言っておられるだけでもありません。イエスは今や、重大局面である大いなる審判の時が迫っているので、主人の足音と、主人が扉をたたく音を真剣に聞く僕のように、人は備えなければならないと警告しておられるのです。イエスは、来たるべき時を心に描いておられるようです。それは光と暗闇の力が恐ろしい戦いを交える時であり、その結果として、イエスご自身の死をもたらし、概してイスラエルに、特にエルサレムに壊滅的な大惨事をもたらします。ここの聖書の箇所やそれに類似した箇所が、しばしばイエスの最終的な再臨の予告として受け取られてきたのですが、それらは、イエスが知っておられ、ルカの同時代の人々の生存中に起こると思われるある複雑な出来事に主として言及していることを、ルカは自らの福音書で提示しているように思われます。

それゆえ、これらの出来事は、弟子たちに厳しい試練をもたらすことでしょう。彼らが気楽に始め、自分たちはイエスに従う者であるがゆえに、すべてがうまくいくと思い込んでいるなら（彼らが自分の僕を打ちたたき始めるなどと、イエスは本当に想像していませんし、この点では、この例示はそれ自体で暴走していますが）、彼らが準備する前に彼らを襲う事柄に出会うことになります。イエスは、その時がそう遠くはないことを知っておられました。ある意味では、実際にイエスはその到来を早めるためにエルサレムへの道を進んでおられたのです。しかし、イエスはまた、弟子たちが次に何が起こるかを微塵も理解していないことも知っておられます。それで、イエスは彼らに準備するように警告を出されなければならないのです。また、それゆえイエスは、さまざまな角度から、厳しい警告を繰り返しながら、僕と主人の状況に戻られるのです。

ペトロの質問は素晴らしいポイントを押さえています。主人と僕というユダヤ人の話は、しばしば単に神とイスラエルをさします。そして、イエスの話の少なくとも一つはそのパターンに分類されます（ルカ一六・一―九）。それでは、主人が家に帰って来るというこの状況は、彼ら（イエスの「僕」として）のみではなく、全体としてのイスラエルに言及していると、弟子たちの観点からはそう理解されるべきでしょうか。

それは正解のように思われます。確かに全体として国家に関係しています。私たちは今からルカ福音書の中で、全体として国家に起こることについての幾つかの警告を見つけます。その中心的なシンボルは神殿です。主人が帰って来ることに気がつかないからです。この状況は一九章一一―二七節を待っています。ここは、イエスの二度目の来臨ではなく、イスラエルの神がシオンに帰還することについての箇所です。それはその時、そこで起こっていると、イエスは信じておられました。主人は帰って来ましたが、僕たちには準備ができていませんでした。

同時に、この聖書の箇所は、神の教会における聖務（ミニストリー）を任せられた人々を覚えて祈るために、キリスト者がともに集まるときの叙任式、委任式にしばしば適用されます。それは、おごそかな責務です。つまり、僕と主人の状況が実にうまく適用されます。パウロが、死後のある種の負の審判（パウロはたいてい、希望が確かであること以外は何も語りませんが）に直面しているキリスト者について語るときに、自分の務めに失敗した指導者と教師たちについて話しています（Ⅰコリ三・一二—一五）。これは冷静な考えです。伝道者と教師、説教者と神学者は等しくこの責務に直面します。主人が帰ってきたとき、彼らがその務めに忙しくしているのを見られるのでしょうか、それとも、務めを安易に考え、家庭で悪態をついているのを見られるのでしょうか。

一二章四九—五九節　時のしるし

49イエスは続けて言われた。「私は地上に火を投じるために来た。その火がすでに燃えていたらと、どれほど願っていることか。50私には受けなければならない洗礼がある。それが起こるまで、私はどれほど苦闘することか。

51あなたがたは、私が地上に平和をもたらすために来たと思うのか。あなたがたに言っておくが、そうではない。むしろ分裂である。52今から後、一家に五人いるならば、三人は二人と、二人は三人と対立して分裂するからである。53父は子と、子は父と、母は娘と、娘は母と、姑は嫁と、嫁は姑と対立して分裂する」。

54イエスは群衆に言われた。「あなたがたは、西に雲が現れるのを見るとすぐに、『雨になる』と言うが、実際にそのようになる。55また、南風が吹くと、『大変暑くなる』と言うが、実際にそ

のようになる。[56]偽善者たちよ、天地の様子を見分けることを知っているのに、なぜ、今の時を
見分けることを知らないのか」。
[57]「なぜ、あなたがたは、自分のなすべきことを判断しないのか。[58]あなたを訴える者と一緒に
行政官の前に行くときには、途中でその人と和解するように努めなさい。さもないと、彼はあな
たを裁判官の下《もと》に引っ張って行き、裁判官はあなたを看守に引き渡し、看守はあなたを投獄する。
[59]あなたに言っておくが、最後の銅貨一枚を支払うまでは、決してそこから出ることはできない」。

偉大な作曲家、ルートヴィヒ・ヴァン・ベートーヴェンは、上流社会のサロンの聴衆に向かって、ときどきいたずらをしました。特に、聴衆が、まじめな音楽に興味がないと思ったときなどです。彼はピアノの一曲を演奏します。それはゆっくりとした動作で始まり、大変緩やかで美しく、すべての人が魅了され、世界は温和で、居心地のよいところであると思うようになり、そこでは、人々に美しい思考と半ば眠りの休養が与えられました。ところが、最後の音が消え去ったそのときに、ベートーヴェンは前腕を上から落として鍵盤をけたたましくたたき、集まっている聴衆のリアクションをあざ笑ったのです。

少しあこぎで不作法だと思われます。当然ながら、ベートーヴェンが作曲したものの多くにおいて、彼は、あまり反社会的にならず、聴衆に対して、世界は美と同様に痛みに満ちていると語りかける方法を見出しました。そして、方向転換を与え、悲惨の中から喜びを引出し、自分自身の悲劇的な人生を含めながら、素晴らしい、持続的な方法を見つけました。しかし、心に残るメロディを中断するけ

たたましい音の衝撃は、イエスがルカ福音書一二章の終わりで言わなければならなかったことにぴったりのイメージです。

私たちが学んできた危機がやって来ます。それは絶対的な王国への挑戦をもたらします。しかし今、私たちが**福音**について考えてきたことでさえ逆転されます。「平和の君って何?」イエスはそう言われたように思えます。いいえ、分裂の君の方《ほう》がふさわしいでしょう。このメッセージがひとたび家に入ると、そこには平和はありません。かつて、預言者が預言したように、家族はばらばらに別れてしまうことでしょう。それは、父たちと息子ら、母たちと娘らへの警告、その他、ミカ書七章六節からの引用を含めた警告です。それは、預言者が切迫した危機を警告している箇所であり、前に進む唯一の道は神に全幅の信頼をおくことであると力説している箇所です。

イエスはそのとき、危機が迫っているのを見ておられます。ご自分の最期が主要な特徴となる危機です(さらに受けなければならない「**洗礼**」です)。イエスは、その時代のほとんどの人がこの危機をまったく理解できないことに驚き、失望されます。彼らは地域の天気を予報するのが得意です。地中海から雲が巻き上がると雨を意味し、熱くてほこりまみれのネゲブ〔南〕からの風は蒸し暑い天候をもたらします。それでは、なぜ、彼らは自分たちの周りで起こっていることを理解することができないのでしょうか。ローマ帝国の支配からヘロデ王の圧政、エルサレムの富裕で傲慢な**大祭司**から**ファリサイ派**の偽りの議論――そして、その真っただ中で、ある若い預言者が**神の王国**を宣教し、病人を癒やしています。なぜ、彼らは総合して考えることができないのでしょうか。そして、これが、すべてのイスラエルの歴史の民が待ち望んでいた瞬間であるということになぜ、気がつかないのでしょうか。

なぜ、その危機がやって来ていることが分からないのでしょうか。

彼らが気づくことさえできれば、彼らはまだ時がある間に行動するための忠告をよく聞くことでしょう。この章の最後の段落は、実際の訴訟に直面している人々への忠告として受け取るべきではありません。ルカの幾つかの譬えのように、これまでの多くの章を占めてきた危機がイエスの心の中にあるという可能性がはるかに高いと思われます。イスラエルは世の光であるべきだという神のご計画に逆らい、ローマに対して暴力的に反抗することを望むイスラエルは、今すぐにでもその行政官に気づくべきでした――それは推定されるように、あるローマの高官たちですが――彼らが、イスラエルを治安妨害の罪で法廷に引きずって行きます。徹底的な破壊の予想に直面して、イスラエルは緊急に折り合いをつける方法を探すべきでした。私たちが知っているように、その出来事の中で、この警告は顧みられませんでした。ローマ軍はやって来ました。行政官、裁判官、高官らがやって来ました。紀元七〇年に、イスラエルはついに最後の銅貨一枚を支払って終焉したのでした。

この章を通じて、イエスの警告はクレッシェンドのように増大していきます。次の章も同じテーマが続きます。しかし、今日、よく聞かれることですが、そのことが起こってから、二〇〇〇年近く経ている人々は、これらの警告とどのような関係があるのでしょうか。

その答えの一部は、イエスの時代のイスラエルが直面していた危機を、そしてイエスが対応されようとした道を理解しない限り、イエスご自身が、また、その解釈者であるルカがイエスご自身の死について考えたことを、私たちは理解できないということです。このことは後の章に出てきます。しかし、さらに深い次元があります。

教会ははじめの頃から、この章を一つの警告として読んできました。それぞれの時代は、人々の、政府の、国家の、そして政治の大きな運動を、時のしるしとして読むべきです。そして、それに対応すべきです。神の王国が天にあるように地上にもたらされるなら、教会の預言者的役割の部分は、地球の出来事を理解することであり、天のメッセージを人々に告げるように努めることです。そして、イエスのように、分裂をもたらしているようだと気づくなら、私たち自身はその危機に巻き込まれていることが分かります。それでいいのです。それ以外に何を期待すべきでしょうか。

特に、ベートーヴェンとその大広間の聴衆のように、人々があまりにも居心地よく快適になっていると、キリスト教の教師や説教者が気づくときがあるかもしれません。例えば、教会の礼拝で、裁きの言葉、警告の言葉、神の聖さの厳しい要求の言葉を無視して、聖書朗読の箇所が時として選ばれることです。この状況におけるイエスご自身のように、そのときには、私たちが大きな音を立てて人々を覚醒させる必要があるかもしれません。何と言っても、仕事中に眠ろうとする危険性については、聖書に多くの警告があるのですから。

一三章一―九節　いちじくの木の譬え

1 ちょうどそのとき、何人かの者がやって来て、ピラトがガリラヤ人の血を彼らのいけにえに混ぜたことを、イエスに告げた。

[2]イエスは彼らに言われた。「あなたがたは、そのガリラヤ人たちがそのような災難に遭ったの
は、ほかのすべてのガリラヤ人よりも、罪深い者だったからだと思うのか。[3]決してそうではな
い。あなたがたに言う。あなたがたも悔い改めなければ、皆同じように滅びる。
[4]また、シロアムの塔が倒れて犠牲となったあの一八人は、エルサレムに住んでいるほかのす
べての人よりも、非難に値する者だったと思うのか。[5]決してそうではない。あなたがたに言う。
あなたがたも悔い改めなければ、皆同じように滅びる」。
[6]イエスは次の譬えを話された。「その昔、ある人が自分のぶどう園にいちじくの木を植えてお
いた。やがて実を探しに来たが見つからなかった。[7]そこで、園丁に言った。『もう三年も、この
いちじくの木に実を探しに来ているのに、見つけたためしがない。切り倒しなさい。なぜ、土地
を無駄にしておくのか』。[8]園丁は答えた。『ご主人様、あと一年、このままにしておいてくださ
い。木の周りを掘って、肥料をやってみます。[9]そうすれば、来年には実がなるでしょう。それ
でもだめなら、切り倒されても仕方がありません』」。

もし、新約聖書が書かれていなかったなら、ポンティオ・ピラトという人物は、意地悪で評判の悪いユダヤの総督であると、私たちは今もなお思っていることでしょう。ユダヤ人歴史家ヨセフスは、ピラトがユダヤの地域住民を悩ませ、いらだたせた幾つかのリストをあげています。時として、彼は故意に住民を怒らせるようなことをしたようです。住民の宗教的感情を踏みにじり、あるときは、彼ら異邦人の象徴であるローマ帝国の国旗（戦旗）をエルサレムに持ち込もうとしました。彼はユダヤ

人の律法や慣例を愚弄しました。あるときは、送水路を造るために神殿の宝庫の財を流用しました。そして、そのことにより起こった反乱を残虐にも粉砕しました。これらの出来事はほかの事柄と同様に聖書外に記録されていて、私たちが、ピラトとはどういう人物なのか理解するのに役立ちます。

それで、私たちがそのことをもう一つの出来事で学んでも驚きません。ガリラヤから巡礼に上《のぼ》る人々が神殿で犠牲を献げるのに対し、ピラトは、おそらく暴動を恐れて軍隊を送り、そして彼らを虐殺しました。この聖書の箇所では、単に彼らの血を神殿の境内で献げるいけにえの血と混ぜ合わせたことについて告げています。人間のおぞましくも悲しい出来事に加えて、その場所を汚したのです。まるでクリスマスの日に教会に侵入し、礼拝者たちを虐殺した占領部隊のようです。

しばらくの間、私たちは自分がルカの話の中にいることを覚えてください。イエスは、ガリラヤからの巡礼者の先頭に立ってエルサレムへ行こうと決意されました。今日《こんにち》、私が敵の占領下にある町への旅行のプランを立てる場合、その地方の総督が、訪問する英国人聖職者を殺すことを習慣にしていると、手続きの途中で告げられたなら、私は旅行業者を呼び、より危険性の少ないほかの場所に行くフライトに予約変更したと思います。

さて、ここに出てくる人々は、ただイエスに情報を提供しているのではありません。彼らが衝撃的なニュースを告げるとき、二つの問題が未解決のままです。第一に、イエスはその旅を本当に続けられるつもりなのかどうか。そこでご自分に起こることに恐れはないのだろうか。第二に、そのニュースは何を意味しているのだろうか。もっと悪いことが起こる前兆なのか。イエスが、ご自分のメッセージを拒む人々の上にふりかかる災難と惨事について警告してこられたのなら、これは、ガリラヤ人がすでに刑罰を受けたというしるしなのかどうか。

イエスの厳しいコメントは、この第二の質問に向けられます（この章では、第一の質問は、私たちが最終的にその答えを発見するまで（一三・三一―三五）、未解決です。ヘロデは、ガリラヤでイエスを殺したかったのですが、イエスご自身はエルサレムに上らなければならないことを知っておられました。今や、どこも安全ではありません）。確かに、ピラトはガリラヤの巡礼者たちをエルサレムで殺しました。しかし、彼らがほかのガリラヤの巡礼者たちよりも罪深かったわけではありません。むしろ、――イエスはその要点を繰り返そうとされます――「あなたがたも悔い改めなければ、皆同じように滅びる」。

同じように、ですか。それが鍵です。イエスは、人々に死後、何が起こるかについては話されていません。多くの人がこの聖書の箇所を読み、これは死んだ後に、地獄で滅びることについての警告であると想像しました。しかし、それは明らかに間違いです。この警告は、イエスがすでに数回、発してこられた警告であって、自らの十字架刑に至るまで発信し続けられるのです。それは、人々がローマ帝国に対する国家的反乱へと正気を失って邁進して行くのをやめさせ、その方向を転じさせようとするイエスの命令であり、それを拒む人々は、その報いを受けることになるという警告です。それをイエスは明確にされているのです。剣を取る者は剣で滅びるのです。

それとも、剣でなく、包囲攻撃が人々に粉砕をもたらすように、彼らは、エルサレムにある建物によって押しつぶされることになります。シロアムは古い都の中心近くにあり、神殿からちょうど南にあるエルサレムの狭い場所です。建物の災難が起こるのです。しかし、エルサレムの人々が、**神の王国**――悔い改めるための呼びかけを拒み、彼らの目下の問題から離れることを拒むなら、そのとき、ローマの剣を逃れる人々は、敵が近づくとき、壁そのものが頂上から崩壊するのを見ることになります。

イエスの呼びかけに耳を貸さないことによる政治的、軍事的な結末についてのこの恐ろしい警告は、実際にはきわめて不吉ですが、ユーモアのあるこのぶどう園のいちじくの木の譬えによってすぐに詳しく説明されます（人々は、しばしば、ぶどう園にいちじくの木を植えました。それはぶどうの木にとっても良いことでした）。ぶどう園の所有者と管理者間の軽妙な話の裏に、私たちは、イエスご自身の宣教活動（ミニストリー）に関する直接的なコメントと、イエスがエルサレムに到着されるときに起こることについてのさらなる答えを見つけます。

この話を理解するためには二つの考え方があります。二つとも満足できる意味を与え、到達点は同じです。まず、イエスご自身がぶどう園の所有者であると想定することができます。主の庭にやって来られ、宣教活動を通して、**悔い改め**の実を探しておられます（一三・七の三年は、イエスの宣教活動がその長さで終わることを示していると理解できるかもしれません。しかし、それは話の論理の単なる一部のようです）。未だに混乱しているごく少数のイエスに従う者たちは別として、今までのところイエスは何の実も発見しておられず、いかなる悔い改めも見いだしておられません。イエスが多くの力ある業を行われた町々においてでさえ、見いだしておられません（一〇・一三―一五）。そこで、イエスはイスラエルに、特にエルサレムに、神殿に、そしてその支配者の**祭司**長たちに、もう一度、悔い改めの機会を与えるために準備しておられるのです。もし、彼らがなおも拒み続けるなら、彼らの運命は決定的となることでしょう。

もう一つの考え方は、イスラエルのところにこの何年間も実を求めてこられている神と見ることもできます。おそらくイエスは管理者で、所有者の忍耐が限界にきているので、その判決が下る前に、古い木に命と健康を注入するため、今一度、周りを掘り、肥料をやる努力を一生懸命にしている僕《しもべ》であるかもしれません。いずれにせよ、結果は同じです。「それでもだめなら、切り倒してください」。一〇章以降のルカの資料の配置は、その事柄をどのように見るかに関して何ら疑いを残していません。七〇年にエルサレムが崩壊したことは、イエスがその宣教活動で強く主張してこられた平和の道に従うことを拒んだ必然的な結果でした。

それゆえに、この聖書の箇所は二つの緊張を際立たせています。エルサレムは悔い改めて救われるのでしょうか。そして、イエスが語ってこられたように、ご自身がエルサレムに行って死なれる予定であるなら、どのようにしてイエスの運命と都の運命が互いに関連するのでしょうか。神は何を計画しておられるのでしょうか。私たちがこれらの質問について考え始めることができるなら、私たちは自分自身を客観的に見ることになります。今日の私たちの世界において、神は何を計画しておられるのでしょうか。私たち自身の生活においてはどうでしょうか。私たちは神の王国のために実を結んでいますか。

一三章一〇—一七節　安息日に腰の曲がった女性を癒やすイエス

[10]安息日に、イエスはある会堂で教えておられた。[11]そこに、一八年間、病気の霊にとりつかれ
ている女性がいた。腰が曲がったまま、どうしても伸ばすことができなかった。[12]イエスはその
女性を見て、呼び寄せて言われた。
[13]「女よ、あなたはその病気から解放された」。そして、彼女の上に両手を置かれると、たちど
ころに腰がまっすぐになり、神を賛美した。
[14]会堂長は、イエスが安息日に病気をお癒やしになったことに憤り、群衆に言った。
「見よ、働くべき日は六日ある。あなたがたはその間に来て、癒やしてもらいなさい。安息日
にはいけない」。
[15]イエスは彼に答えられた。「偽善者たちよ、あなたがたはそれぞれ、安息日に牛やろばを、飼
い葉桶から解いて、水を飲ませに引いて行くではないか。[16]この女はアブラハムの娘なのに、こ
の一八年もの間、サタンに縛られていた。安息日であっても、その束縛から解いてやるべきでは
ないか」。
[17]イエスがこう言われると、反対者は皆恥じ入ったが、群衆は皆イエスがなされた数々の素晴
らしい行いを大いに喜んだ。
[18]そこで、イエスは言われた。「神の王国は何に似ているか。何と比べようか。[19]それは、から
し種に似ている。人がこれを取って自分の庭に蒔くと、成長して木になり、空の鳥がその枝に巣
を作る」。
[20]また言われた。「神の王国を何にたとえようか。[21]それは、パン種に似ている。女がそれを取

って三サトンの粉に混ぜると、やがて全体が発酵する」。

気分を転換して、あなたが今までのところ、イエスに従っている群衆の端っこに立っていると想像してみてください。あなたにはすべての話が聞こえず、聞いたことのすべてを理解できなくても、大意をつかむことができるなら、それがやむを得ない緊急のことであることが分かります。

あなたが、イエスとともに安息日に会堂に入ったとします。あなたは何を見ますか、そして、それはどのような感情を引き起こすのでしょうか。

あなたは、この貧しい女性を見ています――皆も見ています――。彼女はおそらくその地域でよく知られた特徴のある人物です。村では、皆の生活が開放的で、人々は、この女性が誰で、どれだけ長い期間、そのような状態であったかを知っていました。彼女は「病気の霊」を持っているとルカは表現します。この表現は、彼女の腰が曲がっている原因について、誰もが医学的に説明ができないということを単に意味しているものと思われます。今日《こんにち》、ある人々は彼女の障がいは心理的なものが原因であると考えます。また、何人かの人は違った表現をしますが、おそらく同じように考えたことでしょう。彼女が幼い頃、言葉や態度で、彼女をしつこく、ののしった者がいたのかもしれません。いじり回された彼女の感情が身体に伝染し、彼女は腰をまっすぐに伸ばすことができないことにやがて気づきます。医学が進んだここ数百年でさえ、はっきりとした原因が分からずに、このようなことがあることを、私たちはよく認識しています。

会堂の中ではありますが、暗黙の力の戦いが進行中であることがあなたに分かります。そこにはその集会の責任を負っている会堂長がいます。しかし、すべての目はイエスに注がれています――つまり、手続きという点で両者はきまりが悪い状況にあります。しかし、イエスは待つことはされません。一つの言葉と一つの接触によって、彼女は癒やされました。会堂長はすっかり舞台裏にいることになります。彼の怒りを群衆への叱責に向けさせましょう。むしろ、サッカーの試合で、ある警察官が、自分が応援するチームを相手チームが破った直後に、腹いせに誰かを捕らえようとしたかのようです。

あなたは、オブザーバーとして、このすべてを理解します。イエスのような人物が町にやって来て、会堂で特別なことを行う場合は、ひと騒動は避けられないでしょう。地方の位階制に対して面倒な問題になっていきます。しかし、イエスの答えを聞いてください。この時点までの旅の途上で、あなたが聞いてきたことについて考えてください。つまり、総じて、イスラエルの何が問題であったかの辛辣な分析であり、その先に待っているものについての警告でした。さあ、イエスが言わなければならないことを聞いてください。そしてそれが何を意味しているか、考えてください。

イエスは次のように表明されます。「それはダブル・スタンダード（二重基準）である。あなたは自分では、あることをするが、それとあまり違わないことや、もっとふさわしいことであっても、私がする場合には、それをやめるように求める。それはまさに芝居をしていることである。あなたは、家畜が水を求めれば喜んで綱を解いてやる（安息日の合法的な慣例では、禁止されていることだと十分に分かっているに違いないのだが）。それ以上に、この女を解放してあげるべきではないか。この女もアブラハムの娘なのに、**サタン**に縛られていたのだ。安息日であっても、その束縛から解いてやるべきではないか」。

あなたには、家畜を解くことと、女性を解放することについての要点が理解できます。しかし、イエスは彼女に何と言われましたか。第一に彼女はアブラハムの娘であること、第二に彼女は一八年間もの間、サタンに縛られていたこと。――サタンはイスラエル全体を自分の手中に収めていましたが、イエスが最初に勝利された相手でもあります。突然、新しい光が差し込みました。この貧しい女性にイエスが行われたことは、イスラエル全体に対してイエスが望んでおられることなのです。敵であり、告発する者が、この多くの歳月、その力でイスラエルを牛耳ってきましたが、イエスの王国のメッセージのみがイスラエルを自由にすることができるのです。しかし、安息日規定に関するイスラエルの厳重な境界線の主張、厳しい適用がそれを阻んでいます。王国のメッセージが彼女を癒やさない限り、希望はありません。

腰が曲がってまっすぐに立てないイスラエルが、偉大な安息日の祝いの中で、偉大な解放の行為の中で、その束縛から解き放たれるために、まだ時間があることをイエスは期待されていると、あなたは思うかもしれません。つまり、イエスがエルサレムに行くことで、それが実現するとあなたは思うかもしれません……。

それから、今まさに起こったことの説明として、ルカが少なくとも考えていた小さな格言があります。**王国**、それは小さな種が空の多くの鳥を宿らせるほどの大きな木を生み出す、その種のようです。ある安息日の、ある会堂での、ある行為、これが何をもたらすことができますか。しかし、イエスが王国の種を蒔かれるとき、何が生じるかは誰も知りません。そして、小さなパン種としての王国は、小麦粉の中にどうやら隠れています。それは取るに足りない、効果のないもののように思われます。しかし、すべてが混ぜ合わせられると、まもなく膨らんでいきます。一人の女性の一つの癒やし――しかし、人々を縛り上げている悪魔的な鎖をあなたが破壊するたびに、どんどん波紋を広げていくというもう一つの勝利があるのです。

あなたが見てきたこと、聞いてきたことを考えてください。あなたはこの方とともにエルサレムに上りますか。リスクがあるかもしれません。それは予測不能です。しかし、ほかのどこへあなたは行くのでしょうか。

一三章二二―三〇節　狭い戸口

22 イエスは町や村で教えながら巡って、エルサレムへの旅を続けておられた。
23 ある人がイエスに言った。「主よ、救われる人は少ないのでしょうか」。
24 イエスは彼らに言われた。「狭い戸口から入るように熱心に努めなさい。言っておくが、多くの人が入ろうとしても入れないからである。25 家の主人が立ち上がって、戸を閉めてしまってからでは、あなたがたが外に立って戸をたたき、『ご主人様、開けてください』と言っても、『お前たちは、どこの者か知らない』と、主人はあなたがたに答えるだろう。26 そのとき、あなたがたは言うだろう。『あなたとともに、私たちは食べたり飲んだりしました。また、私たちの大通りで、あなたは教えてくださいました』。27 すると主人は、あなたがたに言うだろう。『お前たちは、どこの者か知らない。不正を働く者よ、皆私から立ち去れ』。
28 神の王国にアブラハム、イサク、ヤコブとすべての預言者たちがいるのに、自分たちだけが外に投げ出されているのを見て、あなたがたはそこで泣きわめいて歯ぎしりするであろう。
29 人々が、東から西から、また北から南からやって来ては、神の王国で食事の席に着くであろう。
30 このように、最後の者が最初の者になり、最初の者が最後の者になるであろう」。

私は空港で二時間座って、次に乗る飛行機を待っていました。イングランドからニューヨークに飛んできたので疲れていました。ワシントン行きの便に乗り継いで、宿泊予定のワシントンに行き、夜、休むつもりでした。やっと小さな飛行機の搭乗が始まりました。私の座席は予約していて、ドアの近くであることも知っていましたので、ほとんどの人が乗るのを待っていました。

私がゲートに近づいたとき、驚いたことに係員が私の目の前でゲートを閉めてしまったのです。彼は深謝し、このような務めは嫌だと断ってから、この飛行機は決められた人数しか乗せられない、というあいまいなルールで、もうすでにその人数に達したからだと説明しました。では、私が予約した座席はどうなっているのかと、チケットを見せました。チケットはその係員自身が少し前に有効のスタンプを押したばかりのものでした。彼は言いました。「おっしゃることはごもっともです。大変申し訳ありません」。

彼は謝りましたが、私は腹の虫がおさまりませんでした。しかし、そのときは、あまりにも疲れていて、それ以上の抗議ができなかったので、航空会社に怒りの手紙を書きました。結局、次の二か月先まで有効の一〇〇ドル分の無料の旅行券が送られてきました――もちろん、これは、別の大陸に住む私にとっては役に立たないものでした。私はその夜、何時に就寝したか覚えていませんが、小さな飛行機に乗る際の教訓になりました。

この聖書の箇所のイエスの警告は、あらゆる点で不合理で、あの夜の航空機のルールのように思えます。あなたが、座席を予約していたとするなら、どんなことがあっても搭乗は確かに許されるべきです。家の主人が、ある時点までは、人々に入ることを許可しておきながら、次の人からは、知らないという理由で、その人の目の前で戸を閉めるなら、不公平だと思われます。しかし、この時点までのルカ福音書における一連の教え全体を少し考えてみると、この警告は実に必要であることが分かるでしょう。

どれだけの人が救われるかという質問は、私たちを究極的で最終的な救いについての質問へと向かわせます。興味深いことに、イエスはこの質問に直接お答えになっていません。イエスは単に人間的な好奇心を満たすための統計や図式をお与えになりません。イエスの警告は厳しいものです。とりわけ、エルサレムへの旅の設定で、「救われる」ということは、単に死後の究極の目的の事柄でなく、国家を脅かす、もっと緊急で、差し迫っている危機の問題だからです。

この場面において、イエスの警告は適切であり、必要なことでもありました。イエスが宣教活動に出かけられるときには、イエスは王国へのゲートを開いていてくださり、そこに入るようにと人々にお勧めになります。その入口は決して広くなく、その中に入るにはエネルギーを要し、身を任せる必要があります。つまり、偶然、ぶらっと入ることはできません。ある日、それも今からさほど先ではない日に、そのゲートは閉められます。そして、手遅れになります。イエスの働きによって、神はイスラエルにこの最後の機会をお与えになっておられます。まさに、イエスは最後のメッセンジャーです。もし、イエスが拒絶されるなら、もはやこれ以外に機会はありません。使徒行伝の弟子たちは人々に、イエスの名によって、「この邪悪な時代から救われなさい」（使二・四〇）と勧めます。彼らがイエスの召しに応じない場合は、「この時代」が被る裁きを自らの上に引きおろすことになります。後で起こることを見ようと待っている人々、そして、かつてイエスと晩餐をともにしたので、何となく大丈夫だと思っている人々、せっかくの機会が与えられているのにそれを用いなかった人々には、何の約束もないということに気づくことでしょう。

イエスの約束と警告は次のようです。イエスの同時代の人々は、異邦人に対し好戦的でしたが――**異邦人**は東から西から北から南からやって来ては何世紀にもわたって自分たちを苦しめ、脅迫し、侵略を繰り返したので――、このままでは、異邦人たちが自分たちより早く、神の王国に行き着くことになるかもしれません。何人かは特別な役割のために選ばれていますが、誰にも自動的にその特権は保証されておらず、神の恵みの不思議な働きは、最初の者が最後の者になり、最後の者が最初の者になるということを意味しています。

私たちはこの聖書の箇所を取り上げて、永遠の命に関するさらに広範な問題に直接適用することには注意を払うべきです。イエスの時代の人々への緊急の警告は、そのときに彼らが直面している特別な緊急性を目的としていたからです。しかし、そのような問題とは無関係であると見なすことにも同様に注意を払うべきです。すべての人の人生が単なるゲームでなければ、私たちの倫理的、霊的な選択は間違っていないという自分の強い思いに誤りがなければ、さらに、何と言っても新約聖書が全体として大きく間違った方向に私たちを導いていなければ――そのときには神の王国に向って開かれたゲートの前をぶらぶらと通り過ぎることは、実際には私たちに可能です。ただ、後で、自分の過ちの重大さに気づくことになりますが。

一三章三一―三五節　エルサレムのために悲しむイエス

31ちょうどそのとき、何人かのファリサイ派の人々がイエスに近寄って来て、言った。「ここを
立ち去ってください。ヘロデがあなたを殺そうとしています」。
32イエスは彼らに言われた。「行って、あの狐に言いなさい。『見よ、私は今日も明日も、悪霊
を追い出し、病気を癒やす。そして三日目に完成する』と。33しかし、私は今日も明日も、その
次の日も、進んで行かなければならない。預言者がエルサレム以外の所で死ぬことはありえない
からだ。
34エルサレム、エルサレム、預言者たちを殺し、自分のところに遣わされた人々を石で打ち殺
す者よ。めんどりが自分の雛を羽の下に集めるように、私は何度、お前の子らを集めようとした
ことか。だが、お前たちは望まなかった。35見よ、お前たちの家は見捨てられる。言っておくが、
お前たちが、『主の名によって来られる方に、祝福があるように』と言う時が来るまでは、決し

て私を見ることがないだろう」。

私が住んでいる家は、第二次世界大戦後に建てられました。以前そこに建っていた大変古い家の跡に建てられました。その古い家は一九四一年のある夜、燃えて灰と化しました。敵機から落とされた焼夷弾が命中したのです。その家の人は近所の家に助けを求めました。当時、隣の家には水道ポンプがありましたが、遅すぎました。

古代世界では、火事は絶えず存在する危険でした。確かに、人生のあらゆる側面で当然のこととして起きました。しかし、現代の予防策と防火装置はなかったので、簡単に制御不能に陥りました。新約聖書時代のローマ人の作家は、ローマの混み合った通りと家屋の火事について写実的に描写しています。彼は紀元六四年の夏に火事を目撃しました。それは一週間も続き、古い町の半分が焼失しました。この聖書の箇所には「火事」という言葉は出てきませんが、ここにイエスが用いた強いイメージがその念頭にありました。ただし、それは都市ではなく農場でした。

火事は、人間だけでなく、閉じ込められた動物にも脅威《しゅ》です。農場が火事になると家畜は逃げなければなりません。しかし、逃げられない場合に、ある種は自分の子どもたちを守る術《すべ》を知っています。この聖書の箇所の状況では、めんどりです。自分の雛を羽の下に集めて守ります。これと同じような話が幾つかあります。ある農場が火事になり、その後片づけをしていた人たちが、死んでいる一羽のめんどりを見つけました。焼かれて真っ黒でしたが、その羽の下に逃れて生き残った雛たちを見つけたのです。めんどりは雛を守るために、文字どおり、自分の命を投げ出したのです。これは、イエスがエルサレムのために、暗にすべてのイスラエルの民のためになすことを切に願うと宣言された、その生々しい過激なイメージです。しかし、そのとき、イエスがご覧になられたのは、危険が迫っている煙や炎に注意しないで、また、安全を唯一与えてくださる方の緊急の警告にも耳を貸さないで、反対方向にちょこちょこと走り去る雛たちでした。

このめんどりと雛たちの状況は、ルカ福音書において、イエスが自らの死をどう考えておられるかについて、最も印象深く述べているものです。しかし、それを吟味する前に、私たちは、この聖書の箇所のはじめの部分に立ち帰らなければなりません。もし、雛たちが念頭にあるなら（少なくともルカでは三一―三三節。これはマタイにはありませんが、三四―三五節と、もともと関係していたかどうかも分かりません）、それから、火事と並ぶ他の大きな脅威は、他人を食いものにするもので、特に狐です。これはイエスがヘロデに対して用いたイメージです。

ヘロデは、この話の大半で、このページ全体に暗雲をもたらしています。しかし、今まではイエスに対して露骨に脅威を与えてはいませんでした。イエスにヘロデの意図を警告したファリサイ派の人々は、ファリサイ派の中の穏やかな人々で、使徒行伝五章にあるガマリエルのようで、傍観者であることを好み、この新しい運動は神からのものであるかどうかを見ていました。彼らももちろん、秘密裏にイエスを取り除くこと、彼らの領域から追い出すことを望んでいたかもしれません。しかし、ルカはそのことに関しては何のヒントも与えてくれてはいません。最も重要なのはイエスの答えです。

イエスは、明らかにヘロデを軽蔑しています。ヘロデがその権力を主張する唯一の後ろ盾は、ローマ帝国であるということを皆が知っていました。ローマ帝国はヘロデの父を、その辺りでは最も実力のある悪党と認識し、帝国の領土の辺境の地で、秩序維持のために、どこの者とも知れぬ彼を昇格させたのでした。イエスもまたご自分の不思議な召命を強く肯定されます。確かにそうです。イエスは最終的には当局者の手によって死に至らせられますが、それはガリラヤにおいてではありません。ヘロデは、間接的にそれを実行しましたが（ルカ一三・六―一二）、彼は脇役のままです。

問題は、イエスがすでに述べてきたように、その最終の目的を達成することです（九・二二、四四、一二・五〇）。それは絵画的表現で、二日間の作業と一日の仕上げで成り立っています。二日間は悪霊たちを追い出し、さまざまな病気を癒やし、「そして、私は三日目に成し遂げる」とあるように。ルカ福音書の注意深い読者は誰も、その響き合いを見逃すはずはありません。それはこの箇所の前にある、少年イエスが神殿で三日目に発見されたこと（二・四六）と、後にある、イエスが三日目によみがえられたこと（二四・二二）と響き合っています。

イエスの最終目的は、エルサレムに上《のぼ》り、死を遂げることです。狐の脅威の危険に晒されためんどりが、突然の危険から雛を守る役目を果たすことです。しかし、エルサレムはイエスの提供するものから恩恵を受けるのでしょうか。エルサレムは、平和の道を拒み（その宣告は、悲しいかな、古代世界と同様に現代においても真実のように思われます）、神に反逆した長い歴史を持っています。エゼキエルが見たように、反逆は、聖なる存在である神が、神殿とその都を見捨てることであり、破壊的な敵の攻撃に道を拓くことを意味しました（エゼ一〇―一一章）。その都と神殿が今、迫っている破壊の危機から逃れる唯一の方法は、イエスを神の平和の使者として迎えることでした。しかし、彼らには何の兆候もありませんでした。ルカが再び、私たちをこの地点まで連れ戻してくれるときには、あまりにも遅すぎるのです。

一三章の終わりの見晴らしの良い地点から、私たちは何を見ることができますか。非常に明瞭に、イエスのエルサレムへの旅が意味することを見ることができます。イスラエルの最大の危機がエルサレムに襲い掛かります。イエスは悔い改めるために、王国への道に、平和の道に来るようにとの緊急命令を発せられます。これが、エルサレムの頑固な反逆の結果、起こる災難を避ける唯一の道です。イエスの目的は、今や、その使命に従うことであり、エルサレムに上《のぼ》り、そして、雛たちを抱えためんどりのように、イエスがその国と神殿に予告した災難のすべてを自らの身に引き受けられることです。この方《かた》が、多くの人のためにご自身を献げてくださるのです。

一四章一―一一節　イエスとファリサイ派の人々

[1]イエスが安息日に、ファリサイ派のある議員の家に、食事のためにお入りになったときのことである。人々はイエスの様子をうかがっていた。
[2]すると、水腫を患っている人がイエスの前にいた。[3]イエスは、律法の専門家たちやファリサイ派の人々に言われた。「安息日に、病気を治すことは許されているか、いないか」。[4]彼らは黙っていた。すると、イエスはその人を引き寄せ、病気を癒やして、お帰しになった。
[5]そして、彼らに言われた。「あなたがたの中に、自分の息子か牛が井戸に落ちた者がいると想

像して見なさい。あなたがたは私に、安息日だから、すぐに引き上げてやらないと言えるだろう
か」。[6]彼らは、これに対して何も答えることができなかった。
[7]イエスは、招待を受けた客が上席を選んでいるのに気づき、彼らにこの譬えを話された。
[8]「婚宴に招待されたら、上席に着いてはならない。あなたより重んじられている人が招かれて
いて、[9]あなたやその人を招いた人が来て、『この方に席を譲ってください』と言う。そのとき、
あなたは恥をかいて末席に移動することになる。[10]招待を受けたら、むしろ行って末席に着きな
さい。そうすると、あなたを招いた人が来て、『私の大切な友よ、さあ、もっと上席に進んでく
ださい』と言うだろう。そのとき、同席している者は皆、あなたに敬意を表するだろう。[11]誰で
も、自ら高ぶる者は低くされ、自らへりくだる者は高められる」。

ルカ福音書はほかの福音書に比べて、食事の場面がより多く出てきます。ルカはキリスト者の生活を、ある場合は旅行という観点から、また、ある場合は宴会という観点から見ています。幾つかの話は最後にお祝いのごちそうがついています。例えば、次章の放蕩息子の**譬え**のようです。このテーマは、最後の晩餐のところと、最後に、二四章のエマオの道の話のところにも出てきます。

一四章では、宴会について、二つの譬えが一緒に出てきます。最初のものは、七―一一節ですが、これは必ずしも譬えとして理解されていません。なぜなら、それは単なる実用的な知恵や、社会的な忠告の一つのように思えるからです。あなたは人前で恥をかくのを避けたいですか。それでは、この助言を受け入れてください。ただし、イエスは良い忠告を与えるために来られたのではありません。

イエスの行動はしばしば人々を当惑させるように計算されていると思えます。ともかくルカは、それは譬えであると告げています（七節）。言い換えれば、私たちはそれが少なくとも二重の意味を持つことを期待したほうがいいでしょう。では、イエスは一体何についてお話しになられるのでしょうか。

この章の残りの部分では、当時の人々が地位のために張り合う様子について、イエスが神の視点から話しておられることが明らかです。彼らは自分を前面に押し出し、律法をいかに十分に遵守し、自分の聖さを維持しているかを見せたがっているように、イエスには思えました。彼らは、まさにこの章の第一段落（一―六節）の状況にあるような人々であり、イエスが水腫の男を癒やされる、そのような行為に対して不機嫌そうな顔つきで、自分たちの実際の基準で判断し、違反の兆候を監視する人々でした。そして、ルカのこの箇所では、イエスは事態を逆転されます。イエスは悪しき人々と交わり、不浄の人々に触れ、名もない人々を招いておられます。

ところで、この譬えは、社交の場ではあまり良い助言とは思えません。――ただし、確かにイエスの時代とそれ以降では、自尊心と傲慢に対するこの警告の中に、実際に役に立つ人間の知恵があります。本当の意味は、神の目から見て、前に出すぎていることへの警告の中に見いだされるべきです。イエスの時代に、裕福で律法の教えを受けた人々にとっては、貧しい人よりも、また勉強をする機会がない人よりも、ましてや律法を学ぶことなどできない人よりも、神の目から見て自分たちが優れていると思うのは当たり前でした。

それに加え、ルカが書いている時代では、明らかに深い意味がありました。ルカの生涯の中で、おそらく何千人という非ユダヤ人がキリスト者になり、アブラハム、イサク、ヤコブの神によって準備された晩餐会に出席しました。私たちが使徒行伝から知るように、多くのユダヤ人キリスト者は、非ユダヤ人を理解し受け入れることが、不可能ではないとしても困難であることに気づいていました。彼らは自分の場所として食卓の上席をいつも強く求めました。彼らは、世界を根底からひっくり返す神の偉大なご計画を理解することができなかったのです。傲慢な自尊心は、神の寛大な太陽を覆い隠す大きな雲です。つまり、自分が神に愛されるに値する者だと考えるなら、その人は、もはや神の恵みといつくしみと愛を必要としないと断言しているだけでなく、愛されるに値しない人々は神の愛を持つべきでないと暗に言っていることになります。

イエスは全生涯をかけて、その雲を打ち破り、神の愛の新鮮で癒やしの力をもつ太陽の光を、陰にいる人々にもたらしてくださったのです。ファリサイ派の人々はイエスの様子をうかがっていましたが(一節)、イエスの癒やしと、言葉のいずれの力も、彼らにはあまりにも強すぎたのです。自分を前面に押し出し、他者を後ろに押しやるという狭量な人々は、神の寛大な愛を見せつけられています。神の愛に健全に依存することと同様に、困窮している人々と神の愛を分かち合う寛容さが、すべてのキリスト者に求められているのです。

一四章一二―二四節　大宴会の譬え

12また、イエスはご自分を招いた人の方に振り向いて言われた。「昼食や晩餐の会を催すときに

は、友人も、兄弟も、親類も、近所の金持ちも呼んではならない。その人たちも、あなたを招い
て返礼をするだろうから。[13]宴会を催すときにはむしろ、貧しい人、身体の不自由な人、足の不
自由な人、目の見えない人たちを招きなさい。[14]そうすれば、神はあなたを祝福される。彼らは
あなたに返礼ができないから。義《ただ》しい人が復活するとき、あなたは報いを受ける」。
[15]ともに食事の席に着いていた一人が、これを聞いてイエスに言った。「なんと幸いなことか。
神の王国で食事をする人は」。
[16]イエスは言われた。「ある人が盛大な宴会を催そうとして、大勢の人を招き、[17]宴会の時刻に
なったので、招待した人たちに、自分の僕《しもべ》を送って言わせた、『さあ、お出でください。準備が
できました』。[18]ところが、皆、次々に断り始めた。最初の者が言った。『畑を買ったので、そ
れを見に行かねばなりません。どうか、お許しください』。[19]ほかの者も言った。『牛を五対《つい》買
ったので、それらを調べに行くところです。どうか、お許しください』。[20]さらに別の者が言っ
た。『妻をめとったので、当然、行くことができません』。[21]僕は戻って来て、これらのことを主
人に報告した。すると、家の主人は怒って、その僕に言った。『急いで、町の大通りや路地へ出
て行って、貧しい人、身体の不自由な人、足の不自由な人、目の見えない人をここに連れて来な
さい』。[22]僕は言った。『ご主人様、命じられたとおりにしましたが、まだ席があります』。[23]主人
は言った。『では、街道や垣根のある所へ出て行きなさい。そして、無理にでも人を連れて来て、
この家をいっぱいにしなさい。[24]あなたがたに言う。招かれていた者たちの中で、誰一人、私の
食事を味わう者はいない』」。

何年も前に一度、私はこの聖書の箇所から説教をしました。現在と同じようにその当時でも、聴衆にとって不可解であったに違いないことを行うように、イエスが言われたという、その異常なやり方を私は強調しました。友人、親戚、近所の人々を晩餐会に招かないで、貧しい人と身体の不自由な人を招きなさいというその説教は、不思議な結果をもたらしました。その日、教会に来ていた人の少なくとも三人から、私と妻が次の週の夕食の招待を受けたのです。招いてくださった人に、私たちはどの分類の客であるかは、あまりに無礼で——また、行きたかったので——聞けませんでした。

今回は、この聖書の箇所が本当の忠告のように思えます。次の晩餐の譬えは一つの譬えではありますが、イエスは晩餐会に招待する人々についてのご自分の過激な提案を、聴衆が文字どおりに受け取るように、本当に意図しておられたと思います。もちろん、世界のさまざまな所では社会的状況は異なります。皆が、ほかの人全員の職業を知っていて、食事のために家が解放されていて、人々があちらこちらにと、思うままに出入りできるような小さな村（七・三六—五〇）には、人々はもはや住んでいないので、これを実際に行動に移すのはとても難しいように思えます。多くのキリスト者は、貧しい人や身体の不自由な人を見つけて食事に招くには、大変苦労するに違いありません。——もっとも、私はそのようにしている何人かを知っていますが。イエスの鋭い要求を無視するための言い訳として、誰も環境の違いを引合いに出すことはできません。

特に、この譬えに照らしてみれば、イエスの要求を無視することはできません。この話は明らかに、素晴らしいパーティへの招待に対して、大変乱暴に鼻であしらう人々について書かれています。人々は招待を断るためにいつもどおりの言い訳をします。家の主人は、たとえ異例の場所にいる人々を見つけなければならないとしても、関係するすべての問題を解決し、盛大な晩餐会のための費用を拠出して、招待客の席を埋めなければなりません。もともとの客は除外され、そしてほかの人々がその席に着くことになります。

この譬えの意味するところの第一段階は明らかです。イエスは神の偉大な晩餐会に人々を招くためにガリラヤを巡られました。これは、イスラエルがずっと待ち望んでいた時です。ついにその時が訪れたのです。ずいぶん昔に招かれた人々は今、急いで来なければなりません。しかし、彼らの多くはありとあらゆる理由を持ち出してはその招待を拒みました。私たちは、蒔かれた種と土地の譬えを思い起こします。さまざまな理由により、ほとんどの種は実を結ぶことができませんでした。しかし、何人かが喜んだことは除外できません。貧しい人、不利な立場にある人、障がいを負った人たちです。彼らはやって来て、イエスとともに祝いました。

第二段階は、前の譬えのように、特にルカが意味付けをしていると思われることです。もう一度確認しますが、招待されていた客とはユダヤ人たちでした。彼らは王国を見出すことだけをずっと願ってきました。しかし、それが到来した時には、彼らはもっと差し迫った事柄で心が占められていました。もちろん、ルカの時代には、多くのユダヤ人がキリスト者になっていました。この時点で、譬えの詳細においては、こじつけられません。つまり、「招かれた者たちの中で、誰一人、私の食事を味わう者はいない」ということは、この段階では真実ではありません。なぜなら、明らかに多くのユダヤ人はもともとイエスの王国運動の一部であったからです。しかし、パレスチナと、世界各地に離散しているユダヤ人共同体の両方における国民の大多数はイエスの王国運動の一部ではありませんでした。むしろ、その最初のユダヤ人キリスト者たちが思ったように、神のメッセンジャーたちは、そのパーティに参加することをまったく予想もしなかった人々――単なる異邦人ではない人々――を獲得するために世界の隅々にまで出て行ったのです。それらの人々は、道徳的、不道徳的なあらゆる背景をもった人々であり、文化的、社会的、民族的、倫理的にまったく異なる人々でした。

しかし、この譬えに対して、第三の展開があります。それは、いわば、前の箇所に折り重なるように、イエスが一二―一四節で示された挑戦に戻ります。もとの客が招かれたそのパーティは、イエスの王国運動であり、ありとあらゆる人々を歓迎するイエスの素晴らしいパーティです。人々がこのイエスの運動に加わりたいと望むなら、誰もが参加できるパーティなのです。

それゆえ、私たちは、今日《こんにち》、再度挑戦を受けているのです。世界のどこにいても、これを読むキリスト者は自分の教会や家庭の中で動き出さなければなりません。それは神の王国をお祝いすることを意味し、底辺にいる人々、窮地に立つ人々が、それが福音であると分かるようになるためです。驚くことに、私たち自身が神のパーティを楽しむために田舎道から引きずり出された者であると言うだけでは十分ではありません。それは真実かもしれませんが、パーティの客は、次はパーティのホストになるよう期待されているからです。

一四章二五—三五節　弟子としての犠牲

[25]大勢の群衆がイエスの周りに集まって来たとき、イエスは振り向いて彼らに言われた。[26]「私のもとに来ても、自分の父、母、妻、子、兄弟、姉妹、さらに自分の命までも憎まなければ、私の弟子になることができない。[27]自分の十字架を担って、私の後について来る者でなければ、私の弟子になることができない。

[28]あなたがたのうちの誰かが、塔を建てようと思うとき、まず腰を据えて、それを完成させるために十分な費用があるかどうかを計算しないだろうか。[29]そうしないと、土台を築いただけで完成できず、見ていた人々が皆、彼をあざ笑う。[30]『この人は建て始めたが、完成することができなかった』と言うだろう。

[31]また、どんな王でも、ほかの王と一戦を交えるとき、彼はどうするだろうか、まず腰をすえて、考えないだろうか。二万の兵を率いて進軍して来る敵を、一万の兵で迎え撃つことができるかどうかを顧問と議論しないだろうか。[32]もし、できないと分かれば、敵の王がまだ遠くにいる間に、使者を遣わして和睦を願うだろう。

[33]同じように、自分の持ち物一切を放棄する者でなければ、あなたがたのうち誰一人、私の弟子になることはできない」。

[34]「塩は良いものである。しかし、もし、塩が塩気を失えば、塩は何によって味を付けられるだろうか。[35]土壌のためにも、肥料としても役に立たず、人々はそれを外に投げ捨ててしまう。聞

く耳のある者は聞きなさい」。

石鹸を詰める木箱の上に立ち、群衆に語りかけている政治家を想像してみてください。「私に投票するなら、あなたの家とあなたの家族を失う投票をしようとしています。あなたはより高い税金と、より低い賃金を求めていることになります。あなたが最も愛しているものすべてを失うことを選択する決断をしていることになります。さあ来てください——私の味方になる人は誰ですか」。群衆は、彼をやじり倒して邪魔もせず、彼に腐ったトマトを投げることもしません。彼らはただ戸惑っています。一体どうして、そんなふうに自分を売り込む人がいるのかと。

しかしそれは、この聖書の驚くべき箇所で、イエスが言われていることではないでしょうか。「あなたは私の弟子になりたいのだね。もしそうなら、自分の家族を憎むこと、所有物を捨てること、そして最高の死のために備えることを学ぶ必要があります。いわゆる、友を獲得し、人々に影響を与える道などでは、とてもありません」。

しかし、少し待ってください。高い、危険な山を通り過ぎて、世界から断絶された村に、政治家の代わりに緊急に医療的援助をもたらすために向かう、大探検隊の指導者を想像してみましょう。その指導者は言います。「あなたがさらについて来たいと思うなら、あなたの鞄を後ろに投げ捨てなければなりません。ここからの道はあまりにも険しく、持ち物をすべて持って行くことができないからです。そして、あなたはおそらく二度とそれを見つけることはありません。さらに、あなたは最後のはがきを、家に送ったほうが良いと思います。ここは危険なルートで、私たちの何人かは生還することができないからです」。私たちにはそれを理解することができます。それを素晴らしいとは思いませんが、道理にかなっていることが、私たちには分かります。

このように、イエスは前者の政治家というよりは後者の探検隊の指導者の感じであることが、私たちには分かります。キリスト教はたびたび、「家族の大切さ」と呼ばれることにきわめて適切に関係してきたのですから、「あなたの両親、妻と子ども、そして兄弟を憎みなさい」と言われると衝撃を受けます。しかし、命令がさらにもう一段上がると、自分を憎み、そして、屈辱的な死に備えなければなりません（「自分の十字架を背負う」とは、イエスの時代における単なる比喩ではありません）。そのとき、私たちは何が起こっているのか見始めます。イエスは、身近な家族の重要性も、家族と助け合い仲良く生活することの正当性も否定されません。しかし、なすべき緊急の用がある場合、実は今がそうなのですが、自分の命を含むほかのすべてのものが、王国のために危険にさらされなければなりません。

同じことが所有物にも当てはまります。イエスに従う者の多くは、過去も現在も家を持ち土地を持っています。また、それを捨てざるを得ないなんて考えたこともありません。しかし、そうする覚悟ができていることが、イエスに従うという召しの重大さを理解しているという証拠なのです。私たちのうち誰かが、どんなときにも、まったく文字どおりにすべてを捨てて、新しい緊急の状況に応じるようにと召されるかもしれません。私たちにその覚悟ができていないなら、私たちは、その本当の目的について深く考えなかった、塔の建築家か、戦争の挑発者のようです。

塔と戦争という二つの絵そのものがイエスの時代に不可解な警告をもたらしました。イエスの時代の最も重要な建築プロジェクトは、もちろん、エルサレムの神殿でした。ヘロデ大王は神殿の再建と美化のために巨大な計画を立てました。そして、彼の息子とその後継者たちがそれを継続しました。しかし、それは何のためのためでしたか。それは完成しましたか。イエスは、神はその家を捨てられるとすでに警告されていました（一三・三五）。ヘロデの神殿はまもなく、くすぶり、破壊されて、大金をかけた無用の建築物であることが、すべての人に明らかになります。

これは戦争についての警告と無関係ではありません。もし、イエスの時代の人々が心の中で戦っていたとするなら、彼らが戦争をしたくてたまらなかった主な敵はローマ帝国でした。ローマ帝国とは一体何者なのか、また、自由に使えるその軍事力がどれほどなのかについて、人々はおそらく漠然とした考えしか持っていませんでした。そうでなければ、彼らが戦うずっと以前に、賢明な進路を選択し、平和への道を見出したことでしょう。しかし、イエスの警告と平和への勧めは聞き捨てにされました。あまりにも先祖の遺産にすがりつく聴衆は、最終的に彼らと彼らの土地が自由になるための戦争を望みました。イエスは本当の緊急性をもって彼らと向かい合いましたが、彼らはそれを理解することができず、適切な応答ができませんでした。

それゆえ、最後の警告が新たな力をもってなされます。イスラエルは、地の塩であるべきで、彼らを通して神の世界が健全に保たれ、味付けされるように期待されています。しかし、イスラエルはその特別な風味と能力を失っています。それでは何が残っていますか。その警告は、塔と戦争についての不可解な言葉を説明し、そして、私たちを、妥協を許さない挑戦へと連れ戻します。彼らがイエスに従うことによって本当にイスラエルであるに違いないのか、それとも、彼らが塔の崩壊と敗戦の荒廃に直面しなければならないのかという重大局面の時に、イエスはその時代の人々と向かい合っているのです。

それは難しいことではありません。そして、ルカは心の中で、これらの厳しい言葉を、現在進行中の教会生活に適用し直すことをすでに考えていました。教会は、その生活のすべての段階で、イエスの要求に応えて生活するという挑戦だけではなく、世界の前に自らを置くという挑戦を受けています。私たちの世界で、建てることに夢中になっている塔はどこにありますか。また、戦うことに夢中になっている戦争はどこにありますか。私たちは人類を、犠牲を必要とする従順へと、どのようにしてもう一度呼び出すことができるのでしょうか。

一五章一―一〇節　見失った羊と失くした銀貨の譬え

[1]徴税人たちや罪人たちが皆、話を聞こうとしてイエスのもとに近寄って来た。[2]ファリサイ派
の人々や律法学者たちはつぶやいた。「この人は罪人たちを受け入れて、一緒に食事さえしてい
る」。
[3]そこで、イエスは彼らに次の譬えを話された。[4]「あなたがたのうちの誰かが、一〇〇匹の羊
を持っていて、その一匹を見失ったとすれば、どうするか。九九匹をその地方に残して、見失っ
た一匹を見つけ出すまで捜しに出かけないだろうか。[5]そして、見つけたら、喜んでその羊を自

分の肩に担いで6家に帰り、友だちや近所の人々を呼び集めて言うであろう。『お出でください。
パーティをしましょう。見失った私の羊を見つけましたので、一緒にお祝いしましょう』。
7あなたがたに言うが、このように、一人の悔い改める罪人については、悔い改める必要のな
い九九人の義《ただ》しい人についてよりも、天には大きな喜びがある」。
8「あるいは、ある女が銀貨を一〇枚持っていて、その一枚を失くしたとしたら、灯火をともし
て家を掃き、見つけるまで念入りに捜さないだろうか。9そして、見つけたなら、自分の友だち
や近所の人々を呼び集めて言うであろう。『お出でください。パーティをしましょう。失くした
銀貨を見つけましたので、一緒にお祝いしましょう』。
10あなたがたに言うが、このように、一人の罪人が悔い改めるなら、神の天使たちはどれほど
喜ぶことだろうか」。

ちょうどあこがれの場所に、私たちは引っ越したばかりでした。静かで、人里離れ、湖の傍の道路の行き止まりの所でした。すべてが平和に満ちているようでした。ところが、最初の土曜日の夜、そこにいたときに突然、大混乱が起きました。けたたましい音楽、アンプからのアナウンスの声、歓呼、花火、すべてが夜更けまで続きました。私の小さな子どもたちはずっと起きていました。これが毎週末に続くかと思うとぞっとしました。騒音はどこから来たのでしょうか。なぜ、私たちがこの家を買う前に、誰もそのことを言ってくれなかったのでしょうか。

次の朝、その説明がありました。「いいえ、これは定期的にあることではありません。一年にたっ

た一度だけです。これは地域のヨットクラブの恒例のパーティで、年間行事の大きなイベントのお祝いなのです」。私たちは平穏な生活に戻りましたが、特に、そのパーティの理由が分からないなら、ある人の祝いが、ほかの人々を実際にどれほど悩ますものかと考えさせられました。

ルカ福音書一五章の三つの**譬え**は、イエスが、あらゆる「悪しき」人々と祝いのパーティをすることを習慣にしていたことを、ほかの人々が、それを悪夢だと考えたという背景で語られています。この三つのすべての話は、次のように語られます。「これが、私たちが祝う理由なのです。あなたがたはパーティをしないでしょうか。なぜ、私たちは祝うことができないのですか」。これらの譬えの中で、また、これらすべてを通して、イエスがどのような根拠で行動されていたかについて――そして、私たち自身がどのような根拠で行動すべきかについて視界が開けます。

問題の中心は、イエスが定期的に食事をともにしている人々の品性でした。徴税人は、ただ徴税人であるということで嫌われたのではありません――いかなる文化圏でも徴税人を嫌います――そうではなく、彼らがヘロデ王かローマ帝国のいずれかに、または両者のために税金を集めているという理由で嫌われたのです。そして、誰も彼らのことをまったく気にかけていませんでした。さらに、もし、彼らが**異邦人**と定期的に接触しているならば、彼らは不浄と見なされました。

「罪人」というのは、より一般的な考え方で、彼らを正確に規定することについては、人々は意見を異にします。彼らは、あまりにも貧しくて、律法を正しく知ることができなかったか、律法を守ろうとしなかった人々(ヨハ七・四九)であったかもしれません。確かに彼らは、律法の専門家と自称する者たちによって、神が律法を通してイスラエルの民に要求されることとは無縁の、絶望的な無宗教の者と見られていた人々でした。

この章を通して、そのような人々が、単にそのままで受け入れられると、イエスは言っておられません。罪人は悔い改めなければなりません。道に迷った羊と失ったコインは発見されます。放蕩息子は我に返って家に帰ります。しかし、イエスは、批評家の意味する「悔い改め」に対して、違った考えを持っておられます。彼らは、聖さと律法遵守の基準を何も満たしていません。イエスにとっては、人々がイエスに従い、その道に従うときが、真の悔い改めなのです。そして、――イエスは、多くの言葉でそう言っておられるのでなく、暗にそれとなく言っておられると私は考えます――ファリサイ派の人々と律法学者自身こそ、そのように悔い改める必要があります。彼らが、「悔い改める必要のない義《ただ》しい人」（七節）なのです。この文を、笑みを浮かべて、そして疑問符をつけて、あなたの声で言ってみてください。そうすれば、イエスが意図しておられたことが聞けると思います。

この譬えの要点はその後、明らかになります。パーティが開かれている理由があります。天でパーティが開かれ、天使たちが加わっています。ですから、もし、私たちが同様にパーティを開かないなら、神のリアリティと調和していないことになります。

羊と銀貨の話におけるそれぞれの結末は、神が創造された天と地という二つのものが一つとなり、お互いに調和するというユダヤ人の信仰に依拠しています。もしあなたが、天で行われていることを発見するなら、地上で物事《ものごと》がどのように意味をなすかを見いだすことでしょう。結局、神の王国が、「天におけるように地上に」来るということが祈りの要点です。律法学者とファリサイ派の人々に関する限り、あなたが天に達することのできる最も近道は、神殿にありました。神殿では祭司から厳しい聖さを要求されます。つまり、祭司でない者が、天を真似ることのできる最も近道は、生活のすべての面で同様な厳しい聖さを維持することでした。しかし、今、イエスは宣言されます。一人の罪人が光を見て、神の道に従い始めるときにはいつも、天では大きな騒音のパーティが開かれます。地上に住む者が、天上の生活を真似ることを望むときには、彼らもパーティを開くのです。それが、イエスが行われていることなのです。

注目すべき羊、そして注目すべき銀貨、それ自体は特別なものではありません（ところで、銀貨は、女性たちの貯えであり、もしかすると彼女の持参金であったかもしれません。それを失うことは経済的だけでなく個人的にも災難だったかもしれません）。後の時代に出回ったイエスの教えに関する文書の一つ〔二世紀中頃の『トマスによる福音書』一〇七〕の中に、イエスは道に迷った羊に、「私はあなたをほかの羊より愛している」と言っておられるところがあります。しかし、この譬えの要点は、その羊について、ただ一つ異なっていることは、羊は失われていたということです。この話を聞いて悔い改めた罪人たちの衝撃を想像してみてください。彼らは、神の愛、もしくはイエスの関心を得る必要はありませんでした。イエスが、彼らを捜すために喜んでやって来られ、彼らを発見して祝われたからです。そして、イエスが行われたことは、――これが、これらの譬えの最も重要なポイントであり、また、ファリサイ派の人々が彼らに反対した究極の理由ですが――神が行われていたことです。地上のイエスの行動は、天の領域での神の愛に正確に一致しています。

今日《こんにち》の教会にとって、これらの譬えから教えられる真の挑戦は次のようです。私たちが、このような話のどれが答えであるかについて、人々から質問をしてもらうために、私たちは目に見える公の世界で何をなすべきでしょうか。今日《こんにち》のキリスト者がなすべきことは、人々に、「なぜ、あなたはそのようなことをしているのですか」と質問してもらい、また、失われていたものを見つけることについての話を、私たちが語る機会を与えてもらうことではないでしょうか。

一五章一一―二四節　放蕩息子の譬え――父親と弟息子

[11]イエスは続けて言われた。「ある人に二人の息子がいた。[12]弟のほうが父親に言った。『お父さ
ん、私がもらえる財産をください』。そこで、父親は二人に資産を分けてやった。[13]その後、何日
もたたないうちに、弟息子は財産を現金に換え、遠いところへと旅立った。しかし、そこで放蕩
して、自分の財産を浪費してしまった。
[14]彼が、すべてを使い果たしたとき、その地域にひどい飢饉が起こって、彼は困窮し始めた。
[15]それで、その地域に住むある人のところへ身を寄せた。すると、その人は彼を自分の畑に送り、
豚を飼わせた。[16]彼は、豚の食べるいなご豆で腹を満たしたいと思うほどであったが、誰も食べ
物をくれなかった。
[17]そこで、彼は我に返って独り言を言った。『考えてみよ。父のところには、あんなに大勢の雇
い人がいて、食べる物は有り余っているのに、私はここで飢え死にしそうだ。[18]立って、父のと
ころに行こう。そして、こう言おう、「お父さん、私は天に対して、そして、あなたに対して罪

を犯しました。[19]もう私には、あなたの息子と呼ばれる資格はありません。雇い人の一人にして
ください』』。[20]そこで、彼は立ち上がって、自分の父親のもとへ向かった。
ところが、彼がまだ遠く離れていたのに、父親は彼を見つけ、深く憐れみ、走り寄ってきつく
抱きしめ、口づけをした。[21]息子は父親に言った。『お父さん、私は天に対して、そして、あなた
に対して罪を犯しました。私は、もはや、あなたの息子と呼ばれる資格はありません』[22]しかし、
父親は僕《しもべ》たちに言った。『急いで、いちばん良い服を持って来て、この子に着せなさい。手に輪
をはめ、足に履物を履かせなさい。[23]それから、肥えた子牛を引いて来て屠りなさい。食べて祝
おうではないか。[24]私のこの息子は、死んでいたのに生き返り、失われていたのに今、見つかっ
たのだから』。そして、祝宴を始めた。

放蕩息子の譬えは良く知られているので、説明する必要もないと思います。時代を超えて芸術家や作家を魅了してきました。愛をもって迎える父親の前にひざまずく弟息子を描いたレンブラントの有名な絵画は、その話と同様に、多くの人に大きな感化を与えてきました。ほかにも例えば、この話の欽定訳聖書におけるフレーズ、「肥えた子牛」〔肥えた子牛を屠って放蕩息子を迎えた父親の故事で、歓待の用意をする意〕は、よく知られています。

それなのに、この話は、単に悔い改めの最初のしるしが見られたときに、罪人を迎え入れようと備える神の驚くべき愛と赦しの恵みについての話だと、しばしば見なされます。確かにそれは享受すべき、世に知られた偉大なテーマです。しかし、この話自体に、私たちがしばしば想像するよりもっと

深い意味があるのです。

このような家族がその後どうなったのか、私たちが理解しているところを確認してみましょう。父親が資産を二人の息子に分け与え、そして弟息子が自分の取り分を現金に換えたとき、これは、父親が所有している土地が二つに分割され、弟息子が自分の分を誰か他人に売却したということを意味しているに違いありません。このことが家族にもたらす恥は、息子が父親の亡くなる前に自分の持ち分を求めることによって、すでに父親にもたらした恥に加えられます。これは、「私はあなたが死ぬことを望みます」と言うことと同じです。父親は、逆襲することのできない、二つの打撃を受けています。

今日《こんにち》に至るまで、人は伝統的な文化の中にいます。イエスの時代の場合、その時点での話としてはまったく信じがたいものです。実際、父親はそのようにはふるまいません。彼はその息子に一撃を食らわすか、息子を外に追い出すべきです。息子が家を出る前に、すでにその話に組み込まれた理解の及ばない不可解さがあります。また一方で、現代の西欧の文化圏では、彼らの未来と、大都市での幸福追及のために、子どもたちは決まりきって田舎の家を出ます。しかし、イエスの文化圏では、年老いた父親の世話をするという義務を捨てた弟息子のことは、さらに恥ずべきことと見られてしまいます。その息子は、やがて見知らぬ土地で金銭を使い果たし、窮地に陥り、ついにはどん底まで落ちぶれた自分の姿に気づくのです。ユダヤ人にとって、豚の世話をすることは不快きわまりなく、彼にとって、豚を養い、豚の餌さえ求めるほどの空腹は最悪でした。

もちろん、この話の最も注目に値する人物は父親自身です。人は、この話を「走り寄る父親の譬え」とさえ呼びます。年配者が威厳を見せつけるために毅然として動かない文化にあって、弟息子がやっとの思いで家に帰ってきたのを見るやいなや、普通、父親は急いで逃げてしまうものです。この父親の惜しまない歓迎ぶりは言うまでもなく話の要点です。イエスは、パーティが開かれている理由、つまり、人々が自分勝手な道を歩むことから神の道を歩むことへと転換したときに祝う理由について説明されます。なぜなら、この若い男は事実上、完全に落ちぶれてしまっていて、自分の父親に、また、ほかの傍観者に自己推薦をするいかなるものも持っていないからです。しかし、父親の結びの言葉はこうです。「この私の息子は死んでいたのに生き返った。失われていたのに今、見つかった」。これが祝う理由でなくて何でしょうか。

この話の中には、私たちが見落としてはならないもう一つの次元があります。イスラエルの歴史の偉大な物語の一つはもちろん、**出エジプト**です。イスラエルの民がエジプトから連れ出され、約束の地である故郷に帰ってきました。それから多くの歳月の後、（神への）長い反逆のゆえにイスラエルはバビロンに**捕囚**として送られました。そして、その捕囚から多くの人が帰って来たのですが、イエスの時代の人々の多くは、彼らがまだ事実上、捕囚の中にあり、悪の中にあり、暗闇の日々の中にあり、異邦人支配の中で生きていると考えていました。彼らは、神が新しい出エジプトを創出してくださるのをまだ待ち望んでいました。つまり、神が、彼らをその霊的、社会的捕囚から連れ出し、彼らの幸福を決定的に回復されるときです。異国の地で失われていた悪しき息子が、贅沢なパーティをもって迎え入れられたと語るイエスの話は、イスラエルの希望と関連付けられて聞かれなければなりません。「この私の息子は死んでいたのに生き返った」は、エゼキエル書三七章以来、この**復活**の考え方が、真の捕囚からの帰還の絵画的表現として用いられてきました。

「然り」とイエスは言われます。そして、まさにここで起こっています。人々が悔い改めて神に立ち帰るとき――それは今まで見てきたように、人々がイエスの福音のメッセージに前向きに対応したということで、イエスにとって重要なことでした――そこで捕囚からの帰還が起こっているのです。人々が期待したことのようであったかは別にして。ファリサイ派の人々とほかの批評家たちへのイエスの答えは単純です。もし神が、あなたの目の前で約束を実現なさるなら、あなたは反対できません。私が祝いのパーティを開くなら、それは正しいことであり、妥当なことです。

私たちが従来からしてきたように、この話を二分することは危険です。後半は活気に満ちています。そして、密接に前半部分を織り込んでいます。しかし、この最初の部分においては、父親の犠牲的な愛に強調が置かれます。父親が、弟息子が望むものを寛大に与えたときから、その息子が帰還する際の素晴らしい歓迎のときまでの色鮮やかな絵がここにあります。これは、神の愛とはどのようであるかというイエスの教えと、また、社会の落伍者や罪人を迎え入れるというイエスご自身の働きのモデルとして自ら採用されたイエスの教えの絵なのです。

一五章二五―三二節　放蕩息子の譬え――父親と兄息子

25 兄息子は畑にいたが、家の近くまで帰って来ると、音楽や踊りの音を聞いた。26 そこで、僕《しもべ》の一人を呼んで、これは一体何事かと尋ねた。
[27]僕は言った。『あなたの弟さんが帰って来られたのです。無事な姿の弟さんを迎えたというので、お父上が肥えた子牛を屠られたのです』。
[28]彼は怒って家に入ろうとしなかった。
そこで、父親が出てきて、彼をなだめた。[29]彼は父親に言った。『このとおり、私は何年もあなたに仕えています。あなたの言いつけに背いたことは一度もありません。それなのに、私には友だちと宴会をするために、子山羊一匹すらくれなかったではありませんか。[30]ところが、あなたのこの息子が、娼婦どもと一緒にあなたの資産を食いつぶして帰って来ると、彼には肥えた子牛を屠られた』。
[31]すると、父親は彼に言った。『子よ、お前はいつも私と一緒にいる。私のものは全部お前のものだ。[32]だが、祝宴を開いて喜ぶべきではないか。お前の弟は死んでいたのに生き返り、失われていたのに、今、見つかったのだから』」。

あるクラスメートが三〇年以上も前に書いた詩の生々しい言葉が、今も私の心に残っています。彼は公園の作業者について書きました。その仕事は柵のところに散らかったごみを拾うことでした。美しい花々や木々に囲まれ、その葉の間からきらきらと輝く太陽の光を受けていましたが、その人の目は、集めなければならないごみや、つけられた傷に向いていました。私は、その人の苦しさを要約した次の言葉を思い起こします。

「この公園の自然を壊すのは、ごみだ」と、彼は頭をもたげることなくそう言いました。彼には悪い所ばかりが見えて、美しい所が見えていませんでした。

これは、この物語の兄息子のことをうまく要約しています。この譬えの本当の聞かせどころは、この兄のことなのです。これはイエスを批判する者たちに対する返答なのです。彼らは、徴税人たちや罪人たちの不正ばかりに目を向け、そして、神の王国の預言者であると自称し、あえてこれらの者と食事をともにするイエスの不正ばかりに目が向いていました。それで、彼らは、春の新鮮な葉を通してきらきらと輝く、神の愛である太陽の光を見ることができませんでした。ここには変えられた人々、癒やされた人々、その人生が肉体的、精神的、倫理的さらに霊的に転換させられた人々がいました。しかし、つぶやく者たちには、ごみ、つまり、彼らが普段、軽蔑し避けてきた、ごみ人間しか見えていませんでした。

兄息子の姿は、言葉遣いや意図を少し変えて悪口を言うことによって、見事に描かれています。僕《しもべ》は兄息子に言いました。「あなたのご兄弟が、家に戻られました」。しかし、兄は弟のことを快く思わなかったのです。「あなたのこの息子は……」と怒って、父親に言います。「お前のこの弟が……」と優しく、父親はそのことの真相を彼に話して聞かせます。兄息子が父親に言います。「私は僕《しもべ》のようにあなたに仕えてきました」。父親はすでに自分の資産を息子たちのために二分してしまったので、実際には兄息子のパートナーとして働いてきたことになります（一二節）。父親に属するすべてのものは、兄息子のものです。弟息子は自分の分を使い果たしてしまいました。つまり、厳密に言うと、今から弟のために使うものは、兄が、自分がもらった遺産からの拠出になると考えていたのなら、それは確かに問題だと思います。

この話とイエスの対立者を結びつけるフレーズが効果的に出てきます。「私はあなたの言いつけに一度も背いたことはありません」。これは、ファリサイ派の人々の誇りでした（フィリ三・六のパウロの表現を参照）。しかし、そこから生じる倫理的な優位性は、神の愛という陽光のもとで雪が解けるようです。復活が起こるところでは――新しい命が全面的に突然現れるときには――、祝うことが適切であるばかりでなく、祝うことが必要なのです（三二節）。そうしないと、その寛大さに対して、感謝の気持ちで応えることができません。結局、それは、神が働いておられなかったということになってしまうのです。それは、ごみを見るだけで、花のにおいをかぐのを拒んでしまうことになるのです。

神が、イエスを通してイスラエルに対してなされることに関し、前進している新しい王国の働きは、まさに捕囚からの帰還のようであるということを、私たちはもう一度知ることができます。罪人たちと見捨てられていた人々は、彼らが不可能だと思っていた方法で、イエスとの交わりの中に、また、神との交わりの中に迎え入れられたことを、自ら発見していたのです。しかし、神の業が力強く前進するときにはいつも、「神は寛大ではない。何も悪いことをしていない人々が見過ごされている」などと背後でつぶやく人がいます。物事はそう易しくはありません。それは、捕囚の民がバビロンから帰還したときにもあったことです。少なくとも、サマリアの人々は彼らが帰還することを望みませんでした。

この物語は、とりわけ、不満を漏らす人の自己中心性そのものを表しています。兄は機嫌が悪く、自分の弟以上に、本当に父親を敬っていなかったことを露呈してしまいます。彼は父親のゲストの前で父親に小言を言い、中に入るようにとの父親の誘いを拒んでいます。この場合は、自己義認の兄息子に対して、父親は重ねて寛大です。この時点では、イエスはつぶやく者たちに、口が過ぎていると告げるだけでは満足されていないことに、私たちは気づきます。イエスも、それを指摘することで、ファリサイ派の人々や律法の専門家たちを説得することを望んでおられます。神の寛大さは、期待していなかった人に確かに届いているのですが、これは彼らにとって何も問題はないということではありません。彼らが、そのようなことは好まないという理由で、パーティの外にいると主張するのは彼らの勝手ですが、神が彼らを同様に愛しておられないからではありません。

ルカにとって、この譬えは、ほかの幾つかの譬えのように、イエスの宣教活動当時の状況を超えて、初期のキリスト教会に向いています。そこでは、異邦人が教会にやって来ましたが、ユダヤ人やユダヤ人キリスト者にとっては、その現実を喜びとするのが大変難しいと思うことがしばしばありました。同様に、パウロがローマ書を書いていたときに気づいたように、新しい共同体は彼らの兄に対して、神がその兄との関係を断ってしまわれたという印象を、決して与えなかったということはきわめて重要でした。何とかして、そのバランスが保たれなければなりません。

この話は言うまでもなく未完のままです。当然、私たちは次にどうなったかを知りたいと思います。弟はそれからどうしたのか。彼らはどのように決着したのか。二人の兄弟は仲直りをしたのか。このように、語り部は私たちにときどき、わくわく感を残します。なぜなら、私たちはよく考えていなかったり、自分をこの話の中のどこに合わそうかと自問したり、私たち自身について、結果的に私たちの教会について、もっと学ぶ必要があると思うからです。この話のどの役が、あなたとあなたの教会に最も自然にぴったり当てはまりますか。「復活」がほかの人に起こるよう導く人になるためには、どのようにすれば良いのでしょうか。死人の中から戻って来た弟たちだけではなく、自分は何も悪いことをしていないと考えている兄たちをも迎え入れるような、そのような祝い方を、私たちは、神の愛のパーティですることができるのでしょうか。

一六章一―九節　賢い管理人の譬え

1イエスは、ご自分の弟子たちに次のように言われた。「以前、ある金持ちのもとに一人の管理人がいた。この男が主人の財産を浪費しているとの告発があった。2そこで、主人は彼を呼びつけて言った。『お前について聞いていることがあるが、どうなっているのか。お前の会計報告書を出しなさい。もう管理人にさせておくことはできない』。

3それを聞いて、管理人は独り言を言った。『どうしようか。主人は私から管理人の仕事を取り上げようとしている。肉体労働はできないし、物乞いをするのも恥ずかしい。

4そうだ。管理人の仕事をやめさせられたときに、人々が私を自分の家に迎え入れてくれるようにしよう』。

5そこで、彼は自分の主人に借りのある者を一人一人呼んで、最初の者に言った。『私の主人にいくら借りがあるのか』。

6 その者が、『オリーブ油一〇〇バトスです』と言うと、管理人は彼に言った。『あなたの証文
を受け取りなさい。座って、急いで五〇バトスと書きなさい』。
7 それから、別の者に言った。『あなたは、いくら借りがあるのか』『小麦一〇〇コロスです』
と言うと、管理人は言った。『あなたの証文を受け取りなさい。そして、八〇コロスと書きなさ
い』。
8 すると、その主人は、この不正な管理人を褒めた。賢くふるまったからだ。この世の子らは
光の子らよりも、自分の世代の人々に対して賢くふるまっている。
9 それで、あなたがたに言う。金銭という不正なもので、自分のために友だちを作りなさい。
そうすれば、それが尽きたとき、彼らはあなたがたを永遠の住まいに迎え入れてくれる」。

彼女は礼拝の後で私のところにやって来て、この聖書の箇所は何を意味しているのか知りたいと尋ねました。この箇所は第二位の教訓として読まれてきました。第一位の教訓は、金銭を貸すことで利益を得ることを含むあらゆる種類の罪に対する預言的警告（エゼ一八〔・八〕）でした。彼女はこの聖書の言葉を明らかに知っていたので、一体どうなっているのかさっぱり理解ができなかったのです。聖書は他人の金銭で儲けることに反対していますか。それとも聖書が――実際にはイエスが――、私たちが困難から脱出するために、いかなる賢い経済的な手段をも用いるべきだと言っていますか。

問題は、九節の従来の翻訳が悪いことです。天に入る手段をあなたが買うことができると思われるような訳です。そして、八節も厄介《やっかい》です。この話の主人は、不正な管理人をほめている「主人」なの

か、それともこれが、ルカの「主人」、つまり、イエスがこれらすべてを言われたのか。どのように、私たちはこれを解決すべきでしょうか。

まず、第一にすべきことは、物語がどのように進んで行くかを理解することです。この話の主人自身は、幾分、陰険なやり方で行動しているかのように思えます。ユダヤ人は、利子を取って金銭を貸すことは許されていましたが、多くの人はこれを避けて、善意で金銭を貸していました。この目的のために使う、簡単な日用品は、油と小麦でした。管理人が証文から引いてやったものは主人が課していた利子の分のようです。油は小麦より高い割合でした。もし彼が、証文の額を元本に対してそれぞれの場合で割引すると、借りていた額のみになり、負債者は喜びます、しかし主人は、そのいかがわしいビジネスのやり方を白状しない管理人に対しては、その分を請求することでしょう。このように、主人がこのことについて聞いたとき（私は、九節の「主人」は確かに話の中の主人でイエスではないと思いますが）、主人はその人の利口なやり方を賞賛さえしたのです。

しかし、第二にすべきことは、ルカにおける全体の設定が私たちの理解を助けるので、これは実際、何についての譬えであるかに気づくことです。結局それは、譬えなのです。金銭と、それをどう使うか（使わないか）についての倫理的な教えではありません――ただし、一四章の宴会についてのことわざのように、私たちは並べて置かれる課題に関する幾つかの倫理的な教えを、少なくとも初めに見つけます。これがかえって問題を混乱させるのです。

もし、私たちが、今までに見たことのない一世紀の主人とその管理人についてのユダヤ人の話に向かい合うなら、たいがいありそうなことだと、すぐに分かるはずです。主人というのは神です。そして管理人はイスラエルの民です。イスラエルの民は、神の財産の管理人、神の世界の光であって、神に対して責任があり、神の所有物を任せられていると考えられます。しかし、イスラエルの民は、――私たちがこの福音書で多く見てきたように――その務めに失敗し、差し迫って解雇の恐れのある状況下にあります。では、イスラエルの民は何をすべきでしょうか。

ファリサイ派の人々の答えは、イスラエルの民をさらに聖くするために、より厳しい律法のルールを持ち出します。これは、私たちが見てきたように、イエスが影響を与えた人々を排斥する結果になりました。この譬えの中で、イエスは次のことを示しています。もし、イスラエルの民がある大きな危機に直面しているならば、その答えはむしろ大胆に行動することです。ファリサイ派の人々が築き上げた律法の特別な寄せ集めを忘れることです。そして、彼らがそこにいることができるように、友だちを作ることです。「光の子どもたち」、つまり、イスラエルの民は、「この世の子どもたち」、つまり、世の利口な人々が自分の時代に迫りくる危機の中でどのように対処するかを学んで、同様に行動すべきです。

このように、蓄えてある金銭と土地に代えて、イエスの忠告は、それを使うことであり、できる限り、友だちを作ることでありました。ある危機がやって来ると、その家に取って代わる永遠の家が必要になります（「永遠の住まい」とは、死後の天の住まいの意味ではありません）。

このように、この譬えは、きわめて特別に、イエスご自身の聴衆の状況に向けられています。では、私たちの時代にどのように再生できるでしょうか。

ビジネスや個人の財産管理における狡猾な手段を褒めることができないのは明らかです。むしろ、私たちが、お互いに押し付ける特別なルールに対して光を当てるように忠告しています。少なくとも教会の中で、福音そのものを超えて上にある特別なルールです。教会は動乱の時代を経験します。ですから、何が問題で、何が問題でないかの再評価がしばしば必要となります。二〇世紀は、世界の多くの場所で、いわゆる「主流派」教会――伝統的な教派――が、下降線をたどっていると言われます。ところが、少なくとも第三世界では新しい教会が生まれ、成長し、発展しています。伝統的な教会は、自分自身の死すべき運命に直面するとき、何をなすべきでしょうか。慣例にとらわれず、伝統的な壁を乗り越えて新しい友だちを作る準備をすることを学ぶべきであり、そして、慎重さを忘れずに、福音を真に分かち合うことを通して、永遠に続く家を再発見すべきです。

一六章一〇―一八節　管理の職務（ステュワードシップ）

10
イエスは続けて言われた。「ごく小さなことに忠実な者は、大きなことにも忠実である。ごく小さなことに不忠実な者は、大きなことにも不忠実である。
11
だから、あなたがたがその金銭という悪しきものに忠実でなければ、誰が真実なものをあなたがたに任せるだろうか。
12
また、あなたがたが他人のものの面倒を見ることに忠実でなければ、誰があなたがた自身のものをあなたがたに与えてくれるだろうか。
13
どんな召し使いも二人の主人に仕えることはできない。一方を憎んで他方を愛するか、一方に親しんで他方を軽んじるか、どちらかである。あなたがたは、神と富とに仕えることはできない」。
14 金銭を愛するファリサイ派の人々が、これらすべてを聞いて、イエスをあざ笑った。
15 そこで、イエスは彼らに言われた。「あなたがたは、人々の前で自分の正しさを見せびらかすが、神はあなたがたの心をご存じである。人々に賞賛を呼び起こすものは、神に嫌悪感を引き起こすものである。
16 律法と預言者たちは、ヨハネの時までである。それ以来、神の王国の福音が宣べ伝えられ、誰もが力ずくでそこに入ろうとしている。
17 律法の一画が落ちるよりは、天地が消え去るほうが易しい。
18 自分の妻を離縁して、ほかの女をめとる者は皆、姦淫の罪を犯すことになる。また、夫から離縁された女をめとる者も、姦淫の罪を犯すことになる」。

富は素晴らしいものであり、破滅をもたらすものでもあります。新聞記事の約半分は何らかの形で金銭に関することであると思われます——金銭には魔力があり、魅力的ですが、金銭が無くなると、衝撃が襲い、恐れが生じると思われます。人々がそれを得たり、横領したり、失ってはまた手に入れるといったことなどの不祥事は際限なく繰り返されます。よく知られているように、合法的なビジネスと狡猾なやり方との間の線は不鮮明です。贈り物は、いつ賄賂になるのでしょうか。自分のために儲けようとして他人の金銭を使うことは、いつなら正しく、いつなら悪いと言えるでしょうか。それから、泥棒や押し込み強盗、それに、金銭が中心の古風な不正行為である他の多数の明らかな方法もあります。

ルカは私たちを、金銭についての譬えから、金銭に関する実際の教えに導きます。この章は、金銭が話の一部であり、しかも要点の一部であるもう一つの譬えで終わります。この聖書の箇所には、富の危険性について、イエスの最も強く、最も明確な警告があります。また、教会も世界もこれらの警告を心に十分に受け入れてこなかったということをこれまでの経験が示しています。どこかある段階で、真剣な悔い改めをし、イエスの明確な教えに聞き従うという新たな決断が求められていると思われます。

そのすべてのことの鍵は、始まりの節にあります。それは、忠実についてです。金銭は所有物ではなく、委託されているものです。神は人々に財を託されます。そして、神は、それが個人的な栄光や魅力のためではなく、神の栄光のために、神の子どもたちの福祉のために用いられることを期待しておられます。この聖書の箇所によるなら、金銭もそれ自体を越えて、来たるべき命の中で、私たちを待ちかまえている真の富を指し示しています。それらが何であるかを推測することは難しいのですが、今この場で、私たちが忠実であることを学ぶなら、金銭では得られない方法で、「真の富」が私たちのものになるのです。

もし、私たちが学ばなければ、私たち自身が二人の主人の間で引き裂かれてしまうでしょう。この状況はイエスの時代には特に急を要していました。小作農業の社会は、たいてい、ごく少数の大金持ちと、おびただしい数のきわめて貧しい人々で構成されていました。富裕者とは祭司長たちを含んでいました（エルサレムにあった幾つかの富裕の家が考古学者によって発見されています）。それで、富める者を攻撃するということは、祭司長たちを攻撃することを含んでいました。ファリサイ派はむしろ大衆の運動でした。しかし、彼らの宗教のきわめて重要な要素としての土地に関して、彼らが直面した危険性は、土地の所有と、もたらされる富とを、神の祝福と同一視することでした。一四章の終わりの箇所の厳しい警告は、すでにそれを明らかにしています。ここでは、イエスはあからさまに次のように強く主張されます。神の標準は、人間的標準からわずかに違っているのでなくて、むしろ正反対なのです。

イエスは、このところで何か新しいことを言っておられるのでしょうか。ファリサイ派の人々は、所有物が神の恵みのしるしだと考えるよう人々を奨励する箇所がユダヤ人の律法に多くあるということを指摘して、上手に返答するかもしれません。もちろん、イエスは、反対の見解を裏付ける多くの預言書の箇所をもって反論されます。つまり、律法そのものが、貧しい人や困窮している人の世話をすることをイスラエルに命じているということです。イエスとユダヤ人の律法との関係は、必ずしも一筋縄ではいきませんが、一六―一七節は注意して調べる必要があります。

イエスは、律法と預言書（「旧約聖書」を意味する）を、神のご計画の中にある連続した出来事の中に置いて見ておられます。それらは神の最後の言葉ではありません。それらは洗礼者ヨハネの時まで流動的でした。その後に、新しいやり方で神の王国がやって来ているのです。イエスがおられることで、新しいことが起こっているのです。しかし、それは律法や預言者が悪く、今や無関係だということを意味しません。それらは確立された不変のものです。それらは、神がなされようとすることへの真の道標です。ただ、それ自体では、神がイエスを通して創られる新しい日や新しい世界をもたらすことはできません。それゆえに、神がイエスを通して何かをなされようとするとき、律法と預言書は賛同して傍観しています。律法と預言書だけでそれをなすことができないのです。

離婚についての言葉は、ユダヤ教の多くの戒めが議論されずにひそかに脇に置かれていたその一例として、ここに含まれているように思えます。この当時、ユダヤ教の教師の中の厳格者のみが、旧約聖書の箇所、例えばマラキ書二章一四―一六節にあるように、離婚の全面禁止を支持しました。今日の牧会的慣行において、これをどのようにして解決すべきかが、もう一つの問題であり、細心の注意と感受性をもって、マタイ福音書（五・三二、一九・九）やパウロ（Ⅰコリ七章）の深い教えも参照する必要があるでしょう。

この聖書の箇所を総合すると、忠実であること、という根本的な課題を見いだします。金銭の使用において忠実であること、金銭よりむしろ神に忠実であること、私たちの外観より心に忠実であること、今、イエスが始められた王国の宣教に忠実であること、私たちの結婚に忠実であることなどです。私たちが、金銭や土地やほかの人々について考え始め、生活に役立つものとして、自ら所有したり利用したりするやいなや、私たちは、真《まこと》の人間、神の真《まこと》の子であるという自らの使命から離れてしまい、いつも新しい僕《しもべ》を受け入れる準備ができている、ほかの主人へと向かうのです。

一六章一九―三一節　金持ちとラザロの譬え

[19]イエスは言われた。「昔、ある金持ちがいた。紫や柔らかい亜麻布の衣を着て、毎日、ぜいた
くに楽しんでいた。[20]この金持ちの家の門前に、できものだらけのラザロという貧しい男が置か
れていた。[21]彼は、その金持ちの食卓から落ちる物で腹を満たしたいと願っていた。しかし、犬
どもがやって来ては彼のできものをなめていた。
[22]やがて、この貧しい男は死んで、天使たちによってアブラハムの懐に運ばれて行った。その
金持ちも死んで葬られた。[23]金持ちはハデスで苦しんでいたが、目を上げると、遠くにアブラハ
ムが見え、その懐にラザロがいた。
[24]そこで、金持ちは大声で言った。『父アブラハムよ、私を憐れんでください。ラザロを遣わし
て、彼の指先を水に浸し、私の舌を冷やさせてください。私はこの炎の中でもだえ苦しんでいま
す』。
[25]アブラハムは言った。『子よ、思い出しなさい。お前は生きている間に良いものを受けていた
が、ラザロは反対に悪いものを受けていた。今ここで、彼は慰められ、お前はもだえ苦しむのだ。
[26]その上、私たちとお前たちの間には大きな淵が設けられていて、ここからお前たちの方へ渡ろ
うとしてもできないし、そこから私たちの方に越えて来ることも誰にもできない』。

27すると、金持ちは言った。『父よ、ではお願いします。私の父親の家にラザロを遣わしてく
ださい。28私には五人の兄弟がいます。兄弟たちも、このような拷問部屋に来ることがないよう、
彼から伝えてください』。
29アブラハムは言った。『お前の兄弟たちにはモーセと預言者たちがいる。モーセと預言者たち
に聞けばよい』。
30金持ちは言った。『いいえ、父アブラハムよ、もし、死者の中から誰かが兄弟たちのところに
行けば、彼らは悔い改めるでしょう』。
31アブラハムは彼に言った。『もし、彼らがモーセと預言者たちに聞かないならば、たとえ誰か
が死者の中から復活しても、彼らは説得されないだろう』」。

私たちは、ずっと彼を見てきました。彼は店の外の通路で、新聞紙を重ねた上に粗末な毛布をかぶって寝ていました。犬を連れていたのはおそらく安全のためだと思います。人々は彼の傍らを通り過ぎて行きます。あるいは跨《また》いでさえ行くのです。彼はときどき、幾つかのコインを缶かコップに入れてガラガラ鳴らし、金銭を求めます。私が少年であった頃、彼はそこにいませんでした。しかし、彼は今、そこに、私たちの町に、東に、西に、北に、南にいます。

私が彼を見るとき、周りの声が耳に入ります。自業自得だ、自分でそれを選んだのだと人は言います。彼を助ける機関があります。彼はそこへ行って職を得るべきです。もし、私たちが彼に金銭を与えるなら、彼は酒を飲むためだけにそれを使います。近づかない方が良い――彼は凶暴かもしれない

と人々は言います。時として、どこかほかの所で問題を起こすと、場所によっては、警察官が別の所へ彼を移動させることでしょう。しかし、彼はまた戻って来ますが、たとえ彼がいなくても、社会全体はそのままです。彼らは大都会の豊かな町の隅っこの掘っ建て小屋で寝泊まりしています。その間《ま》に合わせの小さな住まいの窓から、高くそびえるホテルやオフィス街が見えます。とても幸運な場合、家族の一人が清掃員として働くことができます。実は、彼らは負債状況の中に生まれ、負債状況に留まり続けています。それは、ある金持ちや有力者の過ちによるのです。彼らは、一世代か二世代前に、兵器や、新しい大統領官邸や、富裕なスイス銀行の口座と引き換えに、彼らの権利や生活を事実上譲り渡してしまったのです。また、富める者と貧しい者とが、必ずしもそんなに明らかに共存していないのに、テレビが一緒にしてしまうのです。

そのように、私たちは皆、ラザロを知っています。彼は私たちの隣人です。私たちの何人かは金持ちかもしれません。着飾って、丸々太っていて、ラザロに気づきもしないで、その傍らを通り過ぎて行きます。ほかの人も、そんなに金持ちでなく、そんなに良い服も着ていないし、太ってもいませんが、ラザロと比較されると富んでいます。彼は喜んで私たちと場所を交換するでしょうが、私たちは、たとえ一日であっても彼とともに生活することを恐れるでしょう。

イエスの、ラザロと不詳の富める者についての話には幾つかの段階があります（彼はよく「ダイヴィーズ」と呼ばれます。これは語源のラテン語「金持ち」に由来しますが、この話の中では無名のままです）。この話は古代の良く知られた民話に似ています。イエスは、富裕な人と貧困な人が将来の人生で逆転すると言った最初の人では決してありません。実際に、このような話はよく知られているので、人々が期待するパターンをイエスがどのように変えられたかを私たちは見ることができます。たいていの話では、誰かが、地上にまだ住んでいる人々にメッセージを送り返す許可を求めると、それが許可されます。ここでは、それがありません。むしろ、この話の厳しい終わり方は、話そのものを越えて、イエスの聴衆が、さらにルカの読者が、直面するよう迫られていたさまざまな問題をさし示しています。

この**譬え**は、本来、富と貧困についての倫理的な話ではありません――しかし、この章では、そのようにも聞くべきです。もしそれだけなら、貧しい人を貧しいままにしておく方が良いと言うかもしれません。なぜなら、彼らは将来の人生においては良い時を持つからです。この種の論拠は、私たちがそれに関することを求めるようにと、ぞんざいな金持ちによってあまりにも頻繁に使われてきました。そうではありません。ここで起こっていること以上のものがあります。結局のところ、この話は将来の人生において、逆転する運命についての一般的な民間信仰に何ら新しいものを加えていません。もし、譬えであるなら、それはイエスご自身の働きの中で起こっていることについての絵画的表現として、私たちは受け取るべきであるということを、いま一度言っているのです。

終わりの部分は、前の章の父親と二人の息子の話が終了したというヒントを与えています。「彼らが気づかないならば、たとえ誰かが死者の中から復活しても」は「このあなたの兄弟は死んでいたのに生き返った」に関連しています。先の話の兄息子は、富める者と大変似ています。両者とも、貧しい、ぼろ布を着た隣人を遠ざけ、忘れたいと思っています。イエスが、見捨てられた人々や罪人たちを迎えることによって非難されてきたことを思い起こします。イエスが行われたことが、現在の世界で実行されています。広く信じられていたことが、未来の世界で起こるということが今や、現実味を帯びています。「天におけるように地の上にも」は、イエスのスローガンとして残っています。来たるべき世は現在に先取りされなければなりません。

　要点は次のようです。富める者がラザロに行ったように、自ら金銭を愛するファリサイ派の人々は、イエスを歓迎する人々に同様な態度を取りました。それは、管理人がその管理職を解任されたまさにそのときに、最悪の事態を免れるために、間一髪のところでとった行動が賞賛されたのです。それで、ファリサイ派の人々や同じ行動をとるように誘われたほかの人々も、まだ時間がある間に、今、その生き方を変えるように求められているのです。イエスが彼らに求めておられるすべては、事実、モーセと預言者たちが語ったことを実行することです。ルカがそのことを一貫して明確にしているように、イエスの王国の宣教はイスラエルのすべての物語を完成させることなのです。それゆえ、律法と預言書を理解する人は誰でも、イエスがそれらを完成してくださるのを見なければなりません。

　もし、彼らがそうしないなら、たとい誰かが死から生き返っても、そのことは彼らに判断力をもたらさないでしょう。この譬えの最後の文は、オルガンを壊すようなコードのように、幾つかの異なる音を含んでいます。それは、イスラエルの民の回復と再生のすべての希望について語っているのです。それは、放蕩息子の譬えがそうであるように、貧しい人や見捨てられた人がイエスに迎え入れられるということを語っているのです。それはまた、ルカの時代以降の読者に対して、最も力強く、イエスご自身について語っているのです。いつか近いうちに読者は知ります。イエスご自身がよみがえられ、すべての悪しきことが正しくされる神の新しい世に向かって扉が開かれ、律法と預言書のすべてが新しい方法で成就するということを。

一七章一―一〇節　赦し、信仰、謙虚さ

[1]イエスは弟子たちに言われた。「つまずきは避けられない。しかし、それをもたらす者は災い
である。[2]その者にとっては、これら小さい者の一人をつまずかせるよりも、自分の首にひき臼
を懸けられて、海に投げ込まれるほうがましである。[3]あなたがた自身も気をつけなさい。
もし、あなたの兄弟が罪を犯したなら、戒めなさい。そして、謝れば、赦してやりなさい。
[4]もし、一日に七回、あなたに対して罪を犯しても、七回、『すみません』と言ってあなたのとこ
ろに戻って来るなら、赦してやりなさい」。
[5]使徒たちは主に言った。「私たちの信仰を増してください」。
[6]主は言われた。「もし、あなたがたにからし種一粒ほどの信仰があるなら、この桑の木に、
『根こそぎにされ、海の中に根を下ろせ』と言えば、言うことを聞くであろう。
[7]あなたがたの誰かに、耕作するか牧畜をする僕《しもべ》がいる場合、その僕が畑から帰って来たとき、
『すぐに来て食卓に着きなさい』と言う者がいるだろうか。[8]むしろ、その僕に言わないだろうか。
『晩餐の準備をしてくれ。身支度をし、私が食事を終えるまで給仕をしてくれ。その後で、お前
は食事をしなさい』と。[9]僕が命じられたことを果たしたからといって、主人は僕に感謝するだ

ろうか。
10 同じように、あなたがたも自分に命じられたことをすべて果たしたとき、『私たちは取るに足
りない僕です。なすべきことをしたにすぎません』と言いなさい」。

『謙虚さとそれを身につける方法』（*Humility and How I Achieved It*）という名の本〔Ben. R. Peters, *Humility and How I Almost Achieved It: Uncovering a Highly Undervalued Key to Lasting Success and Kingdom Power*（English Edition）（Open Heart Ministries, International, 2013）〕の著者について有名な話があります。この書名自体が何だか自己矛盾のようです。それはイエスの世界における「善いサマリア人」というフレーズと同様です。謙虚さのパラドックス（逆説）の一つは、ほかの徳と違って、本当に謙虚な人はたいてい自分が謙虚であるとは微塵も思っていないことです。

ルカがここで集めている幾つかの短い言葉の共通のテーマは謙虚さです。それらはすべて、イエスの真の僕たちが学ばなければならない謙虚さをさしています。それは少なくとも連鎖していると思われ、さらに深く調べてみる価値があります。

まず、お互いに、人をつまずかせる警告について考えてください。これは前の二つの章に関係があるかもしれません。人々から見捨てられたが、イエスに迎えられた人々、つまり、「小さい者たち」が引合いに出されます。彼らは、ファリサイ派の人々やそのほかの人々が、イエスの語る王国に入らせたくない者たちなのです。しかし、その要点はもっと広いように思われます。今日《こんにち》のような世界の状況は、神の最終的な勝利が敵の上にもたらされるまでのことです。人々は、自らの信仰が試され

ること、そして、時として耐えることのできる限界を超えて試されることがあるのに気づくでしょう。完全にそれを回避する道はありません。しかし、そのような試練を、誰かほかの人に押しつけるような人は許されません。福音書における刑罰の最も生々しい描写の一つとして、イエスに信頼している人々の信仰を転覆させる者たちに対してイエスは、「差し迫っている刑罰に耐えるよりも、海の底にあなたを引きずり込むために、真ん中に穴のあいたひき臼を首輪にするほうがましである」と警告しておられます。

キリスト教の指導者や教師は、この警告を定期的に必要とします。ほかの人に「神の代言者がそのようにふるまうなら、すべては時間の無駄だと私は思います！」と思わせるようなことを、指導者や教師が言ったり行ったりしてしまうからです。人をそのような状況に置くのを、あなたはどのようにして避けることができますか。それは謙虚さです。

では、度重なる赦しを求めることについてはどうなのでしょうか。倫理的に優位な立場に立つことは何と易しいことでしょうか。つまり、私は悪いことをしたことがありません。だから、私があなたを赦すなら、私はあなたよりも優れていることになります。私は以前、一度か二度、楽しんでそのように振舞ったことがありますが、今は少し自制すべき時だと思います。私はあなたに、どうしてその自由のすべてを与え続けるべきでしょうか。

イエスのアプローチはまったく違っていました。あなたが誰かを赦すときは、彼らの主人とはならず、あなた自身が僕となることです。誰かを何度も赦すときは、より厳しくすべきではありません。誰かが水中で一〇秒、二〇秒、三〇秒と息をこらえているように、より長い時間、怒りを抑えるべきではありません。もしそのようなら、あなたはその意味をまったく理解していません。そのポイントは、倫理面で少しも優位に立っていないということです。あなたは謙虚であるべきです。その状況下で、なんら優位性を持たず、また、神があなたにまずお示しになられたように（イエスが、ほかの状況下で数々示されたように）、ほかの人に対しては寛大で、完全な赦しを与えることです。これが結局、謙虚さの真の源です。疑いがあれば、神の恵みを黙想することです。

おそらく驚くことではありませんが、弟子たちは五節にあるように、これらのことには自分の信仰以上のものが必要であるということに気づいています。イエスはすぐに応答されます。あなたが必要とするのは大きな信仰ではなく、偉大な神を信じる信仰です。信仰は窓のようです。それを通して何かを見ることができます。その窓の高さが一五センチなのか一・八メートルなのかは問題ではありません。問題は、あなたが覗いている、あなたの信仰の窓を通して見る神です。それが創造者である神、イエスと聖霊のうちに働かれる神であるならば、窓である最も小さな覗き穴が、あなたが今まで夢見たことのないような力にあずかることを可能にするでしょう。もちろん、その力をあなた自身の気ぐれや喜びのために使うことはできません。もし、そのようなことをするならすぐに、この神が実際にどのような方であるかを、あなたが忘れてしまっていることを改めてお示しになるでしょう。もう一度言います。あなたに必要なのは謙虚さです。

最後に、私たちが皆、経験する衝撃的な教訓は、それが神のために行う厳しい務めであっても、一瞬たりとも、神に恩を着せるものではないということです。そういうことを何度、聞いていますか（そして、どれだけ多く考えましたか）。私はこのすべてを成し遂げました。私はすべての金銭を与えました。私は一生懸命に働きました。――神は、確かにそれに満足されるでしょうか。その答えはこうです。心からの神への奉仕は、すべて喜んでするものであって、決して何かを得るためではありません。「私たちはまったく何の価値もありません」ということは、私たちに自己の価値や自己の愛の正しい感覚が欠けているということではありません。それはまさに、私たち自身が偉大な真理を常に確認しなければならないということです。つまり、私たちは決して神に恩を着せることなどできないのです。

一七章一一―一九節　癒やされた一〇人のレプラを患った人々

[11]イエスは、エルサレムへの途上にあったとき、サマリアとガリラヤの間を通って行かれた。
[12]ある村に入られると、一〇人のレプラを患っている男たちに出会われた。彼らは遠くの方に立
ち止まって、声を張り上げて言った。
[13]「イエス様、主よ、私たちを憐れんでください」。
[14]イエスは彼らを見て言われた。「行って、自分自身を祭司たちに見せなさい」。すると、彼ら
は進んでいくうちに癒やされた。
[15]彼らのうちの一人は、自分が癒やされたのを見て、大声で神を賛美しながら戻って来た。[16]そ
して、イエスの足もとにひれ伏し感謝した。この人はサマリア人であった。

17そこで、イエスは言われた。「一〇人が癒やされたのではなかったか。ほかの九人はどこにい
るのか。18神を賛美するために戻って来たのは、この他国の人だけなのか」。
19それから、イエスはその人に言われた。「立ち上がって、行きなさい。あなたの信仰があなた
を救った」。

あなたに、声の限りに喜びの叫びをあげさせるものは何ですか。誰かの前で、あなたを地にひれ伏させるものは何ですか――そうです、あなたの顔をうつ伏せにさせるものです。

そんなに昔の話ではありませんが、二人の探検家が南アフリカのジャングルで行方不明になりました。九か月間、彼らはさまよいました。自分たちがどこにいるのか、どのようにしてそこから抜け出せばいいのか分かりませんでした。多くの危険に遭遇し、望みを失いそうになりましたが、ついに彼らは発見され、救出されたのです。おそらく彼らに叫ぶ力は残されていなかったと思われますが、彼らは叫びたかったのです。もちろん、祖国にいる彼らの親族はそうしたことでしょう。

あなたが、心から深く愛している誰かの手術が成功裏に終わり、医師が、経過も順調であるとあなたに告げるなら、あなたは歓声を上げることでしょう。突然、あなたのすべての負債が消え去り、あなたに新しい人生のスタートが与えられたとき、あなたは同様に歓びの声を上げることでしょう。ところで、どちらがより驚くべきことですか。ある人が戻って来て歓声を上げ、イエスの足もとにひれ伏したという事実ですか。それとも、九人が戻って来なかったという事実の方ですか。

ルカは、部外者やよそ者に対するイエスの態度に、再度、焦点を当てます。ルカ特有の物語の一つ

である善いサマリア人のように、癒やされたのに、「ありがとう」という言葉を言わなかったユダヤ人たちに対して、この男は、恥をかかせました。多分、ひとたび彼らが祭司に会ってしまえば（祭司は各地域に住んでいて、人々がこのような病気から癒やされたならば、そのことを宣言する責任がありました）、戻って来て、今や注意人物であるイエスと自分が同一視されるのを恐れたと思われます。多分、彼らは癒やされたことに気づいていましたが、自分の家族のもとに帰りたかったのでしょう。それは、その病気が家族に感染する間はずっと家族と一緒に生活ができなかったからです。それで、イエスのところに戻り、イエスを捜そうなどとは単に考えなかったと思われます。

彼らの癒やされたと思う程度が足りない、とルカは言っていません。しかし、ルカは、彼らには感謝が足りないことを確かにほのめかしています。謙虚さという教えの後に、喜びについての教えが出ています。もちろん、謙虚さはまだその中にあります。よそ者だけが神をほめたたえ、名前そのものが神をほめたたえるという意味のユダヤ人（ヘブライ語で「ユダ」は「ほめたたえる」〔ヤーダー、創二九・三五〕）に対して、きまりの悪い思いをさせることになるのです。

それは、レプラを癒やされた九人の者たちだけが、きまりの悪い思いをするのではありません。それは、パウロが言っているように、神に、「いつも、そして、あらゆることについて」（エフェ五・二〇）感謝しない私たち全員が、きまりの悪い思いをするのです。私たちキリスト者は、神はすべてを与えてくださる方であるという信仰を持っていることは、頭では分かっています。私たちが食べる口いっぱいの食物、私たちが吸い込むすべての息、私たちが聴くあらゆる音楽の音、友だち、子ども、配偶者の顔に現れる笑みもみな、これらすべてが、そして何百万もの事柄が、寛大な神からの良い贈り物なのです。世界はこのようである必要はありませんでした。はるかに殺風景なものであったかもしれません（もちろん、私たちが、しばしば、それを面白くない、活気のないものにしてしまっています。しかし、神は、そこにさえ、驚きを与えることがおできになります）。人の祝福を列挙し、神の御前でそれらの名をあげて、感謝をささげるという古い精神的訓練があります。特に、健康、幸福、さらに衣食住のありとあらゆるものに対して、私たちが絶対的な権利をもっているとしばしば思い込んでいる世界においては、そうすることは健全なことです。

イエスのサマリア人への終わりの言葉が、さらに詳しく教えてくれます。「立ち上がる」という語は、初期のキリスト者には「復活」と関連していると認められています。この人は、まるで放蕩息子のように、「死んでいたのに、生き返ったのです」。イスラエルの民が、来たるべき世の一部として待ち望んでいた新しい命は、あの日、彼の村にやって来たのです。そして、それが、自分が持っていることを知らなかった信仰を、彼から呼び起こしたのです。もう一度言います（五・二〇、八・四八、八・五〇と比較）、信仰と癒やしは密接に関係しています。さらに言います。ここでいう「信仰」とは、単に古い信条や、生に対する一般の宗教的態度ではなく、生と死を支配される神が、イエスの中に、イエスを通して働かれていると信じることです。また、ただ漠然とした一般的な真理でなく、この場合に、ここで、今、有効であるという信頼なのです。この信仰と感謝のリズムこそ、一世紀あるいは二一世紀においても、キリスト者であることのすべてなのです。

一七章二〇―三七節　神の王国の到来

[20]ファリサイ派の人々から、神の王国はいつ来るのかと尋ねられたので、イエスは彼らに答えられた。
「神の王国は、見守っていて見える形で来ることはない。[21]『ここだ』とか、『あそこだ』と言えるものでもない。見よ、神の王国はあなたがたの手の届くところにあるからだ」。
[22]それから、イエスは弟子たちに言われた。「あなたがたが、人の子の日を一日だけでも見たいと望む時が来る。しかし、見ることはできない。[23]人々は、『あそこだ』『ここだ』と言うだろうが、出て行ってはならない。また、追いかけてもならない。[24]稲妻がひらめいて、大空の隅から隅まで輝くように、人の子もその日に現れるからである。[25]そして、まず人の子は多くの苦しみを受け、今の時代から排斥されなければならない。
[26]人の子の時に、それはどのように起こるのだろうか。ノアの時にあったようなことであろう。[27]ノアが箱舟に入るその日まで、人々は食べたり飲んだり、結婚して披露宴を催したりしていたが、洪水が襲い、一人残らず滅ぼした。[28]ロトの時にも同じようなことが起こった。人々は食べたり、飲んだり、買ったり、売ったり、植えたり、建てたりしていた。[29]しかし、ロトがソドムから出て行ったその日に、火と硫黄が天から降ってきて、すべての人を滅ぼした。[30]人の子が現れる日にも、同じようになるだろう。
[31]その日には、屋上にいる者は、家の中に自分の家財があっても、それを取りに降りてはなら

ない。また、畑にいる者も同じように、後《うしろ》を振り向いて何かを取りに帰ってはいけない。32ロト
の妻のことを思い出しなさい。33自分の命を救おうと求める者はそれを失い、自分の命を失う者
はそれを保つ。
34あなたがたに言う。その夜、二人の男が並んで寝ていれば、一人は取られ、もう一人は残さ
れるだろう。35二人の女が並んで穀物を臼でひいていると、一人は取られ、もう一人は残される
だろう」。
37そこで弟子たちはイエスに言った。「主よ、それはどこで起こるのですか」。イエスは彼らに
言われた。「死体のある所には、禿鷹も集まってくる」。

「黙示」という言葉から何をイメージしますか。ハリウッドのファンタジーですか。それとも天から落ちる星、火山、または地震ですか。人々が恐れ、パニックになり、あちこちに逃げ惑うシーンですか。

聖書には多くの黙示があります。そしてときどき、そのように聞こえるのです。この聖書の箇所はそのうちの一つです。ノアの洪水はすべての人を洗い流しました。ソドムでは火と硫黄が降り、ロトとその家族は逃れました。これが、多くの人が「黙示」という言葉を聞くときに考えることです。しかし、イエスはそのように考えられたのでしょうか。この聖書の箇所は何を意味しているのでしょうか。

「ある者は取られ、ほかの者は残される」という言葉に基づいて書かれた本〔ティム・ラヘイ／ジェ

リー・ジェンキンズ『レフトビハインド』（上野五男訳、いのちのことば社、二〇〇二年）」があります。この「取られる」は、天に連れ上られ、神とともにいることを意味し、すべての信仰者が取り去られた世界で、ほかの人々は残されて生き抜くために戦うと推測する人がいます。しかし、この聖書の箇所はそのようなことを言っていません。実際はその逆です。「取られる」人々は危機に直面しています。つまり、敵対する力によって取り去られ、彼らは死に追いやられるのです。

しかし、これらの敵対する力とは何でしょうか。「死体」の周りに集まる「禿鷹」とは何でしょうか。そして、それらは何をするのでしょうか。さらに、これらすべては、弟子たちが待ち望むが見ることのできない「人の子の日」とどのような関係があるのでしょうか。

ルカ福音書の残りの章が、ルカがこのことを理解するためにどのように考えていたかを明らかにしています。この聖書の箇所は、自然の、もしくは超自然の力によって、町や地域や知られている世界が破壊されるという出来事については、何ら言及していません。むしろ、ルカ福音書におけるイエスの多くの警告のように、敵の軍隊が侵入し、突然の破壊をもたらす時について言及しています。「禿鷹」は「鷲」と同じ意味で（古代の著者は、禿鷹は鷲の一種と考えました）、それは、ローマ帝国の紋章が鷲であるので、その軍隊の隠喩かもしれません。

次のことがその警告を解明します。軍隊がやって来たとき、なすべき最善のことは、飛び出して走ることです。自分の所有物を集めることなど考えてはいけません。いっとき普通の生活が続くでしょうが、次にパニックが起こるでしょう。それで、最も賢明な忠告は、あなたがその場所から十分に離れるまで、生活そのものの必要など考えないことです。部屋で眠っていて、あるいは粉ひき小屋で働いていて、知らないうちに取り去られた人々は、侵略者があちこちで強奪するのを見るでしょう。疑いもなくそれは起こるのです。それは、特別な識別力を必要とするような「霊的」な出来事ではありません。それは稲妻のように、暗闇の空を突然照らし出すのです。

それでは、人の子とどのような関係があるのでしょうか。「人の子の日」は、次のような時と関係すると思われます。それはダニエル書の預言（七章）にあるように、「人の子のような者」は苦難の後、神によってその正当さが証明されます。そのしるしは、神の民と、神の目的を抑圧してきた権力者、抑圧者の破滅なのです。ダニエル書において、この権力者は第四の獣で、最も偉大な外国の軍隊です。イエスにとって、最も先鋭的な考え方をもち、イエスの教えとイエスの王国の宣教に対して真っ向から反対した勢力は、公認のイスラエル自体であり、神殿とその位階制、さらに、神殿に由来する考え方と慣行を持つファリサイ派の人々なのです。

私たちは、ルカ福音書において、イエスのメッセージを心に留めなかったがゆえに、恐ろしい破滅がその時代の人々にもたらされるというイエスの警告を、何度も繰り返して見てきました。今、イエスは、同じ警告を徹底させるために、ユダヤ人の預言の「黙示的」な表現を用いられます。「人の子の日」とは、神の真の民を代表する人物が、苦難の後に最終的に主権を与えられる日です。そして、その正当さは、イエスの平和の福音に反対した都や神殿の崩壊という形で証明されることでしょう。

それでは、なぜ、この聖書の箇所のはじめで、神の王国は、目に見える形で来ることはないとイエスは言われるのでしょうか。

ファリサイ派の人々からの質問は次のことをほのめかしています。イエスの心の中に、ある事柄が特別な順序で起こるという予定表があるので、人はそれらをチェックすることで、最終的なドラマに備えることができるということです。私たちが見てきたように、イエスの答えは、そのようではありません。最後の瞬間が訪れるまで、生活はいつものように推移することでしょう。しかし、同様に言われなければならないことがほかにあります。神の王国は、あなたがたの手の届くところにあるとイエスは言われます。

イエスが二一節で用いられるフレーズは、時には「あなたがたの中に」と訳され、人々は、王国は純粋に霊的で、個人的で、神との内面的な関係を意味していると考えてきました。しかしイエスは「神の王国」という言葉をそういう意味では決して用いておられません。それはいつも、公の世界で発生する事柄に関係し、個人的な経験には関係しません。ほかの人々は、そのフレーズを「あなたがたのただ中に」と考えます。言い換えれば、神の王国は現臨するが、秘密裏に隠されていて、人々が発見するのを待っているというふうに考えます。それは近い解釈です。しかしまだ、ぴったり合いません。このフレーズは、もっとアクティヴです。それは、どこに王国があるかについてはズバリ答えてはいません。それは、あなたがたがそれについて何かをしなければならないということを告げています。それが、「あなたがたの手の届くところにある」ということなのです。それは、あなたがたに決心を迫っています。イエスを信じ、信頼し、そして従う決心です。それは、今まさに起ころうとしているようには思えないので、ゆったりと腰を掛けて見ていることができるというようなことでもありません。世界を正される神の主権的計画は、あなたがたが署名するのを待っています。これが、イエスが話しておられる趣旨なのです。

イエスが警告されたことは、紀元七〇年に実際に起こりましたが、王国の約束はまだ残っています。それはまだ未来にあります。神が、ついに罪と死に、永久に勝利され、天と地を造り直されるときに、もう一度、ある瞬間が存在するのです。普段の生活のただ中で、神の召しに耳を貸さなかった人々の上に破滅がやって来ます。しかし、それは、この聖書の箇所が言っていることではありません。この箇所は、この時代に対して、そして、神の主権的な世界統治や、神の癒やしの愛という未来を知りたい人々に対して、招待状を出しているのです。あなたがたの手の届く人々だけでなく、あなたがたの助けを待っている人々に対して、招待状を出しているのです。

一八章一―一四節　粘り強いやもめと徴税人の譬え

1さて、イエスは弟子たちに、気落ちせず、たゆまず祈るべきであることを教えるために、譬
えを話された。
2「ある町に、神を畏れず、人を敬わない裁判官がいた。3また、その町に一人のやもめがいて、
この裁判官のところに来て、こう言った。『法廷で裁いて、私の相手に対する潔白を証明してく
ださい』。
4この裁判官は、長い間、拒否したが、ついに心の中で言った。『自分は神など畏れず、人を敬
わないが、5このやもめは非常に煩わしいので、裁きをしてやろう。そうすれば、際限なくやっ

て来て、私に面倒をかけることもなくなるだろう』」。
[6]それから、主は言われた。「この不正な裁判官の言うことを聞いたか。[7]まして、神が、日
夜叫び求める、選ばれた者たちのために裁きをせずに、わざと遅らせるようなことがあろうか。
[8]あなたがたに言う。神は速やかに彼らのために裁いてくださる。しかし、人の子が来るときに、
この地上に信仰が見られるだろうか」。
[9]イエスは次の譬えを、義《ただ》しい人間であると自負し、他人を見下している人々に対して話され
た。
[10]「二人の人が祈るために神殿に上った。一人はファリサイ派の人で、もう一人は徴税人であっ
た。[11]ファリサイ派の人は立って、心の中でこのように祈った。『神よ、あなたに感謝します。私
はほかの者たちのように、略奪する者でも、不正な者でも、姦淫する者でもなく、また、この徴
税人のような者でもありません。[12]私は週に二度断食し、全収入の一〇分の一税を納めています』。
[13]ところが、徴税人ははるか遠くに立って、目を天に上げようともせず、胸を打ちながら言っ
た。『神よ、罪人の私を憐れんでください』。[14]あなたがたに言う。義とされて家に帰ったのは、
この徴税人であって、あのファリサイ派の人ではない。分からないのか。誰でも、自ら高ぶる者
は低くされ、自らへりくだる者は高められる」。

私と一緒に裁判の法廷に行ってみましょう。そこでは民事訴訟が審理されています。私は法廷にはあまり行きませんが、テレビや新聞で随時、訴訟問題が報道され、歴史に残ります。

そんなに深刻でない場合は、それはスポーツ大会のようです。ここに原告がいて、彼に敵対する人物によって不当に扱われたと熱心に訴えます。彼は自分の弁護団を持ち、そして、彼らがこの訴訟を論じます。証人を立て、自分の正当性について裁判官を説得しようと努めます。反対側には、原告が告発している被告がいます。彼と彼の弁護団は、「こちらこそ」正しいと裁判官の説得に努めます。なりゆきを見ている専門家は評決の行方を察知していると思いますが、結果は判決が出るまで知らされず、審判員のような裁判官が、最終的に総括し、その結果を告知するのです。

古代のユダヤの法廷では、民事だけでなく、すべての訴訟がこのように行われました。もし、誰かに何かを盗まれると、あなたは彼らを告発しなければなりません。あなたはそのことのために警察を呼ぶことはできません。もし、誰かがあなたの親戚を虐殺したとしても、同様の手続きを取らなければなりませんでした。このように、イエスの時代のあらゆる訴訟問題は、どちらの集団が正しいかどうかを決める裁判官に関する問題でした。ここでいう「正当さを立証すること」(vindication)、もしくは「義しいと認められること」(justification)は、その件に関して彼らの主張を支持し、彼らに有利な判決を下すことを意味しています。パウロの書簡で多く見かけるこの「**義認**」(justification)という語は、**福音書**ではめったに見られませんが、これはまさに、裁判官が訴訟問題の結論として判決を下すことを意味しています(ロマ二・一―一六、三・二一―三一、ガラ二・一六―二一)。

これら二つの**譬え**は、ある意味では大変異なりますが、いずれも正当さを主張しています。前者は、より明らかにそのようです。それは実際に法廷が設定されているからです。しかし、ここは一見したところ、私たちを悩ませます。イエスは疑う余地なく神を代表されているのですが、この裁判官は神に似つかわしくないからです。彼自身は神を畏れていないし、人々に対して正しいことをしているかどうか気にしていません。この譬えの要点は次のようです。そのような腐敗した裁判官でさえ、彼が裁きをくだすまで、昼も夜もしつこく彼を悩ます者によって、正しいことを行うように説得されうるなら、なおさら、人を裁く方であり、心から人々を気にかけていてくださる神は、彼らを義《ただ》しいとお認めになり、正義が実現されるのをご覧になることでしょう。

この譬えは、神の民というのは神が義としてくださるのを待っている訴訟当事者のようであると想定しています。何についての訴訟でしょうか。それはイスラエルについてのことと思われます。それとも、むしろ、今、イエスの周りに集まっている新しくされたイスラエルと思われます。彼らは、イエスのメッセージに反対した人々がついに大敗するときに、神から義とされるのを待ち望んでいます。それは、言い換えると、前の章で述べられたような同じシナリオについてのことです。イエスに反対した都と神殿の最終的な崩壊の時であり、イエスに従う者は、神がイエスを義とし、そして自分たちもイエスに従う者として義とされることを知るでしょう。この瞬間、それ自体は恐ろしいことですが、神の民がずっと祈り待ち望んできた解放と正当な裁きとして、それは行われることでしょう。これがその最後の瞬間に当てはまるのなら、キリスト者の生活が満たされるというような、すべてのささいな瞬間にも当てはまります。

第二の譬えは、まず、ある宗教的な行事について述べられているように思えます。しかし、結局これもまた、もう一つの訴訟になります。さもなければ、神殿におけるファリサイ派の人々はすでに訴訟を競争に変えていると私たちは言うべきです。つまり、自分のあらゆる良い点を、ただ神に告げるという構成の「祈り」です。徴税人を単に便宜的に非難することによって自分を持ち上げることで終わっています。しかしながら、徴税人は、小さな信仰ですが、神の偉大なお心を見通している人です（一七・六参照）。そして、彼は聖なる憐れみに自らを投げ出します。イエスは、聖なる裁きについて、義とされて家に帰ったのはこの徴税人であって、ファリサイ派の人ではないことを明らかにされるのです。

これら二つの譬えはともに、パウロの言う「信仰による義認」について力説しています。より広い文脈では、神の選びの民が、苦難と聖さと奉仕の人生を経て、義とされるという最後の法廷があります。内外の敵は彼らを非難し攻撃するかもしれませんが、神は、彼らこそ真の神の民であることを、行動をもってお示しになります。しかし、これは単に、徳という外面的な記章によって、また、特にユダヤの律法の細目を遵守することによって、現在において、誰が神に選ばれた民であるかを言うことができるという意味ではありません。あなたが、現在において期待されているこの最終的な義が、どこにあるかを知りたいなら、本当の忍耐のあるところ、本当に自らを神の恵みの下《もと》に投げ出すところを探してください。「この人が、義とされて家に帰った」。これは、全福音書中、最も慰めに満ちた言葉です。

一八章一五―三〇節　金持ちの若い議員

[15]イエスに触れていただくために、人々は乳飲み子までも連れて来た。弟子たちはこれを見て
彼らを叱りつけた。[16]しかし、イエスは彼らを呼び寄せて言われた。「子どもたちを私のところに
来るままにさせておきなさい。妨げてはならない。神の王国はこのような者たちのものであるか
ら。[17]まことに、あなたがたに言う。子どものように神の王国を受け入れる者でなければ、決し
てそこに入ることはできない」。

[18]ある議員がイエスに尋ねた、「善い先生、どうすれば永遠の命を受け継ぐことができるでしょ
うか」。

[19]イエスは彼に言われた。「なぜ、私を善いと言うのか。神お一人のほかに善い方はいない。
[20]姦淫するな、殺すな、盗むな、偽証するな、父母を敬えという戒めについて、あなたは理解し
ているはずである」。

[21]すると彼は言った。「そういうことは皆、小さい頃から守ってきました」。

[22]これを聞いて、イエスは彼に言われた。「あなたに欠けているものがまだ一つある。持ってい
る物をすべて売り払い、貧しい人々に分けてやりなさい。そうすれば、天に富を持つことになる。

それから、私に従いなさい」。

[23]しかし、彼はこれを聞いて非常に心を痛めた。大金持ちであったからである。

[24]イエスは彼を見て、言われた。「財産のある者が神の王国に入るのは、なんと難しいことか。
[25]金持ちが神の王国に入るよりは、らくだが針の穴を通るほうがまだ易しい」。

[26]これを聞いた人々が言った。「それでは、誰が救われるのだろうか」。

27イエスは言われた。「人にはできないことも、神にはおできになる」。
28するとペトロが言った。「ご覧のとおり、私たちは自分の物を捨てて、あなたに従って参りま
した」。
29イエスは言われた。「まことに、あなたがたに言う。神の王国のために、家、妻、兄弟、両親、
子どもを捨てた者は誰でも、30この世でその幾倍もの報いを受け、来たるべき世で永遠の命を受
けるであろう」。

いつもながら芸術家のルカは、イエスのエルサレム入場の重大局面に目が移るよう、次から次へと絵の具を塗り重ねて、偉大な絵を描《か》きあげています。ルカは私たちに、謙虚さと喜びに関するイエスの教訓を与えてきました。ルカは、神がご自分の民を義とされることに関して、二つの**譬え**を示しています。これらはいずれも未来のことですが、現在においても、謙虚で悔い改めの**信仰**を持つ人々にも適用されます。ルカは今、この二つに基づいて、エルサレムに向かって私たちを導こうとしています。そして、ここでは、**神の王国**に入るための、**来たるべき世**の命を分かち合うための、たぐいまれな挑戦についてルカは語っています。

ルカは、人々がイエスのところに連れて来た子どもたちがいかに幼いかを強調しています。イエスの**弟子**たちへの叱責は、今日《こんにち》の世界でも未だ鳴り響いています。なぜなら、何千人もの子どもたちが、人間以下に、使い捨ての日用品のように取り扱われているからです。神の王国を受け入れ、そこに入るとはどういうことであるかを最も真実に私たちに見せてくれるのは子どもたちだとルカは言ってい

ます。それは、無力な子どもたちについてのことです。そして、子どもたちは、自分を愛し、気遣ってくれる人に全幅の信頼を置くということです。これは、ルカが今までに話してきた謙虚な信仰心を明らかに示しています。イエスは、子どもたちをロマンティックやセンチメンタルには見ておられません。イエスは、村での日常生活を経験され、また、何人かの子どもの中の年長者として育たれたことを通して、子どもたちがどのように要求し、人を困らせるかを知っておられたに違いありません。しかし、イエスは、神の王国を受け入れるとは何を意味するのか、その核心に目を向けておられます。それは自分の母からミルクを飲むときのようです。母の目と顔を見つめることによって、見ることを学び——そして微笑むことを学ぶ——、そのときのようです。

それとは対照的に、自信に満ち、几帳面で、確固たる人物として現れた金持ちの議員は、彼が、「善い先生」と呼んだ方の顔を覗き込んで、悲しみながら去って行きました。彼はイエスに、自分の敬虔さと忠誠心という好印象を与えようと思っていました。私たちが前の章でよく聞いた、「罪人たち」のようにではなく。彼は、よく知られた戒めを守ることにおいては、道徳的には汚点のない歩みをしてきました。彼の質問とイエスの答え、さらに、続く群衆と弟子たちとの会話によって、イエスがエルサレムに近づかれる際に何が起こるのか、その核心を私たちが見ることができるようにしてくれます。

イエスは、多くのユダヤ人が望んでいたことを実行に移されました。つまり、全世界にとって有益となるような新しい方法で、神の王国、神の主権的な救いの力を展開されたのです。これは、「来たるべき世」というその期間が、**この世**において、すでに侵入してきているということを意味しています。それは未来においてすべての悪霊が駆逐されるときに完成されます。そして、神の王国に属する者が、「来たるべき世の命」にあずかります。なぜなら、ここの「世」という語は、しばしば「永遠」と翻訳されるからです。「永遠の命」というフレーズは、この命を述べるために通常、用いられてきました。今日《こんにち》の多くの人にとって、これは単に永遠に続いていく存在を意味しています。それが望ましいか望ましくないか、意見はまちまちですが、いずれであっても、原文によってもたらされる真の興奮や味わいをつかんでいません。

神の新しい世において、ユダヤ人たちは、腐敗、堕落、悪事、苦難、痛み、恐れ、死、これらから解放されて、すべてが新しくなり、フレッシュになると信じていました。しかし、それは未だはじめに過ぎません。天と地は結合し、神とその子どもたちが共存するのです。これは人々が待ち望んだ状態です。それは、神が最終的にその救いの力をもって世界を治められるときに起こることでしょう。

そしてそれは、イエスが現在に持ち込まれたことでもあります。確かに悪と死は、まだ周りを行き巡っています。イエスご自身は、まだ古い時代の全勢力と対峙せねばなりませんでした。しかし、イエスがおられたところでは、また、謙虚で悔い改めの信仰心をもつ人々が、神の王国はイエスの中で、またイエスを通して活動中であるということを受け入れたところでは、新しい世の命が見え始めていました。

これが、金持ちの議員が悲しくなった理由です。新しい世の命を受け継ぐために、人は古い価値観を捨て、自分自身が新しいものを心から信じる必要がありました。それは水中に身を投げるダイバーのようです。彼は古いものの象徴を捨て去ることができなければ、真剣に新しい世を求めることができませんでした。戒めは良いもので重要です。しかし、もし彼が、所有物と結婚するなら――私たちが見てきたように、約束された土地はユダヤ人のアイデンティティとして重要な象徴ではありますが――、彼は、神を神であると認める謙虚な気持ちを持った子どものように、神の王国を受け入れることは決してできないでしょう。真の富は天の次元で見出されるべきです。「天に宝」は、単に死後のあなたの財産のたぐいではなく、宝とは、天と地が一つになる時まで神の倉庫に蓄えられたものです。すでに、現在においてさえ、この新しい世は私たちの悲しい古い世に侵入しています。キリスト者の交わりの中に、古いやり方を捨てる人々のために開かれている新しい家、新しい家族、新しい可能性があります。教会は、いつの時代も共同体のようなものであるべきです。来たるべき世の生きたサンプルであるべきです。私心のようなものがなく、信頼しきって生活する教会員自身は、そしてその周りの人々は、神の新しい世界とはどのようであるかを垣間見ることができ、その生き方をさらに深く学ぶことができるのです。

一八章三一―四三節　目の不自由な物乞いを癒やすイエス

31イエスは一二人を呼び寄せて、彼らに言われた。「私たちはエルサレムへ上《のぼ》って行く。そして、
人の子について預言者によって書かれたことはすべて成就される。32人の子は異邦人に引き渡さ
れ、嘲られ、侮辱され、唾を飛ばされる。33彼らは人の子を鞭打ってから殺す。しかし、人の子

は三日目に復活する」。
34 十二人は、これらのことが何一つ分からなかった。この言葉は彼らには隠されていて、言わ
れたことが理解できなかったからである。
35 イエスがエリコに近づかれたとき、ある盲人が道端に座って物乞いをしていた。36 群衆が通っ
て行くのを耳にしたので、これは何事かと尋ねた。
37 すると、「ナザレのイエスが通って行かれる」と告げられた。
38 それで、彼は叫んだ。「ダビデの子よ、私を憐れんでください」。
39 そこで、先頭を行く人々が、彼を叱りつけて黙らせようとしたが、ますます叫び続けた。「ダ
ビデの子よ、私を憐れんでください」。
40 イエスは立ち止まって、彼をご自分のところに連れて来るようにお命じになった。彼が近づ
くと、イエスはお尋ねになった。41「何をしてほしいのか」。彼は言った。「主よ、再び見えるよう
になりたいのです」。
42 そこで、イエスは彼に言われた。「見えるようになれ。あなたの信仰があなたを救った」。
43 盲人はすぐに再び見えるようになり、神をほめたたえながらイエスに従って行った。そして、
これを見た人々は皆、神を賛美した。

あなたが優れた音楽作品を聴くとき、その作曲家があなたをより大きな緊張へと導いていき、最後の素晴らしい和音とメロディの中で、あなたのうちにある何らかの問題が解決されていくことにあな

た は 気づきます。一組《ひと》の音は一つの方向に、また別のものは別の方向へと作り上げられていきます。それらの音は互いにつぶし合うかのようです。コンサートでは、ソロ演奏とオーケストラのそれぞれの分担は決まっていますが、時には、戦っているように思えます。時には、一つのカルテットでそれぞれの楽器が優劣を競い合います。時には、素晴らしい歌かピアノの曲のソロ部分に、〔音楽用語でいう〕テンションがあります。音楽はこのテンションで生き生きします。そのテンションが解けるまで、聴衆を前方に引き寄せるのです。

ルカはこの聖書の箇所において、二つの話の間でテンションを作り上げています。それらは最終的には一つになります。つまり、イエスの十字架と**復活**のうちにそれらが解決するのです。一方では、イエスがエルサレムへの旅の理由を再び**弟子**たちにお告げになります。それは、「**人の子**」――今、明らかにイエスご自身と確認されます――は、占領されている異教徒の手によって容赦なく裁かれ、殺され、そして、三日目に復活するということです。これは、あまりにも論外なことで、弟子たちが想像したり、求めたり、夢にも見ることができないことでした。あるいは、彼らがじっくりと考えることができないので、単に理解することができないということでした。弟子たちは、イエスが比喩を用いておられるに違いないと思い込みます。しかし、その比喩が彼らには理解できません。彼らは確かに、イエスが文字どおりのことを意図しておられるとは思わなかったからです。しかしながら、弟子たちはなおもイエスに従い続けたのです。

他方では、ある目の不自由な物乞いが、イエスを信頼しきっていて、彼の熱心な求めが聞き入れられる機会が訪れたとき（金銭や食べ物を求める方がどれほど易しいことでしょうか）、彼は、この千載一遇のチャンスに、再び目が見えるよう懇願するのです。イエスは再び言われます。信仰こそが、人々を救出し救済する手段であると。こうして、その男は群衆に加わり、神を賛美しながらイエスに従って行くのです。

弟子たちには見えていませんが、物乞いには今、見えています。その旅は、すぐに不可解にも暗くなっていきますが、やがて喜びに満ちて明るくなります。私たちはもうすぐエルサレムに着きます。そして、ルカが旅の中に挿入したすべてのテーマがエルサレム到着という重要な瞬間に、一つになるのです。一方では、そこは暗闇の力が集まるところです。つまり、人々の最もひどい激しい怒りがイエスご自身に襲いかかるところです。私たちがそれまでによく知っているように、その恐ろしい出来事の背後に、都と神殿に対する警告があるのです。もし彼らが、イエスが提供するもの、つまりイエスの平和のメッセージを受け入れないなら、イエスが遂げようとしている死と同様の道を、彼らもたどることになります。そして、暗闇の中に入っていく弟子たちもまだ、それを理解していないのです。

他方では、新しい世の力はすでに働いています。イエスがおられるところはどこでも、人々は王国に迎え入れられるだけでなく、彼らは癒やされ、新しい命を与えられるのです。この命は、神の決定的な新しい日に現れるはずの完全な癒やしと喜びを真に期待させるものです。そこには興奮があり、心からの賛美があり、神の王国の祝いがあります。

どのようにしてこれらの事柄が一つに組み合わされるのでしょうか。今のところはできません。戸惑い、理解に苦しむ耳に警告が届きます。神を賛美する群衆は、決定的な王国が現れるのを期待しているのであって、彼らの指導者が捕らえられ処刑されることを望んではいません。しかし、その場面の真ん中に、ルカは一連の教えを置いています。それは、この時点までに、イエスの宣教のあらゆる段階を貫いてきた教えであり、今も、すべてが完成されるまで続いているものです。イエスは言われます。このすべてのことが起こっている。なぜなら、預言者たちによって語られたことは成就されなければならない（三一節）。これは、古代の預言者たちに告げられた神のご計画が、どのようにして実現されなければならないかということです。イエスが、古い時代の暗闇の力を、またその究極的な死そのものを、ご自分の方に引き寄せられる結果、新しい命がほかのどこかで湧き上がるのです。その音楽がそのクライマックスである十字架と復活という偉大な和音を作り上げるとき、私たちはそれらの出来事の意味するところを発見するのです。つまり、イエスがその死によって成し遂げられることを、ルカはもう一度、私たちにあらかじめ告げているのです。また、私たちがそれに耳を傾けるときに、この音楽がどのようにして私たちの人生のテーマソングにもなりうるかを学ぶのです。

イエスは、その死において、世界の暗黒と絶望をご自分の身に引き受けられます。私たちには未だ理解できないことがたくさんあります。つまり、世界中に、実に聖書の言葉の中に、私たちには隠されたままのことがたくさんあります。それは、イエスの言葉が弟子たちに向けられていたのと同様です。私たちが、それを十分に理解するなら、私たちをしり込みさせ、イエスに従って旅することをもはや望まなくさせることがたくさんあります。しかし、ルカは私たちに告げます。私たちがイエスとともに行くなら、すべての悪しき重荷をイエスがご自分の身に引き受けてくださるということを。確かに、イエスはすでに十字架上でそれを実行されたのです。その結果、私たちはさらに直面する事柄に対し、何も恐れる必要はないのです。それと同時に、私たちにはすでに与えられていることが多くあります。私たちが神を信じ、癒やしと回復を与えてくださる神の力に信頼するならば、私たちが未知の世界に向かって前進するときでさえ、私たちに神を賛美する力が与えられます。

弟子たちと同様に、私たちにとっても、このすべては神を信頼することに関わります。神は、聖書の言葉の中に、とりわけイエスの中に、その計画を明らかにされています。私たちは案内人なしでも、前によろけません。私たちはうわべだけで軽々しく神を賛美しません。ルカが、キリスト者生活の中心的な特徴として提示してきた謙虚さと希望とをもって、私たちは従い、礼拝するのです。私たちが、イエスとともにその目的地に到着するときには、イエスがすでに勝ち取られ、今や、完成の実現を望んでおられる王国において、私たちはイエスとともに祝っている自分に気づくことでしょう。

一九章一―一〇節　ザアカイの召命

[1]彼らはエリコに入り、町を通っておられた。[2]そこに、ザアカイという名の人がいた。この人
は徴税人の長で、金持ちであった。[3]彼は、イエスがどんな人か見ようとしたが、群衆に遮られ
て見ることができなかった。背が低かったからである。[4]それで、イエスを見るために前方に走
り出て、いちじく桑の木に登った。そこをイエスが通り過ぎようとしておられたからである。
[5]イエスはその場所に来られると、上を見上げて彼に言われた。「ザアカイよ、急いで降りて来
なさい。今日、あなたの家に泊まらなければならない」。[6]ザアカイは急いで降りて来て、喜んで

イエスを迎えた。
7「これを見ていた人たちは皆つぶやいた。「あの人は年老いた正真正銘の罪人のところに入って
時を過ごした」。
8ザアカイは立ち上がって、主に言った。「主よ、ご覧ください、私の財産の半分を貧しい人々
に施します。もし、誰かから不当に取り立てていたなら、それを四倍にして返します」。
9イエスは彼に言われた。「今日、救いがこの家を訪れた。この人もアブラハムの子なのだから。
10人の子が来たのは、失われたものを捜して救うためである」。

日曜学校の子どもたちはザアカイが大好きです。少なくとも、ザアカイを喜んで演じ、ザアカイについて歌います。イエスを見るために木に登る小柄な男が、全聖書中で最も生き生きとした短い話の一つを提供してくれています。子どもたちはザアカイに共感することができます。ただ、子どもたちは群衆の後ろにいるので、前で何が起こっているのか見ることができません。多くの大人も同じように共感します。彼らもイエスに近づきたいのですが、そうするのを躊躇します。犠牲が大きいと思うからです。

ルカは、確かにザアカイをちょっとしたヒーローに仕立てます。ルカは、ザアカイとその突然のつかの間の栄誉を語る唯一の**福音書**です。そして、この年老いた筋金入りの徴税人の話は、ルカの三つのお得意のテーマに当てはまります。それは、富める者たちが富をどう扱うかについての問題であり、イエスが「罪人たち」と同一視されることであり、そして、イエスを主として受け入れた結果、新し

い命を発見する信仰です。ルカは、前章の富める若い議員の悲しい話に対してバランスをとるように語るために、イエスがエルサレムに近づく前の枠組みの最後の部分にこの話を置いています。このような癒やし、このような新しい命は、イエスがもたらしてくださったことなのだとルカが言っているように思われます。ただ、エルサレムにいる民が、その要点を理解し、同様の応答をすることができればいいのですが！

エリコには、ザアカイに好意を持つ人は誰一人いませんでした。ザアカイは、その名が二〇〇〇年後の何百万人もの人々に知られる人物の一人となるのですが、エリコの町の全住民は、そう考えることには嫌悪感を覚えたことでしょう。ザアカイは、本当に皆が軽蔑した人物でした。徴税人というだけでなく、徴税人の長であるからです。つまり、彼は、合法的な徴収に加え、余分な金銭を稼いでいただけでなく、部下が徴収した税金からもさらに多くの金銭を得ていたのです。金銭取引があるところではどこでも、それが埃にまみれた小さな町の錫小屋の汚れたテーブルであろうが、ウォール街の九九階のきれいなオフィスに輝くコンピュータの画面であろうが、すべての手は、いとも簡単に汚れます。金銭がものを言い始めるときはいつでも、公正、尊敬、さらに人間の尊厳を主張すること以上に金銭は大声をあげます。ザアカイの家がより贅沢に飾られていくとき、より多くの僕《しもべ》が彼の言いつけでその建物内を走り回るとき、彼の服がより立派になり、彼の食物がより豊かになったときの、隣人の反応、友人や親戚の反応でさえ、容易に想像できます。あれは自分たちの金銭であり、彼には何の権利もないと皆が思っていました。ただ、それについてはどうすることもできないことを皆が知っていました。

それはイエスが町を通られる時までのことでした。この二人の目が合った瞬間はまさにオペラのアリアです。知的好奇心が、この小柄な金持ちの男を圧倒し、その険しい、狡猾な目つきの背後から無言の問いかけを生じさせました。イエスは、汚職と貪欲の層と、さらに同胞たちからの冷淡な侮辱の層を通り抜けて、まっすぐに見られたのです。自分にとって人生とはどのようなものであり、どう対処すべきかを正確に知っていて、自分のために必要以上に稼げる機会に我慢することができなかったのですが、イエスが治療薬を持っておられる病が自分の心の中にある、そのような多くの徴税人にイエスはすでに会ってこられました。

いまいちど、イエスは悪党らしき人々と一緒にいて、くつろいでおられます。そして、以前と同じように、外の群衆はつぶやきます。しかし、そのときイエスが、**譬え**を語るのに替えて——ルカは疑いもなく、放蕩息子と、すでに出てきたほかのよく似た話を私たちが頭に浮かべるよう望んでいます——この徴税人自らが人前でイエスに向かって語ります。そして、限度を超えた**悔い改め**の証しを示します。ここでの悔い改めは単なる心境の変化なんかではありません。ユダヤ教では一般的に、悔い改めは返還、償いを含みます。ザアカイは惜しげもなくそれを実行しようと決心しました。彼は自分の持ち物をすべて売ろうとはしませんでしたし、イエスもそれを要求なさいませんでした。しかし、彼はそのときに自分の財産の半分を差し出したのです。そして、必要があれば、四倍の補償をしました。このことによってザアカイは、自分が著しく切り詰めた状況下にいることが分かっていると、私たちには想像できます。

ザアカイは、そんなことは気にしません。彼はもっと価値あるものを見いだしたからです。「私は今日、あなたの家に泊まらなければならない」は、「今日、救いがこの家に訪れた」に変わりました。つまり、イエスがおられるところで、イエスを主として受け入れ、主に従って自分の生き方を再編する人々に救いが見出されるのです。イエスはもう一度、かつて見捨てられた人をアブラハムの真の家系に結び付けます（一三・一六と比較）。ザアカイは、当惑してまだ怒っていると思われる隣人たちの顔を避けて、イエスのエルサレムへの旅にはついて行こうとはしませんでした。彼は新しい生活を始め、そして、自分のいるところこそ、新しくされたイスラエルの一部であるとして、改めて自分自身を確立することでしょう。

最後の言葉は、険しい埃っぽいエルサレムへの道を、イエスがもう一度、先頭に立って進んで行かれることをさし示しています。私たちもそこにいるのです。預言者は、人の子を待ち受けている宿命について語っています。しかし、イエスの使命は、ただ苦しんで死ぬことではなく、その宿命を通して、失われた羊を捜し出して救うことなのです。「イエスは罪人のところに入って時を過ごした」は、すぐに、「彼は強盗とともに死に向かって行かれた」に変わります。つまり、この二つは同じ理由によるのです。人の子は、失われたものを捜して救うために来られたのです。

一九章一一―二七節　王と僕と金

11人々がこれらのことを聞いていると、イエスはさらに譬えを話された。彼らはついにエルサレムに近づいていて、人々が神の王国はすぐにでも現れるものと思っていた。
[12]イエスは言われた。「ある高貴な人が、王位を受けて帰るために、遠い国へと旅立った。[13]彼
は、自分の一〇人の僕《しもべ》を呼んで、一〇枚の銀貨を与えて言った。『私が帰るまで、これで商売
をしなさい』。[14]しかし、彼の臣下は彼を憎んでいたので、彼の後から使者を遣わして言わせた。
『私たちは、この人が私たちの王になるのを望みません』。
[15]さて、彼が王位を受けて帰って来たとき、金を渡しておいた僕たちを呼ぶように命じ、どれ
だけの利益を上げたかを知ろうとした。[16]最初の者が進み出て言った。『ご主人様、あなたのお金
は一〇倍になりました』。
[17]主人は彼に言った。『よくやった。素晴らしい僕だ。お前はごく小さなことに忠実だったから、
一〇の町の支配権を持つ者になりなさい』。
[18]二番目の者が来て言った。『ご主人様、あなたのお金は五倍になりました』。
[19]主人はこの者に言った。『お前もか。お前は五つの町を治める者になりなさい』。
[20]また、ほかの者が来て言った。『ご主人様、これがあなたのお金です。布に包んでしまってお
きました。[21]あなたが恐ろしかったのです。あなたは預けなかったものを取り立て、蒔かなかっ
たものも刈り取りなさる厳しい方だからです』。
[22]主人は言った。『お前は、ろくでなしの悪い僕だ。お前のその言葉のゆえに、お前を裁こう。
私が預けなかったものを取り立て、蒔かなかったものまで刈り取る厳しい人間だと知っていた
のか。[23]ではなぜ、私の金を銀行に預けなかったのか。そうしておけば、私が帰って来たときに、

利息とともにそれを受け取れたのに』。
[24]そして、傍に立っていた人々に言った。『この者から金を取り上げよ。そして、一〇倍受け取
った者に与えよ』。[25](すると彼らは言った。『ご主人様、あの者はすでに一〇倍持っています』。)
[26]主人は言った。『あなたがたに言う。誰でも持っている者はさらに与えられ、持っていない者
は持っているものまで取り上げられる。[27]ところで、私が彼らの王になるのを望まなかったあの
敵どもを、ここに引き出し、私の目の前で打ち殺せ』」。

リチャード一世は、イングランドの王として、一一八九―一一九九年まで在位しました。その前半の大部分は十字軍の戦いで、国外にいました。彼は帰国の途上で捕らえられ投獄されました。彼が不在のとき、弟のジョンが、リッチフィールド主教を含む何人かの有力者に、リチャードに替わる者として王位を求めました。一一九四年、リチャードがようやく帰国すると、ジョンは王への不従順を主教に謝罪し、彼は大聖堂を再建しました。このように、王の思いがけない帰還と審判を通して、今日《こんにち》も現存する立派な教会が生まれたのです。

国を支配することを人々が望まない王の帰還というイエスの話は、いかなる赦免もないなら、いっそう恐ろしい話になります。私たちはこの話を引っ込めることはできないし、また、不安な気持ちでその鋭い刃の裏側にこっそり隠れることもできません。なぜなら、ルカは、その重要性が私たちにも継続していることを、この章の残りの部分で明らかにしているからです。都のために流されたイエスの涙と、**神殿**におけるイエスの厳格な行動は、この**譬え**の終わりで、その裁きが厳粛に行われるべき

であるということを十分に示しています。

では、王とは誰ですか。僕たちとは誰ですか。その裁きは、いつ行われますか。

教会の歴史の大部分で、この譬えが最後の審判の描写として理解されてきました。イエスは王として歴史の最終局面で、忠実に従う者たちに報いるために、また、不忠実な者を罰するために帰って来られると。しかし、ルカはそのようには考えていなかったと確かにそう言えます。ルカはもちろん、再臨を信じています。しかし、この話をイエスの再臨（使一・一一参照）についての参考として、私たちが読むことをルカは意図していません。この譬えは、イエスご自身の時代の最も近い時に起こったことに関係しているからです。

イエスは、僕たちが行っていることを見るために帰ってきた王について語っておられます。そして、イエスは、それまでに語られたほとんどすべての譬えと同じ理由で語っておられます。イエスご自身が行われていることと、それが意味することを説明するためです。イエスは、その長い旅の終わりであり目的地であるエルサレムにやって来られました。そして、イエスは、長く待ち望んでいた主権者であり真の王であるイスラエルの神の帰還として、この出来事を見て理解するように聴衆に対して挑んでおられるのです。これは最初からずっと隠されていたイエスの旅の意義でした。これは、真の神がついにシオンにお帰りになるときのように思われたことでした。

預言者たちはこの日について預言してきました。長い捕囚の日々の後、人々は地理的にはエルサレムに戻って来ました。マラキは、「あなたがたが探している主」が突然、厳しい裁きを携えて神殿にやって来られると告げました。ゼカリヤもまた、最終的にすべての聖なる者たち（天使たち？）を引き連れて帰って来られる神について語っています。当時の多くのユダヤ人がそれを信じていたことは明白です。神殿はすでに再建されていましたが（そのときにはヘロデによって整備され拡張されていました）、生ける神は、そこに住まわれるためにまだ帰ってはおられませんでした。今、イエスは言われます。これが最後の出来事です。しかし、誰が主の前に立つことができるのだろうかと。

今まで私たちが見てきたように、紀元一世紀の世界では、王とその僕たちの話は、神とイスラエルの話として自然に読まれました。神が、捕囚のときにイスラエルを離れられてから、捕囚からの最終的な帰還に至るまでの期間を、人はどのように解釈すべきでしょうか。この譬えの答えは、イスラエルが行わなければならない務めを与えられたときのようであり、神が帰還されるときにお調べになることと考えるべきです。イエスはこのことを、前の一〇の章にわたってずっと警告してこられました。最終的にイエスの呼びかけに心を留めないなら、裁きは国家に、そして、都と神殿自体にもたらされると警告してこられました。今や、神ご自身が帰って来られるのです。そして、主人の金を布に隠していた僕が見つけ出されるのです。

話の中の最も暗いくだりは、この人物を王にしたくない市民に関係しています。これは、ほぼヘロデ・アンティパスの兄アルケラオスの話のようです。紀元前四世紀に彼らの父、ヘロデ大王が亡くなってから、アルケラオスはローマに出向き、自分が王であるとの確証を得ようとしました。続いて彼を王にしたくないユダヤ人の代表がローマに向かいました。（一〇年後、多くの悪政の後、彼は再びローマに赴きましたが、そのときには別のユダヤ人とサマリア人の代表が彼の任命に反対し、それがローマ当局に受け入れられました。）しかし今、イエスは望まれていない王が力を持って帰って来ることを暗示しておられるのです。もう一人の悪王ヘロデでなく、真の王であり、恵みと平和のメッセージを携えて来られる王ですが、その王の民は自らのための王国の継続を望んで、この王を拒みました。

それゆえ、この話はイエスの聴衆に次の三つのことを語っています。第一に、**神の王国**はすぐにでも来ると思っている人々に対して、確かに来てはいるが、いつくしみだけでなく裁きも近づいていることを宣告しています。第二に、イエスのメッセージをすでに拒んでいる都であるエルサレムにイエスが到着されるときには、神の裁きは準備されています。もし、彼らがその王国の告知を受け入れないなら、できることはもう何もありません。第三に、イエスご自身の旅と、神ご自身の帰還が劇的に結合し、**福音**の物語の大部分の中に隠されていた秘儀が明らかにされます。イエスは、神について、神の王国について、神のシオンへの帰還について、ただ語っておられるのではありません。イエスはそれを、身をもって体現されるのです。イエスご自身のメシア的、王的使命に隠されていることは、最終的で、より運命的な使命なのです。イスラエルの神ご自身が人間の姿をとって、都と、神の栄光のために献げられた神殿に、あらゆるレベルで堕落しているのを正常化するために帰って来られるのです。イエスがこの世に最後に来られる、神の最後の審判の日を、今もなお待ち望んでいる私たちは、このエルサレムへの「入場」が、その徴であり前触れであることをよく理解しなければなりません。

一九章二八―四〇節　勝利の入場

28イエスはこれらのことを語ると、先頭に立ってエルサレムに上《のぼ》って行かれた。
29そして、オリーブと呼ばれる山のふもとのベタニアとベトファゲに近づかれたとき、二人の
弟子を先に遣わして、30言われた。「向こうの村へ行きなさい。そこに入ると、まだ誰も乗ったこ
とのない、つながれた子ろばが見つかる。それを解いて、ここに引いて来なさい。31もし誰かが、
『なぜ解くのか』と尋ねたら、『主が必要としているのです』と言いなさい」。
32二人が出かけて行くと、イエスが言われたとおりであった。33彼らが子ろばを解いていると、
その持ち主たちが言った。「なぜ、子ろばを解くのか」。
34彼らは言った。「主が必要としているのです」。
35そして、子ろばをイエスのところに引いて来て、自分たちの上着を子ろばの上にかけ、イエ
スをお乗せした。36イエスが進んで行かれると、人々は自分たちの上着をその道に敷いた。
37イエスがついにオリーブ山の下り坂にさしかかられると、大勢の弟子たちは皆、自分たちが
見たすべての力ある業《わざ》について喜び、声高らかに神を賛美し始めた。
38「迎えよ、迎えよ、祝福をもって迎えよ。

主の名によって来られる王を迎えよ。
天には平和、いと高き所には栄光があるように」。
39するとファリサイ派のある者たちが、群衆の中からイエスに向かって言った。「先生、お弟
子たちの賛美をやめさせてください」。
40イエスは答えられた。「あなたがたに言う。もし、この人たちが黙れば、石が叫び出すであろ
う」。

上り坂を何キロメートルも上って行きます。現在の車でも長い道のりに感じます。ユダヤの砂漠地帯を通って、地表の最も低い地点であるエリコから砂地の丘を通って曲がりくねって上って行きます。中間で海抜零地点に達します。ヨルダン川の峡谷からずいぶん上ったことになります。あなたはさらに、かなりの高さの山まで上らねばなりません。めったに雨が降らないので、いつも暑く埃っぽい所です。

これが巡礼者の歩む道です。イエスはご自分の計画どおりに先頭に立って行かれます。これはイエスの使命であり、公生涯の物語のクライマックスとなるべきことでした。イエスは先に待ちうけている事柄を十分知っておられました。そして、イエスはその先のものに出会うために、まっしぐらに進んで行かれました。イエスは、王国を告知することをおやめになることはできませんでした。ただし、今まで語ってこられた事柄をご自分の身に具現されるときにのみ、その告知は現実になるのです。

生きておられる神は、癒やしと救いのために働いておられました。そして悪と死の力は結集してイエスに対抗しました。それはファラオとエジプトの軍隊が、イスラエルの民が出国するのを阻止しようとしたのと同じです。ただし、今回は神の新しい**出エジプト**、神の偉大な過越の時となるべきでした。そして、イエスが過越を祝われるために先に進まれるのを阻止することのできるものは何もありませんでした。

あなたが、エリコからオリーブ山の頂上まで、徒歩ではなく車を運転するときでさえ、その頂上に達すると、ほっとして興奮気味になることでしょう。特に春の過越祭の盛り上がりのときには、荒涼とした埃まみれの荒れ地が、ついに豊かな緑の茂みへと変わるからです。やっと、あなたは上るのをやめて頂上に達するのです。あなたの前に太陽が輝き、そこに聖なる都、エルサレムそのものが現れます。狭い深い谷を隔てて、オリーブ山より幾分か低い丘の上にあります。ベタニアとベトファゲは、オリーブ山のエリコ側に位置しています。ひとたびそこを過ぎると、すぐにエルサレムの都が眼前に広がります。旅の終わりです。巡礼者がすべての巡礼の旅を終えます。つまり、神の都における過越の時です。

イエスにとって、それは王としての行事です。それは綿密に計画され、完全に正しく実行されるべきです。イエスが選んだ動物は――おそらく持ち主によってあらかじめ準備されたものです。つまり、イエスがベタニアに来られたのは初めてではなかったからです！――、小さいろばでした。まちがいなく、ろばの子どもでした（ルカが使う単語〔ポーロス〕は通常、若い馬か子馬を意味します。しかし、ルカは、ゼカ九・九の預言、若いろばに乗る**メシア**という預言を知っていたので、そこに出てくる語を用いたのです)。イエスが一週間後に身を横たえる墓（二三・五二）と同様に、それ以前には使用されたことのないものでした。弟子たちは、この王の入場というテーマを取り上げ、王の祝いのように、即席で、イエスのために道に沿って彼らの上着を広げました。彼らはケデロンの谷への険しい道をどんどん降りて行きました。そして、群衆は偉大な詩編の一部（詩一一八編）を歌い始めました。巡礼者はいつもエルサレムへの途上で賛美しました。勝利の歌です。敵を打ち破り、王国を打ち建てる神への賛美の歌です。イエスご自身、エルサレムでの論争の一つを詩編から引用されています（二〇・一七）。天そのものから地上に平和をもたらす王として、人々が待ち望んでいたことへの応答として、国家の希望の実現として、イエスご自身が来られるのです。

しかし、まだそこに不平を言う者たちがいます。何人かのファリサイ派の人々です。群衆とともに進みながら、彼らは突然、不安を感じます。エルサレムの当局者が、王の行進が行われていると一瞬思わないだろうかと。イエスは知っておられます。そしてルカも知っています。さらに、読者としての私たちも知っています。主がエルサレムに着かれたときに何が待ち受けているかを。イエスの観点から、このような祝いは重要です。それはまさしく適切なことです。神の偉大な出エジプト、十字架の上のイエスご自身の過越を通して神の救いをもたらすためにイエスが来られたからです。群衆がそのことを知ったなら、彼らは戸惑い、動揺することでしょう。実際にまもなくそのようになるのですが。

私たちがイエスとともにエルサレムに着くならば、私たちに次の質問が迫ってきます。私たちは、自分の希望と欲求をイエスが満たしてくださることを願って旅を続けてきましたか。私たちには詩編の賛美を歌う準備ができていますか。ただし、私たちが望むことをイエスが実行してくださっているように見える限りにおいてですが。私たちの人生という長く埃にまみれた巡礼の道は、最初にイエスに従うための動機を明らかにするために、多くの時間をほとんどの人に与えます。私たちは、派手に見せびらかすために、イエスが進まれる道に自分の上着を広げる準備をするだけではなく、今は、苦しみに、論争に、裁判に、そして死に向かわれるイエスに従うことの準備もできているでしょうか。

一九章四一―四八節　神殿をきよめるイエス

41都に近づいたとき、イエスは都を見て、都のために泣いて、言われた。
42「もしこの日に、お前も、平和の意味を知っていたなら。しかし今は、お前の目には隠されている。43確かに、その日が近づいている。お前の敵が周りに塁壁を築いて、お前を取り囲み、四
方からお前に押し迫る。44お前と、お前の中にいるお前の子らを打ちのめし、積み上げた石を一
つも残さないであろう。それは、お前が訪れの時を知らなかったからである」。
45イエスは神殿の境内に入り、物を売る者たちを追い出し始め、彼らにこう言われた。
46「『私の家は祈りの家となる』と書いてあるのに、それをあなたがたは強盗の巣にしてしまっ
た」。
47イエスは毎日、神殿の境内で教え続けておられたが、祭司長たち、律法学者たち、また、民

の有力者たちはイエスを殺そうと機会をうかがっていた。48しかし、どうすればよいか分からずにいた。人々が皆、イエスの言葉にじっと聞き入っていたからである。

ついに、イエスが叫ばれる時が来ます。この**福音書**のこれまでの章で、私たちは人々が涙を流していたのを知っています。ナインのやもめ、ヤイロの家族、そして苦しみの中にいるほかの人々がイエスの所にやって来ては、癒やしと新しい**命**を求めました。エルサレムの娘たちはまもなくイエスご自身のために涙を流します（二三・二七）。ただし、イエスも涙とは無縁ではありません。ヨハネ福音書では、イエスはその友、ラザロの墓で涙を流されました（ヨハ一一・三五）。今や、イエスは都のために涙を流されます。しかし、そこには何の慰めもありません。

イエスの涙はキリスト者の福音の核心です。これは、悲しむべき弱さの瞬間でなく、真の**メシア**が避けるべきことでもありませんでした。イエスの長い旅の中で、イエスは何度も都と**神殿**に対する神の差し迫った裁きを警告してこられました。なぜなら、人々が、ガリラヤの町々のように、イエスの平和への招きに対して、神の恵みの福音に対して、抵抗してきたからです。神の恵みの福音は**異邦人**世界に、愛によって届けられます。イエスは言われました。悔い改めなければ、あなたがたもまた滅びるであろう（一三・三、五）。イエスは今、ここにおられます。ピラトがガリラヤ人を殺したところであり、また、もう一人をまもなく殺すところの都を目前にしておられます。都にあるシロアムの塔が倒れたところの目前におられます。やがて、塔と壁と神殿自体が崩れ落ちる、そのところにおられます。

イエスがついに涙ながらに発せられる警告と裁きのメッセージは重要な部分です。そのシーンのルカの描き方は、実に色鮮やかで、イエスの悲嘆にくれた思いを十分に伝えています。神の厳粛な「訪れ」（一・六八、七・一六と比較せよ）の時を無視することを選択した都に対して、イエスがご自分を制して厳粛な警告を出されるまでを伝えています。

私たちが、以前の章から無作為に幾つかの裁きの言葉を受けとるなら、イエスが都を満足げに眺めておられたかのように聞こえたかもしれません。しかし、都はイエスを拒みました。その結果、破壊されるのです。今や、その時が到来しています。つまり、「そう言っておいたではないか」や「それは当然の報いだ」と言っても何の意味もありません。ダビデが反逆の息子アブサロムから逃れた（サム下一五章）、その先祖の悲しみのルートを逆戻りするとき、エレミヤのような預言者の涙、偉大なダビデよりさらに偉大な末裔の涙だけがあります。ずっと宣告されてきて、まもなく実行される恐ろしい裁きが、厳格で冷酷な正義からでなく、その民のためにできる限りのことをしてあげたいという愛の心から始まるのです。それで、神が、最初そこに定住させた自らの民の前で、彼らが自分たちの利益と計略を設けたその反逆に対して、イエスは今や悲しみと涙とをもって対立しなければならないのです。

その涙と神殿での行為はそのときに両立します。イエスは、神殿が商いの場と化した状況に対して、憤って抗議されるだけではありません。イエスの行為は、預言者的警告で、エレミヤやほかの預言者の預言と響き合っています。神殿が文字どおりに、または隠喩的に強盗の巣になるならば、神に裁かれます。今や、強盗が実際に主導権を握っていることが明らかになっています。イエスは商業にさほど関心はありませんが、疑いもなく、一方ではいくばくかの儲けが発生していることは確かです。しかし、それは、大祭司とその取り巻きがしていることと比べると取るに足らないことです。

神殿は国家のイデオロギーの焦点となっていました。イザヤの時代のように、何が起ころうと、イスラエルの神がイスラエルを安全に保つという揺るがない約束が確立されていると人々は思っていました。しかし、イザヤの時代のように、その約束が信仰と従順で迎えられなければ、その約束はまったく価値がなく、実際にないよりもなお悪く、呪いに変わるという挑戦に、イスラエルは直面しなければなりませんでした。あなたが聖なる神との契約の中にあるなら、不従順は単に祝福を妨げるだけでなく、あなたをいわば振り出しに戻します。民が神と神の目的を拒むとき、その契約は、悲嘆に暮れる神がその民に下す裁きを招くのです。

当然のことながら、そのメッセージは指導者たちや聖職者やその下役の人々には快くありませんでした。イエスの神殿での行為は、イエスが捕らえられる直接の原因となりました。しかし、イエスの行為の背後で、指導者たちがどのような反応を示したかが、イエスの以前の宣教活動では重大でした。とりわけルカ福音書の中央部の重要な箇所を占めている警告です。悪いことが起こる前兆が現れる時、ルカがしばしば強調したその不可避性を私たちは感じます。つまり、どのようにして、それが行われ「なければならなかった」かということであり、どのようにして神の救いの計画が実現されなければならないかということです。

私たちが、イエスの裁きについての言葉と行動をよく考えるとき、その涙を忘れてはなりません。そして畏れの念をもってそれを思い起こしてください。ルカ福音書一九章一一―二七節が、待望された神のシオンへの帰還をイエスが具現されていることであるなら、その涙は、悲しみや失望的な状況に対する人間の反応ではありません。それは神の愛の涙なのです。

二〇章一―八節　イエスの権威についての質問

1ある日、イエスが神殿の境内で人々に教え、福音を伝えておられると、祭司長たち、律法学者たちが長老たちとともにやって来て、2イエスに言った。「何の権威でこのようなことをするのか。誰がそのような権威をあなたに与えたのか、言いなさい」。

3イエスは彼らに答えられた。「では、私も一言あなたがたに尋ねよう。それに答えなさい。

4ヨハネの洗礼は天からのものだったか、それとも人からのものだったか」。

5彼らは互いに言い合った。「もし、『天からのものだ』と言えば、『では、なぜヨハネを信じなかったのか』と言うであろう。6もし、『人からのものだ』と言えば、人々は皆、私たちを石打ちにするであろう。ヨハネを預言者だと信じ込んでいるのだから」。

7そこで彼らは答えた。「どこからか、分からない」。

8イエスは彼らに言われた。「よろしい。私も、何の権威でこれらのことをするのか、あなたがたには言うまい」。

今日《こんにち》、イギリスでは兵士たちが行進中にどの程度の大声で叫ぶべきかについての議論があります。陸軍が心配しているのは、いつかは、それを聞く兵士が傷つくと思われるからです。なぜなら、上級曹長は近距離で、大きな声量でどなって命令を発するからです。当然、新聞各社はこの議論は馬鹿げていると考えます。命令は聞こえなければならないし、戦場での小声の命令は何の役にも立たないからです。

上級曹長は上司から命令を受けると同時に、普通は大声で叫ばなければなりません。実際、階級が上がれば上がるほど、命令するときに音を立てなくなるようです。司令官は単に命令を書くだけか、次の士官に静かな声で命令します。それで、もし、誰かが練兵場や陸軍兵舎に行って、統率している人物を探そうとするなら、また、兵士たちがどこからその権威を受けているかを知ろうとするなら、最も大きい声が最も重要な権威であると考えるのは妥当ではありません。

私たちは、福音書のこの段階までに、洗礼者ヨハネのことを忘れてしまっていたかもしれません。しかし、ルカはそうではありませんでした。イエスが忘れておられなかったからです。イエスがエルサレムに到着され、神殿から商売人たちを追い出されたとき、イエスはその責任を持つ人物のようにふるまわれました。しかし、すでに、神殿における権威構造は存在していました。底辺の見張り番から上層の祭司長たちまでのうちで、大祭司が最も偉大な人物です。勝手に許可なくやって来て、権威を振り回し始めたイエスとは一体、何者なのか。これが当たり前の疑問です。

しかし、彼らの不意を突いたと思われるイエスの答えは、まったく普通のように思ってはならなかったのです。ヨハネはイエスとどんな関わりをもつに至りましたか。これはまさに、(彼らの間で互いにひそひそと言い合ったことが、彼らが考えていることをそれとなく示しているように）人々の面前で、彼らを窮地に陥れるための、または、きまりの悪い思いをさせるための、ひっかけ問題なのでしょうか。

それはまったく違っています。イエスがその質問をなされたのは、イエスが持っておられる神殿を支配する権威が、まさしく王的、メシア的権威だからです。そして、その王の地位と権威は、ヨハネによる洗礼の時に、天から鳩が下って、声が聞こえた際に公に示されました。ヨハネが真の預言者であるなら、イエスは実際に神殿を治める権威をもった真のメシアなのです。なぜなら、イエスが水の中から上がられたとき、そのように選ばれたからです。もちろん、ヨハネが真の預言者でないならば――彼が単に人々を迷わせる危険な夢想家であったのなら――、そのとき、イエスもまた思い上がって行動していることになるかもしれません（当局者は、明らかにそのように考えたのですが、あえて言わなかっただけです）。この話のはじめの部分で、ヨハネを重要人物とすることで、ルカはすでに何が起こっているかを説明しているのです。

権威はそれゆえ、静かに多くの人に気づかれずに、古いシステムから新しいシステムへと移行します。ルカは、ローマ帝国に対しては少なくとも気を遣って書いています。これは大変重要なことです。イエスは、皇帝自身がイエスの足元で身震いすべき方であり、世界の主なのです。イエスは、神殿とその中にあるすべてのものを、どれだけ超越された主でしょうか。大祭司は、自分の取り巻きとともに、ローマ総督に直結する法廷で、儀式的で政治的な役割の威信をもって、エルサレムで最も大きな音を発します。しかし今や、大祭司の権威は、彼より静かに語る方によって挑戦を受けているのです。それは、古い体制に挑み、新しいものをもたらす預言者と王の権威をもって来られる方なのです。今から、――イエスが、皇帝の法に従い、十字架にかけられ、同じ祭司長たちからあざけられても――イエスはその権威を行使されるのです。力に満ちた救いと癒やしの愛を、すべての人が認めるまで行使されるのです。

現代の私たちは、皇帝や祭司長たちの法とは無縁に生活していますが、イエスの権威を受け入れることはかなり厄介なことだと分かるでしょう。もちろん、私たちはキリスト者として、私たちの生活、思考、行動の支配者としてのイエスを受け入れています。そして、その権威の下《もと》で生きることを求めています。たとえそれが大きな声ではなく、むしろ、囁き声であっても（しばしばそうですが）。しかし、もし、イエスが全世界の主であるならば、ルカはそう信じていたのですが、私たちにはそれを知らしめるという課題があります。一般的に、テーブルをひっくり返したり、人々を建物から追い出したりするのは適切ではないでしょう。では、今日《こんにち》の世界で、イエスが天と地のすべての権威を持っておられるということを主張するには、どのような象徴的行為が適切なのでしょうか。

二〇章九―一九節　小作人の譬え

[9]イエスは次の譬えを人々に語り始められた。「ある人がぶどう園を造り、これを小作人たちに貸して、長い旅に出かけた。[10]季節が巡り、ぶどう園の収穫を納めさせるために、僕《しもべ》を小作人たちのところへ遣わした。ところが、小作人たちはこの僕を打ちたたいたうえ、手ぶらで追い返し

た。[11]それで、主人はさらに別の僕を遣わしたが、小作人たちはこの僕も打ちたたき、侮辱して、
手ぶらで追い返した。[12]それで、さらに三人目の僕を遣わしたが、この者も打ちたたいて追い出
した。
[13]そこで、ぶどう園の主人は言った。『どうすればよいか。私の愛する息子を遣わそう。この息
子ならおそらく敬ってくれるだろう』。[14]しかし、小作人たちはその遣わされた息子を見て、互い
に論じ合って言った。『これは跡取り息子だ。彼を殺そう。そうすれば、遺産はわれわれのもの
になる』。[15]こうして、その息子をぶどう園の外にほうり出して、殺してしまった。
そうすると、ぶどう園の主人はこの小作人たちをどうするだろうか。[16]主人は帰って来て、こ
の小作人たちを一掃し、ぶどう園をほかの者たちに与えるだろう」。
人々はこれを聞いて言った。「そんなことがあってはならない」。[17]しかし、イエスは彼らを見
つめて言われた。「それでは、こう書いてあるのは、どういう意味か。

『家を建てる者たちが捨てた石
これが隅の親石となった』。

[18]その石の上に落ちる者は皆、粉々に砕かれ、その石が誰かの上に落ちれば、その者を押しつぶ
す」。
[19]律法学者たちと祭司長たちは、この譬えが自分たちをさして語られたことを知って、そのと

き、そこでイエスを捕らえようとしたが、人々を恐れた。

イギリス議会でかつて起きた最も劇的なシーンの一つが一六四二年一月にありました。それは国王チャールズ一世が、彼に反対する五人の議会のメンバーを捕らえようとして議会に出向いたときです。議長自身が前に立ちはだかり、議会が開かれているところの部屋に、王が入るのを妨げました。今もウェストミンスター宮殿のロビーにこの出来事の絵がかけられています。それは転換点の出来事です。つまり、市民革命への一歩であり、王の処刑に至るのです。

一世紀の自尊心の強い君主であれば誰一人、自分がそのような事態に陥ることをさせません。つまり、いかなる地主も、この譬えに出てくるような、長々と続くこの種のふるまいに対して寛大ではありません。しかし、この話と、イエスがエルサレムに上って行かれることについて（譬えの形式で）言われた最後の説明との間には、著しい類似点が見られます。ぶどう園の所有者は小作人のところに使者を遣わしましたが効果はありませんでした（一世紀のユダヤ人にとって、地主は神で、小作人（農夫）はイスラエルの民であり、使者は預言者であるということは、自明の理でした）。遣される使者が一人もいなくなったので、地主はついに自分の息子を遣わしたのです。イエスご自身の理解では、ご自分が父の小作人のところに正しい王としてやって来たということです。しかし、小作人たちはその道を妨げ、自らのために、ぶどう園を守ろうと決めました。その結果、彼らはその遣わされた息子を外に放り出して殺してしまったのです。

これまでのところ、この話の意味は明らかです――そして、ここまではルカ福音書の全体とぴったり合います。イエスは、古代の預言者たちの正式な後継者で、預言者たちの働きを完成するために来られ、イスラエルの民にもう一度、**契約**の神に栄光と従順を献げるように挑戦しておられたのです。イスラエルの民は自らの生涯において義の実を結び、そして、神の恵みを世界中に示す責任を負っていました。しかし、イスラエルの民は、自らのために恵みを維持することを主張し、自らの生活の中で不義を行い、必要であれば暴力を行使してでも周辺世界を撃退し、抵抗することを追及したのです。イスラエルの民は、平和の道を拒み、その最後の使者を今、拒絶しているのです（一九・四一—四四）。

しかし、話はここで終わりません。ぶどう園の所有者はついに帰って来ます（ルカは、私たちにも長い間このことを準備させてきました）。そして、そのときに、イスラエルの民が長く待ち望んできた異邦の国々に対する裁きを、自らの上にもたらすのです。所有者は小作人たちを滅ぼし、ぶどう園をほかの者に与えます。エルサレムの当時の体制と、イスラエルの律法と自称遺産の後見人たちは、自分自身の死刑執行令状にサインすることになるのです。彼らがイエスを拒絶することは、神の民のための再建計画が、神によって取りやめになることです。「家を建てる者たちが捨てた石」、つまり、**メシア**はイスラエルの民に遣わされたにもかかわらず拒絶され、「隅の親石となった」のです。

この詩編一一八編二二節からの引用は（同じ詩一一八・二六からの引用の一九・三八の群衆の声と響き合っています。つまり、やはり巡礼の賛美です）、ぶどう園の譬えとはまったく異なったイメージを用いています。家を建てる者の庭を想像してみてください。大きな働きのためにたくさんの石が準備されています。労働者は、大理石と花崗岩の塊を集め、それらを違ったサイズと形に選別します。それから、それらをそれぞれ形が合うように積み上げて壁を造っていくのです。そのグループの中で、どこにも合わない石があります。仕事が終われば、それは投げ捨てられます。しかし、ほとんど完成したときに、すべての最後の部分として、隅の上方に丸みのついた特別な形の石が必要なのです。それは彼らがはじめの頃に捨てた石です。それはどこにも合いませんでしたが、ここに合致するのです。

この詩編を引用することによりメッセージを徹底させています。労働者たちは今、イエスを拒絶するかもしれません。しかし、やがて彼らは、イエスは潔白であると分かります。イエスは真のメシアとして見られるのです。イエスは真の神殿を建て、そして、自らがその主要な存在となられ、基準となられ、この方によって、ほかのすべてのものと、すべての人が裁かれるのです（これが、おそらく理解に苦しむ一八節の意味であるかもしれません）。

もし、このことが、イエスがエルサレムに入られるときに起こったことであれば、イエスに従う者たちが今日、権力と不正の場所に向かうときには、何が起こると思いますか。人々が、神の光をこの世に輝かせる代わりに、宗教を――キリスト教も含む！――自らの安全性を高める手段として利用するところで福音が宣教されるときには、どのようなリアクションを受けるでしょうか。そこには拒絶と暴力が想定されます。つまり、キリスト者の殉教の歴史が、とりわけ前世紀においては、その明らかな証しとなっています。

しかし、ぶどう園の所有者は最後の言葉を語るでしょう。殉教者の血だけが必ずしも教会を生み出すものではありません。イエスの身に起こったことは、そのような環境下ではいつも起こることの一例という程度ではなく、それは決定的な勝利でした。その時以来、イエスに従う者がこのミッションを続けているのです。それは、さらにもう一度、平和と愛の神の道を受け入れるよう、富める者を、力ある者を、宗教家をも、説得するためではなく、イエスに従う者たちの生き様と言葉とによって、イエスにおいてこの道はすでに勝利していること、つまり、再生されたぶどう園は実を結び、新たな神殿が建てられ、すでに、その隅の親石がそこに据えられていることを宣告するためでした。

二〇章二〇―二六節　皇帝への税金

[20]そこで、イエスを監視していた律法学者たちと祭司長たちは、義《ただ》しい人を装う回し者たちを
遣わし、イエスの言葉尻を捕らえて、総督の支配と権力にイエスを渡そうとした。[21]それで、回
し者らはイエスに尋ねた。
「先生、私たちは、あなたが語り、教えておられることが正しく、また、あなたが、見かけに
よって差別せず、神の真理に基づいて神の道を教えておられることは分かっています。[22]私たち
が皇帝に税金を納めるのは、許されることでしょうか、それとも、許されないことでしょうか」。
[23]イエスは彼らのたくらみを見抜いて彼らに言われた。
[24]「納める銀貨を私に見せなさい。誰の肖像と銘があるか。それは誰のものか」。
彼らが「皇帝の像があります」と答えると、イエスは彼らに言われた。
[25]「それなら、皇帝のものは皇帝に、神のものは神に返しなさい」。
[26]彼らは人々の前でイエスの言葉尻を捕らえることができず、その答えに驚いて黙ってしまっ

た。

私たちは数週間前に、史上、最もロングランを続けている演劇を見に行きました。アガサ・クリスティの『ねずみとり』は、私の全生涯にわたり連続して上演されています。現時点で二万回以上を数え、今もなお多くの観客を集めています。

筋書は、数多くの殺人事件の推理劇です。聴衆の期待は、ある登場人物であったり、ほかの人物であったりしますが、実のところ真犯人なのです。舞台上のほとんど全員が、殺人犯のように思えます。そして、観客はその答えが出るのを待っています。終盤にさしかかったときに、どんでん返しがあります……。この程度にしておきましょう。重要なことは、やがて、ある事柄が起こると思わせておいて、何かまったく違ったものを発見させようとする脚本家と製作者、それに俳優の巧みさなのです。

つまり、このイエスと銀貨の話が、最初に話されたとき、また、その話が熱狂的な聴衆によってたびたび熱心に語られたときの双方において、どのように受け止められたかということです。まさにある演劇のように、長い積み重ねが状況を説明します。当局者たちは、イエスの教えが群衆を大いにあおり、暴動を起こす前に、イエスを告発するための策を見つけたかったのです。それで彼らは、義しい、敬虔なユダヤ人を装う者たちをイエスのもとに遣わし、その当時の多くの人にとって、やはり大変難しい問題に取り組ませるのです。彼らが神の律法を守るなら、異教の大君主に対して税金を払うことにどうして同意できるでしょうか。特に、彼らが使用しなければならない銀貨が、その人物の肖像画（もちろん、皇帝の肖像画ですが）によって、また、ユダヤ人が冒瀆的とみなす言葉によって皇帝を表現することは、ユダヤ人の律法を愚弄することになります。果たして、彼らに選択肢はありましたか。支払わないと裁判沙汰になるのです。

ルカが言う、「義しい人を装う回し者たち」は、一八章と響き合っています。イエスは徴税人の譬えを語ります。これは、「自分が義しいと自負している」人々に向けられています。実際に、彼らの心中にあるものは、以前からイエスご自身が予告したことで、イエスをローマの総督に引き渡すということでした。彼らが準備していた、わなを設けた質問は、功を奏したかのように思えました。それはイエスを革命家のようにするか（税金を支払うことをイエスに反対させることによって）、それとも、イエスは、人々が最終的に望んだ真の指導者ではないということを群衆に見せつけるかのどちらかです（王国は単に霊的な事柄であって、日々の現実に関しては何の役にも立たない——主の祈りそのものは何の手がかりにもならないとイエスに言わせることによって）。そのわなからイエスは果たして抜け出すことができるかどうか、聴衆はどう考えるのでしょうか。

質問に対する強引な導入、つまり、大げさにお世辞をいうことは、質問者がイエスを自分のわなに間違いなく導いているという印象を与えます。まさか、イエスは彼らの悪巧みを今は避けることができないのでしょうか。聴衆は今、ドラマという観点から、イエスが取り調べを受けて苦境に陥っていると想像しています。突然、すべてのことが逆転し、告訴人たち（彼らは、実際はそうなのですが）が告訴されるようになるのです。イエスは、銀貨を提示するよう彼らに求めることによって、すぐに彼らを守勢に立たせます。彼らはそのような冒瀆的なものを持って何をするのでしょうか。イエスの重要な質問、その含みにおいては彼らの質問より厳密ですが、銀貨は実際に皇帝のものであることを彼らに認めさせます。銀貨にはティベリウス皇帝自身の肖像画とともに神の子であると銘が打たれていたのでなおさらです。

その会話を終わらせるイエスの両刃《もろは》の命令は、彼ら自身の質問に答えるだけでなく、ドラマ全体が逆転するほどの強い難題を投げ返すのです。告訴人たちが単に告訴されるだけでなく、有罪判決を受けるのです。一方では、冒瀆的な銀貨を皇帝に返すことにはあいまいな妥当性があります。その問題の種を取り除くのがより好ましいと思われます。「ローマのものはローマに返す」という主題それ自体は、その方法論は良くないとしても、神の民は異邦人のルールの下《もと》で粉砕されるべきでないという彼らの信条において、革命家たちは正しかったという一つのしるしとして聞かれたかもしれません。しかし、他方では、エルサレム、**神殿**、その指導者たちとさらにその偽善的な下役たちへの挑戦は、神のものは神に返しなさいという命令の後半部に集中しています。イエスの時代の人々に対するイエスご自身の非難は、彼らが真の、生ける神を絶えず礼拝してこなかったことであり、世界を前にして神の民として生きてこなかったことなのです。神殿そのものも、イスラエルの民がやって来て、神に対して神のものを献げること、つまり、礼拝を献げ、祈りを献げ、聖なる**犠牲**を献げることが求められていました。——ところが、神殿は強盗の巣になってしまっていました。それを正すことです。そうすれば、皇帝に関する質問は、長い目で見れば、おのずから解決することでしょう。

議論の裏には、隠れたテーマがあります。告訴人たちは、今回は失敗しましたが、彼らはまもなくして勝利することを、イエスは知っています。そして、ルカの読者も知っています（それは、二三・二で、イエスがここでは言わなかったことを言ったとして、彼らがイエスを告発します）。ユダヤ人の指導者たちはイエスを皇帝に引き渡そうとします。銀貨には、皇帝の肖像画があり、皇帝は「神の子」という偽りの称号をもつだけでなく、本当に神のイメージをもち、その称号をもつ人間だからです。しかし、その行為において、ユダヤ人の指導者たちは、ご自身を献げるという愛のマークが付いた方を、それと知らずに神に差し出しているのです。十字架そのものは、皇帝の目的と神の目的の両方を満たしています。皇帝の好む武器は十字架ですが、それは神が選ばれた救いの手段にもなるのです。

「教会と政府」や「キリスト教と政治」の理論に置き換えて理解することは不可能です。それは、あまりにも大まかで、深くて、また特殊です。しかしながら、すべての思慮深いキリスト者は、遅かれ早かれ、このような質問に直面します。そのときは、私たちは少なくとも優先権を考えるべきです。今日《こんにち》、神のものは神に返すとは、どういうことでしょうか。

二〇章二七—四〇節　結婚と復活

27さて、何人かのサドカイ派（サドカイ派は、いかなる復活をも否定する）の人々が近寄って来て、イエスに尋ねた。
28「先生、モーセは私たちにこう書いています。『ある人の兄が妻をめとり、子をもうけないいま死んだ場合、弟である人がその女をめとり、兄のために子孫を残すべきである』。29ところで、
七人の兄弟がいました。長男が妻を迎えましたが、子をもうけないまま死にました。30そして次

男、[31]三男と次々に彼女を妻にしましたが、七人のいずれも子を残さずに死にました。[32]最後に、
彼女も死にました。[33]すると、復活の時、この女は兄弟のうちの誰の妻になりますか。七人とも
彼女を妻にしたのですが」。
[34]イエスは彼らに言われた。「この世の子らはめとったり、嫁いだりする。[35]しかし、次の世に
入るにふさわしく、死者の中からの復活にあずかるにふさわしいとされた人々は、めとることも、
嫁ぐこともない。[36]彼らはもはや死ぬことがない。天使に等しく、復活にあずかる者として、神
の子だからである。
[37]しかし、死者がよみがえることについては、モーセも『柴』の箇所で、主をアブラハムの神、
イサクの神、ヤコブの神と呼んで、明らかにしている。[38]神は死者の神ではなく、生きている者
の神である。すべての人は神に対して生きているからである」。
[39]律法学者の何人かが言った。「先生、立派なお答えです」。[40]彼らはもはや何も尋ねようとはし
なかった。

多くの教会に、連続した絵が一つになって、ある完結した物語を語るものがあります。時に、それらは窓にあってステンドグラスに描かれています。壁や天井にも描かれています。また、それらは壁の上部の帯状装飾を形成し、壁か祭壇の上に飾りつけられています。個別のように見える絵ですが、それらを順々に「読む」ときに、実際に一つの完結した物語になるのです。

ルカ福音書二〇章における議論は、ちょうどそのようです。それが、(ルカがたぶんマルコから引用

し、ルカ自身が編集した）順番に出てくるのを見ることによって私たちは理解することができるでしょう。

では、イエスの劇的なエルサレム入場と神殿の境内での行為によって引き起こされた、権威の問題から始めましょう。イエスの答えは、洗礼者ヨハネにまで遡り、彼が神から遣わされた真の預言者であるかどうかを尋ねることでした。そして、これが、小作人の譬えへと導きました。そこでは、イエスがぶどう園の所有者の息子として、一連の預言者の最後の者として、しかし、最も偉大な預言者としてエルサレムに入られることが強調されました。そして、最終的にイエスは排斥され、殺されることが示されていました。次に、私たちは皇帝への税金についての質問と答えを聞きました。これはルカが告げてきたことで、イエスが処刑されるためにローマ人の手に引き渡される場面へと導くように意図されていました。私たちは今、復活について問いかけています。つまり、時を移さず、ダビデの子がダビデの主でありうるかというイエスご自身の質問が続きます。これら一つ一つ、それ自体は重要ですが、壁の上部の帯状装飾のように、あるいは一連のステンドグラスのように組み合わせると、それは何を告げているのでしょうか。

それはイエスの全物語のミニチュア版です。それは福音書の要約です。イエスは、ヨハネが預言者として活動していたときに出現されました。イエスはメシアとして油を注がれました。イエスはイスラエルに、ガリラヤの町に、そして最終的にはエルサレムに、警告と懇願のメッセージを携えて、ぶどう園の所有者の最後のメッセージを携えてやって来られたのです。しかし、人々はイエスを拒絶し、その結果として自らに裁きをもたらしたのです。イエスは処刑されるために皇帝の人々に引き渡されましたが、三日目によみがえられました。その結果、イエスに従ってきた者たちは、イエスはダビデの子であるだけでなく、メシアであることを発見するのです（彼らはすでにそう信じるようになっていました）。つまり、イエスはダビデの主でもあります。この流れは偶然ではありえません。

しかし、この聖書の箇所、つまり復活に関する論争は、なんと書いてあるのでしょうか。この箇所とマタイ、マルコの並行箇所が、福音書のいたるところにあるこのきわめて重要な主題について、唯一議論している箇所であるということは興味深いことです。もうすでに見てきたように、イエスは人々を死人の中からよみがらせます。これは素晴らしいことですが、完全な意味での「復活」ではありません。もちろん、ルカがイエスの復活をどのように考えていたかは分かっています。つまり、この福音書の終わりの部分に顕著な話があります。そして、これらの話がルカ自身の見解を知る手引きとして残るに違いありません。いずれにせよ、これらは一世紀のユダヤ人の「復活」に関する見解とつりあっています。

ユダヤ人が「復活」を考えるときには、特別なある物語、セットになったある絵が念頭にありました。それはイスラエルの物語です。アブラハムから（またはアダムからさえ）自分たちの時代までの絵、さらに、神が未来に至って、すべてのユダヤ人を、おそらくすべての人間さえも死者の中からよみがえらせ、彼らの住む新しい世界を創造してくださるという一連の絵がありました。この希望は、人々が単に何らかの形で存在し続ける、体を持たない状態の「死後の生命」として私たちが考えることについてではありません。それは今までに起こったことのない未来の出来事についてです。結果的に、死者は現在のようではない状態で再び生き、世の悪しき者は皆、片付けられてしまうのです。

これはサドカイ派の人々が否定したことです。彼らがそれを否定するのは、それが新しい、現代の異端だと考えたからだと思います。それは、古い書物とりわけモーセの五書よりも比較的最近の書物、例えばダニエル書（一二・一―三）から証明できます。それとも、それがいかに革命的であるか（神がそのたぐいのことを行われると信じている人々は、次に起こることを恐れないで劇的な政治的行動をとる傾向が強い）ということに気づいているがゆえに、彼らは否定するのかもしれないし、また、自分たちサドカイ派は貴族であり、自らの権力を心配するがゆえに、それを否定したのかもしれません。それともこの両方かもしれません。それで彼らはそのように信じることがいかに愚かであるかを例示しようとして言ったのです。つまり、当時のユダヤ教文書に、これに似たほかの難問があります。彼らがそのときに誰と誰が結婚しているかを言うことができないなら、どのようにして死者はよみがえることができるのかと。

その返答として、イエスは二つのポイントをあげられます。第一に、復活の命は現在の姿とまったく同じようではないということです。死は無効にされてしまい、男女の関係も同様です。そして、特に、特定の家系を続けることは重要ではなくなります。それゆえ、よみがえらされた人々は「天使に等しい」のであって、人々が天使になる（民間信仰がそのようにときどき想像するように）という感覚ではありません。しかし、人々は、死が存在しないかのように生き、不滅の状態の感覚にいるのです。イエスはここでは、復活は肉体のことではないことを示されているのではありません。つまり、よみがえらされた体は、これは重要な点ですが、私たちの現在の状態のようではまったくないと単に言っておられるのです。神が、「この世」（三四―三五節）に対立するものとして、「来たるべき世」の価値を持つと見なしておられる人々は、もはや死の存在しない新しい世界にふさわしい体を持つのです。

第二に、サドカイ派の人々が権威ある書として認めた出エジプト記が、神を、「アブラハム、イサク、ヤコブの神」と述べるときには、確かに復活について教えていることをイエスは提示されているのです。父祖たちは未だに、「神に対して生きている」のです。これは、彼らがすでに「死者からよみがえらされた」ことを意味しているのではありません。一世紀のいかなるユダヤ人も、そうではないことを知っていました。これは、彼らが神の臨在のうちに生きていて、彼らの最終的な復活を待っているということを意味しています。ファリサイ派はそう信じていましたが、サドカイ派はそれを否定しました（使二三・六―九参照）。

イエスの復活は、もちろん、イエスに従う者たちに、イエスご自身について、さらに彼ら自身の将来の命についての確信を強く後押ししました。しかし、彼らはイエスとサドカイ派の人々との議論に関するこの話を語り続けました。その理由は、復活に関するイエスご自身の教えを示しただけではなく、イースターが当時の貴族であり神殿の守衛者であるサドカイ派の人々の誤りを証明したからです。神は、死の宣告を受けた者でさえ、決定的に一変させることがおできになり、また、そうされたのです。神は、サドカイ派の権力を決定的に覆すことがおできになり、また、そうされるのです。そして、ご自分の真の民の正当性を証明されるのです。

二〇章四一節―二一章四節　ダビデの子とやもめの献金

[41]イエスは彼らに言われた。「どうして、人々は、メシアがダビデの子であると言うのか。[42]ダ
ビデ自身が詩編の中でこう言っている。
『主は、私の主に言われる。
私の右の座に着きなさい。
[43]私があなたの敵を
あなたの足台とするときまで』。
[44]このように、ダビデがメシアを『主』と呼んでいるのに、どうして、メシアがダビデの子なの
か」。
[45]人々が皆、聞いているとき、イエスは弟子たちに言われた。[46]「律法学者たちに気をつけなさ
い。彼らは長い衣を着て歩き回ることを望み、また、広場では挨拶されることを好み、会堂で
は上席を、宴会では上座を好む。[47]彼らはやもめの家を食いつぶし、意味のない長い祈りをする。
このような者たちは、より厳しい裁きを受ける」。

[1]イエスが目を上げると、金持ちたちが献金箱に献金を投げ入れているのが見えた。[2]また、あ
る貧しいやもめが小額銅貨二枚を投げ入れるのを見て、[3]言われた。
「まことに、あなたがたに言う、この貧しいやもめは、ほかの誰よりも多く投げ入れた。[4]あの
金持ちたちは皆、有り余る中から献金を入れたが、彼女は、乏しい中から持っている生活費のす
べてを投げ入れたからである」。

「この風船をこの箱の中に入れることができますか」。私は、あるパーティで小さな子どもたちに尋ねました。その風船は大きく、その箱は小さかったのです。子どもたちは押し込もうとしましたが、できませんでした。風船は彼らの指の間から逃げてしまいました。ある少年が、風船にピンを刺すことを提案しましたが、ほかの者は、それはごまかしだと言いました。

そのとき、ある少女が、その小さな指で素早く風船を取り、空気を逃がさないように結んでいるその結び目を解き、ゆっくりと慎重に約半分の空気を逃がし、すぐにまた結びました。それから、勝ち誇ったようにほほえんで箱の中に風船を入れると、ぴったり入りました。

私にとっては、思ってもみなかった方法でしたが、賢いと認めざるを得ませんでした。まもなくして、もう一人の子どもがその答えを知っていました。箱はボール紙でできていて二重に折った箇所がありました。彼女は両端をはがして全面に広げました。するとただちにフルサイズの風船がすっぽりそこに納まりました。

この風船と箱の話のような質問、つまり、イエスがダビデの主とダビデの子についてお尋ねになっ

た質問に直面した人々は、風船内の空気を外に逃がすことによってその問題を解決しようとしました。彼らは、神が人間になるために、まったく神であることをやめてしまったのか（風船にピンを刺すのと同じ）、少なくとも、神であることをはなはだ厳しく縮小したのかと想像します。ルカを含めた全新約聖書は、これには同意していません。初期のキリスト者にとって、イエスについて重要なことは、生ける神が十分かつ個人的にイエスのうちに存在することでした。半分や一部分ではありません。イエスの身に、とりわけイエスの死に起こったことは、神ご自身の個人的な行為であり、代理や半神ではありませんでした。

この場合、真の答えは、「メシア」の意味するところが、イエスの時代のユダヤ人の認識を大きく超えていたということです。彼らは、戦いを戦い、神殿を再建し、そして正義を持って支配するほかの人間の王たちのような人間の王を単に考えていたのです。真の王が現れるとき、彼の身に神が具現するという預言書と詩編にあるヒントは、その当時に受け入れられたとは思われません。どうすればよいのでしょうか。箱はあまりにも小さすぎて風船はそこに入らないのです。

もちろん、例証というものは完全ではありません。子どものパーティのゲームから気難しい神学を取り出そうと本気でする人は誰もいません。しかし、イエスがお尋ねになったその質問は——イエスがお尋ねになった数少ない質問の一つですが、ほかの人々がイエスに尋ねた質問とは対照的に——、イエスがエルサレムで何を行われていたのか、そして、イエスの宣教とは一体何であったのか、その説明の核心に迫っていました。

ルカ福音書の大部分は、イスラエルがイエスの王国の告知に従わないときに、起こる出来事について警告を発しています。今、イエスが引用された詩編（詩一一〇編）は、イエスに敵対する人々を超えて勝利が実現するまで、王座に就かれる方としてのメシアについて語っています。メシアは高く上げられ、裁きが、暴力と不義の道を選んだ人々の上に罰として下されます。そして、このメシアは、詩編の作者と思われているダビデ自身が、単に子（それゆえ劣っているもの）としてではなく、「私の主」として見ている方なのです。「メシア性」というラベルの貼られた箱は、人が認識していたものよりも大きいものです。それは神の王座そのものをやがて共有される方《かた》を包み込むように設計されています。

この観点から、いつもの人間的な尺度で物事を測ることが誤解を招き、見当違いになるのは驚くべきことではありません。**律法学者**たちは、自分の価値を、自らの上着の長さで測り、公の場で快く挨拶されること、礼拝や食事のときに光栄ある場所に着くことで測ります。彼らは一つの尺度で生きています。しかし神は、彼らを真の尺度で測られます。弁護者のいないやもめたちから非公式に遺産を得るために、彼らは法律的なテクニックを用います。彼らの宗教は偽りで、神がそれをご覧になっておられるのです。

それとは対照的に、――もう一つ、人々が期待するのとは反対方向に測られる尺度があります――持っているものすべてを賽銭箱の中に献げ入れた貧しいやもめが、有り余る中から献げた金持ちたちよりも多く献げたというのです。もういちど、風船の話に戻りましょう。小さな風船が空気で一杯のとき、そこから出る空気量は少しであっても、やがて風船はぺしゃんこになってしまいます。他方、大きな風船ではそれと同じ量の空気を出しても、空気が出て行ったことに気づかないかもしれません。

これらのまったく違う話――高度の神学の事柄についてのイエスの質問と、律法学者と貧しいやもめに対するイエスのコメント――を一緒にするのは一見、奇妙に思えます。しかし、同じ原則が両者に適用されるのです。つまり実際に、同じ原則のゆえに、私たちがそれらを一緒にまとめることを主張しなければならないのです。なぜなら、神が現実をお測りになる方法は、私たちのようではないからです――なぜなら、それは、ダビデの主はダビデの子になるべきであるという、イエスの変わらない意図であるからです――それはまた、私たちが定義し擁護する信仰についての質問に対して注意を払うように、大小さまざまな尺度で、人間のふるまいや規範についての質問に対しても同様の注意が払われるべきであるとイエスは願っておられるのです。

二一章五―一九節　終末のしるし

5人々が見事な石と奉納物で素晴らしく飾られている神殿について話していると、イエスは言
われた。6「確かに素晴らしい。しかし、あなたがたが眺めているすべてのものが崩れ落ちる日が
来る。積み上げた石が崩れずに残ることはない」。
7人々はイエスに尋ねた、「先生、そのようなことはいつ起こるのですか。また、それが起こる
ときには、どんなしるしがありますか」。
8イエスは言われた。「惑わされないように気をつけなさい。私の名を語る者が大勢現れ、『私

がそれだ』とか、『時が近づいた』とか言うが、彼らについて行ってはならない。[9]戦争や騒乱の
ことを聞いても、おびえてはならない。これらのことは、まず起こらなければならないが、すぐ
に終わりが来るわけではない」。
[10]続けて彼らに言われた。「民族は民族に、王国は王国に敵対して立ち上がる。[11]大地震《おおじしん》があり、
方々《ほうぼう》に飢饉や疫病が起こり、恐ろしい現象や天からの大きなしるしがある。
[12]しかし、これらすべてが起こる前に、人々があなたがたに手を下し、迫害する。会堂や牢獄
に引き渡し、あなたがたは、私の名のゆえに王や総督たちの前に連れて行かれる。[13]それは、あ
なたがたにとって、証しの機会となる。[14]だから、あらかじめ弁明の準備をしないと、心に決め
なさい。[15]私が、あなたがたに言葉と知恵を授けるので、どんな敵対者もあなたがたに反対も反
論もできない。
[16]あなたがたは、親、兄弟、親族、友人にまで裏切られ、あなたがたの中には殺される者も出
る。[17]また、あなたがたは私の名のゆえに、すべての人に憎まれる。[18]しかし、あなたがたの頭か
ら髪の毛一本さえ失われることはない。[19]あなたがたは忍耐強くあって命を保ちなさい」。

あるニュースキャスターが、小惑星が地球の近くを通り過ぎるとアナウンスします。「近く」と言うとき、それは約八〇〇キロメートルを意味しています。しかし、太陽系では、すぐ手元にあるような距離です。つまり、あるコメンテーターが言うように、地球という惑星はその射程場のようなものです。もし、私が現代の世界にいる代わりに、古代のギリシアやローマやエジプトに住んでいて、高

性能の望遠鏡と、見えるものなら何でも解説できる優秀な科学者が待機しているとするなら、今までになかった空の一部に、奇妙な光景、動く光を見ると、すぐに、あるしるしとして理解したことでしょう。劇的な何かが起こりそうでした。

このようなニアミスは、世紀に一度はあります。もちろん、小惑星が地球に衝突すると、大惨事になります。一・六キロメートルもの穴があくだけでなく、幾つかの原子爆弾に匹敵するようなエネルギーが放出されます。それは疑いようもありません。

しかし、イエスの時代に、夜空で起きる劇的で予期しなかった出来事は、大きな物体が地球に堕ちるように、物理的な大惨事以上のものを表すとしばしば考えられてきました。人々はそれらを注意深く見ていました。なぜなら、それらが王や王国の差し迫った興亡について告げていると彼らは信じていたからです。そして、イエスの弟子たちが、そのような驚くべき出来事が起こる時をどのようにして知るのか、イエスに尋ねました。おそらくそれは、彼らの心にあったことです。本当にイエスは弟子たちにそれを知って欲しいと思われたので、警戒すべきしるしを彼らにお示しになるのです。

イエスは、ある種のしるしを彼らにお示しになります（私たちはそれを次のところで見ることになります）。しかし、実際にイエスが、弟子たちに学ぶよう求められる重要なことは、待たなければならない期間があるということです。彼らは危険な試練の時代を耐えなければならないからです。

しかし、彼らは一体どのような大きな出来事を待つのでしょうか。ほかのどの福音書よりもルカ福音書が、その答えを私たちに用意してくれています。ルカ福音書の注意深い読者は、イエスの予告に驚くことはないでしょう。前の一〇章ぐらいにわたる多くの言葉によってそれは予測されていたからです。そして、神殿の境内におけるイエスの劇的な行為は預言的なしるしであって、来たるべきことの警告であったからです。神殿、それは人が想像できるもののうち最も美しい建物で、何百年もの間の技術と愛とによって装飾され、華やかにされた建物であり、国民生活の宗教と創意の中心でした――神殿そのものはやがて崩壊します。このことは、イエスが、その公生涯を通して反対してこられたイスラエルの民の召命からの逸脱を象徴することになったのです。イエスが正しかったとするなら、当時の神殿は間違っていました。神は、神殿の崩壊によって、イエスが正しかったことを証明されました。それは敬虔なユダヤ人にとっては考えられないことでした。それは、アメリカ人にとって、ホワイトハウス、ワシントン記念塔、自由の女神像の崩壊を意味しています。いやそれ以上かもしれません。なぜなら、神殿は、神が何千年にもわたってイスラエルと関わってこられたことの表れだったからです。

来たるべき日に、弟子たちが遭遇することに関するイエスの警告は、イエスはもはや彼らとともにおられないが、彼らはなおもイエスに従う者であるように定められていることを明確に示しています。ほかの者たちが、イエスを装って、あるいはその代弁者を装ってやって来ることでしょう（今朝、イエスの再来であると主張する人から突然、手紙を受け取りました）。世界は、戦争や革命でいっそう不安になり、激しく揺り動かされることでしょう。なぜなら、ラジオもテレビも電話も新聞さえもないので、人々は旅行者の噂によってそのようなことを聞くからです。また、国境の小競り合いが膨らみ、明らかに全面戦争になるまでは、人々は憶測でそのニュースを伝えたことでしょう。そして、皇帝のときどきのくしゃみは、致命的な病気に誇張されてしまいました。

イエスは、この動乱の時代の中で、イエスに従う者たちが、社会にとっては好ましくない者だと決めつけられることを明らかに予期しておられます。すべての人に平和と恵みをもたらす神の王国についての危険な話によって、イスラエルを迷わせ、律法を守ることから、そして、国家の利益を守ることからも離反させる人物として、人々はイエスを記憶にとどめることでしょう。状況が激化するとき、イスラエルにおいて、世界中のユダヤ人コミュニティにおいて、イエスの民として知られている人々は、非難の的になることでしょう。そしてすぐに、非ユダヤ人コミュニティも彼らの例に従うでしょう。家族は離散し、時には、キリスト者は、すべてのことで非難される人々であり、すべての人が悪口を言いたくなるような人々であると思われることでしょう。彼らに忍耐が必要であると言うなら、そのときこそ忍耐が必要となるでしょう。

ただし、イエスは、この待望の時代に、キリスト者に必要なものを与えることを約束されます。それは「言葉と知恵」です。もちろん、この約束は、通常のキリスト者の教えに必要な厳しい務めを無視する許可証として受けとられるべきではありません。これは、人々がイエスに忠実であるがゆえに遭遇する人生の試練の時代に関係します。これらの預言を、キリスト教の第一世代――イエスの復活と紀元七〇年の神殿の崩壊の間――の物語が裏付けています。そして、イエスが実際に彼らとともにあり、語るべき言葉を与えてくださったことを、初期のキリスト者の多くが証言しています。

しかし、第一世代に対して重要であったこの聖書の箇所は、同じように、後に続く教会に対しても大いに語ります。キリスト者が、その信仰ゆえに迫害を受けるところではどこでも――それは悲しいことですが、驚くことではなく、世界の多くの場所で、今も日常的なことです――、より幸運なところにいる仲間の信者の祈りと支援を必要とするだけでなく、次の慰めと励ましの言葉を必要としています。「あなたがたは誰にも惑わされてはならない」「あなたがたの話を告げる機会である」「私はあなたがたに知恵を授ける」「あなたがたは忍耐をもって歩み続けなさい」。これらは、今もなお、前もって学ぶべき言葉であり、困窮の時にすがりつく、貴重な約束の言葉なのです。

二一章二〇―三三節　エルサレム滅亡の予告

[20]イエスは続けて言われた。「しかし、エルサレムが軍隊に囲まれるのを見たなら、その滅亡
が近づいていることをあなたがたは知るだろう。[21]そのとき、ユダヤにいる者は山に逃げなさい。
エルサレムにいる者は出来るだけ早くそこから出て行きなさい。そして、地方にいる者は都に戻
ってはならない。[22]聖書に書かれてある警告がすべて実現する厳しい裁きの日だからである。[23]そ
れらの日には、身重の女と乳飲み子を持つ女は災いである。地上には大きな苦難があり、この民
に対して神の怒りが臨む。[24]人々は、飢えた剣の刃《やいば》に倒れ、捕虜となってあらゆる異邦人の下《もと》へ
連れて行かれる。そして、異邦人の時が満ちるまで、エルサレムは異邦人に踏みにじられる」。
[25]「そして、太陽と月と星にしるしが現れる。海がどよめき荒れ狂うので、地上の国々の民は、
苦痛と混乱に陥る。[26]人々は恐れと、世界に起ころうとすることを予感して、気を失う。天体が
揺り動かされるからである。[27]そのとき、人々は人の子が大いなる力と栄光を帯びて、雲に乗っ

て来られるのを見る。28これらのことが起こり始めたら、身を起こして頭を上げなさい。あなた
がたの贖いが近づいているからである」。
29イエスは彼らに譬えを話された。「いちじくの木を、さらにすべての木を見なさい。30葉を見
せ始めると、あなたがたは夏が近づいていることを知る。31それと同じように、あなたがたも、
これらのことが起こるのを見たなら、神の王国が近づいていることを知りなさい。32まことに、
あなたがたに言う。すべてのことが起こるまでは、この時代は滅びない。33天地は消え去る。し
かし、私のこれらの言葉は消え去らない」。

私たちは学校で、時として、幾つかのまったく異なる人物や対象物が含まれた物語を書くように言われました。先生はこう言います。「ウサギ、望遠鏡、大聖堂、義足の男、これらが登場する物語を書きなさい」。これはしばしば、豊かな想像力を必要としましたが、その必要条件を満たして、物語の筋立てを着想するために、若い知性は奮闘したのでした。

ルカ福音書二一章を読んだ多くの人は、ややそれに似ていて、イエスが私たちに謎をかけておられるかのように感じています。軍隊が都を取り囲む、海がどよめく、**人の子**が雲に乗ってやって来られる。そして、**神の王国**が到来するということを、私たちはどのように理解しますか。そして、それが何であれ、イエスが語っておられた時代の中で起こると、どのように言えるのでしょうか。

出かけるのに最も良い場所は安全な土地です——聖書本文を理解するという観点から、私たちは安全ですが、当時、そこにいた人にとっては明らかに安全ではありませんでした。二〇—二四節にはそ

のことが明白で、イエスがこの時点までに話されたものとして、ルカが報告しているすべてのことと一致します。概してイスラエルの民が、特にエルサレムの民が悔い改めずに、イエスによって勧められた王国の道に従うことができずに悲惨な結果を招く、そういう重大な危機が迫っていたのです。ローマ軍がやって来て（名は明記されていませんが、軍隊をもってエルサレムを包囲したのはローマ軍に違いありません）、そして都を包囲し攻撃するのです。その結果は言うまでもありません。

そのことが起こったとき、まだ時間がある間に、脱出して逃げることのできる人は、そうすべきでした。この時点でのイエスの指示はかなり具体的です。イエスに従う者たちには想像もつきませんでした。エルサレムに留まる義務があるという間違った国家忠誠によれば、船もろともに沈んでしまいます。それはまさに、神の裁きが下るバビロンから急いで逃げるように命じられたイスラエルの民のようです（イザ四八・二〇、エレ五〇・八、五一・六、四五）。それで、イエスに従う者たちは、時間があるうちにエルサレムを離れるべきでした。そこで捕らえられるなら、非業の死や強制送還が彼らを待ち受けていました。ユダヤ人がエルサレムに喜びを与える代わりに、異邦人がエルサレムを崩壊させ、自分たちのものとするのです。言うまでもなく、この警告は紀元七〇年以降に現実となりました。

しかし、これは、残りの箇所とどのように符合するのでしょうか。その答えは、私たちは、その当時のありふれた絵画的表現を、どのように理解すべきかを再び学ばなければならないということです。「太陽や月や星に見られるしるし」は、文字どおりに受け止められるかもしれませんが、しかし、このようなフレーズは、私たち自身の絵画的表現として、偉大な国家や地上の王国は「激変を経験する」であろうということをまさに意味します。南アフリカのアパルトヘイト体制やベルリンの壁の崩壊に遭遇した人々は、そのような大きな変化は、いかに早く、いかに突然に、大規模なシステム全体に広がりうるかということを知り、巨大で予測できない結果をもたらすことを知るのです。紀元六〇―七〇年のローマ帝国時代に生きていた人々は、特にその時期の最後の二、三年間は、同様に感じていたかもしれません。六八年のネロの自殺の後、四人の皇帝が相次いで就任し、それぞれが軍を率いました。アウグストゥスとその後継者が、世界にもたらすと宣言し、大言壮語した「ローマの平和」は、内側から崩れ落ちました。この激震は全世界に及びました。それはまさに二五節から二六節に当てはまります。

「人の子の到来」は、紀元一世紀のユダヤ人が確かに理解したように、ダニエル書七章の預言の成就として理解されたに違いありません。その当時の最も良く知られた預言の一つであるこの聖書の箇所は、神の真の民が、彼らを抑圧する異邦の国々によって、つまり、「獣」の手にかかって苦しめられた後に、その正しさが証明されるその時について告げていると信じられていました。この預言は偉大な法廷のシーンを想像させます。そこでは、裁判官である神は、ご自分の民と「人の子」を勝訴とし、暴虐的な「獣」を敗訴とされます。異邦の国々に下される裁きは、神ご自身の王権を共有するために雲に乗って来られる「人の子」の正当性を証明する裁きと同じです。

ルカにおけるこの箇所を理解する最良の方法は、それを約束として見ることです。それは、イエスのメッセージに反抗したエルサレムが、最終的に転覆されるとき、これがイエスとイエスの民の正当性の証明となり、イエスが天の父の傍に実際に座しておられるしるしとなるのです（二〇・四二―四三参照）。もちろん、ルカはイエスの「再臨」を確かに信じています（使一・一一）。しかし、この聖書の箇所はそれについては言及していません。ここは、イエスの正当性の証明と、圧迫している状況から人々を救出することに関する箇所なのです。

それから、この箇所には、弟子たちが見るべきしるしがあります。神の王国は近づいています。しかし、神の都はそれを拒みます。つまり、王国の成就は都の崩壊と関係します。すべてのことが一世代のうちに必ず起こります。なぜなら、イエスはやはり、最後の預言者だからです。かつて、ぶどう園の主人が使者として息子を送りましたが、もう誰も使者は残されていません（二〇・一三）。

キリスト者である読者は約二〇〇〇年後に、この聖書の箇所に頭を悩ませながら、しばしば、それは自分に対して何を言おうとしているのか分からずに途方に暮れます。エルサレムの崩壊、それは異教徒による残虐行為ですが、私たちにとっては遠い昔のことです。しかも、教会が直面した、後に続くもっと多くの危機を知っているので、それはあまり重要でないと考える傾向があります。しかしながら、私たちは、エルサレムがイエスに対して成したように、しばしば平和への呼び出しを拒否する世界に生き、福音を宣べ伝えています。神の招きを断るなら悲惨な結果になると、私たちには同世代の人々に警告する最低限の義務があります。当面、私たちは忍耐力を養い続けなければなりません。忍耐力を本当に必要とする時を知る由もないからです。

二一章三四―三八節　人の子への待望

[34]そこで、イエスは言われた。「放縦や泥酔や生活の煩いで、あなたがたの心が鈍くならないように、自分自身のために祈りなさい。さもないと、その日が罠《わな》のように突然あなたがたにやって来て、[35]地の表に住むすべての人に襲いかかるからである。[36]いつも目を覚まして祈りなさい。あなたがたは、起ころうとしているこれらすべてのことから逃れて、人の子の前に立つことができるように」。

[37]それからイエスは、昼間は神殿の境内で教え、夜になるとそこを出て、オリーブ山と呼ばれる所で過ごしておられた。[38]朝早くから、人々は皆、話を聞こうとして、神殿の境内にいるイエスのもとに集まって来た。

過去に戻って、私と一緒にエルサレムに旅しましょう。時は紀元五八年、イエスの十字架と復活から三〇年近く経った頃です。聖なる都の多くの人が一世代ほど前のブームの時にイエスを信じました。そして、彼らの多くはまだそこにいて、年老いて、おそらく苦悩の日々を送っていました。しかし、まだ、待望し、希望を持って祈っていました。

事態は断続的に難しくなっていきます。かつて、ポンティオ・ピラトが総督をやめるとき、人々は生活が良くなると期待しましたが、ローマ皇帝が**神殿**に自分の巨大な像を建てる計画が持ち上がるという危機的状況がありました。この脅威の計画は幸いにも見送られ、問題の皇帝ガイウスはまもなくして亡くなりました。そして、ヘロデ大王の孫の一人であるアグリッパが四一年にユダヤの王とされ、彼は立ち上がって人々を元気づけました。人々は、この地域の慣習を知らない、はるか遠方から遣わされる総督よりも、自分たちのうちの一人によって支配されることの方《ほう》が良かったのかもしれません。しかし、長続きはしませんでした。アグリッパもまた、神に打たれて死にました（とある人は言いました）。それは彼の異教の指導者たちが自らに与えた神聖な称号を、彼も求めて神を冒瀆し、栄光を神に帰さなかったからです。それから新しいローマ総督が相次いで遣わされました。彼らは前任者よりも悪かった（よう）です。しかし、五四年にネロが皇帝になり、多くの人は再び、平和と正義がもたらされると期待しました。

　しかし、エルサレムの住民には、最初からずっと、政治的な緊張が高まることが分かっていました。彼らは革命運動を起こし、つかの間の栄光を手にしましたが、残酷にも壊滅させられました。ある者は、**祭司**たちがひそかに関わっていたと言います。また、ある者は、庶民に安心して自分たちの仕事をさせないのは皆、悪しき略奪者だと言います。ある者は、ローマとの安易な平和を求め、ほかの者は、すべて自分に有利な条件で取引をし、さらに、ほかの者は再び、**メシア**が到来することを求めました。日常生活は絶え間なく続きました。つまり、売買をすること、穀物を育てること、群れを養うこと、木材の工芸、皮革の工芸、両替、陶芸、神殿の日々の務め、**犠牲**を献げること、音楽を奏でること、祝い事、季節の祭りなどです。神殿そのものは、ほとんど完成されていて、ヘロデ大王によって、七〇年前に着手された再建計画は完了間近にありました。

このただ中にあって、イエスの名で呼ばれた人々は、いまだにパンを裂き、その名によって礼拝するために集まり、また、イエスがなされたこと、語られたことを互いに教え合うために集まり、自由に行き来していました。彼らの何人かは、今はパウロという名で知られるファリサイ派でタルソス出身のサウロの友人たちでした。パウロは、エルサレムには長くはいなかったのですが、暴動を誘発してしまいました（彼の友人たちは、彼の敵対者がそれを起こしたと言いますが、うわさでは、パウロが行くところはどこでも暴動が起こりそうでした）。それからパウロは、裁判を受けるためにローマに送られ、それ以来、エルサレムには戻りませんでした。ペトロもまた、旅に出ていて何年も見かけることがありませんでした。ほかの者たちは、パウロに対しては懐疑的で、神の律法を曲げたと非難しました。イエスを通して神を礼拝することを異邦人に許し、彼らに割礼を強要しなかったからです。エルサレム教会の指導者で、賢明かつ敬虔なヤコブはイエスご自身の兄弟でありましたが、年老いてしまっていて、イスラエルの回復のための祈りは応えられるようには思われませんでした。

エルサレムのキリスト者が、無気力になるのは何とたやすいことでしょうか！　もし、福音が胸を躍らせる結果を生み出していたなら、そうはならなかったでしょう。海を渡ったところではそうであったということを彼らはときどき、聞いてはいました。ただし、必ずしも彼らが聞いたとおりではありませんでした（異邦人はイエスを礼拝しているが、モーセの律法を守っていないというような話のように）。彼らの生活は一日一日がダラダラと過ぎて行きました。友人たちは、時には意地悪く、彼らに求めました。彼らの言うメシアが再び現れるのなら、どうか急いで現れて欲しい。なぜなら、それよりもはるかに騒々しく動き回っているこのローマの大軍が世界戦争を引き起こすだろうから。とにかく、パンの価格がどうなったかを見ると分かります。そして、もし、イエスが本当にメシアであるなら、なぜ、あれ以来、まったく何も起こっていないのですか。あなたがたが集まって礼拝するとき、大変リアルにイエスの臨在と愛を感じ、手を伸ばすとイエスに触れることができそうだと、あなたがたはあまり言いません。忍耐強くあるべきだとあなたがたが告げられてきたその答えもあまりありません。三〇年というのは長い年月です。あなたがたがなすべきことは、この聖書の箇所の中で見つけるようなイエスの言葉を含む物語を改めて語ることです。待ち望みなさい。緊張していなさい。しっかりと目を開けていなさい――肉体的に、おそらく霊的に。どんな場面に遭遇しても大丈夫な力を祈り求めなさい。あなたがたが人の子の前に望み通りに立つとき、**人の子**がその正当さを証明されるのです。

さて、私と一緒に二一世紀のサンフランシスコか、シドニーか、ブジュンブラ〔アフリカ中央部、ブルンジ共和国の首都〕か、サンサルバドル〔中南米エルサルバドルの首都〕に旅行に出かけましょう。日曜日の朝、あなたは教会から現れます――それはペンテコステの祭り、聖公会の朝の祈り、スペインのミサかもしれません――そこにビジネスを始める世界があるか、礼拝が喜びであるからでしょうか。あなたの友人たちは、あなたが相変わらず教会に行くなんて変だと言います。キリスト教はもう時代遅れで、反証され、退屈で、何の役にも立たないことを皆が知っていると言います。あなたに必要なものは、もっと多くのセックス、パーティ、金儲け、そして、より大きな改革です。とにかく、教会は過去において、かなりの悪事を働いたではないですか。宗教裁判はどうですか（人々はいつもそう言います）。十字軍はどうですか。コンピュータを持ち、宇宙旅行ができる現代に、誰がキリスト教を必要としますか、と言います（かつて人々は、電気や近代の薬の出現の際にも同じようなことを言いました）。

ともかく、人々は言います。もし、あなたのイエスがそんなに特別な方なら、なぜ、今も世界はこのように混乱しているのですか。人々は、奴隷の解放、教育の向上、病院の建設について知りたくはありません。人々は確かに、福音によって日々変えられていく生活について知りたくはありません。人々は、この人生の煩いをあなたに負わせようとしています。つまり、それは字義的にまた隠喩的に、放縦や泥酔であり、イエスが警告したことなのです。人々は、あなたを疲れさせ、自分は変人で愚か者であると思わせようとしています。なぜ、あなたはそんな古い本を研究するのですか。それは何も良い結果をもたらさないと人々は言うのです。

その答えは、イエスから一世代後のエルサレムのキリスト者のためであったように、私たちにも共通しています。警戒していなさい。これは、あなたが待ち望むように命じられたことです。その鍵は忍耐です。あなたの足が強く維持されるように祈りなさい。あなたの目は霊的に、精神的に、感情的に、肉体的に疲れて閉じてしまうことがあります。しかし、あなたは目を覚ましていなければなりません。これは、何についてのことでしょうか。それは、アドレナリンが出て、旗がはためくような興奮する戦いではなく、日ごとのそして週ごとの祈りと、希望と、聖書の言葉と、聖礼典と、証しの、安定した歩みについてのことです。これが重要なことなのです。これが、忍耐が霊の実であるというわけです。もう一度、この話を読みましょう。イエスが言われたことをお互いに思い起こしましょう。

そして、目を覚ましていましょう。

二二章一―二三節　最後の晩餐

1過越祭で知られる除酵祭が近づいていた。2祭司長たちや律法学者たちは、イエスを殺す方法
を探っていたが、群衆のゆえに困難であった。
3サタンが、一二人の中の一人でイスカリオテと呼ばれるユダの中に入った。4ユダは、祭司長
たちや神殿守衛長たちのもとに出かけて行き、彼らにイエスを引き渡す方法を相談した。5彼ら
は喜び、ユダに金《かね》を与えることを約束した。6ユダは同意して、イエスを群衆のいないときに引
き渡す機会をうかがっていた。
7過越の小羊を屠る、除酵祭の日が来た。8イエスはペトロとヨハネに次のように言って、遣わ
した。
「過越の食事ができるように、行って、私たちのために準備をしなさい」。
9二人が、「どこに準備をすればよいのでしょうか」と言うと、イエスは彼らに言われた。
10「見よ、都に入ると、水がめを運んでいる男に出会うので、その人が入る家までついて行きな
さい。11そして、その家の主人に言いなさい。『「私の弟子たちと一緒に過越の食事をする部屋は
どこですか」と先生が言っています』。12すると、席の整った二階の広間を見せてくれるから、そ

こに準備をしなさい」。
[13]二人が出かけて行くと、イエスが言われたとおりだったので、彼らは過越の食事の準備をし
た。
[14]その時刻がきたので、イエスは席に着かれ、使徒たちも一緒に席に着いた。
[15]イエスは彼らに言われた。「私は苦しみを受ける前に、あなたがたと一緒に、この過越の食事
をすることを切に望んでいた。[16]あなたがたに言う。神の王国で過越が成就されるまでは、私は
決して過越の食事をすることはない」。
[17]そして、イエスは杯を取り、感謝をささげて言われた。「これを取って、互いに分かち合いな
さい。[18]あなたがたに言う。神の王国が来るまでは、私は今後、ぶどうの実から造ったものを決
して飲まない」。
[19]それから、イエスはパンを取り、感謝をささげてそれを裂き、使徒たちに与えて言われた。
「これは、あなたがたのために与えられる、私の体である。私の記念としてこれを行いなさい」。
[20]食事の後《のち》、杯も同じようにして言われた。「この杯は、あなたがたのために流される、私の血
による新しい契約である。
[21]しかし、見よ、私を裏切る者が私とともに手を食卓の上に置いている。[22]人の子は、定められ
たとおり去って行く。しかし、人の子を裏切るその者は災いである」。
[23]すると使徒たちは、自分たちのうち、一体誰がそのようなことをしようとしているのか、と
互いに議論し始めた。

イエスは、ご自分に従う者たちに、これからご自分の身に起こることを理解させるために教理のようなものはお教えになりませんでした。

イエスの死が私たちの罪とどのように関わるかについての教理は、教会の歴史を通じてもたらされました。それらの多くが、キリスト者の心を大いに鼓舞し、深い霊的な洞察へと導き、注目に値する神学的理解を与え、そして、貧しい世界に、神の救いの愛をもたらす献身の思いを与えました。それらの多くは、キリスト者に神の恵みと慈愛の新しい展望を与えました。確かに教理は大切です。しかし、それらはイエスがご自分に従う者たちにお与えになった最も重要なものではありませんでした。

イエスは、ご自分に従う者たちに対して行動をもって教えられました。特に食事をともにされました。食事は、どんな教理よりも多くのことを語ります。その意図されたことを見出す最も良い方法は、確かにそれを実行することであって、それについて話すことや書くことではありません。しかし、これは書物ですし、私も読者の皆さんとともに主の食卓についてはいません。それで、イエスが意図されたと思われる幾つかの事柄、つまり、ルカがそれについて書いている幾つかの事柄を、私に提示させてください。

最初にして最大のものは、過越の食事です。ルカは、イエスが「出エジプトを完成する」（九・三一）ためにエルサレムに上《のぼ》って行かれたということを告げています。神がモーセとアロンを通して第一の出エジプトを実現されたように、イスラエルと全世界のための出エジプトを実行するために、イエスは来られたのです。悪の力が神の民を奴隷にするその最悪の時に、神はエジプトを裁き、イスラエルを救うために働かれました。この裁きと救いの両方のしるしと手段が過越でした。死の天使は、エジプトの初子を打ちます。神の初子としてのイスラエルの家、つまり、鴨居に小羊の血が塗られた家を「過越」して行き、初子は助けられました（出一二章）。今や、イスラエルとエルサレムに差し迫った裁きは、イエスがたびたび話してこられた裁きであり、彼らに罰が与えられようとしていたのです。それで、イエスは、ご自分に注がれた力をもって、ご自分の民を救われるのです。イエスご自身の死により、その民は逃れることができるのです。

何から逃れるのでしょうか。悪の力からです。彼らが栄光を受けるときに、暗闇が力をふるっているとイエスが言われた少し後です（二二・五三）。私たちは、イエスの時代の人々より、悪の力とその本質をまだあまりよく理解していません。しかし、もし、私たちが、いかなる意味においても世界を救うという神のご計画がイエスにおいて頂点に達したと信じるなら、悪の力がそれを阻止しようと必死になるのは驚くことではありません。イエスの生涯は、「試練」の連続でした（二二・二八）。今やその究極の時が迫っているのです。イエスが、そこを通って行かれるので、イエスに従う者たちは通る必要がありません。彼らはイエスの死を通して自らの命を見出すために、「イエスの体を食し」、そして、「その血を飲む」必要がありました。

イエスはこの食事を熱心に待ち望んでおられました。この食事は、イエスにとって何にもまして重要で、ご自分が行おうとされていることと、彼らがそのことからどのようにして益を得るかということを、豊かで重要な意味をもった言葉と行いとをもって、ご自分に従う者たちに説明するために何よりも大切なひとときでした。食事の話と裏切りの話とが織りあわされているのは偶然ではありません。

ヨハネ福音書ではユダが部屋を離れた時を記しています。それはイエスが一人一人に教える時です。ただし、その教えは、近づいている迫害に集中しています（ヨハ一三・三一―一七・二六）。ルカの場面では、ユダがずっとそこにいますが、食事の終わり近くになったときに、おそらく周りに気がつかれずに彼は離れ去るのです。

ユダは、小規模ながら、祭司長たちの要求を満たします。取り囲む群衆がいないときに（イエスが過越の祝いのための計画をひそかに立てていたのは、この危険を避けるためでした）、彼らにイエスを捕らえる機会を与えます。しかし、ルカの理解においては――晩餐そのものの中で進行していることをルカが見ているというのが重要です――「サタン」が、ある目的のためにユダを用いるのです。サタンの目的はいつも告発することです。イエスを詐欺師、反逆者、偽預言者、偽メシアとして告発します。言い換えれば、イスラエルを危険に陥れる偽証者です。ユダの裏切りはこの告発というプロセスの第一段階です。

しかし、現在とルカ福音書の終わりとの間で、ルカは百通りもの方法で私たちに次のことを語るでしょう。イエスに対する罪の告発については、イエスは事実、無罪であり、イスラエル自体が有罪であるということです。晩餐の場面における祝いと裏切りの融合は、この十字架そのものの中にある勝利と悲劇の融合に私たちを備えるのです。イエスは偽って告発されることによって、その真の使命を達成されるのです。イエスは、ほかの人々が受けるべき罰を甘受されることによって、その聖なる召命を成就されるのです。神は、エジプトのファラオの傲慢な抵抗をお受けになりましたが、それをご自分の民を劇的に救い出すためにお用いになることによってご自分の目的を果たされたのです。そのように、今や、晩餐の席に友と一緒にいるこの人物を通して、神は同じことをされようとしていることが私たちには分かるのです。悪の力が最も強く働き、神の救いをもたらすこの人物を十字架につけるとき、神はその出来事を、それらの力を滅ぼすためにお用いになるのです。

私たちは、毎日、毎週、イエスの命令に従うためにともに集まります。イエスを想起し、パンを裂き、ぶどう酒を飲むことにより、私たち自らがこの救いに、この癒やしの人生に導かれていることを発見します。過越の後、ファラオとその軍隊がイスラエルの民を追跡するように、権力者たちがなお猛威をふるうかもしれません。しかし、彼らは滅ぼされ、救いは確かなものとなるのです。

二二章二四―三八節　ペトロの否認の予告

[24]自分たちのうち、誰がいちばん偉いかと彼らの間で言い争いがあった。
[25]イエスは彼らに言われた。「異邦人の王たちは民を支配し、人々に権力を振い、自らを『恩恵
を与える者』と呼ばせている。[26]しかし、あなたがたは、そうであってはならない。あなたがた
の中でいちばん偉い者は、いちばん若い者のようになり、上に立つ者は、仕える者のようになり
なさい。[27]食卓に着く者と給仕する者とは、どちらが偉いか。明らかに、食卓に着く者ではない
か。しかし、私はここでは、あなたがたの中で給仕をする者のようである。
[28]あなたがたは、私の数々の試練の時に、私とともに踏みとどまってくれた者たちである。[29]私

の父が私に王権を委ねてくださったように、私も、あなたがたに王権を委ねる。30それは、あな
たがたが私の国で、私の食卓に着いて飲み食いをするためである。そして、あなたがたは王座に
ついてイスラエルの一二部族を裁くことになる」。
31「シモン、シモン、これを聞きなさい。サタンはあなたがたを穀物のようにふるいにかけるこ
とを願った。32しかし、私はあなたの信仰がなくならないように、あなたのために祈った。だか
ら、あなたが立ち直ったとき、兄弟たちを力づけてやりなさい」。
33シモンは言った。「主よ、牢獄にでも、死に至るまでも、あなたとともに行く覚悟です」。
34イエスは言われた。「ペトロよ、あなたに言う。私を知らないとあなたが三度《さんど》、否定するまで
は、今日、鶏が鳴くことはない」。
35そして、イエスは彼らに言われた。「財布も袋も履物も持たせずにあなたがたを遣わしたとき、
何か不足したものがあったか」。
彼らは言った。「何もありませんでした」。
36イエスは彼らに言われた。「しかし、今は、財布のある者はそれを持って行きなさい。袋も
同様にしなさい。また、剣のない者は自分の上着を売って剣を買いなさい。37あなたがたに言う。
『彼は犯罪人とともに数えられた』と書いてあることは、私の身に成就しなければならない。な
ぜなら、私に関わることはすべて終わりを迎えているからである」。
38そこで彼らが言った。「主よ、ご覧ください、ここに剣が二振りあります」。
イエスは彼らに言われた。「それで十分である」。

自分たちの命運をかけた試合の前に、チームを編成して備えるサッカーチームの監督を想像してみてください。彼らは最も強力な相手を目の前にして優勝杯を争うのです。監督は選手たちを、すぐさましなければならないことに、完全に集中させなければなりません。彼は選手たちに戦略を指示します。勝機をつかむためには、選手はその指示に従わなければなりません。敵は狡猾で、自分たちが弱さを見せるものなら、そこに付け込んでくると、監督は選手に警告を与えます。

しかし、監督が話すのをやめた途端、一体誰がベストプレーヤーになるかなど、選手たちはつまらない口論をし始めます。今までにどれだけ多くのゴールを決めたかと誇り、ほかの試合では誰がベストであったかと議論します。本当はどのポジションでプレーすべきであったかと言い争います。試合後の写真のために、誰がトロフィーを持つべきかと口論します。もっとも、このような話はビッグ・ゲームを前にしたチームのようでなければ、想像することは難しいかもしれません。

そこで、監督はもう一度、言います。彼は選手たちと長い間、一緒に励んできたことを説明します。監督は選手たちを優れた戦う集団につくり上げました。そして、彼はこれから進むべきところに立ち向かう遠大な計画を持っています。監督はキャプテンに、特に厳しい試合が待っていると警告します。しかし、きっとうまくいくと彼に確証を与えます。キャプテンは、自分は素晴らしいプレーをすると反論します。しかし、監督は彼にこう言います。「お前はハーフタイムまでに二つの反則を取られ、退場のリスクを負うだろう」。

そこで、監督は違う方法を試します。今度は選手たちに、この試合はかなり激しくなると伝えます。

監督は選手たちと一緒にフィールドの中にいることができないので、選手たちは自分で考えねばなりません。まもなく試合が始まります。「問題はありません。彼らの鼻をへし折るチャンスをもう待ってはおられません」と選手の一人が明るく話します。監督は諦めてこう言います。「もう十分だ。すぐに試合中止を求めよう」。

サッカーの偉大な監督ビル・シャンクリーは、サッカーは生死にかかわる問題であるということを否定して、「それよりもはるかに重要だ」と言いました。ところで、イエスが正しく、ルカも正しければ、弟子たちがその夜の食事の席で直面した問題は、空前絶後の最も重要な問題でした。それは歴史の転換点となるべきでしたが、ただ彼らにはそれに対する備えができていませんでした。彼らは、自分たちの中で誰がいちばん偉大であると認められるか議論します。それに対しイエスは、偉大さという考えそのものを逆転してお答えになります。ただペトロが弟子たちの中で指導的役割を担っていることをイエスがあえて暗示されるときは、ペトロの致命傷となる試みに先立って、ただ彼を擁護するために説明されるのです。それをあたかも証明するかのように、ペトロはまさにその夜、イエスを知っているにもかかわらず、否認してしまうのです。

しかし、最も奇妙なイエスの警告は最後の部分にあります。弟子たちは今や試練に直面しています。かつて彼らが持っていた権威と保護、これはイエスが旅の途上で、彼らをご自分より先に送り出すときに彼らが持っていたものですが（九・一―六、一〇・一―二〇）、もはやそれは活用できません。初期の段階では、イエスは悪の力に対して最初の勝利を得ました。しかし今や、イエスはこれまでの中で、最大の戦いに直面しておられるのです。それは、イエスが不法の盗賊であるかのように追い詰められる戦いです。そして、イエスご自身が最後の敵を前にして無防備で臨まれるなら、イエスに従う者たちは自分自身に注意する必要があります。彼らはイエスがイメージで語っておられることを理解せず、実際の戦いに備えることをイエスが意図しておられると考えていたようです。イエスが、「それで十分である！」と言われるとき、イエスは、進行中の仕事のためには、二振りの刀で十分であるということを示唆してはおられません（では、どういう意味が可能でしょうか）。イエスは、弟子たちがすべての点でイエスを明らかに誤解しているように思われる会話全体に疲れて、区切りをつけられるのです。

この全体像から浮かび上がってくるものは、イエスのまったくの孤独であり、それは、イエスが待ち望んだ晩餐のときの孤独であるとともに、後の裏切り、逮捕、さらにそれに続くすべてのことを受け入れるために出かけるときの孤独なのです。キリスト者のすべての働きが、この要素を持っています。つまり、ヴィジョンを与えられ、召命を受け、特別な聖務（ミニストリー）に就いた人が、親しい友人や同僚たちからさえ理解されず、反対され、疑われ、拒絶されるにもかかわらず、その務めを遂行しなければならないということに気づくときがあるのです。その約束を担う者になることを望む人は、この難題のために備えていなければなりません。この難題は、どのようにして王国が来ているのか、また、来るのであろうかという、その仕組みに組み込まれているように思えます。イスラエルと世界の、罪と恥の重荷を負うというイエスご自身の召命は、独りでそれを行う必要のあることでした。そして、私たちがこの物語を読むときに、「独りで」という語は、新たな奥深さを感じさせるように思えます。

しかし、その間ずっと、深まりゆくどんな闇も決して消すことのできない二つの特徴と、一つの約束が輝いています。第一の特徴は、イエスは食卓で待っている僕《しもべ》のようにして、ご自分に従って来る者たちの中におられることです。このことは、偉大さという世の考え方に対する逆転現象で、すべてのキリスト者の働きと聖務に対して重要であるだけではありません。つまり、イエスとは一体どういう方であったかを知る鍵なのです。そしてこれは第二の特徴をさし示します。イエスは、僕《しもべ》に関する聖書の預言の言葉を満たしておられました。そして、それは、イザヤ書四〇―五五章に見られる不思議な人物であり、特にその明白な箇所、イザヤ書五二章一三節から五三章一二節にあるイスラエルそのものであるとイエスは知っておられました。「彼は罪人の一人に数えられた」、つまり、イエスが捨てられ、命を奪われると思われるまさにそのときが、イエスが聖書の預言を成就されるときなのです。

この二つの特徴の間に、ついに王国が現実となるという約束があります。それはヨハネ福音書の箇所と響いていると思われますが、イエスはご自分に従う者たちに次の確証をお与えになります。父がイエスに王国をお与えになられるのとまさに同じように、今、イエスがご自分に従う者たちに王国をお与えになるのです。ところで、王国とは何で、また、それがどのようにして来るのかを、弟子たちはまだよく理解していません。しかし、そのことが約束を無効にすることではありません。このような一節にみられる素晴らしさ、つまり、福音の恵みは、人類のあらゆる堕落にもかかわらず、神の業が先行するという、まさしくそのやり方なのです。そしてそれは、一世紀であろうと二一世紀であろうと、不思議なことに慰めとなっているのです。

二二章三九—五三節　逮捕されるイエス

[39]それから、彼らはそこを出て、イエスが先頭に立って、いつものようにオリーブ山に行かれた。弟子たちも従った。
[40]その場所に着くと、イエスは弟子たちに言われた。「試みに陥らないように祈りなさい」。
[41]そしてご自分は、弟子たちから石を投げて届くほどの所まで離れ、ひざまずいて祈られた。
[42]「父よ、お望みなら、この杯を私から取りのけてください。しかし、私の意志ではなく、御心
が行われますように」。[43]すると、天使が天から現れて、イエスを力づけた。[44]イエスは苦しみも
だえ、さらに熱心に祈られた。汗が血の滴《しずく》のように地面に落ちた。[45]イエスは祈りを終えてから
立ち上がり、弟子たちのところに来られると、彼らが悲しみのゆえに眠っているのをご覧になった。
[46]イエスは彼らに言われた。「なぜ、眠り込んでいるのか。試みに陥らないように起きて祈りなさい」。
[47]イエスがまだ話しておられるとき、そこに群衆が現れ、一二人の一人でユダという者が先頭
に立ってやって来た。ユダはイエスに接吻しようと近づいた。[48]しかし、イエスは彼に言われた。

「ユダよ、あなたは接吻によって人の子を裏切るのか」。

[49]イエスに従う者たちは、起ころうとしていることを見て取って言った。「主よ、剣で切りつけましょうか」。[50]そして、彼らのうちの一人が大祭司の僕に切りかかり、その右の耳を切り落とした。
[51]イエスは、「そこまでにしなさい」と言われ、その耳に触れて彼を癒やされた。
[52]イエスは、ユダについて来た祭司長、神殿守衛長、長老たちに対して言われた。「強盗に対するように、剣や棒を持って出てきたのか。[53]私は毎日、あなたがたと神殿の境内に一緒にいたのに、あなたがたは私に手出しをしなかった。しかし今は、あなたがたの時であり、暗闇が支配している」。

過去三〇年の私の人生で、最も著しい変化は、――髪の毛が薄くなっていくのは別として――若い時代に愛したスポーツの一つに対する態度が変わってきたことです。私は小学生の時にロック・クライミングを習いました。一〇歳かそれ以上の時に、私はできる限り多くロック・クライミングをしました。決して技術は高くなかったのですが、大いに楽しみました。しかし現在では、丘歩きは好きですが、岩棚の小さな突起で自分の足のつま先がぐらついて、かかとが一〇〇〇メートルを超えた新鮮な空気の中に浮いている、そんな自分の姿は見たくありません。

それはともかく、多くの山岳事故には、特有の悲劇的な側面があります。クライマー同士をつないでいるロープは救命のためですが、人を殺すこともありえます。十分に訓練された登山者たちであっても、彼もしくは彼女の一人が滑落するとき、ほかのクライマーをも同様にその岩から引き離します。

一人の人の落下はほかの人をも道連れにします。そのようなことが、ときどき起こります。

それは、イエスがこの聖書の箇所で避けたいと最も願っておられることです。弟子たちは、イエスが行い、語っておられることが理解できませんでした。しかし、私たちは後から振り返って理解することができます。イエスはご自身が捕らえられるだけでなく、裁判にかけられて殺されることも知っておられました。しかし、それは神がお与えになった使命であり、そうならなければなりませんでした。さらに、イエスも、独りで暗闇の時と力の中に入って行かなければならないことを知っておられました。反乱の指導者たちが取り囲まれたとき、その追随者たちは彼らとともに、たびたび捕らえられ、拷問され、殺されました。それはペトロやほかの弟子たちにも起こりえることでした。イエスは倒れますが、弟子たちを道連れにはできません。イエスの使命はご自分の羊に自らの命を与えることであり、羊たちを道連れにして死に至らせることではありませんでした。いかなる場合にも、彼らは来たるべき日において、イエスの宣教を前進させる人々でした。特にペトロのために祈りました（二二・三二）。つまり、ペトロとほかの弟子たちは、まもなくイエスを飲み込むプロセスとは無関係であるべきでした。

これが、「試みから逃れるために」と祈るように、イエスが弟子たちに語られる理由です。イエスはどのような「試み」について語られているのでしょうか。一つの段階として、それはご自分が知っておられる試みで、イエスが捕らえられたなら、イエスを待つという試みです。しかし、この試みは、イエスに、イスラエルに、全世界に、やって来る大いなる試みの人間的、地上的なものにすぎません。イエスは、ご自分を捕らえている者たちに言われました。「あなたがたの時が来ている。そして、暗闇が支配している」。イエスの時代の多くのユダヤ人のように、イスラエルの歴史が、そして、それと共なる世界の歴史が、大きな恐怖と暗闇、そして言い表すことのできない苦しみと悲しみの時に入っていくことを、イエスは知っておられました。それから神の贖いが、つまり、来たるべき王国と、それが意味するすべてのことが、一方では現れることでしょう。これは「試み」であり、「試験」であり、「大患難」です。当時のほかの指導者のようではなく、ご自分に約束されていた務めは、暗闇とその恐怖の中にご自分だけで入ること、そしてそれを通り抜けて、イスラエルと世界の運命を反対側に移動させることだと、イエスは信じておられました。イエスはその試みに、良くも悪くも、お独りで立ち向かわれるのです。

ここだけが、イエスが園で直面した恐怖について説明しています。ほかの者たちは（有名なソクラテス、何千人もの殉教者たち、キリスト者もキリスト者でない人も同様に、有名、無名にかかわらず）、自分の死に向かって行ってしまいました。恐ろしい、もだえ苦しむ死に、明らかな平静さを持って臨んだ人々も含みます。イエスは、ご自分の死の予告だけでなく、その死の意味を解くための鍵を与える晩餐をちょうど祝ったところです。イエスは、なぜ今、しり込みされるのでしょうか。

最も良い答えは、この死が暗闇の恐れに満ち、神から見捨てられたという意味を持っているということをイエスは知っておられたからです。イエスは、世の悪の力があらゆるレベルで最大限に発揮されるところに進み行かれました。苦悶の一部は明らかに精神的な苦しみ、執拗な神への問いかけです。おそらくほかの道があったことでしょう。イエスは神の信号を読み違えたのかもしれません。アブラハムがイサクを犠牲として献げようとしたときのように、今や、イエスが何としてでもそこを通る必要がないように、おそらく神が何か新しいことをなされるであろうというところまで、イエスは来ておられました。イエスの汗が血の滴りのように落ちたというルカの医学的な説明の付加は、極度のストレスと恐怖という状況下で、そのようなことが起こりうるということが、現代の研究で確認されています。

そして、その真っただ中にあって、弟子たちはイエスの王国、平和のメッセージの意味するところを未だ理解していませんでした。イエスを守ろうとする彼らの企ては、神殿守衛者たちの剣や棒と同じくらい、焦点がずれていました。イエスは革命家でもなければ、軍事的な**メシア**でもありませんでした。しかし、説明の時はもう過ぎていました。暗闇の時がやって来ています。三日後に新しい夜明けが訪れるまで、誰も再びはっきりと見ることはできません。

二二章五四—七一節　イエスを否認するペトロ

[54]彼らはイエスを捕らえて、大祭司の家に引き立てて行った。ペトロは遠く離れてついて行っ
た。[55]人々は中庭の中央で火を焚き、一緒に座っていたので、ペトロもその中に腰を下ろした。
[56]ある召使いの女性が、焚き火の傍に座っているペトロを見かけ、じっと見つめて言った。「こ
の人もあの男と一緒にいました」。
[57]ペトロはそれを打ち消して言った。「女よ、私はあの男のことなど知らない」。

58少したってから、ほかの者がペトロを見て言った。「お前も彼らの仲間だ」。ペトロは言った。
「わが友よ、そうではない」。
59一時間ほどたつと、別の者が強く言った。「確かに、この人もあの男と一緒だった。ガリラヤ
人だから」。
60ペトロは言った。「わが良き友よ、あなたの言っていることが分からない」。すると、ペトロ
がまだ言い終わらないうちに、すぐに鶏が鳴いた。61主は振り向いてペトロを見つめられた。そ
れでペトロは、「今日、鶏が鳴く前に、あなたは三度私を否定する」と自分に言われた主の言葉
を思い出した。62そして外に出て、激しく泣いた。
63イエスを捕らえていた男たちは、イエスを侮辱して、たたいた。64そしてイエスに目隠しをし
て言った。「お前を殴ったのは誰か、言い当ててみろ」。
65そのほか、さまざまな醜い言葉でイエスを罵《ののし》った。
66そして朝になると、民の長老たち、祭司長たち、そして律法学者たちが集まり、イエスを最
高法院に引き立てて行き、こう言った。
67「お前がメシアなら、私たちにそう言いなさい。」イエスは彼らに言われた。「私が言っても、
あなたがたは決して信じないだろう。68私が尋ねても、あなたがたは決して答えないだろう。69し
かし、今から後、人の子は力ある神の右に座ることになる」。
70皆が言った。「では、お前は神の子なのか」。イエスは彼らに言われた。「私がそうだとは、あ
なたがたが言っていることだ」。

71 彼らは言った。「これ以上、どんな証言が必要か。本人の口から私たち自身が聞いたのだから」。

私は幸運にも、王志明（Wang Zhiming）の人生と証しを記念する礼拝に関わりました。彼は中国人の牧師で、毛沢東の文化大革命下にあって、キリスト者の明確な証しを持ち続け、大衆の面前で処刑されました。最近の記憶では、彼はキリスト教信仰のゆえに命を献げた何百人もの殉教者たちの一人です。

当局者たちを怒らせた彼の言動は、彼が真理を語り続けたことです。大きな犠牲をはらいながらも、やがて危険に陥り、最後には自殺行為に匹敵するような時でさえ、彼は語り続けたのです。恵みと尊厳をともなう信仰と真実は、征服できないものです。これが、ウェストミンスター寺院の西門に王志明の像が建てられている理由です。なお、今日《こんにち》の誰も、彼の告訴人や処刑人を記憶していません。

ルカは、イエスが捕らえられた夜に何が起きたかを告げ、イエスの信仰と真実を際立たせています。ペトロはイエスを知っていたにもかかわらず、イエスを否認します。兵士たちはゲームに興じ、イエスを偽預言者だと罵倒します。まさにそのときに、イエスのペトロについての予告が現実となります。最高法院でイエスは質問を受けます。それは、イエスが真に何を信じているかについて知るための質問ではなく、朝、ローマの総督のもとに引き立てるための罪状づくりの理由を見出すためでした。そして、そのすべての真っただ中で、主は立ち上がられてペトロのことを憂い、兵士たちに痛めつけられ、利己的なユダヤ人指導者たちには首を振って否定し、そして、真理を語り続けられたのです。

何が問題となっているのか、そして、そのすべては何を意味しているのかを私たちが考えるとき、その場面の中に、しばし立ち入ってみる価値があります。寒い四月の夜の焚き火について考えてみましょう。ここまではペトロの忠誠心が見られます。しかし、夜の疲れが彼の決心をにぶらせました。おなじみの問題は、ときどき真夜中に、しかし、頻繁に人生の真っただ中で、もしくは、大きなプロジェクトの真っただ中で起こります。私たちはイエスに従うことに署名します。そして、本気でそう誓います。私たちは自分の使命をすでに開始しています。そして、それを成し遂げる意志を持っています。はじめは、いつも興奮します。それをひるませるのは、白昼の暑さ、真夜中の苦しみです。これらが私たちの気力を、エネルギーを、熱意を減退させていくのです。ペトロを見下して軽蔑するキリスト者はほとんどいません。私たちの全員ではありませんが、多くの人は、確かにそうだ、それは仕方がなかったことだと考えます。そんなことが起こってしまったのです。私たちは、おそらくペトロのようにそこにいるときにのみ、新しいやり方で生活し、働くことができるのです。それは、もはや自分自身の力によるのではなく、新たに、そして謙虚に神の召しに応えることによるのです。

さて、イエスが捕らえられていた衛兵室を見てみましょう。何人かの見張りは、冷酷かつ乱暴で、次にやって来る楽しみに備えています。ほかの者たちは単に仕事をしていますが、険悪な雰囲気が漂うと、身を引くことはできません。彼らの同僚たちは彼らを弱者と考え、彼らを次のターゲットにするかもしれませんから。弱者に暴力をふるうのは、その人の弱さの表れです。人は他をあざけることによって自分の内側の恐れを覆うからです。

これは何も兵隊がいる衛兵室だけに限りません。オフィスや取締役の会議室にあっても、学校の運動場にあっても、レストランの台所にあっても起こります。人々が対応する一人一人の他者が、敬意を払われるべき、愛されるべき、美しいがもろい器として神がお造りになられたものであるということを忘れているところではどこでも起こります――そして、彼ら自身もこの世において、この神を反映する器となるように命じられていることを忘れているのです。言い換えれば、人がほかの人々に悪い感情を与えることによって、自分に良い感情を得ようとするときにはいつでも、そういうことが起こります。あらためて、私たちは皆、物事はそのようであることを知るのです。

最後に、残念なことですが、裁判の部屋に入りましょう。最高法院の構成員は、ローマ帝国の操り人形ではありますが、事実上の力を持っていました。彼らは、正義の神を信じる一〇〇〇年の伝統を受け継いでいました。そして、彼らは、自分の国が如何にして正義を神の世界にもたらすことができるかを誇ります。しかし、ここでの彼らの支配的な狙いは、何としてでもイエスを抹殺することでした。当分の間、ほかのすべてのものを保留にします。イエスから一つの声明が出されますが、それをねじ曲げることができる限りにおいて、彼らがイエスを有罪にするために、それは隠されるかもしれません。これは政治家、ジャーナリスト、そして法律家にとっては、よく知られた戦術です。頭の回転の良い人、雄弁な人、融通のきく人は、それを実行に移すことができます。そしてそれが行われるところはどこでも、無実の犠牲者が生み出されるのです。

今日《きょう》、ある人が、イエスは世界の罪のために死んだとはどういう意味かと私に尋ねました。私は、やや、とりとめのない答えをしてしまいましたが、十分な答えであることを望みました。しかし、ルカはその質問にこの箇所をもって答えています。ペトロの弱さ、見張り番の脅し、法廷での正義のねじ曲げ、これらとさらに多くの理由によって、イエスは十字架につけられたのです。それは、単なる神学的な処分ではありませんでした。それは、紛れもない罪であり、人間の愚かさと反逆であり、道を見失い、神の顔を打つという非人間的な人間の本性でした。「そのほか、さまざまな醜い言葉でイエスを罵《ののし》った」。確かにそうです。私たちも皆、同じように行動したのです。ルカが私たちの目を十字架のもとに転じさせるとき、私たちに、単に悲しみや同情ではなく、恥を知らせようとしているのです。

二三章一―一二節　ピラトとヘロデの面前のイエス

[1]彼らは全員立ち上がり、イエスをピラトのもとに引き立てて行った。
[2]彼らはイエスをこのように訴え始めた。「この者はわが国の民を惑わしている者です。皇帝に
税を納めることを禁じ、また、自らを王であるキリストだと言っています」。
[3]そこで、ピラトはイエスに尋ねた。「お前がユダヤ人の王なのか」。イエスは答えられた。「そ
れは、あなたが言っていることです」。
[4]ピラトは祭司長たちと群衆に向かって言った。「私は、この男に何の罪も見いだせない」。[5]し
かし、彼らは主張してやまなかった。

「この者は、ガリラヤから始めてここに至るまで、ユダヤ全土で教えて回り、民を扇動してい

るのです」。
6ピラトはこれを聞いて、この者はガリラヤ人かと尋ねた。7そして、イエスがヘロデの管轄下
にあることが分かると、イエスをヘロデのもとに送った。ヘロデも、その頃エルサレムにいたか
らである。
8ヘロデはイエスを見て喜んだ。というのは、イエスのうわさを聞いて、ずっと以前から会っ
てみたいと思っていたからである。また、イエスが行うしるしを見たいと望んでいたからである。
9それで、ヘロデはさまざまな言葉で尋問したが、イエスは何もお答えにならなかった。10祭司長
たちと律法学者たちは傍に立って、イエスを激しく訴えた。11ヘロデも、自分の兵士たちととも
にイエスを侮辱し、からかって、きらびやかな衣を着せてピラトに送り返した。12この日、ヘロ
デとピラトは互いに親しくなった。以前、彼らは敵対していたのである。

多くの演劇、多くの小説、そして多くの実話で、長い間離れていた二人が、幸か不幸か、ついに出会うときにクライマックスに達します。「ボンドさん、とうとう、私たちは会えましたね」と、悪者が不気味な笑みを浮かべて言います。彼はついに自分の力によって秘密情報部員を捕まえたと信じています。アイスキュロス〔古代アテネの悲劇詩人〕からシェイクスピア、さらにそれ以降も演劇に登場する役者たちは、互いにじっと見つめ合います。「間違いなくあなたですか。なんと素晴らしいことでしょうか、ついにあなたに会えました」と彼らは声を上げます。ペンフレンドや血縁の従弟が、飛行機から降りてくるとき、私たちはそう呼びかけます。

ルカが描くイエスとヘロデとの出会いの場面は、その中にある特質を把握しない限り理解できないでしょう。ヘロデは、福音書全体を通じ、いつも背後にいました。ルカだけが、ヘロデがイエスを捕らえて殺そうと、ずっと以前から、イエスのガリラヤ宣教のときから（一三・三一）、考えていたと告げています。現在の、そして危険な「ユダヤ人の王」が、真の来たるべき王と顔と顔を合わせる場面を、今、ルカだけが、私たちに見せてくれているのです。ヘロデはこの瞬間を長く待ち望んでいました。ヘロデは、自分に対して言葉で魅了しながらも、警告をもって脅かした洗礼者ヨハネと、注文に応じて不思議な離れ業をすることのできるサーカス芸人とを足して二で割った人物として、イエスを見ていました。

イエスはヘロデを失望させました。イエスは何も語られず、何の奇跡も行われませんでした。私たちは、イエスをファラオの宮廷でのモーセのように期待したのかもしれません。それは、新しい出エジプトの指導者として、ヘロデを神の裁きをもって脅かすか、自らの主張を提示するために、とんでもない離れ業をやってのけることです。しかし、イエスはいずれもなさいませんでした。イエスはそのような預言者ではなく、そのような王でもありません。ルカにとって、イエスは真の預言者であり、真のユダヤ人の王であり、この王権の真実とほかのあらゆる虚偽とを明らかにするために、ルカはこの出会いを一連の場面に入れているのです。そのときに、真実は沈黙によってより雄弁に語られるのです。

それでは何故、ピラトは告発されているイエスを無実であると言わなかったのでしょうか。何故、ヘロデは祭司長たちの告発に対して目に見えて同意しなかったのでしょうか。一つには、イエスが、

「ユダヤ人の王」として先頭に立って革命家のように人々を扇動していなかったからです。イエスに従う者の幾人かは軽く武装はしていましたが、いずれにせよ、彼らは逃げ出してしまうのです。イエスは威嚇などしませんでした。抵抗もしませんでした。ほとんど何も語られませんでした。ピラトもヘロデも、自分の前にイエスが置かれている主な理由は、大祭司とその従者たちが、イエスを抹殺したいからだと分かっていました――ヘロデとピラトの両者は彼らを好まず、この期間中に少し出てきた権力闘争の一部だとしてやめさせようとしましたが、イエスは、競合する利害と計略が交錯するところで、もう一度捕らえられました。世の罪だけではなく、卑劣な野心も重なって、イエスを十字架につけたのです。

しかし、ルカにとって、イエスとヘロデがついに出会ったということが重要であるなら、それは、世界の真《まこと》の主が、世界の政治的支配者の代表と出会ったということがさらに重要なのです。人々が実際に皇帝に貢ぐことをイエスは禁じなかった、ということをルカの読者は知っています。しかし、**人の子**（二二・六九）として挙げられるということをイエスが話したことによって、イエスは正当なイスラエルの王家の代表者として自らを見ている人物であると、もっともらしい告発がなされたのです。もし、イエスがユダヤ人の王であり、すべての地上的な権威の上に立つ王として高められるならば、そのとき、皇帝もまた、その王座から引き降ろされます。これが、ルカがこの物語のはじめ（一・一、三・一）に含意していたことです。それは神の王国とは一体何かということです。

このイエスとヘロデ、そして皇帝の代表との二重の出会いは、使徒行伝の予兆です。そこでは、イエスは初めてユダヤ人の王と布告されます。なお、（別人の）ヘロデ（使一―一二章〔ヘロデ・アグリッパ」）の死が最後に付いています。それから、イエスは、「もう一人の王」（使一七・七）と宣言されます。つまり、皇帝のライバルであり、最後に福音をローマ自体にもたらします（使一三―二八章）。だからなおさら、イエスは世界の王として公に宣告されうるのに、この場面では、イエスはほとんど沈黙しておられるのです。つまり、これが福音の逆説です。イエスは、ほかの者たちがしてきたように、大声を出さず、威張り散らすこともなさらず、十字架上のイエスの祈り（二三・三四）よりずっと前に、支配者としての優しさをもってすでに多くを語られたのです。

そして、――もう一つのルカの描写――ユダヤ人の王と異邦人の支配者との、新しくできた友情という見事な皮肉です。ルカ福音書全体は、はるかかなたまで達する福音について語っています。ユダヤ教を越え、イスラエルの民族と地理的な境界を越え、偏見と無知とを越えて、ユダヤ人と異邦人を、若者と老人を、嫌悪のサマリア人を、徴税人を、一つにするのです。今や、イエスを信じない者、つまりヘロデとピラトでさえ和解するのです。それは、まるでイエスとともに十字架刑に向かう途上にいるかのようで、和解がすべての場所で始まらざるをえないのです。

もちろん、狭量の小君主と腹黒い総督間の不明瞭な交渉と、ユダヤ人と異邦人の信者によって享受されている福音の豊かな交わりとは、まったく比較にはなりません。しかし、ルカは油断なく、イエスとその十字架を通して、世界が新しい場所になるということを示す、あらゆるしるしとなるように、私たちにも求めているのです。ヘロデとピラトでさえ、これを機会に親しくなることができるとするなら、これはルカが、彼の教会と私たちの教会の双方に伝えていることですが、あなたがたも、どのようにすれば、誰かと全面的に和解することができるかを、一度あなたがた両人が十字架のすぐ近くに来て考えてみてください。

二三章一三―二六節　群衆から圧力を受けるピラト

[13]そこで、ピラトは、祭司長たちと議員たちと人々とを呼び集めて、彼らに言った。
[14]「あなたがたは、この男を、民を惑わす者として私のところに連れて来た。それで、私はあな
たがたの前でこの男を取り調べたが、あなたがたが訴えているような罪は何も見つからなかった。
[15]ヘロデも同様であったので、この男をこちらに送り返してきた。見よ、この男は死に値するよ
うなことは何もしていない。[16]だから、懲らしめたうえで、この男を釈放する」。
[18]彼らは皆、一斉に叫んだ。「その男を殺せ。バラバをわれわれに釈放せよ」。[19]（このバラバとい
う男は、都で起こった暴動と殺人のかどで投獄されていた者である。）[20]ピラトはイエスを釈放したい
と思って、再び彼らに呼びかけた。[21]しかし、彼らは叫び返した。「十字架につけろ、その男を十
字架につけろ」。
[22]ピラトは三度目に彼らに言った。「一体、この男がどんな悪事を働いたと言うのか。この男に
は死に値するようなことは何も見つからなかった。だから、鞭を打ったうえで釈放する」。
[23]しかし、彼らはさらに圧力をかけ、大声でイエスを十字架につけるように要求した。こうし
て、結局、彼らの声の方がまさった。[24]それで、ピラトは彼らの要求に応じる決定を下した。[25]彼

らが求めたように暴動と殺人のかどで投獄されていた男を釈放し、彼らの望みどおりにイエスを引き渡した。

26そして、彼らがイエスを引いて行くとき、郊外から都に入ってきたシモンというキレネ出身の男を捕まえて、彼に十字架を背負わせ、イエスの後《あと》から運ばせた。


チャールズ・ディケンズの小説がそうであるように、シェイクスピアの作品は興味をそそる脇役で満ちています。それぞれの脇役は、単なるボール紙の人形ではなく、彼もしくは彼女自身が語る言葉をもっています。シェイクスピアの『冬物語』における熊でさえ重要なのです。

福音書記者の中では、ルカが脇役を活用していることが最も興味深いことです。ここでは、そのうちの二人に焦点を当ててみましょう。バラバとキレネ人シモンです。ルカ福音書における彼らは、何がイエスに起こったのか、何故、それが起こったのか、さらにそれは、私たちにどういう意味を持つのか、について告げています。私たちは、彼ら自身の人生の物語の中に立ち入って考える必要があり、また彼らの視点から開かれる悲劇の日を理解することが必要であり、さらにこの両方から学ぶ必要があります。

バラバは、普通の犯罪者ではありません。彼はエルサレムで起こった暴力的な反逆行為のかどで投獄されていたと、ルカは私たちに情報を与えています。私たちの知りうる限りはとりわけこの反乱だけです。それは、非キリスト者の歴史家ヨセフスが、当時のほかの反乱について何も言及していないからですが、そのような出来事はよく起こっていたと想像できます。そして、古代世界において（現代でも同じですが）、中近東では、政治的、社会的フラストレーションが頻繁に暴力に発展し、時には特定の標的に集中し、時には愚かで絶望的な状態を生み出しました。それはもちろん、ローマ当局者と祭司長たちが、せめて重要な祭りの時には、大衆運動やメシア運動が起こらないようにと神経をとがらせていた中での出来事だったからです。私たちはバラバについて知っています。しかし、バラバはその当時の多くの反乱の指導者の一人にすぎないと想定しなければなりません。彼は過越祭の時の十字架刑を逃れました。しかし、多くの人が十字架につけられました。大きな騒乱がなかったときでさえ、おそらく何十人、何百人という多くの人が十字架につけられたのです。

ルカは、私たちがその要点を見落とすことがないような方法で、この出来事を述べています。イエスが有罪（実際は無罪ですが）とされたように、バラバは何らかの犯罪によって有罪とされていました。人々を扇動し、反乱を率いた罪を問われていました。可能性は低いと思われますが、彼が自分自身を「ユダヤ人の王」と見たのか、それとも彼の部下たちが彼をそう見たのか、私たちには分かりません。二人のうち一人は死ななければならず、それがイエスになったのです。そのことをマルコとマタイは記しているのですが、ルカでは、ピラトが過越祭に群衆が祝日を祝うために一人の罪人を釈放する慣例を説明していません（幾つかの写本が、一七節にその説明を加えていますが、確かにオリジナルのものではありません）。しかし、それを人々が選択することになるのは明らかです。バラバかイエスかどちらかが死ななければなりません。つまり、イエスがもともと反対してこられた暴力革命の代表者か、平和への道を示し奨励した者かのどちらかです。そしてイエスが、暴力的な反逆者が受けるべき死を死んでゆくことになるのです。イエスは「彼は犯罪人の一人に数えられた」（二二・三七）と予告しておられました。そして、そのすべてのことがすぐに起こるのです。

ルカの読者は、今ではイエスを徴税人や罪人たちの友として見ることに慣れています。そのことがイエスの宣教に関し適切かつ必要な焦点であったと、多くの角度から、そして多くの譬えによって、私たちは聞いてきました。それは、困窮しているすべての人に差しのべられた神の愛を具現化することや、失われた羊が見つかるまで、どこまでも捜しに行くというようなことです。それが、このような終わり方をすることを、おそらく、私たちはまったく受け入れる準備ができていません。イエスが罪深い人のところに行って食事をともにすることは一つの方法です（一九・七）。それはイエスにとって、暴力的な反逆者の死を見事に死ぬために踏み出す重要なステップなのです。

しかし、これが、実のところ全福音書の頂点であり中心なのです。これが、ルカがはじめから私たちに準備してきたポイントなのです。すべての罪人、すべての反逆者、すべての人類が、バラバという人物の中に、自らを見るように招かれているのです。つまり、私たちも同様であって、大小の罪と邪悪のために有罪宣告を受けている私たちの身代わりとなるためにイエスが来てくださることを、この話の中で私たちは見いだすのです。ローマの不当な「裁判」と、すべての人間のシステムを覆すところの神の不思議な裁判のもとに、人間の慈愛が届かなかったところに神の慈愛が届くのです。それは、罪人の運命を分かち合うことだけでなく、この場合、罪人に置き換わるのです。

私たちが、イエスが行われていることを悟るやいなや、それぞれ自分の十字架を負ってイエスに従うよう求められるのは、この理由によるのです。これは言うまでもなく、〔キレネ人〕シモンが求められるところです。彼は北アフリカのユダヤ人共同体（東地中海沿岸にギリシアとローマからの入植者があり、かなり大きなユダヤ人コミュニティが形成されていました）からエルサレムに巡礼でやって来ていました。そして、自分は、かなり違った意味の巡礼者であると、やがて知るのです。犯罪者が刑の執行のために向かう道では通常、恥と苦しみを経験する一部として犯罪者自身が十字架を背負いました。ルカは、イエスがなぜ、ご自分で背負われなかったかを説明していません。推察の域を出ませんが、先立つ二四時間で体力が消耗しきっていたので、西の門までの道は、かろうじてよろめきながら進んだと思われます。福音書では事あるごとに、イエスは、従う者たちに自分の十字架を背負って後について来るようにと力説してこられました。ここで、ついに誰かがそれを実行するのです。しかもイエスの十字架を背負うのです。このシモンこそ、敬虔、聖性、そして奉仕において、謙遜の道を、痛みの道を、死の道をさえ、イエスの後に続いて歩く、すべての人の模範となるのです。

バラバとシモンが、この箇所の鍵ですが、私たちはもう一度、群衆に気づくべきです。そして彼らと悲しみを分かち合うべきです。そこでは、失敗に終わったメシア運動の失望感と、ローマ当局者か祭司長たちが、群衆をその指導者の支持者であると見なし、過去の歴史が悪い選択だと認めてきたことを行うように暴徒たちを動かすなら、一体何が起こるかという恐れとが交錯していました。その一方で、ルカは神が救いの目的のためには、このことも覆されるということを十分に知っていました。神は、人間の激怒と失敗さえも一転させ、ご自分の計画を実行されるのです。

そして、ルカの壮大なドラマのうちにある小さな部分の役割についてよく考えるとき、私たちは、自分の部分は小さく見えますが、福音の働きに与り、福音の前進のために実質的に貢献していることを自分に言い聞かせるべきです。バラバとシモンのいずれも、その日、彼らの名が知られるようになり、彼らの話が二〇〇〇年後に世界中で語られるようになるとは夢にも思わなかったでしょう。私たちは、このイエスに従い、その十字架を背負うとき、神のより大きな働きのうちにある私たちの小さな労苦と痛みを、神は用いてくださるということを、どれほど確信することができるでしょうか。

二三章二七―四三節　十字架

[27]女性たちを含む大群衆がイエスに従って行った。女性たちはイエスのことを嘆き悲しんでい
た。[28]イエスは女性たちの方を振り向いて言われた。
「エルサレムの娘たちよ、私のために泣かなくてもよい。むしろ、自分自身と自分の子どもた
ちのために泣きなさい。[29]人々が、『不妊の女、子を産まなかった胎、乳をふくませなかった乳房
は幸いである』と言う日が来るからである。[30]そのとき、人々は山に向かって、『われわれの上
に崩れ落ちよ』。丘に向かって、『われわれを覆ってくれ』と言い始める。[31]確かに、生木でさえ、
こうされるのなら、枯れた木は、一体どうなるのだろうか」。
[32]また、ほかにも二人、犯罪人がイエスとともに処刑されるために引かれて行った。[33]そして、
「されこうべ」と呼ばれている場所に来ると、人々はそこでイエスを十字架につけた。さらに犯
罪人を一人は右に、もう一人は左に十字架につけた。
[34]イエスは言われた。「父よ、彼らをお赦しください。彼らは自分が何をしているのか、分かっ

ていないのです」。彼らはくじを引いて、イエスの衣を分け合った。
35人々は立って見つめていた。議員たちもあざ笑って言った。
「あの者は他人を救った。もし、彼が神のメシアで、選ばれた者なら、自分を救うがよい」。
36兵士たちもイエスを侮辱して、イエスに近寄って安いぶどう酒を差し出し、37言った。
「お前がユダヤ人の王なら、自分を救ってみろ」。
38イエスの頭の上には、「この者はユダヤ人の王」と書かれた札があった。
39はりつけにされた犯罪人の一人が、イエスを罵った。「お前はメシアではないか。自分を救い、
われわれも救ってみろ」。
40すると、もう一人の者が彼を叱りつけた、「お前はこの方と同じ刑罰を受けているのに、神を
も恐れないのか。41われわれは、自分のやったことの報いを受けているのだから当たり前だ。し
かし、この方は何も悪いことをしておられない」。
42そして言った。「イエスよ、あなたが最後に王になられるときには、私を思い出してくださ
い」。
43すると、イエスは言われた。「まことに、あなたに言う。あなたは今日、私とともに楽園にい
るであろう」。

製材所の一日目は、かなりハードでした。大木《たいぼく》がスライスされ、その厚板が到着した所で最初の皮むきをするために、私は厚い革の手袋を支給され送り出されました。厚板は大きなコンベヤのベルト

上に横向きになって出てきます。そして、それを人力で運ばなければならず、それぞれ違ったサイズのものをトラックの上に載せ、そして次の工程へと送ります。この時点では、板は重く、湿っています。それは、新しく切断されたからであり、川に浮かべられて、川を下って製材所に到着したからです。このコンベアシステムは「グリーン・チェーン」として知られていて、ここが、「生《なま》」の材木が到着し処理される所です。

次の工程では、厚板を乾燥させます。これは大きな乾燥庫でなされ、その後、厚板が再び切断され、「乾燥チェーン」に送られ、ここで出荷のために蓄えられるのです。これが、私がほとんどの時間、最後まで働いた工程です。今や、その木は半分の重量になり、厚板からすべての水分が出て乾燥し、それらは取り扱いやすくなり、それぞれの用途のために備えられるのです。

イエスは、神秘的な表現をもって「生木」と「枯れた木」を対比されました。しかし、私たちがその核心に向かう道を見出すなら、イエスが、ルカも同様ですが、どのように十字架の意義を考えておられたかについて大いに学ぶことでしょう。イエスは言われました。「生木でさえ、こうされるのなら、枯れた木は、一体どうなるのだろうか」(二三・三一)。

イエスは反乱の首謀者ではありません。つまり、イエスは「枯れた木」ではありませんでした。焼かれようとする木ではありませんでした。それどころか、イエスは「生木」でした。つまり、イエスは、イスラエルとすべての国々のための、神が贖われる王国について、平和と悔い改めについて宣教されたのです。しかし、イエスは言われます。もし、人々がイエスに十字架刑を科そうとしているなら、エルサレムが血気盛んな若者たちや暴力をふるう者たち、さらに大混乱を引き起こすことを望む扇動者たちで満ちるとき、彼らはどのように対処するのでしょうか。もし、ローマ人たちが平和の君を十字架につけるなら、彼らは本物の武将たちに対してはどうするのでしょうか。

イエスは、ご自分が盗賊として、また聖なる革命家として死んで行くことを知っておられたということに、私たちは気づかなければなりません。それはポイントの一つです。イエスは好戦的な国に対して、しばしば予告してこられましたが、ご自分がその宿命を背負っておられるのです。エルサレムとその住民に対して告げられた災難（例えば一三・一―五）は、イエスにおいて現実となりました。神である方が、多くの人の罪を負っておられたのです。しかし、もし多くの人が、今日《こんにち》でさえ、立ち帰ってイエスに従うことや、自分たちの暴行を悔い改めることを拒むならば、そのとき、彼らに差し迫っている運命が、イエスの十字架刑をそれに比べて軽度に見えるようにしてしまうことでしょう。それは、ローマ帝国が人々に与える裁きがあまりにも厳しくなるので、預言者が警告したように「丘に向かって、我々の上に崩れ落ちよ」」（ホセ一〇・八）、人々は懇願することになるからです。

残りの箇所では、女性たちについて説明していますが、それは、恐ろしい逆転の「至福」を含んでいます。イエスは、福音書のかなり早期に、貧しい者、柔和な者、飢えている者、悲しんでいる者たちの上に神の祝福を祈られました。子どもがいないことは一般的に恥ずべきことでしたが、子どものいない者たちに同じ祝福があるようにと、人々がまもなく祈り求めることを、今、イエスは女性たちに語られるのです（一・二五と比較）。これらの母たちは、自分の息子らが成長してローマ軍に対して反乱を起こすのを見ることになります。そして、ローマ軍が反逆者をいつも弾圧したというその宿命に、自分の息子らが苦しむのを見つめることになります。イエスは、このイスラエルの宿命を、ご自分が代わって苦しまれるために、ご自分の心構えの明確な宣言と、ご自分に従わない人々に向けられた、福音書のあらゆる所で響き渡る警告、その明確な警告とを結び付けられるのです。

ルカは、イエスの両側で十字架につけられた二人の人物を対比することにより、異なる角度から同じように核心をついています。一人はイエスを侮辱しますが、ほかの一人は、今までの全シーンで見てきたルカの考え方を伝えています。イエスはいま一度、反逆者、盗賊、犯罪者が受けるべき死を見事に死ぬのです。イエスご自身は無実ですが、多くの人々の罪を背負われるのです。

ルカの十字架の絵の中心は、イエスがユダヤ人の王として侮辱されることですが、それは、さまざまな登場人物と、語りの中のどこか小さな出来事によって表わされた意味を、あからさまにスケッチの中に描き入れているのです。イエスは今までに、王の身分と王国そのものの意味をできる限り示してこられました。悪しき人々とともに祝い、悪しき人々に平和と希望をお与えになりました。そして、来たるべき神の裁きについて、悪しき人々に対して警告してこられました。そして今、イエスはついに王として歓迎されているのです。しかし、それは嘲りです。王の酌取りが来ます。ただそれはローマ兵が差し出す、貧しい人が飲む酸いぶどう酒です。そこには世界にイエスの王位を示す国王のはり紙がありますが、実はイエスの悲惨な死を説明する罪状書きなのです。

イエスの真の王位は、ルカにのみ記録されているイエスの祈りと約束の中から輝き出します。自分を苦しめる者を呪って死んでいく伝統的な殉教者のようではなく、イエスは彼らのために赦しを祈られるのです。即位式の途上にある王のように、イエスは求める者に、栄えある場所と祝福を約束されます（「楽園」は、ユダヤ人の考えでは、必ずしも最終的な安息の場所ではなく、復活において新しい命が与

えられる前の休息と休養の場所です）。その祈りは、唯一の望みが死後の命にあるという意味で、その
約束が受け取られるべきでないことを示しています。もちろん、死後の命は重要であることは言うま
でもありません。赦しは天の命を地上にもたらし、神の未来を現在にもたらすのです。

二三章四四―五六節　イエスの死と埋葬

[44]第六時〔昼の一二時〕までに、暗闇が全地を覆い、[45]太陽が光を失って、それが第九時〔午後
三時〕にまで及んだ。そして神殿の垂れ幕が真ん中から裂けた。[46]そのとき、イエスは大声を上
げて言われた。「父よ、今、私の霊を御手にゆだねます」。こう言って息を引き取られた。
[47]百人隊長はこの出来事を見て、神を賛美して言った。
「本当に、この人は義《ただ》しい人だった」。
[48]また、見物に集まっていた群衆も皆、この出来事を見て、胸を打ちながら帰って行った。[49]イ
エスの知人たちすべてとガリラヤからイエスに従って来た女性たちも、遠くに立って、この光景
を見ていた。
[50]ここに、ヨセフという名の議員がいた。彼は善良で義《ただ》しい人であって、[51]議会の決議や行動
には賛成していなかった。彼はユダヤ人の町アリマタヤの出身で、神の王国を待ち望んでいた。
[52]この人物がピラトのもとに出向いて、イエスの遺体の引き渡しを求めた。[53]そして、イエスの遺

体を降ろしてから亜麻布で包み、まだ誰も葬られたことのない、岩をくりぬいて造った墓にイエスを納めた。[54]その日は準備の日で、安息日が始まろうとしていた。
[55]ガリラヤからイエスとともに来ていた女性たちは、ヨセフの後について行き、その墓と、イエスの遺体が納められる様子を見届け、[56]家に戻って、香料と香油を準備した。彼女たちは律法に従って安息日を守った。

それは本当に起こったのです。間違いではありませんでした。私たちは間違った思い込みをしていませんでした。それは真実なのです。確かなことなのです。これが、ルカが伝えるイエスの死と埋葬の主な強調点です。

ルカはこの福音書を、「テオフィロよ」と呼びかけることから始め、これらの事実は信用することができ、今も、最も重要な方が私たちの目の前におられるという証拠を、一つ一つ見せてくれています。百人隊長はその出来事を目撃し、言葉を発します。傍観していた群衆もその出来事を目撃し、衝撃を受けて悲しんで家路につきます。イエスに従ってきた者たち、少なくとも女性たちは少し離れて立っていましたが、彼女たちもその出来事を目撃します。また、埋葬されるときには、この女性たちは遺体がどのように安置されるかを見ています。証拠。目撃者。これが、ルカが約束したことであり、そして、ルカが私たちに今、提示していることなのです。

しかし、ルカが興味を持っているのはイエスの死とその埋葬という事実だけではありません。ルカは、同様にイエスが無実で、義《ただ》しい人として死なれたということをも明らかにしています。マルコ福音書では、刑を執行した百人隊長は、イエスは神の子であったと宣言します。ルカは、そのコメントに対して同様に肯定的ですが、少し角度を変えています。イエスは真に無実で、正しく、犠牲者であって悪者ではなく、死に値する者ではないと述べています。万が一、ルカの聴衆の誰かが、おそらく教育を受けたローマ人が、次のようにコメントするかもしれません。もし、ローマの公正な裁判がイエスに適用されていたなら、そのとき、そこに何らかの思慮分別があったに違いないと。それはルカがパウロに関して使徒行伝で言っているように、イエスは無実であり、死に値することなど何もしていないということを明らかにするローマ帝国の証言をルカは提示しているのです。もちろん、信仰を持ってイエスを見たローマの百人隊長は、この人物が最初ではありませんでした（七・二―一〇参照）。ルカは、好意的な聴衆を、このような人々、つまり地に足をつけたローマ人たちと同一視することを当然ながら望んでいます。彼らは宗教的詐欺師によって取り込まれた人々ではありません。

ルカが、この箇所で伝えたかった第三のことは、イエスの埋葬に関連付けられる人々は、この福音書のはじめに登場した目立たない人物、エリサベトとザカリアのように、善良で律法を遵守するユダヤ人でした。〔アリマタヤの〕ヨセフは議会の議員でしたが、イエスに関する議会の決定に賛同していなかったことをルカは強調しています。女性たちがイエスの遺体に油を塗ることを望みましたが、金曜日にそれをする時間がありませんでした。なぜなら、日が沈むと安息日が始まり、彼女たちは当然それを守らなければならなかったからです。彼女たちが墓に戻るのは日曜日の朝のことでした。そしてルカは、彼女たちが間違いなくその墓に行くことが、私たちに分かるようにしています。

ルカは、紀元一世紀の読者が、物語のもう一つの重要な側面を理解できるよう、埋葬に関して十分に説明しています。ユダヤ人の埋葬の習慣はかなり多様でした。埋葬には、二つの段階がありました。まず、遺体は洞穴の岩棚に安置されました。今回は人工的な洞穴でした（多くの自然の洞穴が同じように埋葬の目的で使われました）。遺体は布で包まれ、香料と香油をもって、朽ちていく肉体の臭いを覆いました。完全に朽ちるまでには向こう数か月かかり、墓はおそらく数回、再利用されるので、労力を要しました。つまり、ほかの遺体は別の岩棚に移されるのです。次に、肉体がすべて朽ち果てると、残った骨は恭《うやうや》しく集められ、小さな納骨堂の骨箱に納められます。現代の西洋の埋葬とは異なり（当然、火葬とはまったく異なります）、この種の最初の埋葬は、葬りの終わりではなく、別れを告げる途上の段階にあることを示しています。ルカは、私たちには語っていませんが、このような墓は、扉に沿って大きな石を転がして閉じていたことが、私たちには理解できるものと見なしています（二四・二参照）。

それゆえに、それがどの墓であったかを知ることは重要なことです。つまり、私たちに告げられた重要なことは、まだ誰にも使われていない新しい墓であったということです。イエスの遺体だけがそこに安置されました。間違うはずはありませんでした。本来なら薄暗い洞穴に、三、四の遺体が葬られていて、腐敗が進んだものが幾つかの棚にあったかもしれません。

ところで、イエスの死と埋葬についてのルカの話は、すでにこの福音書の主たる目的を知らせることを、ごく自然に楽しみにしています。つまり、見ている異邦人世界に、イエスについての最も基本的な事実を伝えることを心待ちにしているのです。死んで葬られた方（次章では復活される方）が、福音書で以前に述べられた事柄を話され、行動された方であると知ることは重要なことです。しかし、おごそかな警告と惜しみない祝福をもって神の王国を宣べ伝え、現実の生活を生き抜かれたこの方こそ、その後《のち》に十字架につけられ、死んで、葬られた方であると知ることが、私たちにはさらに重要なことです。イエスは、イスラエルならびに世界の希望と恐れとを、ご自身とともに墓の中に持ち込まれます。そして、ルカに関する限り、それらはまだイエスに属しています。

もし、イエスが単なる偉大な預言者であったのなら、その非業の死は、従う者たちに神学的な問題を提供しませんでした。多くの預言者は悲惨な死を遂げました。そして、殉教者と崇められました。しかし、イエスに従う者たちは、イエスは単なる預言者ではなく、メシアであると信じていました。メシアが異邦人の手にかかって死ぬことなど、誰も考えてもみませんでした。イエスは彼らに勝利され、彼らの暴力に屈しないと思われました。十字架刑はイエスを偉大な殉教者にしてしまうかもしれません。それとも、その働きを偉大な預言者として確定してしまうかもしれません。しかし、それでは、神が油を注がれたメシアではありえなかったということになってしまいます。

だから、もしイエスが墓に留まっておられたならば、従う者たちを含めたすべての人に、イエスは偽預言者と見なされてしまったでしょう。そして、イエスが人々を惑わしていると判断した法廷が正しかったということになったでしょう。さらに、エルサレムが何世紀先までも存立し続け、裁かれずに残ったならば、イエスは、そのすべての気高い死にもかかわらず、偽預言者と見られてしまったでしょう。しかし、すでにこの話の中に、来たるべき事柄のしるしがあります。暗闇の真っただ中で、この暗闇は霊的（二二・五三）に、そして現実に存在し、神殿の垂れ幕が二つに裂けました。これはイエスとその王国のメッセージを拒んだ都に、その体制に、そしてその神殿自体の上に、もたらされる裁きを象徴しているのです。暗闇の中から、神への明け渡し、父に霊を委ねるというイエスの叫びがありました。それから、イースターの気配を感じる前に、百人隊長が、これはルカが期待していることですが、この十字架刑を見に来たすべての人を代表して、それはただの汚れた死ではなく、世界の希望であると語るのです。つまり、この方は本当に無実であったと語るのです。

　ここで、語りは休止し、態勢を整えて、次に起こる特別な事柄に備えます。

二四章一―一二節　復活

1週の初めの日の明け方早く、女性たちは準備をしておいた香料を携えて墓に行った。2すると、
石が墓から転がされていたので、3中に入ったが、主イエスの遺体は見つからなかった。
4そのため彼女たちが途方に暮れていると、輝く衣を着た二人の人が、彼女たちの傍に立った。
5彼女たちは恐ろしくなって、地面に顔を伏せた。
すると、二人は彼女たちに言った。「なぜ、生きておられる方を死者の中に捜しているのか。
6あの方はここにはおられない。よみがえられたのだ。まだ、ガリラヤにおられた頃、あなたが
たにお話しになったことを思い出しなさい。7人の子は、罪人たちの手に引き渡され、十字架に
つけられ、そして、三日目に復活することになっている、と言われたことを」。
8それで、彼女たちはイエスの言葉を思い出した。

[9]そして、墓から戻ると、彼女たちはその一部始終を一一人とほかの者全員に伝えた。[10]彼女たちとは、マグダラのマリア、ヨハナ、ヤコブの母マリア、それに一緒にいたほかの女性たちであった。これらのことを使徒たちに話したが、[11]使徒たちは、ばかげた、無益な話のように思って、彼女たちの言うことを信じなかった。

[12]しかし、ペトロは立ち上がって、墓まで走って行った。そして、かがみこんでのぞくと、亜麻布だけが見えたので、この出来事に驚きながら自分のところに帰って行った。

オックスフォード時代の私の同僚が、何年も前に大学の雑誌に連載記事を書きました。それは、大学とカレッジの運営方法について提案されたさまざまな変更について議論するものでした。彼は、ある事柄がなされた場合と、なされなかった場合について警告を与えましたが、彼の忠告はほとんど注目されませんでした。やがて後年、彼は自分の警告が現実になっているのを知って、複雑な思いで過去を振り返りました。彼はあるとき、私にこう言いました。「私が、もし自叙伝を書くなら、書名を、『だから言ったじゃないか』にする」と。

言われていることを信じることが不可能と思えることが、ときどきあります。物事を秩序立てて理性的に考えることを誇る社会においてでさえ、衣服とまったく同じように、考え方にも流行があります。そして、しばしば、ある考え方がまったくの流行おくれで、文字どおりにほとんど受け止められないことがあります。たとえ人々が何度も繰り返し、あれこれ語ったとしても、ほかの何かを考えるべきであるというのが当時の風潮ならば、私たちは語られたことを単に無視するか、まったく分からないままでいることでしょう。私たちは、それらを「聞く」ことができていないということです。つまり、私たちは、言葉が作りだす音は聞きますが、それらは私たちの鼓膜より奥深くには届いていないのです。

イエスは、九章二二節以降の幾つかの場面で、ご自分の復活について話してこられました。ルカ福音書の二つの大きな話の結末は、死者の復活に強い関連性を持たせています（一五・一四、三二、一六・三一）。しかし、誰もイエスが言われたことを、「聞いていなかった」のです。彼らは、それを理解することができたのですが、悩んだのです。当時の世界における「復活」についての考え方は、すべての義人が死んだ後、神が最終的になされることであって、アブラハム、イサク、ヤコブから下って、つい最近の義人の殉教者に至るまで、すべての人に新しい体が与えられるのです。人々は、エリヤや、死者の中から帰ってきた洗礼者ヨハネのような預言者について語りますが、彼らがそのことによっておそらく意味したことは、同じ霊をもち、同じ熱烈な預言を体現したと思われる人物が来るということでした。復活そのものはスケールの大きい出来事です。イスラエルの最後の大きな患難の後に、すべての神の民は新しい命、新しい体を与えられるのです。

最初のイースターの朝、人々がどれほど驚いたかについて、私たちは驚くべきではありません。イエスがガリラヤで、ご自分が復活されることについて語っておられたことを、人々が理解するのを阻止したものは、単なる信仰の欠如ではありません。世界が何も変わらずに継続している一方で、一人の生身の人間が殺され、完全に死んでいたが、やがて、墓の裏側で、新しい種類の体をもった命によみがえらされたという夢を、かつて誰も見たことがなかっただけのことです。

女性たちは明らかにそれを期待してはいませんでした。「イエス様が死んだままなら、念のために香料を用意してありますが、イエス様が生き返ることを期待しましょう」と彼女たちには心の中で言いながら墓に向かったのでもありません。死んだ人は死んだままであると彼女たちは十分に分かっていました。一一人は（一二人からユダが除かれていますが、ルカはユダの最期については使徒行伝のはじめまで言及していません）、確かにそれを期待していませんでした。もし、ルカがこの出来事の一世代かそれ以降にこの話をでっち上げたとするなら、時に人々が示唆するように、ルカは、単に女性たちを墓に最初に行く者とはしませんでした（話自体を裏付けるためには、古代世界では女性は信頼できる証人とは認められていなかったのです）。つまり、その話をすぐに信じ、信仰の模範となることができ、若い教会を神の未来に導くことのできる使徒たちを、ルカはそこに配したことでしょう。そうでないなら、悲しみと睡眠不足で頭がおかしくなっている（使徒たちはそう考えたでしょう）数人の女性たちに期待するような事柄は、使徒たちにとっては、ばかげた幻想のようなものに思えたからです。

イエスが実際によみがえられるその瞬間について、ルカはほかの福音書以上に述べることも試みていませんが、この話の一部分は傑作のサスペンスです。この章全体にルカの優れた芸術性が見られます。中央にある長い話（エマオへの途上の二人、二四・一三―三五）を、女性たちと一一人の話の傍に配置しています。これらの始まりの諸節は、疑問を引き起こします。大変奇妙なことが起こりました。それは何でしょうか。その中央にある話が私たちに少しずつその答えを与えてくれます。なぜならルカは、私たちがやがて聞くことが何であるかを理解することを願っているからです。それによって初めて、私たち読者は、よみがえられたイエスと顔と顔を合わせ、イエスが誰であるか、何が起こっているかを知ることができるのです。

イースターの朝の始まりの印象は、驚き、仰天、恐れ、それに混乱です。確かにイエスはこのようなことが必ず起こると語っておられました。確かに私たちにそう言われました。しかし、一体何が進行しているのか、それは何を意味しているのか、次に何が起こるかについて、私たちはまだ知らないのです。イエスご自身が、受難物語の全体を通して、次に起こる出来事がまもなく終わる不愉快なつとめだと考えておられたかは、ここでは分かりません――悲しいかな、人は、イースターの頃に教会で気づくこともあるのです――。また、私たちが、自分のために物語の最後まで同様について行くことができるかは、ここでは分かりません。イースターはいつも驚きです。私たちがイースターの祭りそのものを祝う中で、その驚きに遭遇します。また、私たち自身の生活の中で、世界の中で、悲劇を覆す神の恵みの突然の大波の中で、その驚きに遭遇します。

私たち自身の復活は、きっとイエスの時のように、それなりに相当な驚きになることでしょう。最初から、福音は**良き知らせ**です。とりわけ、私たちが思ってもみなかったことを、信じようとは思わなかったことを、また、理解することができなかったことを、福音は大胆に私たちに告げているからです。私たちは、福音は明白なもの、自分のために考え出すことができたはずのものと予期しましたか。

二四章一三―二七節　エマオへの途上

[13]その同じ日に、二人の弟子が、エルサレムから一一キロメートルほど離れたエマオという村
に向かって進んでいた。[14]彼らはこのすべての出来事について互いに議論していた。[15]彼らが語り
合い、互いに論じ合っていると、イエスご自身が近づいて来て、彼らと一緒に進んで行かれた。
[16]しかし、彼らの目は遮られていて、イエスだとは分からなかった。
[17]イエスは彼らに言われた。「あなたがたは歩きながら、大変重要な議論をしているようだが、
その話は何のことですか」。二人は暗い顔をして立ち止まった。[18]そのうちの一人でクレオパとい
う者が答えた。「エルサレムに滞在していながら、ここ数日そこで起こった出来事をあなただけ
が知らないのですか」。
[19]イエスが「どんなことですか」と言われると、二人は言った。「ナザレのイエスのことです。
この方は、神とすべての民の前で行いにも言葉にも力ある預言者でした。[20]それなのに、私たち
の祭司長たちや議員たちは、この方を死刑にするために引き渡し、十字架につけてしまったので
す。
[21]しかし、私たちは、この方がイスラエルを贖ってくださると望みをかけていました。それが
どうしたことか。その出来事からもう三日目になります。[22]ところが、私たちの仲間の女たちが、

私たちを驚かせました。彼女たちは朝早く墓へ行きましたが、
23イエスの遺体を見つけずに戻って来ました。そして、天使たちの幻が現れ、『イエスは生きておられる』と告げたと言うのです。
24それで、私たちの仲間の何人かが墓へ行ってみたのですが、女たちが言ったとおりで、あの方は見当たりませんでした」。
25そこで、イエスは彼らに言われた。「ああ、物分かりが悪く、心が鈍く、預言者たちが告げたすべてのことを信じられない者たちよ、
26メシアは、このような苦しみを受けて、その栄光に入るはずではなかったか」。
27そして、モーセとすべての預言者から始めて、聖書全体にわたってご自分について書かれていることを彼らに説明された。

ルカが描いたものの中で、放蕩息子の話が、イエスが語られた話の中で最も素晴らしいものだと言うなら、エマオへの途上の二人の話は、それに負けず劣らず優れたものです。ここでは、私たちが従来からしてきたように、話を半分に分けることは残念なことです（話は三五節まで続いています）。しかし、それを一緒にして無理に詰め込んで一つの注釈にまとめるのはもっと残念なことになります。その要点と同様にその詳細においても豊かなものがあるからです。

ドラマの段階で次のすべてのことが現れます。悲しみ、不安、とまどい、そして徐々に明るくなっていく光があります。それから、後半部分では、予想外の行動、驚きの認識、相次ぐ興奮と動きがあります。これは、素晴らしく、ユニークで、魅了してやまない話であり、また、その日から今日ま

で、多くの場合に、キリスト者とは何なのかについての一つのモデル（ルカも間違いなくそう思っていました）になっています。それらは、人の望みがついえたときの、ゆっくりとした悲しみの感情であり、助けてくれるかどうか分からない誰かに頼ることであり、支配的な謎を解き明かし、真理を発見させることができる鍵が置かれてあるところを、まったく予期せずに聖書の言葉の中に発見することなのです。つまり、イエスご自身が突然現われ、私たちとともに臨在され、イエスの真理によって私たちの心が燃やされ、パンが裂かれるときにご自身を見せてくださったことなど、無数のキリスト者の経験を述べています。そして、世界にとって、教会にとって、さらに、私たち自身にとって、多くの悪しき状況にもかかわらず、私たちをとらえ、私たちを支えるキリスト教とは一体何かについて説明するために、実に大いに役立つのです。

この話は概して、しばしば、間違いなく、黙想のための一つの手引きとして用いられます。少なくとも、人々が困難な状況の中で自分自身を見出そうとするときに用いられます。あなたの問題を、あなたの苦しみを、クレオパとその同行者がいるエマオへの途上に持ってきてください。歩み寄る見知らぬ人とともに、祈りの中でそれを分かち合うように備えてください。そして、起こっている事柄に対して聖書を引用して解きあかし、あなたを前方に導き、あなたの心を熱くするイエスの御声を聞くことを学んでください。この物語の中に生きることを学んでください。そうすれば、尽きることのないものを発見することでしょう。

道を歩む二人とは、クレオパとマリア（ヨハ一九・二五を参照。そのクロパはおそらく、このクレオパと同一人物と思われます）の夫妻かもしれません。そのことは確かではありませんが、多くのカップルが、この物語は自分たちの生活を、問題を、疑問を、イエスの前に持っていくための一つの絶好の手引きであると気づいています。

私たちがこの物語の中に、より深い意味を探し始める前であっても、表面的な意味そのものも十分に力に満ちています。クレオパは最初、この見知らぬ人はスパイではないかと考えたに違いありません。二人がイエスに従う者であることを明らかにするまでは、ある程度の勇気が必要でした――それまでは、おそらく心配してはいませんでした――。いずれにせよ、イエスが語られる話は単純ですが、深くて感動的です。人々はイエスを預言者以上の預言者と見ていました。神の力はイエスの奇跡と教えにおいて、イエスとともに現されました。そして、人々は、この方が、神がお選びになった人物であることを疑うことができませんでした。この方こそ、イスラエルを贖う方でした。明らかに、イスラエルにとって、これは新しい出エジプトでした（ルカが最初からずっと言ってきたように）。それはまさにイスラエルがエジプトの奴隷から「贖われた」、過越祭の時のようです。それで、彼らは今、イスラエルが「贖われる」、つまり自由を買い取ることを期待するのです。彼らは、イスラエルが異邦人の支配からきっぱりと解放され、平和であり、聖である神に自由に仕えることを望みました。

これこそ十字架刑がそんなにも衝撃的だった理由です。それは、人々の希望を背負ってこられたイエスが、今や死んで逝ってしまわれたということだけではありません。それよりもっとつらいものです。もし、イエスがイスラエルを贖う方だとすると、イエスは異邦人に勝利すべきであって、彼らの手にかかって死ぬようなことがあってはなりません。クレオパの戸惑いの言葉が、初期のキリスト者の信仰の喜びの言葉に変わるためには、もう一工夫が必要です。「彼らはイエスを十字架につけた

――しかし、私たちは望んでいた。イエスがイスラエルを贖ってくださると」はまもなく、「彼らはイエスを十字架につけた――それではイエスはどのようにしてイスラエルを確かに贖うことができるのか」になります。そしてもちろん、**復活**がその違いを明確にします。

しかし、彼らが今まさに起きたことを理解しようとする前に、彼らは備えられなければなりませんでした。彼らはイスラエル以外の地に住むすべての人のように、聖書を逆の発想で読んできました。つまり、彼らは、神がどのようにしてイスラエルを苦しみから贖うかという長い物語として聖書を読んできました。しかし、これはむしろ、神がどのようにして苦しみを通してイスラエルを贖うかという物語なのです。イスラエルの民の代表者、つまり**メシア**が、ご自身に負われた特別な苦しみを通して贖うのです。イエスが彼らに対し、聖書を通して、ご自分に関するすべての事柄を解き明かされたとルカが言うとき、それは、イエスが聖書の言葉を、ばらばらに、ランダムに選んだ数節や、数十節を集められたと言っているのではありません。イエスは、創世記から歴代誌（歴代誌はヘブライ語聖書の最後の書であり、預言者の書の後にあります）までのすべての話を網羅されたと言っているのです。それは、神が油を注がれた方がイスラエルの苦しみをお受けになり、その結果、世界の苦しみはイエスご自身の上にあり、その重圧の中でイエスは死に至られ、そして、神の新しい創造のはじめ、神の新しい民として復活されるのです。これが、起こらなければならなかったことです。そして今まさに起こったのです。

人々がイエスを認めることができなかったのは、単にそのときの話ではありませんでした。これは、マタイ（二八・一七）とヨハネ（二〇・一四、二一・四、一二）においても同様に、復活物語のとても奇妙な特徴なのです。ユダヤ人の復活希望に、このようなことが起こることを示すものは何もありませんでした。しかし、墓から現れるイエスの体が変化していたように思えます。それは同じイエスなのか、それとも違っていたのか——これは、私たち自身が同じよみがえりの命をいただくまで、決して解くことのできない神秘なのです。しかし、彼らが最初、イエスを認めることができなかったという事実は、神の贖いの物語としてまさに起こった出来事を彼らが認めることができなかったという事実と符合しているように思われます。私たちが、神の、イスラエルの、そして世界の真の物語の中でイエスを理解することを学ぶとき、私たちは今イエスを知るしかなく、いかなる意味においてもイエスを認めるしかないと、おそらくルカは言っているのでしょう。

そのためには、私たちは、聖書の言葉の読み方を学ぶ必要があり、また、そのためには、私たちの教師として、よみがえられた主ご自身を必要としているのです。私たちが個人的に、ペアで、さらに大きなグループで学ぶときにはいつも、この聖書の箇所が、イエスの臨在と導きを求める祈りにおいて最も力強い励ましとなります。私たちの愚かで不信仰な読み方を、イエスに叱っていただく準備が必要です。そして、イエスの新鮮な解きあかしを聴く準備が必要です。私たちの側にイエスがともにおられるときにのみ、私たちの心が燃えるのです（三二節）。そして、イエスを顔と顔を合わせて見ることができる地点まで私たちは導かれるのです。

二四章二八―三五節　エマオでのイエスの顕現

28彼らは目指していた村に近づいたが、イエスはさらに先へ進もうとされる様子だった。29そこ
で、二人はイエスを無理に引きとめて言った。「私たちと一緒にお泊まりください。もう夕暮れ
近くで、すでに日も傾いています」。それでイエスは彼らと一緒に泊まるために中に入られた。
30そして、彼らとともに食卓に着くと、パンを取って祝福し、裂いて彼らに渡された。31すると、
二人の目が開け、イエスだと分かったが、その姿は見えなくなった。
32そのとき、彼らは互いに言った。「あの方が道で話してくださったとき、聖書を説き明かして
くださったとき、私たちの心は燃えていたではないか」。
33それからすぐに立ち上がって、二人はエルサレムに戻った。すると、一一人と仲間の者たち
が集まっていた。
34彼らは、主は本当によみがえって、シモンに現れたと話していた。35二人も、道での出来事や、
パンを裂いてくださったときにイエスだと分かったことを説明した。

聖書に出てくる最初の食事を考えてください。あまりにも意義深い時です。「女は幾つかの実を取って食べ、それを夫にも渡したので、夫も食べた。すると、二人の目は開かれ、自分たちが裸である

ことを知った」（創三・六―七）。この話は、人類に災いがもたらされた始まりとして語りつがれてきました。死そのものは、この反抗の時点に遡ります。全被造物は堕落し、目的をなくし、悲しみに沈んでしまいました。

今、ルカはこの話と関連させて、新しい創造の最初の食事について述べています。「イエスはパンを取り、祝福して裂き、彼らに渡された。すると、彼らの目が開け、イエスだと分かった」（三一節）。エマオの二人は――おそらくクレオパとマリアの夫婦かもしれませんが――、長い間の呪いが解かれたことを発見します。今や、死そのものが敗北したのです。命と喜びと新しい可能性に満ちた神の新しい創造が、堕落と悲しみの世界に飛び込んできたのです。

死からよみがえられたイエスご自身は、この新しい世界の始まりであり、しるしです。イエスは、ヤイロの娘や、ナインのやもめの息子のように、単に再び生き返ったのではありません。彼らは悲しいことに、当然のこととして再び死に直面せねばなりませんでした。イエスは、死を通り抜けて、向こう側の新しい世界に行かれたように思えます。そこは新しく、死のない創造の世界であり、未だ物質界ですが、何らかの形に変容されたところのようです。私たちが、次の箇所、すなわち福音書の最後の部分を読むならば、さらに詳細が分かります。

ルカは確かに、私たち自身がその物語の中に住むことができるように、そのような方法で物語を語ってきました。私たちもまた、聖書の説明を聞くように招かれています。新しい真理が古いページから抜け出して、私たちに火をつけるときに、私たちの心が燃えるように招かれているのです。この箇所で、さらに次の箇所でも、ルカは、教会は次のことをあまりにも簡単に忘れるということを強調しています。つまり、聖書を注意深く学ぶということは、頭と心、理解力と興奮した行動を一つにしなければならないということです。さまざまな文化が私たちに考えさせようとする方法ではなく、神ご自身が描かれる方法によって、神とその世界の物語、イスラエルとイエスの物語を通して考えることを学ぶときに、そのことが起こるのです。私たちが旧約聖書を、イエスにおいて自然に頂点に達するように見るときにのみ、それを理解することができます。同様に、イエスを孤立した箇所において見るのではなく、物語の全体の流れの中で、聖書がさし示す人物としてイエスを見るときにのみ、私たちはイエスご自身を理解することができるのです。そして、私たちがこのことを把握するならば、私たちはクレオパとマリアのように、心が燃えていることに気づくのです。

このように、私たちもまた、パンを裂くときのイエスを知るように招かれているのです。ルカがシンプルな食事について述べるという方法によって、私たちの意識を〔最後の晩餐の〕二階の部屋に連れ戻し、また、イエスがご自分に従う者たちとともにされたほかの多くの食事に連れ戻します。クレオパとマリアは、一二人のメンバーではなく、最後の晩餐の席にはいませんでした。しかし、イエスがそのときになされたやり方は（特別な言葉は別として）、イエスがいつも弟子たちとパンを裂いたやり方と同じで、典型的で、まさにそのものでした。しかし、ルカはまた、次のことをも意図しています。読者は、このシンプルな食事が、すぐに、イエスを信じる人々の重要な象徴的行為になるパン裂きをさし示していることを理解すべきであるということです。イエスはもはや物理的な存在ではありませんが、この食事を通して、イエスがともに、また中に住んでくださることを発見するように、人々は仕向けられているのです（使二・四二）。聖書と聖礼典、つまり、言葉と食事は、ほかの箇所と同様に、ここでも密接に結合されています。聖書を除外すると、聖礼典はある種のマジックになります。聖礼典を除外すると、聖書は知性か感情の訓練になり、実際の生活からかけ離れたものになります。これらを一つに結合すれば、あなたがたは、ルカが理解したようなキリスト者生活の核心を得ることができるのです。

ここに、ルカの技巧のもう一つのしるしが発見されるべきです。ルカはこの話を全福音書の枠組みの一つとして語っているのです。二章四一—五二節において、私たちは、どのようにしてマリアとヨセフがエルサレムから一日路を行き、そして、イエスが彼らとともにおられないのに気づいて、三日間、捜した後に、**神殿**で学者たちとともにいるイエスを発見したかを読みました。イエスは、取り乱したマリアに答えます。「私は、私の父の仕事に関わらなければならなかったことを、知らなかったのですか」。今ここに、もう一組の異なる夫婦がいます。彼らも同じように、三日間の精神的、霊的な探究の苦しみの終わりにいます。実際に、イエスは彼らに言われました。「私は、私の父の仕事をしなければなりません。それを知らなかったのですか」。福音書全体の話は、このようなきわめて人間的なシーンを含んで構成されています。ルカは、**信仰**の旅でイエスと同伴するように私たちを招いています。信仰は、不安と悲しみを通してイエスに出会うように私たちを導きます。そのイエスは、父の仕事を完成され、その神秘——神自ら臨在してくださるという賜物——を、イエスに従う私たちとともに分かち合うことを望んでおられるのです。

それゆえに、ルカは、イエスがエルサレムで完成される新しい**出エジプト**（九・三一）について、私たちに対して繰り返し語るように描写しているのです。人類を隷属状態にしている根源は死そのものです。地上の君主たちは、その支配力を高めるために、死からの力を借ります。つまり、十字架刑がこのようなローマの権威の象徴である理由です。死を超越した勝利は彼らの大きな脅威を排除します。罪は、神に対する人間の反抗を意味し、死と共謀して神の素晴らしい創造を汚すのですが、この罪も同様に滅ぼされます。イエスは、神の新しい民を奴隷の中から導き出し、そして今や、私たちをイエスが同行される約束の地に向かう新しい旅へと招いておられるのです。エマオへの道はまさにその始まりです。聖書の言葉の中にイエスの御声を聴き、パンを裂かれるイエスを知ることがその道です。神の新しい世界へようこそ。

二四章三六―五三節　イエスの約束と昇天

36彼らがこのことを話していると、イエスご自身が彼らの真ん中に立たれた。そして言われた。
「あなたがたに平和があるように」。37彼らはおびえ、恐ろしくなって、霊を見ているのだと思っ
た。
38そこで、イエスは言われた。「なぜ、うろたえているのか。なぜ、心に疑いを抱くのか。39私
の両手と両足を見なさい。まさしく私自身である。私に触れて確かめなさい。霊には肉も骨もな
いが、あなたがたが私を見ているように、私にはそれがある」。
40こう言って、イエスは彼らに両手、両足をお見せになった。

41彼らが喜びのあまり、まだ信じられずに驚いていると、イエスは彼らに言われた。「ここに何
か食べる物はあるか」。42そこで、彼らは焼いた魚一切れをイエスに差し出した。43イエスは、そ
れを取って彼らの目の前で食べられた。

44イエスは彼らに言われた。「私についてモーセの律法と預言書と詩編に書いてあるすべての事
柄は、成就されなければならない。これらの私の言葉は、私がまだあなたがたと一緒にいたとき、
あなたがたに語ったものである」。45そのとき、イエスは聖書を悟らせるために彼らの心を開かれ、
46彼らに言われた。
「次のように書いてある。『メシアは苦しみを受け、三日目に死者の中からよみがえる。47そし
て、その名によって罪の赦しのための悔い改めが、エルサレムから始まって、すべての国々の民
に宣べ伝えられなければならない』。48あなたがたは、これらのことの証人である。49そして、見
よ。私は、あなたがたの上に私の父が約束されたものを送る。しかし、あなたがたは、その高い
所からの力を身にまとうまでは、都にとどまっていなさい」。

50それからイエスは、彼らをベタニアの方まで連れて行き、両手を上げて彼らを祝福された。
51そして、祝福しながら彼らから離れ、天に上げられて行かれた。

52彼らはイエスを礼拝し、大喜びでエルサレムに戻った。53そして、ずっと神殿の境内にいて、
神をほめたたえていた。

ルカ福音書の最終章は、イースターに起こった実際の問題に焦点が当てられ、喜びと興奮で満ちて

います。イエスは果たしてどのような体をもっておられたのでしょうか。肉と骨をもつ固体の実際の体をもって、焼いた魚を食べることにより幽霊ではないと証明することができ――そして、思いのままに現れたり隠れたり、さらに、最後には天に運び入れられることが、同時にどのようにして可能なのでしょうか。一体私たちは、どのような体について話し合っているのでしょうか。

復活について理解することはとても難しいことだと思います。聖パウロは長い章にわたって徹底的にこれを論じています（Ⅰコリ一五章）。それでもなお、多くの人は誤解しています。人々はしばしば、「復活」とは単に「死後の命」か、それとも「天国に入る」ことを意味していると考えます。しかし、紀元一世紀のユダヤ世界では、それは神の新しい世界において新しく受肉した命を意味していました。言ってみれば、それは「死後の世界」の後の命なのです。しかし、最後に与えられる新しい体は前のものとは同じではありません。最初の創造そのものに沿った新しい創造の業において、神は、古い体とは異なる、死に支配されない、新しいタイプの材料をお造りになるのでしょう。イエスの場合は、もちろん、このことはすぐに起こりました。イエスの以前の体が朽ちて、古い体から新しい体に実際に変わったのです。私たちは死ぬまでずっと体は衰えていき、その骨もまったく焼かれてしまいますが、完全な新しい創造の業がなされるのです。

新しい体――これがポイントです――それは、天と地の両方にある神の世界の次元に属するものです（黙示録の最後には、天と地は結合して最終的に一つになり、それで、あちこちに移動することはないとあります。つまり、ついに、二つの次元がともに融合するのです）。現時点では、私たちの体は地上にのみあり、イエスの新しい体は、地と天の両方に存在しておられます。私たちが思い浮かべる「天」のイメージで、この両方の次元に属するという驚くべき可能性を考えるのに調整を要するなら、それはそれでいいのです。新しい体という考え方だけが、ほかの大変不可解な話や、ここの箇所、そしてヨハネ福音書の類似箇所を説明することができるのです。もちろん、復活と昇天は、私たちが通常働かせる知性と想像力をさらに拡大します。罪と死の世界によって条件付けられた考え方をもって生活している私たちが、キリスト者であっても、神の新しい世界に適応することは大きな戦いであると分かります。これが福音の挑戦の一環です。

しかし、私たちが、このすべてを受け入れることに浮き足立っているなら――弟子たちもそうであったので驚くことはないようですが――、イエスがその最後の日に彼らに言わざるをえないことは、実に実践的なことなのです。つまり、教会のすべての宣教の方向性を示されるのです。人は、しばしば私に次のように尋ねます。「結局、イエスが死んで、再びよみがえられることのポイントは何ですか。疑いもなく、復活されることはイエスにとっては大変素晴らしいことですが、後《あと》の私たちとどのように関わるのでしょうか」。その答えがここに、一生かかると思われる数行の中にあり、また実際に、それは教会の全歴史であり、実現しなければならないことなのです。教会は、聖書の言葉に基づき、宣教活動に積極的であるべきです。「罪の赦しのための悔い改めが、エルサレムから始まって、すべての国々の民に宣べ伝えられなければならない」。聖書は、いつも次のことを私たちの心に描かせます。神が、最終的にアブラハム、モーセ、そして預言者たちになされた約束を実現するために働かれるとき、全世界は、神の救済と癒やしの愛に包まれます。それは今、起こらなければならないのです。

それゆえ、「悔い改め」と「罪の赦し」は、確かに個人的なことではありますが、単に個人のための事柄ではありません。キリスト者であることの中心は、個人が罪から立ち帰り、神の赦しに感謝することです。この赦しは、主の祈りの中心そのものです。しかし、この悔い改めと罪の赦しという二つの言葉は、なお広範囲に拡がるのです。これらは世界を変えることのできる課題です。

今日《こんにち》の世界は、大小さまざまな紛争で満ちています。そのうちのほんの幾つかだけが新聞に取り上げられます。国家、民族、政治的派閥、部族、そして経済的連合が、優位に立とうとして戦っているのです。それぞれの対立者によって残虐行為を受けたという話をそれぞれが語ることができます。それゆえ、それぞれが道徳的に優位な立場を要求する権利があると主張し、さらに是正や、復讐や、補償が許されるべきだと主張します。しかし、中近東、ルワンダ、北アイルランドの複雑な歴史を学んだ者が知るように、一方がすべての悪事に責任があり、また、他方は完全に罪のない犠牲者であると、単純にその戦いに説明を加えることは不可能です。進むべき唯一の道は、私たちすべての者があらゆる段階で最も困難な道を発見することです。それは悔い改めと赦しです。よみがえられたイエスの主権の下《もと》で、福音を断固として適用することが、新しい希望と可能性の創造に向かう唯一の道です。大主教デズモンド・ツツの指導で行われた南アフリカ真実和解委員会の特筆すべき働きが、二〇世紀末にその道を示しました。彼は素晴らしい例証を提唱しました。後《あと》に続く者は一体誰でしょうか。

イエスは、ご自分に従う者たちに、この新しい務めに就くため、神の力で備えられると約束されました。使徒行伝は、その結果、何が起こったかについて語っています。なお、ルカ福音書は、エルサレムの神殿で始まったように、神殿で終わっています。今や、ナザレのイエスのうちに啓示された生ける神を礼拝すること、これが、ルカが抱くキリスト者生活のヴィジョンの核心なのです。

訳者あとがき

本書は Tom Wright, *Luke for Everyone* (London: SPCK, 2014, 初版は 2001) の翻訳です。著者は、巻頭に略記されているように、卓越した世界的新約聖書学者であり、英国国教会の主教をつとめられた牧会者でもあります。このシリーズの訳書はすでに四巻が刊行されていますが、拙訳ながらその中に加えていただけることは幸甚の至りです。なお、子細なことですが、翻訳の対象とした版は増刷一二回のものでしたが、誤植や脱落と思われる箇所には訂正を加えました。

このシリーズ各巻には、「すべての人のための」という表題がつきますが、まさにこのルカによる福音書こそ、「すべての人のための」救いを力説したものであります。ただ、英国とは宗教的事情が異なるわが国の読者としては、ある程度のキリスト教の素養が必要かと思われますが、著者の素晴らしいメッセージが読者に伝わらないとするならば、それはひとえに訳者の力量不足によるものです。

本書の特徴的なことの一つは、イエスの「神の王国」(このシリーズの統一訳)のヴィジョンを、「新しい出エジプト」という言葉で表現していることです。ルカは、水の洗礼から始まり、イエスに導かれて旅をし、エルサレムでイエスによって完成される贖いを「新しい出エジプト」として描いていると著者は説いています。しかし、イスラエルの民は、国家的な敵に対する軍事的勝利という無益な夢を抱いて、イエスの神の王国の告知に対して、真剣に悔い改めることをしなかったがゆえに、最終的にローマ帝国によるエルサレムの崩壊に至ったのだと説いています。

また、復活後に与えられる新しい体については、聖書には詳細が記されていませんが、著者は、現時点では私たちの体は地上のみにあるが、復活後はイエスのように、天と地の両方の、神の世界の次元に属する体になると、一歩踏み込んで説いているのも特徴的なことです。

本書は、かつて日本でも重用されたW・バークレーの聖書注解シリーズに勝るとも劣らないもので、映画や文学や音楽や演劇などの幅広い教養から引き出された例話を用いたユーモラスな語りによって読者の心を開いてから、問題の核心に迫っていきます。本論の聖書のテクストの解説は、鋭く深い洞察力をもって読み解かれ、説得力があります。そして各単元の終わりは、慰めや励ましや勧めの言葉などで結ばれています。牧師である訳者自身も翻訳作業中に幾度も感銘を受けました。

原書は四半世紀前に書き下ろされたものではありますが、そのメッセージは今日《こんにち》もなお色あせていません。性懲りもなく戦争を続ける二一世紀の世界、また非難の応酬の絶えない今日《こんにち》の社会に、私たちは存在しています。私たちは、著者の次の言葉を聞かなければなりません。「一方がすべての悪事に責任があり、また、他方は完全に罪のない犠牲者であると、単純にその戦いに説明を加えることは不可能です。進むべき唯一の道は、私たちすべての者があらゆる段階で最も困難な道を発見することです。それは悔い改めと赦しです」（四四四頁）。

終わりに、お世話になった方々に対し、謝辞を述べさせていただきます。まず、このような翻訳の機会を与えてくださった浅野淳博氏に感謝いたします。お声をかけていただいた頃は、短期大学学長と教会の牧師を兼任し、さらに聖書協会共同訳の翻訳者・編集委員の仕事も抱えていて、作業は遅々として進みませんでしたが、ここに出版に至ることができましたのは、ひとえに主の憐れみであると心から感謝する次第です。翻訳に際し、中学校の同窓生で語学教育研究者である浜田盛男氏からも貴重な助言をいただいたことを感謝いたします。最後になりましたが、訳文を細部にわたって丁寧に読んでくださり、丹念に編集作業を進めてくださった教文館の豊田祈美子氏に感謝いたします。

津村　春英

二〇二五年一月

用語解説

安息日（sabbath）

ユダヤ教の安息日，つまり週の 7 日目は万物創造（創 2.3，出 20.8–11）と**出エジプト**（申 5.15）とを記念する日である。安息日は，**割礼**や食事規定と共に，古典後期の異邦人世界にあってユダヤ人のアイデンティティを象徴する重要な事柄であり，この遵守にまつわる細則がユダヤ**律法**において大切な位置を占める。

命，魂，霊（life, soul, spirit）

古代人は，人が他の生き物と比べて特別である理由をさまざまな仕方で説明した。ユダヤ人を含む多くの人々は，人が完全であるために，身体だけでなく内的自己を有している必要があると考えた。プラトン（前 4 世紀）の影響を受けた人を含む多くの人々は，人が「魂（プシュケー）」という重要な要素を有し，これが死によって肉体という牢獄から解放されると考えた。ユダヤ教の思想を継承する新約聖書においては，「プシュケー」が「命」あるいは「真の自己」を意味し，霊魂／肉体という二元論的な理解をしないので，これが現代人読者を混乱させてきた。体験や理解など人の内的存在が「霊」と表現される場合もある。**聖霊**，**復活**をも参照。

異邦人（Gentiles）

ユダヤ人は，世界をユダヤ人と非ユダヤ人とに分けて考えた。非ユダヤ人を表すヘブライ語「ゴイーム」は，民族アイデンティティ（ユダヤ人の祖先を持たない）と宗教的アイデンティティ（唯一真なる神**ヤハウェ**に属さない）という両面の意味を持つ。ユダヤ人——特にディアスポラのユダヤ人（パレスチナ以外に住むユダヤ人）——の多くは，異邦人と良好な関係を保っていたが，公には異民族間婚姻の禁止などのしきたりを守っていた。新約聖書で用いられる「エスネー（諸国）」という語は「ゴイーム」と同様の意味を持ち，これが「異邦人」と訳されている。イエスを信じる異邦人が**割礼**を受けることなく，キリスト者の共同体においてユダヤ人と同様に完全な立場を有するということ，それがパウロの絶えず強調した点である。

永遠の命（この世を参照）（eternal life, cf. present age）

エッセネ派（死海文書を参照）（Essenes, cf. Dead Sea Scrolls）

割礼（circumcision）
包皮の切除を意味する。男性の割礼はユダヤ人としてのアイデンティティを明示するしるしで，アブラハムへの命令（創 17 章）に始まりヨシュアによって再確認された（ヨシュ 5.2–9）。エジプト人など他の民族のあいだでもある種の割礼の伝統は見られた。もっとも，申命記（30.6 参照）に始まり，エレミヤ書（31.33 参照），**死海文書**，そして新約聖書（ロマ 2.29）が共通して「心の割礼」という表現を用いることから分かるように，この儀礼は神の民が聖別されるための内面的な姿勢を象徴的に表した外見的な儀礼である。近隣の民族やその文化に同化する目的で，ユダヤ人の中には割礼のしるしを外科手術によって取り除く者もあった（Ｉマカ 1.11–15）。

神の王国，天の王国（kingdom of God, kingdom of heaven）
幾つかの詩編（99.1 参照）や預言書（ダニ 6.26 参照）によると，イスラエルの神**ヤハウェ**の王権，主権，あるいは救済的支配を指す。ヤハウェは創造神なので，この神が自らの意図する王となるとき，それは被造物に正しい秩序をもたらし，その民イスラエルを敵から救出する。イエスの時代には，「神の王国」やそれに準ずる表現が，革命と抵抗のスローガンとして広く用いられていた。イエスによる神の王国の宣告は，これらのスローガンを再定義し，イエス独自の理解を表明することであった。王国へ「入れ」というイエスの呼びかけは，待ち望まれた神の救済的支配の始まりであるイエスの活動とイエス自身へ所属することを促す。イエスにとって王国の到来は一度で完成するものではない。それはイエスの公的活動，イエスの死と**復活**，また終末の完成という各段階を経て到来する。マタイは「**天の**王国」という表現を用いるが，これは「神」に対して「天」という婉曲表現を用いるユダヤ教一般の感性に倣っている。これは「天国」という場所を指しているのでなく，イエスとその業をとおして神が王となることを意味する。パウロはイエスを**メシア**と呼ぶが，これはメシアがすでに王国を支配しており，やがて父にその支配を明け渡すことを意識している（Ｉコリ 15.23–28。エフェ 5.5 参照）。

神の子（son of God）
「神の子」は本来，イスラエル（出 4.22），ダビデ王とその継承者（詩 2.7），また古の天使的な生き物（創 6.2）を指した。新約聖書の時代までに

は，この語が**メシア**を示す語として用いられるようになっていた（例えば**死海文書**）。**福音書**においてイエスが「神の子」と呼ばれる場合，それは「メシア」を意味しており，イエスを神として捉えているわけではない。もっともパウロ書簡においては，この意味への移行が見て取られ，「神の子」は，神と等しい存在でありながら，神によって人またメシアとして遣わされた者である（ガラ 4.4 参照）。

犠牲（sacrifice）
　古代人の多くがそうするように，イスラエルはその神に対して動物や穀物を犠牲として献げた。他の民族との違いは，何をどのように献げるかに関して非常に詳細な規則が記述されたことである（その大部分はレビ記に見られる）。そしてこれは，200 年頃執筆された**ミシュナ**において確立される。旧約聖書は，犠牲がエルサレム**神殿**でのみ献げられることを明示している。70 年に神殿が崩壊すると犠牲はなくなり，ユダヤ教は以前から実施していた祈り，断食，施しをその代用として確立させた。初期のキリスト教は犠牲にまつわる表現を，聖め，宣教，**聖餐**等との関連でメタファとして用いた。

奇跡（miracles）
　特にエリヤやエリシャら古の預言者のように，イエスは多くの著しい力ある業――特に治癒――を行った。**福音書**はこれらを「業」「しるし」「不思議」などと表現する。「奇跡」という語は，閉じられた宇宙の「外」にいる神が「介入する」ことを意味するが，これは一般に閉じられた宇宙観を前提とする原理に基づいて否定される。しかし聖書においては，「力ある業」は不在者の侵入ではなく，臨在する神のしるしと見なされる。特にイエスの預言に続く「力ある業」は，彼がメシアであることを証明する（マタ 11.2–6）。

来たるべき世（この世を参照）（age to come, cf. present age）

義認（justification, justified）
　神が，全世界の審判者として，普遍的な罪にもかかわらず人を正しいと宣告すること。最後の審判は各人の全生涯に基づいて将来なされるが（ロマ 2.1–16），義認という宣告はイエスのなした業――十字架において罪がすでに取り扱われたこと――をとおして，今の時代においてなされる（ロマ 3.21–4.25）。義認を享受する手段は**信仰**である。これは，ユダヤ人と**異邦人**とが共に，神がアブラハムへ約束した家族の構成員となることを意味

する。

キリスト（メシアを参照）（Christ, cf. Messiah）

悔い改め（repentance）
　文字どおりには「引き返すこと」を意味する。旧約聖書とそれに続くユダヤ教資料においては，個人的に罪から離れること，またイスラエル全体が偶像崇拝から離れて**ヤハウェ**への誠実さを取り戻すことを意味する。いずれの場合も，「**捕囚**からの帰還」というユダヤ人の体験と結び付いている。イスラエルが引き返すべき場所はヤハウェである。これが**洗礼者ヨハネ**とイエスとの説教が命じるところである。一般にパウロ書簡においては，**異邦人**が偶像から離れて真の神に仕えることを指し，また罪を犯し続けるキリスト者がイエスに立ち返ることをも表す。

クムラン（死海文書を参照）（Qumran, cf. Dead Sea Scrolls）

契約（covenant）
　ユダヤ教信仰の中心には，唯一神であるヤハウェが全世界を創造し，アブラハムとその一族とを選んで特別な関係を結んだ，という確信がある。神がアブラハムとその一族とに対して告げた約束と，その結果として彼らに与えられた条件は，王とその臣民，あるいは夫婦のあいだの合意になぞらえられた。この合意に基づく関係性が「契約」という語で表現され，それには約束と**律法**が含まれる。この契約は，シナイ山において**トーラー**の授与というかたちで，申命記では約束の地に入る前に，またダビデ王とのあいだで（詩 89 編参照）再確認された。エレミヤ書 31 章では，**捕囚**という罰のあと神がその民と「新たな契約」を結び，彼らを赦してより親しい関係性を築く，という約束がもたらされた。イエスは，自分による**王国**到来の宣言と死と**復活**とによってこの約束が成就すると考えた。初期のキリスト者たちはこの考えにさまざまな解釈を行い，イエスのうちにこれらの約束が成就するという理解を共有した。

ゲヘナ，地獄（Gehenna, hell）
　ゲヘナとは文字どおりには，エルサレム南西の傾斜にあるヒノムの谷のことである。古の時代から，ここはごみ捨て場であり，燻る火が絶えなかった。すでにイエスの時代には，死後の罰を受ける場所を人々に想像させるためゲヘナが譬えとして用いられた。イエスがこの語を用いるとき，2 つの意味が込められていた。1 つはエルサレム自体への警告であり，エル

サレムが悔い改めなければ街全体が燻るごみの山と化すということである。もう1つは，より一般的な神の最後の審判への警告である。

言葉（良き知らせを参照）（word, cf. good news）

この世（時代），来たるべき世（時代），永遠の命（present age, age to come, eternal life）

イエスの時代のユダヤ人思想家たちは，歴史を2つの時代へと分けていた。すなわち「この世（時代）」と「来たるべき世（時代）」である。後者は**ヤハウェ**が悪に対して決定的な審判を下し，イスラエルを救い，正義と平和とを保証する新たな時代である。初期のキリスト者たちは，来たるべき世の完全なる祝福はまだ将来にあるが，イエスの死と**復活**をとおしてそれはすでに開始しており，すでにキリスト者は**信仰**とその象徴である**洗礼**をとおしてその中に入れられると考えた。「永遠の命」とはたんに終わりのない存在が続くことではなく，来たるべき世における命を指す。

祭司，大祭司（priests, high priest）

モーセの兄アロンがイスラエル最初の祭司に任命されると（出28–29章），彼の子孫がイスラエルの祭司職を務めるという理解が定着した。同じ部族（レビ族）の他の構成員は「レビ人」と呼ばれ，犠牲以外の祭儀を執り行った。祭司たちはイスラエルの民のあいだに住んで，それぞれの地で教師としての役割を果たし（レビ10.11，マラ2.7），当番の年にエルサレムに移り**神殿**での義務を果たした（ルカ2.8参照）。**ダビデ**王がツァドクを大祭司として任命してから（彼がアロンの血筋を受け継ぐか疑われる場合がある），その一族が上級祭司職を受け持つことになる。おそらくこれが**サドカイ派**の起源であろう。クムランの**エッセネ派**に関しては，正統な祭司長職を主張する反体制的な集団であると説明される。

再臨（パルーシア）（parousia）

文字どおりの意味は「不在」の反語としての「臨場，参席，列席」であり，パウロはときとしてこの意味で用いる（フィリ2.12）。ローマ世界においては，例えば皇帝が支配地や植民地を訪れる際の訪問儀式を指して用いられた。天の主は教会に対して「不在」ではないが，再臨における主の訪問（コロ3.4，Ⅰヨハ3.2）は，皇帝の訪問のようであり，パウロはこの意味でパルーシアを用いる（Ⅰコリ15.23，Ⅰテサ2.19等）。**福音書**では，マタイのみがこの語が用いる（24.3，27，39）。

サタン，告発する者，悪魔，悪霊（Satan, 'the accuser,' demons）
聖書は「サタン」として知られる存在に関して詳細を語らない。ヘブライ語の意味は「告発する者」である。ときとしてサタンは，いわば**ヤハウェ**の天における評議会構成員として，罪人の訴追という役割を負っているようにも見受けられる（代上 21.1，ヨブ 1–2 章，ゼカ 3.1–3）。一方でサタンは，エデンの園のヘビと見なされたり（創 3.1–5），**天**から閉め出される明けの明星と表現される（イザ 14.12–15）。多くのユダヤ人は，人の悪行や社会悪の背後にある人格化された悪の源としてサタンを理解し，その力がある程度自立した存在である「悪霊」をとおして影響を及ぼしていると考えた。イエスの時代には，「ベルゼブル（ハエの主）」あるいは「邪悪な者」などの名がサタンに付された。イエスはその弟子たちに，サタンの欺きに対して注意喚起している。イエスの反対者たちは，イエスをサタンの仲間として非難した。しかし初代のキリスト者たちは，誘惑への抵抗（マタ 4 章，ルカ 4 章），悪霊追放，そして死（Ⅰコリ 2.8，コロ 2.15）をとおして，イエスがサタンを敗走させたと考えた。黙示録 20 章はこの究極の敵に対する決定的な勝利を約束するが，キリスト者にとってはいまだサタンの誘惑は現実のものであり，それに対する抵抗が続いている（エフェ 6.10–20）。

サドカイ派（Sadducees）
イエスの時代までには，ダビデ王の時代に**大祭司**を務めたツァドクの一族に起源が遡ると言われるサドカイ派が，ユダヤ社会において貴族階層を形成していた。指導的な立場にある祭司を輩出する諸家を構成員とするサドカイ派は，エルサレムを拠点として独自の伝統を守りつつ，**ファリサイ派**の圧力に対して抵抗していた。彼らは権威の根拠としてモーセ五書のみを認め，死後の生や**復活**，またそれらと関連する思想を否定した。おそらくそれは，これらの思想が革命的運動につながりかねないことを恐れたからだろう。サドカイ派の資料は——シラ書（集会の書）と呼ばれる黙示書がサドカイ派の資料でないかぎり——現存しない。サドカイ派は 70 年のエルサレムと**神殿**の崩壊とともに消滅した。

死海文書（Dead Sea Scrolls）
1940 年代にクムラン（死海の北東部）周辺で発見された文書資料群で，非常に良い状態で保存されているものもあれば，著しく断片的なものもある。これらは現在ほぼすべて編集され翻訳されて公開されている。これらの資料は，前 2 世紀中頃に成立し 66-70 年のユダヤ戦争に至るまで続いた厳格な隠遁者集団（おそらく**エッセネ派**）の図書館に所蔵されていたと考

えられている。これらの文書（巻物）は，現存する最古のヘブライ語とアラム語の聖典テクスト，共同体の規則，聖典の注解，賛歌，知恵書等からなる。これらの資料は，イエスの時代に存在した一ユダヤ教宗派に光を照らし，当時のユダヤ人の少なくとも一部がいかに考え，いかに祈り，いかに聖典を読んだか，われわれが知る手がかりを与えている。さまざまな解釈は試みられているが，これらのテクストが洗礼者ヨハネ，イエス，パウロ，ヤコブ，あるいは初期キリスト教一般に言及しているとは考えられない。

地獄（ゲヘナを参照）（hell, cf. Gehenna）

使信（良き知らせを参照）（message, cf. good news）

使徒，弟子，12 弟子（apostle, disciple, the Twelve）

「使徒」は「遣わされた者」を意味する。大使や使節を意味することもある。新約聖書では，ときとしてイエスに近い内部集団を指す場合もある。使徒の条件としては，復活したイエスに個人的に出会ったことが挙げられるが，パウロは自分自身をも含めて 12 弟子以外の同労者を指して「使徒」と呼ぶ場合がある。イエスが 12 人の側近を選んだことは，神の民であるイスラエル（の 12 部族）を再興する計画を象徴している。イスカリオテのユダが死んだ後に（マタ 27.5，使 1.18），その欠員を埋めるべくマティアがくじによって選出され，その象徴的意義が保たれた。イエスの公的活動期には，彼らを含めた多くの追従者が「弟子」とみなされたが，これは「徒弟」や「門人」ほどの意味である。

出エジプト（Exodus）

出エジプト記によると，イスラエルの民はモーセの導きによってエジプトでの長い隷属状態から解かれた。創世記 15 章 13 節以下によると，これは神がアブラハムに与えた契約における約束内容の一部だった。出エジプトという出来事は，イスラエルが神にとって特別な子であることを，イスラエルの民とエジプト王ファラオに対して明らかに示した（出 4.22）。イスラエルの民は 40 年にわたって，雲と火との柱をとおして神に導かれつつシナイ半島の荒野を放浪した。この長旅の初期には，シナイ山において**トーラー**が与えられた。モーセが没してヨシュアが指導者となると，民はヨルダン川を渡り，約束の地カナンに進行し，ここを征服した。この一連の出来事は，過越祭やその他の祭儀によって毎年記念され，イスラエルが一つの民として確立されたという鮮明な記憶を刻むのみならず，**ヤハウェ**が創

造神であり解放者であるというヤハウェへの信仰を形成した。そしてその後の歴史においてイスラエルが再び隷属状態――特にバビロン捕囚――に置かれると，彼らは新たな出エジプト，すなわち新たな解放の訪れを期待した。おそらく，これほどに後 1 世紀のユダヤ人の想像を刺激する過去の出来事は他になかっただろう。初期のキリスト者たちもこれに倣い，イエス自身の教えに従いつつ，彼らが経験するさまざまな危機的あるいは重要な局面において，出エジプトの記憶から意義と希望を見出そうとした。彼らは出エジプトをとおして，イエスの死と復活に関する信仰を形成することとなる。

信仰（faith）

新約聖書における信仰は，人の信頼と信頼性という広い領域を指す語であり，一方では愛，他方では忠誠と深く関わる。ユダヤ教とキリスト教の思想において，神信仰は神に関する真理や神の行為――イスラエルをエジプトから連れ出したこと，イエスを死から甦らせたこと等――の意義に同意することを含んでいる。イエスにとっての信仰とは，イエスをとおして王国をもたらすという決定的な行為に神が着手していることを確信することである。パウロにとっての信仰とは，イエスが主であり神がイエスを甦らせたことを確信すること（ロマ 10.9），また神の愛に対する感謝と大いなる愛に溢れた応答を指す（ガラ 2.20）。パウロにとってはこの信仰こそが，キリストにある神の民を他と分かつしるしであり，それはトーラーとその諸規定がなしえないことである。

神殿（Temple）

エルサレム神殿は，全イスラエルのための中心となる聖域としてダビデ王によって計画され（前 1000 年頃），その子ソロモンによって建設された。この神殿は，ヒゼキヤとヨシヤとによる前 7 世紀の改革の後，前 587 年にバビロニアによって破壊された。神殿の再建は前 538 年バビロン捕囚からの帰還者たちによって開始され，前 516 年に完成した。これが「第二神殿期」の始まりとなる。前 167 年にアンティオコス・エピファネスが偶像を持ち込んで神殿を汚したが，ユダ・マカバイが前 164 年にこれを浄めた。前 19 年，ヘロデ大王が壮麗な神殿の建設を始めたが，これが完成したのは後 63 年のことである。しかし後 70 年，ユダヤ戦争の結果として神殿はローマ軍によって破壊された。多くのユダヤ人が神殿の再建を望んだが，その望みを今でも持ち続ける者もいる。神殿は犠牲を献げる場所というだけでなく，地上においてヤハウェの臨在が現れる場であり，ここで天と地が結ばれる。

聖餐（eucharist）

最後の晩餐における「私を覚えるためにこれを行え」（ルカ 22.19，Ⅰコリ 11.23–26）というイエスの教えに従ってキリスト者たちのあいだで行われる食事。「聖餐」とは「感謝」を意味するギリシア語に由来し，イエスがパンを取り，神に感謝を献げてそれを裂き，人々に与えたことに思いを馳せる記念の食事である（ルカ 24.30，ヨハ 6.11）。この食事は「主の晩餐」（Ⅰコリ 11.20）あるいは「パンを裂く」（使 2.42）とも表現された。これはのちに「ミサ」（礼拝の最後に告げられるラテン語で「解散（派遣）」を意味する），「聖なる交わり」（パウロは，キリストの体と血とにおける信徒の交わりについて語る）と呼ばれるようになる。この食事に関わるさまざまな行為と要素との厳密な意義に関するのちの神学的論争が，初期キリスト者の生き様と今日の信仰におけるこの儀礼の重要性からわれわれの目を逸らすことがあってはならない。

聖霊（holy spirit）

創世記 1 章 2 節において，霊は神の臨在であり被造物のうちにある力である。この霊が特に預言者に降るとき，彼らは神のために語り行動する。**洗礼者ヨハネ**の**洗礼**において，イエスはその公的活動のために霊による特別な備えを受けた（使 10.38）。イエスの**復活**以降，彼の追従者たちも同じ霊によって満たされたが（使 2 章），この霊はイエスの霊と見なされるようになった。創造神がその活動を新たにし，この世界とキリスト者とに新たな創造を始めた。霊は彼らが聖い生き方を送ることができるようにしたが，これは**トーラー**がなしえなかったことである。霊は彼らのうちに「実」を結び，神と世と教会に仕えるための「賜物」を与え，将来の**復活**を確証した（ロマ 8 章，ガラ 4–5 章，Ⅰコリ 12–14 章）。教会の非常に早い段階から（ガラ 4.1–7），霊は神理解に重要な役割を持つようになった。例えば，「御子と御子の霊を遣わす神」という神理解がされた。

洗礼（baptism）

文字どおりには，「（水中に人を）突っ込む，浸す」ことを意味する。**洗礼者ヨハネ**は，儀礼的な洗い浄めというユダヤ教の伝統を引き継ぐかたちでヨルダン川において人々に洗礼を授けたが，これはたんに彼が行った数あるユダヤ儀礼の 1 つというのでなく，**神の王国**の到来に備えるため人々を**悔い改め**に導くという彼の中心的で独自の活動だった。イエス自身もヨハネの洗礼を受けてその刷新運動に賛同しつつ，イエス独自の意義を確立していった。イエスの弟子は他の追従者たちに洗礼を授けた。イエスの**復活**と**聖霊**授与のあと，洗礼はイエス共同体へ属する一般的な通過儀礼とな

った。すでにパウロの時代には，洗礼が，**出エジプト**（Ｉコリ 10.2）またイエスの死と復活（ロマ 6.2–11）と結び付けられるようになっていた。

譬え（parables）
旧約聖書以来，預言者や他の教師たちはイスラエルの民を教えるためにさまざまな仕掛けを用いてきた（Ⅱサム 12.1–7）。あるときは幻とその解釈という設定で語った（ダニ 7 章参照）。同様の話法は**ラビ**たちによっても用いられた。イエスもこれらの伝統に独自の特徴を加えつつ，同時代に横行した世界観を切り崩して，自らが抱く神の**王国**への確信へと聴衆を誘った。イエスの語る譬えは，神の王国がたんなる普遍的原理でなく，今まさに起こりつつある現実であることを読者に印象づけた。譬えのうちには，旧約聖書の教えに独自の解釈を加えて，イスラエルの預言者の預言を語り直すものがある（マコ 4 章：「種蒔く者」の譬え，マコ 12 章：「ぶどう園の農夫」の譬え）。

ダビデ（ダビデの子を参照）（David, cf. son of David）

ダビデの子（son of David）
「ダビデの子」は，**メシア**という称号の代用として用いられる場合もある。旧約聖書におけるメシアに関する約束は，しばしばダビデ王の子孫において成就する（サム下 7.12–16，詩 89.19–37）。マリアの夫ヨセフは，天使によって「ダビデの子」と呼ばれる（マタ 1.20）。

魂（命を参照）（soul, cf. life）

弟子（使徒を参照）（disciple, cf. apostle）

天（国）（heaven）
天（国）とは，創造秩序における神の領域を指す（創 1.1，詩 115.16，マタ 6.9）。これに対して，われわれが知る空間，時間，物質の世界は「地」である。したがって天（国）はしばしば神を示す語として代用され，マタイ福音書では「天の**王国**」という表現が見られる。普段は人の目から隠れている天（国）が啓示されるとき，それは神のあるべき秩序が示されることである（王下 6.17，黙 1.4–5）。新約聖書において天（国）は，神を信ずる者が死後に移行すべき非物質的で非身体的な領域を意味しない。終わりの時に，新たなエルサレムが天から地へと降り，こうして 2 つの領域が永遠に 1 つとなる。「天の王国に入る」とは死後に天国に行くことでなく，こ

の時代における地上の生活を天（国）の目的と基準とに照準を合わせて舵取りする共同体に属する，すなわち**来たるべき世**に属することである。主の祈りが「天になるごとく地にも」という所以である。

トーラー，ユダヤ律法（Torah, Jewish law）

「トーラー」は，狭義には旧約聖書の最初の五書を指すので，「モーセ五書」と呼ばれる。これらの書の多くの部分は律法の記述に割かれているが，また多くの部分が物語からなっている。広義には旧約聖書全体をも指すが，旧約聖書全体は厳密には「律法，預言書，諸書」に分類される。より広義には，記述律法と口伝律法からなるユダヤ教の律法伝承全体を指す。口伝律法が最初に成文化されたのは，後 200 年頃に編纂された**ミシュナ**においてである。これは 400 年頃に補足・編集されて，バビロニア・タルムードとエルサレム・タルムードとして集成された。イエスやパウロの時代のユダヤ人の多くは，トーラーを神の明確な意思表示とみなし，ほとんど神格視していた。ある者はこれを人格化した「知恵」と同一視した（シラ 24 章を参照)。トーラーに命じられていることの遵守は，神の好意を得る行為としてではなく，むしろ神への感謝を表明する行為と考えられた。トーラーはユダヤ人アイデンティティを象徴するものであった。

筆記者，律法学者（scribes）

識字率が低い社会においては，商売や結婚の契約等を代行者として書き記す専門の「筆記者」が必要とされた。したがって，多くの「筆記者」は律法の専門家であり，**ファリサイ派**に属することもあった。もっとも律法学者は，政治的あるいは宗教的に他の宗派に属することもあっただろう。初期の教会においては,「筆記者」がイエスに関する物語等を写本しつつ伝承するという重要な役割を果たした。

人の子（son of man）

この句は、ヘブライ語あるいはアラム語でたんに「必滅の（者)」あるいは「人」を意味したが、古代後期のユダヤ教においてはときとして「私」あるいは「私のような者」を意味した。新約聖書においてこの句はしばしばダニエル書 7 章 13 節と関連づけられた。すなわちそれは、しばらくの苦しみののちに報いを受け、**天**の雲に乗って「日の老いたる者」の前に出、王権を授与される「人の子のような者」を指した。ダニエル書 7 章自体はこれを「いと高き方の聖者ら」を指すと解釈するが、後 1 世紀のユダヤ人のあいだではこれが**メシア**待望の根拠と見なされた。イエスはこの句を重要な講話の中で用いた。これらの講話は、イエスがしばらくの苦しみのの

ちに神から報いを与えられ、彼に抵抗する者らが裁かれることを示唆している（例えばマコ 14.62）。つまりイエスは自らを指す暗号のようにこの句を用いつつ、苦難、報い、そして神からの権威を受ける日が近いことを仄めかした。

ファリサイ派，律法学者，ラビ（Pharisees, legal experts, lawyers, rabbis）

ファリサイ派は，前 1 世紀から後 1 世紀にかけて，非公式ながら大きな影響力を持つユダヤ社会の圧力集団だった。少数の**祭司**階級を含みつつも大半が一般階級から構成されるこの宗派は，ユダヤ律法（**トーラー**）の厳格な遵守を呼びかけるとともに，聖書に関する独自の解釈と適用とを確立し，民族独立の希望に関する独自の視点を展開した。ファリサイ派の多くが律法の専門家であった。

彼らはトーラーの学びと実践とが神殿礼拝と同等であると教えたので，その意味においてイスラエルの民の民主化に寄与したことになる。もっとも，**神殿**における独特の典礼規則遵守に消極的な祭司たち（サドカイ派）に対して，これを要求するという面もあった。神殿に頼らないユダヤ人のあり方を提供したファリサイ派は，ユダヤ戦争（66–70 年）における神殿崩壊後においてもその存在意義を維持し，初期のラビ・ユダヤ教の形成につながった。彼らは父祖の伝承に堅く立ち，政治的には異邦人とユダヤ人指導階層とによる搾取に対して，抵抗運動の前線に自らを置いた。イエスの時代には，ファリサイ派に 2 つの学派が存在していた。より厳格なシャンマイ派は武装抵抗運動も厭わなかったが，もう 1 つのヒレル派はより穏健な立場をとった。

ユダヤ戦争による壊滅的な敗北のあとも，ヒレル派とシャンマイ派とは激しい政治的論争を続けた。バル・コクバの戦いによってローマに対してさらなる敗北を喫したあと（135 年），ラビたちがこの伝統を継承した。彼らは初期ファリサイ派の意志を継ぎつつも，政治的な野望から距離を置き，個人的な聖さを求めるトーラーへの敬虔を主眼とした。

福音（良き知らせを参照）（gospel, cf. good news）

復活（resurrection）

一般に聖書的には，人の身体には肯定的な意味があり，たんに**魂**を閉じ込めるだけのやがて朽ちゆく牢獄というニュアンスではない。古代イスラエル人が創造神**ヤハウェ**の正義と善という問題を深く考えた結果として，神は死者を甦らせるという理解に達したが（イザ 26.19，ダニ 12.2–3），これは古代の異教世界の思想と相容れない。待ち望まれる**捕囚**からの帰還

も，ヤハウェが乾いた骨に新たな命を吹き込んで呼び起こすと言い表される（エゼ 37.1–14）。この思想は，特に殉教体験をとおして，第二神殿期に発展した（Ⅱマカ 7 章）。復活はたんなる「死後の生」ではなく，「死後の生」のあとに来る新たな身体を伴う命である。現在死んでいる者は，「眠っている者」「魂」「天使」「霊」などと表現されるが，これは新たな身体を待ち望む過程である。初期のキリスト者がイエスの復活を語るとき，それはイエスが「天に行った」とか「高挙した」とか「神となった」ということでない。彼らがこれらのことを信じたとしても，それは復活に言及せずとも表現できる。身体を伴うイエスの復活のみが，初代教会の誕生，特にイエスがメシアであるという確信を説明しうる。復活のない十字架刑は，イエスがメシアであるという主張を即座にかき消してしまう。初期のキリスト者は，彼ら自身も主の再臨（パルーシア）の時に新たな身体へと甦らされると信じた（フィリ 3.20 参照）。

捕囚（exile）

申命記（29–30 章）は，イスラエルの民がヤハウェに従わなければ捕囚へと追いやられ，民がのちに悔い改めるならば呼び戻される，という忠告を与える。バビロニアがエルサレムを滅ぼしてその民を連れ去ったとき，エレミヤなどの預言者はこの出来事を申命記の忠告の成就と解釈し，さらに捕囚の期間（エレ 25.12, 29.10 によると 70 年）について預言した。たしかに捕囚の民は前 6 世紀の後半に帰還し始めた（エズ 1.1）。しかし，帰還後の時代，民はいまだ外国人への隷属状態にあった（ネヘ 9.36）。そしてシリアによる迫害が頂点に達したとき，ダニエル書 9 章 2，24 節が，70 年ではなく 70 週の年（つまり 70 × 7=490 年）のあいだ続く「真の」捕囚に言及した。イザヤやエレミヤなどの預言が成就して，異教徒の圧政から解放される意味での解放に対する切望は，多くあるユダヤ人（メシア）運動を特徴付け続けた。これはまた，イエスの宣言と悔い改めの要請においても重要な主題であった。

ミシュナ（Mishnah）

200 年頃にラビたちによって成文化された文書を指し，イエスの時代にすでに成文化されていたトーラーと共存した口伝律法を文書化したものである。ミシュナは，より多くの伝承を集めた 2 つのタルムード（400 年頃）の基礎となっている。

メシア，キリスト（Messiah, messianic, Christ）

ヘブライ語の文字どおりの意味は「油注がれた者」で，それは基本的に

預言者，祭司，王を指す。これをギリシア語に訳すとクリストス（キリスト）となる。初代教会において「キリスト」はある種の称号であったが，徐々にイエスの別名となった。実際には，「メシア」はユダヤ教においてより厳密な意味で用いられ，来たるべきダビデ王の正統な継承者を指す。この王をとおしてヤハウェは世に審判を下し，イスラエルを敵から救う。メシア到来に関する理解はさまざまであった。聖書中の物語や約束が多様に解釈され，さまざまな理想や待望運動を生じさせた。とりわけ，(1) イスラエルの敵に対する決定的な軍事的勝利，(2) 神殿の再建と浄め，とに焦点が置かれた。死海文書は2人のメシアに言及するが，1人は祭司で，もう1人は王である。ローマ人によるイエスの十字架刑は，イエスがメシアでありえないことを示すしるしと見なされた。しかし初代教会はイエスの復活によって，神がイエスのメシア性を認めたと認識し，イエスがメシアだという確信に至った。

ヤハウェ（YHWH）

「YHWH」は，遅くとも出エジプトの時期（出 6.2–3）以降，古代イスラエルにとっての神を表す語であった。これは本来「ヤハウェ」と発音されたのではないかと考えられる。イエスの時代までには，この名は口にするにあまりにも聖いと考えられ，大祭司だけが年に1度，神殿内の至聖所において発するようになった。敬虔なユダヤ人が聖書を読む場合は，この神名の代わりに「アドナイ（主）」という呼び名を用いた。これを記すために，子音のみからなるYHWHに「アドナイ（Adonai）」の母音が挿入され，「エホバ（Jehovah）」という混合名詞が作られた。YHWHは「ある」という動詞からなり，「私はある者」，「私はある者となろう」，そしておそらく「私はある，それゆえ私はある」という意味を含有し，YHWHの創造的力と権威とを強調している。

良き知らせ，福音（書），使信，言葉（good news, gospel, message, word）

「良き知らせ」とそれを表す古英語「ゴスペル（福音）」が示す概念は，1世紀のユダヤ人にとって特に2つの重要な意味があった。第1にそれは，イザヤの預言をもとにしており，ヤハウェが悪に勝利し人々を救出するという期待を成就したことの報告である。第2にそれは，ローマ世界において，皇帝の誕生日や即位の知らせを意味する。イエスとパウロとにとって，神の王国到来の知らせは預言成就であると同時に当時の支配者への挑戦を意味しており，この意味で「福音」は，イエス自身の教えとイエスに関する使徒の説教を指す。パウロは福音自体が神の救済の力を体験する手段だと考えた（ロマ 1.16，Ｉテサ 2.13）。新約聖書の四福音書は，イエスの物

語を記すにあたってこれらの2点を明確に示している。2世紀以降に出回った他の「福音書」には，イエスの功績からユダヤ教的なルーツを排除し，この世の支配者に対する抵抗というよりも，個人的な信仰を強調する傾向が見られる。イザヤ書はこの創造的で命を与える良き知らせを神の力強い言葉と見なしたので（イザ40.8，55.11），初期のキリスト者はキリスト教の根幹をなす宣言を「言葉」や「使信」などとも言い表した。

ヨハネ（洗礼者）（John [the Baptist]）
ルカ福音書によると，ヨハネは**祭司**の家庭に生まれ，イエスより数ヶ月前に生まれた，イエスの母方の従兄弟である。彼は預言者としてふるまい，ヨルダン川で洗礼を授けたが，これは**出エジプト**の象徴的なやり直しである。これによって民を**悔い改め**へと導き，神の来たるべき審判に備えさせようとした。彼は**エッセネ派**と何らかの接触を持っていたかもしれないが，そのメッセージはこの宗派の思想と異なる。イエスの公的生涯の開始は，ヨハネによる**洗礼**をとおして承認された。ヨハネはその**王国**に関する説教の一部として，兄弟の妻を娶ったヘロデ・アンティパスを公に批判した。その結果ヘロデはヨハネを投獄し，妻の要望に応えて打ち首にした（マコ6.14–19）。ヨハネの弟子たちは，その後しばらくのあいだ，キリスト者共同体とは距離を取り，独自の道を歩んだ（使19.1–7）。

ラビ（ファリサイ派を参照）（rabbi, cf. Pharisees）

律法（トーラーを参照）（law, cf. Torah）

律法学者（ファリサイ派を参照）（legal experts, lawyers, cf. Pharisees）

霊（命，聖霊を参照）（spirit, cf. life, holy spirit）

レプラ，重い皮膚病（leper, leprosy）
現代のような医療技術がない社会において、伝染性の病が流行ることを防ぐために医療行為としての厳格な規制が必要とされた。重篤な皮膚病に代表されるそのような症状は「レプラ」と称された。レビ記13–14章はレプラの診断と予防について詳しく述べている。患者は居住区から隔離され、「不浄」と叫んで人々が近寄らないよう警告を発することが求められた（13.45）。症状が治癒した場合、**祭司**がこれを認定する必要があった（14.2–32）。

《訳者紹介》
津村 春英（つむら・はるひで）
1951年生まれ。松下電器産業株式会社（現Panasonic）でエンジニアとして13年従事した後、献身。大阪キリスト教短期大学専攻科神学専攻、同志社大学大学院神学研究科博士前期課程（神学修士）、聖学院大学大学院アメリカ・ヨーロッパ文化学研究科博士後期課程（博士）修了。大阪キリスト教短期大学教授・神学科長・学長、大阪夕陽丘学園短期大学学長、関西新約聖書学会会長、日本福音主義神学会全国理事長を歴任。現在、大阪日本橋キリスト教会牧師。
著書　『「ヨハネの手紙一」の研究——聖書本文の帰納的研究』（聖学院大学出版会、2006年）、『新約聖書ギリシア語入門 ——*A Primary Guide to New Testament Greek*』（いのちのことば社、2012年）他。
訳書　『ネストレ＝アーラント　ギリシア語新約聖書（第28版）・序文』（日本聖書協会、2013年）他。

N. T. ライト新約聖書講解 4
すべての人のためのルカ福音書

2025年2月20日　初版発行

訳　者　津村　春英
発行者　渡部　満
発行所　株式会社　教文館
〒104-0061 東京都中央区銀座4-5-1 電話 03(3561)5549 FAX 03(5250)5107
URL　http://www.kyobunkwan.co.jp/publishing/
印刷所　モリモト印刷株式会社

配給元　日キ販　〒112-0014　東京都文京区関口1-44-4
電話 03(3260)5670　FAX 03(3260)5637

ISBN978-4-7642-2084-3　Printed in Japan